मार्क्सवाद के मूलभूत सिद्धांत

अशोक कुमार पाण्डेय

राजपाल

स्थापित 1912
100 वर्षों की
श्रेष्ठ प्रकाशन परम्परा
राजपाल

ISBN : 9789389373431
पहला संस्करण : 2021

MARXVAAD KE MOOLBHOOT SIDDHANT
(Philosophy/Political)
by Ashok Kumar Pandey

राजपाल एण्ड सन्ज़
1590, मदरसा रोड, कश्मीरी गेट, दिल्ली-110006
फोन : 011-23869812, 23865483, 23867791
e-mail : sales@rajpalpublishing.com
www.rajpalpublishing.com
www.facebook.com/rajpalandsons

क्रम

प्रस्तावना से पहले

दुनिया भर में कोरोना ने पाँव पसारा तो सबसे पहले तबाही की ख़बर आई इटली से और अनेक दिल दहलाने वाली तस्वीरों तथा ख़बरों के बीच एक सुकून देने वाली तस्वीर क्यूबा के डॉक्टरों के दल की थी जो इटली की मदद के लिए आया था। सुकून इसलिए कि इटली उन देशों में शामिल था, जिन्होंने कम्यूनिस्ट क्यूबा पर व्यापार प्रतिबन्ध लगाकर उसकी अर्थव्यवस्था का गला घोंटने में मदद की थी। और यह सिलसिला इटली तक ही नहीं रुका। क्यूबा ने अपने चिकित्सक और नर्सें दक्षिण अफ़्रीका, निकारागुआ, एण्डोरा, वेनेज़ुएला, सूरीनाम, जमैका, ग्रेनाडा सहित हर उस देश में भेजे जहाँ से मदद की पुकार आई। यह अलग बात है कि क्यूबा को जब मदद की ज़रूरत थी तो कुछ लैटिन अमेरिकी देशों को छोड़कर कोई अमेरिका के डर से आगे नहीं आया।

और यह पहली बार नहीं है। 1998 में जब एक भयावह तूफ़ान ने मध्य अमेरिका और कैरेबियाई देशों में तबाही मचा दी थी तो क्यूबा ने वहाँ अपने डॉक्टरों की टीम भेजी थी। उसी साल क्यूबा के तत्कालीन प्रमुख फिदेल कास्त्रो ने विकासशील देशों के छात्रों को मुफ़्त शिक्षा देने वाला मेडिकल कॉलेज खोला था जहाँ हर साल 27 से अधिक देशों के 10,000 से अधिक छात्र प्रशिक्षित हो रहे हैं। जब पश्चिमी अफ़्रीका में इबोला का संकट आया तब भी क्यूबा ने 460 डॉक्टरों का दल भेजा था, यह उस वक़्त सबसे बड़ा सहायता दल था। आज क्यूबा में प्रशिक्षित 30,000 डॉक्टर दुनिया के अनेक ग़रीब और वंचित मुल्कों में काम कर रहे हैं। आपदा के समय मदद जैसे क्यूबा के अस्तित्व का हिस्सा है जिसके तहत 1963 से अब तक 164 देशों में छह लाख सहायता मिशन चलाये जा चुके हैं। हर मदद की क़ीमत वसूलने वाली दुनिया में क्यूबा की यह नि:स्वार्थ मदद एक उदाहरण है मार्क्सवाद के उस मानवीय पक्ष का जो 'दुनिया के मज़दूरों एक हो' की आवाज़ लगाते हुए संकीर्ण राष्ट्रवादी हिंसाओं के बरअक्स उदार अंतर्राष्ट्रीयतावाद का परचम थामता है। क्यूबा में समाजवादी राज्य की स्थापना के समय से ही चे-ग्वेरा के प्रभाव में चिकित्सा के क्षेत्र में सेवा का एक पूरा ढाँचा विकसित किया गया। चे खुद एक प्रशिक्षित चिकित्सक थे। अपने संस्मरण, *क्यूबाई क्रांतिकारी युद्ध का एक संस्मरण* में उन्होंने न केवल क्यूबा में समाजवादी राज्य की स्थापना के लिए चले रोमांचक गोरिल्ला युद्ध का वर्णन किया है बल्कि उन मानवीय मूल्यों का भी ज़िक्र किया है जो इस निर्माण के स्वप्न के मूल में थे। यहाँ यह ज़िक्र कर देना अतिरिक्त न होगा कि यह सब क्यूबा ने एक बेहद प्रतिकूल अंतर्राष्ट्रीय माहौल में किया है

जहाँ न केवल फिदेल की हत्या के अनगिनत प्रयास हुए, बल्कि लगातार आर्थिक प्रतिबंधों द्वारा क्यूबा के अस्तित्व पर संकट पैदा करने की कोशिश की गई।

वैसे एक उदाहरण तो अपने देश का ही है। इसी संकट को देखें तो शुरुआती धमक केरल में हुई थी। लेकिन न तो वहाँ की कम्यूनिस्ट सरकार के हाथ-पाँव फूले, न ही आर्थिक संकट का रोना रोया गया। एक तरफ़ पूरी दक्षता से रोग का मुक़ाबला किया गया तो दूसरी तरफ़ आम लोगों को संकट न आये, इसका पूरा ख़याल रखा गया। स्कूल बंद किये गए तो मिड-डे मील बच्चों के लिए घर पहुँचा, बाहर से आये मज़दूरों के लिए खाने और रहने के इन्तज़ाम किये गए, मानवीय क्वारेंटीन सेंटर्स बनाए गए, मंत्रिमंडल युद्धस्तर पर सक्रिय हुआ तो जनता को भी भरोसे में लिया गया। नतीजा यह कि अधिकतर लोग पूरी तरह से स्वस्थ होकर निकले और रोग के फैलाव को नियंत्रित कर लिया गया। यही दक्षता हमने विनाशकारी बाढ़ के समय देखी थी। अगर इसकी तुलना बाक़ी राज्यों से करें तो जो बड़ा अंतर नज़र आता है वह प्रतिबद्धता का है। कहीं इसे हिन्दू-मुसलमान बना दिया गया तो कहीं क्वारेंटीन में अमानवीय व्यवहार दिखा, कहीं बाहर से आये मज़दूरों को लेकर कोई चिंता नहीं दिखी तो कहीं मीडिया में रहने के शौक़ में घोषणायें तो ख़ूब की गईं लेकिन व्यवस्थाएँ नहीं। नतीजतन मार्च के अंत में दिल्ली की सीमाओं पर हज़ारों मज़दूरों के परिवार सहित पैदल चलने के जो कारुणिक दृश्य हमने देखे, वे सन् सैंतालिस की अमानवीय मानव शृंखलाओं की याद दिलाते थे। किसानों की आत्महत्याओं की ख़बरें किसी अखबार और चैनल पर नहीं आतीं, इस विस्थापन में दम तोड़ गए सैंकड़ों लोगों की ख़बरें भी कहीं नहीं आएँगी।

मुनाफ़े की बेलगाम हवस और जनता को उत्पादन का साधन मात्र समझने वाली व्यवस्थाओं के दौर में मार्क्सवाद एक असफल विचारधारा लग सकती है, लेकिन संकट के समय एक बार यह सवाल पूछ लेना ज़रूरी है कि थोड़े से लोगों को अकूत सुविधाएँ देने वाली इस व्यवस्था ने बाक़ी करोड़ों लोगों के साथ क्या किया है?

यह किताब

मार्क्सवाद बीसवीं सदी में दुनिया के एक बड़े हिस्से को प्रभावित करने वाली विचारधारा तो है ही, सोवियत संघ के विघटन, चीन के धीरे-धीरे एक पूँजीवादी तानाशाही में तब्दील होते जाने, दुनिया भर के कई देशों में चाउसेस्कू जैसे तानाशाहों को जन्म देने और एक शासन व्यवस्था के रूप में विरोधियों द्वारा पूरे ज़ोर-शोर से ख़ारिज़ किये जाने के बावजूद आज भी न केवल बौद्धिक अपितु राजनैतिक परिक्षेत्र में भी बहस का विषय बनी हुई है। एक तरफ़ इसे एक मृत विचारधारा घोषित करने में पूँजीवादी प्रचार तंत्र अपना पूरा ज़ोर लगा देता है तो दूसरी तरफ़ अपनी हालिया हार के बावजूद दुनिया भर में वाम बुद्धिजीवी तथा वामपंथी राजनैतिक दल अपने-अपने तरीके से वर्तमान सन्दर्भों में इसकी प्रासंगिकता सिद्ध करने के साथ-साथ नई परिस्थितियों के अनुसार एक वामपंथी राजनैतिक-आर्थिक व्यवस्था को परिभाषित करने में लगे हैं। हालत यह है कि रोज़ मार्क्सवाद के अंत की घोषणा करने वाले

टुटपूँजिया पत्रकार मार्क्सवाद के विरुद्ध किताबें लिखकर दक्षिणपंथी सत्ता-प्रतिष्ठानों के प्रिय बनने का प्रयास करते हैं।

मुझे यह कहने में कोई झिझक नहीं कि वाम विरोधी दुष्प्रचार के लिए बहुत कुछ वाम-दलों तथा खुद को वामपंथी कहने वाले विद्वानों के आचरण से भी मिला है। इसे सैद्धांतिक प्रश्न बनाकर किनारे भी नहीं किया जा सकता है। कोई भी विचारधारा जो ख़ुद को 'कर्म का मार्गदर्शक' सिद्धांत कहती है, उसके 'कर्मों' के आधार पर बनाई गयी आम जन की अवधारणा को पूरी तरह से खारिज़ कर दिया जाना निश्चित रूप से ग़लत और वैचारिक तानाशाही जैसी चीज़ होगी। कम-से-कम मैं इस तरह का तर्क कभी नहीं दूंगा कि यह सब केवल और केवल पूँजीवादी मीडिया का दुष्प्रचार है। हालाँकि दुष्प्रचार नहीं है, यह कहना भी ग़लत होगा। लेकिन एक दुश्मन खेमे की मीडिया से आप और क्या उम्मीद करते हैं? उनका तो फ़र्ज़ था और है दुष्प्रचार। सवाल यह है कि वामपंथी पार्टियाँ या लेखक अपने आचरण से उसे निष्प्रभावी क्यों नहीं कर सके? क्या यह सही नहीं कि हमने उन्हें दुष्प्रचार के लिए पर्याप्त मौक़े उपलब्ध कराये? आज जब वामपंथ निश्चित रूप से बैकफ़ुट पर है तो इन सच्चाइयों से मुँह चुराने से बेहतर होगा कि पूरी गंभीरता से इनका सामना किया जाए। यही हमें आगे की राह दिखायेगा।

इसके लिए सबसे ज़रूरी है कि लोग यह जानें की मार्क्सवाद की मूलभूत शिक्षाएँ क्या हैं। यह एक बेहतर दुनिया बनाने का जो सपना दिखाता है उसके पीछे इसके तर्क क्या हैं? पिछले लम्बे समय से वामपंथ से जुड़ी ऐसी पुस्तिकाओं और किताबों की लगातार कमी होती गई है, जिससे वामपंथ की मूल अवधारणाओं को समझा जा सके। वामपंथी पार्टियों में भी आपाधापी के बीच शिक्षण-प्रशिक्षण की प्रक्रिया कमज़ोर हुई है। मार्क्स की मौलिक सैद्धांतिकी को समझना एक तरफ़ आज की परिस्थितियों में उसकी प्रासंगिकता के आकलन के लिए ज़रूरी है तो दूसरी तरफ़ संसद से लेकर जंगलों तक में सक्रिय उन लोगों की वैचारिक अवस्थिति की सही पहचान करने के लिए भी ज़रूरी है जो ख़ुद को मार्क्सवादी कहते हैं। इस रौशनी में मार्क्सवाद के आलोचकों के तर्कों को भी परखा जा सकता है और उनकी तार्किक व न्यायसंगत आलोचना तथा दुष्प्रचार को अलग-अलग करके देखा भी जा सकता है।

इसी कोशिश में मैंने 2009 में *मार्क्स : जीवन और विचार* तथा 2015 में *मार्क्सवाद के मूलभूत सिद्धांत* लिखी थीं, दोनों ही किताबें अब अनुपलब्ध हैं। यह किताब व्यापक पाठक वर्ग तथा विद्वानों के सुझावों के बाद संशोधित तथा परिवर्द्धित की गई है, जिसमें एक तरफ़ भारतीय तथा योरोपीय दर्शन को नए उदाहरणों द्वारा ज़रा विस्तार से समझाया गया है तो दूसरी तरफ़ एक संक्षिप्त जीवनी भी अलग परिशिष्ट के रूप में दी गई है। साथ ही भारत के मार्क्सवादी आन्दोलन के इतिहास पर एक स्वतंत्र आलेख है जिसके लिए मैंने विभिन्न पार्टियों के दस्तावेज़ों का सहारा लिया है। इस पुस्तक का उद्देश्य पाठक को मार्क्सवाद के मूलभूत सिद्धांतों से परिचित करा देना है और मैंने मुख्यतः दर्शन, इतिहास और अर्थशास्त्र के क्षेत्र में मार्क्स के अवदानों का अध्ययन करने का प्रयास किया है। यहाँ मेरा उद्देश्य बदली

हुई परिस्थितियों में मार्क्सवाद की एक प्राथमिक टेक्स्ट बुक तैयार करने का है, जहाँ किसी सर्वज्ञता के दावे की जगह मेरा प्रस्थान बिंदु एक ईमानदार कोशिश का संकल्प है।

इसे तैयार करने में प्रो. लालबहादुर वर्मा, वरिष्ठ कवि कुमार अम्बुज, मृत्युंजय, सुजाता, अमित और अक्षत ने समय-समय पर सलाह दीं और कई बार स्रोत भी उपलब्ध कराए। राजपाल एण्ड सन्ज़ की मीरा जौहरी जी ने इसे प्रकाशित करने में जो उत्साह दिखाया, उसने फिर से काम करने की हिम्मत दी तो पिछली किताबों पर जो पाठकों के फ़ीडबैक मिले, उनके बिना यह संभव ही नहीं होता। इन सब के प्रति आभार की जगह कहना चाहूँगा कि मेरी किताब दरअसल इन सभी की है।

मई 2020

—अशोक कुमार पाण्डेय

1

दर्शन क्या है : भाववाद बनाम भौतिकवाद

मार्क्सवाद एक सकर्मक दर्शन है। अक्सर दुहराई जाने वाली मार्क्स की क़ब्र पर लिखी उक्ति, 'अब तक के दार्शनिकों ने सिर्फ़ दुनिया की व्याख्या की है, सवाल दुनिया को बदलने का है,' मार्क्सवाद के दर्शन को अपने पूर्ववर्ती दर्शनों से जोड़ती भी है और एक स्पष्ट प्रस्थान बिंदु भी तय करती है। इसलिए मार्क्सवाद पर कोई भी बात करने से पहले हमें इसके दर्शन के साथ-साथ उन दार्शनिक पद्धतियों को समझना होगा, जिनसे आगे बढ़कर मार्क्स ने अपना दर्शन गढ़ा था।

दर्शन क्या है?

लेकिन सबसे पहले यह कि आखिर दर्शन है क्या? आम समझ में इसे कोई बेहद जटिल चीज़ माना जाता है जो एक ख़ास तरह के, बल्कि कहें कि असामान्य से लोगों के ही बीच की चीज़ है। फ़िलॉसफ़र शब्द उतना सम्मान के लिए प्रयोग नहीं होता जितना मज़ाक के लिए। कोई जब बहुत ज़्यादा बेसिरपैर की बकवास करने लगता है तो कहा जाता है, "काहे फ़िलॉसफ़र बन रहे हैं। ढंग से बात कीजिये।" देखा जाय तो इसकी वजह यह है कि आमतौर पर दर्शन की बहस इस कदर अमूर्त होती हैं और उसकी भाषा इस कदर उलझाव भरी होती है कि सामान्य पाठक के लिए उसे समझ पाना आसान नहीं होता, दूसरी बात दर्शन की तमाम बहस जीवन से इस कदर कटी हुई होती हैं कि किसी भी आम इंसान को वह अपने लिए कोई ज़रूरी चीज़ नहीं लगती। लेकिन क्या सचमुच मनुष्य के जीवन से मुक्त कोई दर्शन है? या फिर किसी मनुष्य का जीवन, दर्शन से मुक्त होता है—मेरा जवाब है, नहीं!

जैसे मान लीजिए आप किसी कष्ट में हैं और आप जानते हैं कि इसका ज़िम्मेदार कोई व्यक्ति है या कोई व्यवस्था है। जैसे आप किसी फ़ैक्ट्री में हैं और तालाबंदी के बाद बेकार हैं। आपकी इस कष्ट की स्थिति में एक व्यक्ति आपसे कहता है, "पूर्व जन्म के किसी पाप का नतीजा है यह, चिंता न करो ईश्वर सब ठीक करेगा" और दूसरा कहता है, "जब तक मज़दूर एक होकर अपने हक़ के लिए नहीं लड़ेगा, मालिक ऐसे ही अत्याचार करते रहेंगे" तो यह दरअसल दोनों व्यक्तियों के दार्शनिक विश्वासों से जन्मी बातें हैं।

सम्भव है कि वे इन दर्शनों की गूढ़ बातों के बारे में कुछ न जानते हों, उन्होंने कोई किताब न पढ़ी हो, किसी दाढ़ी वाले दार्शनिक से बहस न की हो, लेकिन उनकी पूरी चिंतन प्रक्रिया दो अलग-अलग दर्शनों से संचालित हो रही है। उनका यह 'नज़रिया' उनका 'दर्शन' है। 'दर्शनशास्त्र से हमारा तात्पर्य दुनिया में प्रकृति के बारे में और इसमें मानवता के स्थान और भविष्य के बारे में एक आम धारणा बनाना है—यानी दुनिया को समझने का दृष्टिकोण।'[1] लेकिन नज़रिया अपने आप में कोई सम्पूर्ण चीज़ नहीं है। होता यह है कि उस नज़रिये को जीवन पर लागू किया जाता है और इससे कुछ परिणाम प्राप्त होते हैं। भगत सिंह इसे 'तौर ए ज़िन्दगी' कहते थे। एक ख़ास तरह के नज़रिए से एक ख़ास तरह की सामाजिक-राजनीतिक व्यवस्था निर्मित होती है। इस तरह वह नज़रिया एक सम्पूर्ण दर्शन में तब्दील हो जाता है। ज़ाहिर है कि यह कोई विशुद्ध बौद्धिक कार्यवाही नहीं है, अपितु अविभाज्य रूप से जीवन से जुड़ी होती है तथा इसकी एक पक्षधरता होती है। जैसे पूर्वजन्म के सिद्धांतों से जुड़ा दर्शन वर्ण व्यवस्था सहित अनेक उत्पीड़क सामाजिक संरचनाओं को बनाए रखने में मदद ही नहीं करता, बल्कि उसमें जो वर्चस्वशाली वर्ग होता है, उसके शोषण के ख़िलाफ़ किसी प्रत्यक्ष संघर्ष को टालने का भी भरपूर प्रयास करता है—पहला तो यह कि आपकी दुर्गति के लिए कोई और नहीं ख़ुद आपका पूर्वजन्म का आचरण ज़िम्मेदार है, और दूसरा यह कि जो होना है वह ईश्वर करेगा, आप अपना कर्म करते जाइए, अगले जन्म में आपको अपने आप सुख मिल जाएगा। आप देखते हैं कि कोविद-19 जैसी महामारी में भी पूजा-पाठ जैसी चीज़ों का सहारा लिया गया। इस रूप में आप देखें तो साहित्य, कला और ऐसी तमाम दूसरी गतिविधियाँ वस्तुतः इस या उस दर्शन की वकालत करतीं और उसे आगे बढ़ाती नज़र आती हैं। अगर तुलसी कहते हैं कि 'होइहें सोई जो राम रचि राखा' तो वह भाग्यवाद के दर्शन का प्रचार कर रहे होते हैं, और जब कबीर कहते हैं, 'एक बूँद, एकै मल-मूतर, एक चाम, एक गूदा/एक रकत से सबहिं बने हैं, को बाभन को सूदा' तो वह वर्ण व्यवस्था को प्रश्रय देने वाले नस्लवादी दर्शन पर सवाल उठा रहे हैं।

असल में दर्शन को कोरी सैद्धान्तिकता में समझने-समझाने की कोशिश एक भाववादी प्रपंच है, जिसमें उसे जीवन से काट दिया जाता है, जबकि कोई भी दर्शन या विचार अनिवार्य रूप से जीवन की ठोस वास्तविकताओं से जुड़ा होता है। प्रसिद्ध भारतीय दार्शनिक के. दामोदरन कहते हैं, "दार्शनिक प्रणालियों और सिद्धांतों को तभी ठीक तरह समझा जा सकता है जब उनका अध्ययन उनकी आर्थिक और सामाजिक पृष्ठभूमि में किया जाय"[2] तो प्रोफ़ेसर वाल्टर रूबेन का निष्कर्ष है, "अन्य देशों की भाँति भारत में भी दर्शन का विकास समाज के विकास के साथ जुड़ा है।"[3] इस प्रश्न पर विस्तार से बात करते हुए फ़ायरबाख़ को दिए अपने जवाब में मार्क्स कहते हैं—

---

1. देखें, पेज-1, *द्वंद्वात्मक भौतिकवाद*, मारिस कोनफोर्ड, समानांतर प्रकाशन, रोहतक-1996
2. देखें, पेज-3, *भारतीय चिंतन परम्परा*, के. दामोदरन, पीपुल्स पब्लिशिंग हाउस,दिल्ली-2001
3. देखें, पेज-11, *भारतीय दर्शन : सरल परिचय*, देवी प्रसाद चट्टोपाध्याय का प्राक्कथन, राजकमल प्रकाशन, दिल्ली-1968

> यह प्रश्न, कि क्या वस्तुनिष्ठ (Objectivity) सत्य को मानवीय चिंतन का सहज गुण माना जा सकता है, सैद्धांतिक नहीं बल्कि व्यावहारिक प्रश्न है। व्यवहार में मनुष्य को अपने विचार की पक्षधरता के सत्य यानी यथार्थ तथा शक्ति को साबित करना पड़ता है। व्यवहार से काटकर चिंतन की यथार्थता अथवा अ-यथार्थता सम्बन्धी विवाद कोरा पंडिताऊ (scholistic) प्रश्न है।[4]

मार्क्स द्वारा प्रतिपादित द्वंद्वात्मक भौतिकवाद के दर्शन तक पहुँचने के पहले हम पश्चिमी दर्शन की तत्कालीन बहसों के साथ-साथ भारतीय दर्शन परम्परा का भी एक परिचयात्मक अध्ययन करने का प्रयास करेंगे और उन सामाजिक-आर्थिक परिस्थितियों का भी जिनसे इनका अन्योन्याश्रित सम्बन्ध है। अभी यह ज़रूरी है कि दर्शन की उन दो पद्धतियों पर थोड़ा विचार कर लें, जो अलग-अलग रूपों में पूरब और पश्चिम दोनों जगह उपस्थित रही हैं। मोटे तौर पर इन्हें भाववादी या आध्यात्मवादी दर्शन और भौतिकवादी दर्शन कहा जा सकता है।

भाववाद और भौतिकवाद

आमतौर पर हमारे समाज में ऐसी समझ बनाई जाती है कि जैसे आध्यात्म तो कोई बेहद पवित्र चीज़ हो और भौतिकवादी होने का अर्थ पतित होना हो। 'दुनिया बहुत भौतिकवादी हो गयी है इसीलिए इतने संकट बढ़ते जा रहे हैं' या 'क्या कहियेगा, भौतिकवाद फैल गया है सारी दुनिया में, इंसानियत रही ही नहीं' जैसे आप्त वचन कहीं भी सुने जा सकते हैं। इसी के साथ यह भी कहा जाता है कि भारतीय दर्शन आध्यात्मिक है और पश्चिमी दर्शन भौतिकवादी। असल में ये दोनों तरह की बातें न केवल सैद्धांतिक रूप से ग़लत हैं बल्कि जानबूझकर फैलाए गए भ्रम हैं। यहाँ हम पहले सवाल पर विचार करेंगे।

अगर आसान शब्दों में कहा जाय तो जहाँ भाववादी दर्शन आत्मा को प्रकृति से ऊपर मानते हैं, वहीं भौतिकवादी दर्शन प्रकृति को प्राथमिक मानते हैं। भाववादी दर्शन मोटे तौर पर यह मानते हैं कि दुनिया में जो कुछ होता है वह सब पहले से तय होता है, उनका जीवन की वास्तविक परिस्थितियों से कोई लेना-देना नहीं होता। जैसा कि शुरुआत में दिए गए उदाहरण में जब कष्ट में पड़े आदमी से हम यह कहते हैं कि सब पिछले जन्मों का फल है और ईश्वर ही सब ठीक करेगा, तो दरअसल हम उसके कष्टों के कारण और फिर उनके निवारण दोनों को वास्तविक दुनिया से बाहर के किसी कारक के हवाले कर रहे होते हैं। यह कह रहे होते हैं कि ऐसा किस्मत के किसी खेल के कारण हुआ है और इसके कारण लौकिक नहीं पारलौकिक हैं, और इसका हल भी कोई 'पारलौकिक' या ईश्वरीय शक्ति ही करेगी। ऐसा कहते हुए हम इस तथ्य पर बिलकुल ौर नहीं कर रहे होते हैं कि फ़ैक्ट्री का काम-काज, उससे होने वाले लाभ-हानि एक विशुद्ध 'लौकिक' प्रक्रिया है। एक निजी सम्पत्ति के अधिकार वाले देश में पूँजी लगाकर कोई पूँजीपति एक लौकिक उद्देश्य—

4. देखें, पेज 13, *थीसिस ऑन फ़ायरबाख, सेलेक्टेड वर्क्स ऑफ़ कार्ल मार्क्स एंड फ्रेडरिक एंगेल्स,* खंड-2, प्रोग्रेस पब्लिशर्स, मास्को-1977

लाभ—के लिए फ़ैक्ट्री लगाता है, मज़दूर अपना हाड़तोड़ श्रम करके उससे अपनी रोज़ी कमाता है। उसकी इस मेहनत के बावजूद उसका जीवन स्तर कुछ ख़ास नहीं बन पाता। चाहे वह मानसिक श्रम करने वाले मैनेजर, क्लर्क, सुपरवाइज़र हों या फिर शारीरिक श्रम करने वाले कर्मचारी, सभी दरअसल, वहाँ अपना श्रम बेचकर बदले में अपनी आजीविका ही कमा रहे होते हैं। मालिक की नज़र में फ़ैक्ट्री जब लाभदायक नहीं रह जाती है, या उसकी तकनीक पुरानी पड़ जाने पर मालिक वहाँ नई तकनीक लागू करने की जगह उसे बेचकर ज़मीन की बढ़ी हुई क़ीमतें वसूल कर किसी सस्ती या सब्सिडी वाली जगह पर नई फ़ैक्ट्री डालने के लिए या फिर कोई दूसरा अधिक लाभदायक धंधा अपनाने के लिए फ़ैक्ट्री बंद कर देता है, तो वे सभी सड़क पर आ जाते हैं, और उनके 'लौकिक' कष्ट शुरू हो जाते हैं, जिनका ज़ाहिर तौर पर कारण भी 'लौकिक' ही है। लेनिन कहते हैं—

> श्रमिकों के श्रम से निर्मित पूँजी श्रमिकों का दमन करती है, छोटे व्यवसायियों को बर्बाद कर देती है और बेरोज़गारों की फ़ौज तैयार करती है।[5]

जब हम उसके कष्टों के कारण को इस तरह वास्तविक जगत के कारणों के आधार पर समझने की कोशिश करते हैं तो, असल में, हम 'भौतिकवादी नज़रिये' से चीज़ों को व्याख्यायित कर रहे होते हैं, और चूँकि इस तरह हम इस निष्कर्ष पर भी पहुँचते हैं कि जो समस्याएँ वास्तविक जीवन के कारणों से पैदा हुई हैं उनका हल भी वास्तविक संसार में हस्तक्षेप से ही सम्भव है। इसके बरअक्स 'होइहें सोई जो राम रचि राखा' जैसी पंक्ति स्थापित कर रही होती है कि मनुष्य के जीवन में जो कुछ होना है वह सब पहले से तय है, इसलिए वास्तविक जगत में हस्तक्षेप कर इसमें कोई परिवर्तन नहीं किया जा सकता। यह जीवन की 'भाववादी' व्याख्या है। 'अपने मूल में भाववाद धर्म, ईश्वरीय मीमांसा है। लेनिन कहते हैं, ''भाववाद पुरोहितवाद है।[6] हर तरह के भाववाद ने समस्याओं के प्रति धार्मिक रुझान को बरक़रार रखा है। हालाँकि कुछ भाववादी सिद्धांतों ने अपनी धार्मिक केंचुली त्याग दी है।''[7] ज़्यादातर धर्मों के भाववादी दर्शनों में वास्तविक संसार के बरअक्स एक काल्पनिक अलौकिक संसार का निर्माण करता है—स्वर्ग या जन्नत या हैवन (ज़ाहिर है इनके साथ ही नर्क, जहन्नुम और हेल भी हैं)। इस काल्पनिक संसार को वास्तविक संसार की तुलना में श्रेष्ठ और चमत्कारी बताया जाता है। यही वह संसार होता है जो वास्तविक संसार के लिए न केवल नियमन निर्धारित करता है बल्कि अच्छे-बुरे कामों के लिए ईनाम और सज़ा भी मुकर्रर करता है। यह वास्तविक संसार की व्याख्या करने की जगह उसे 'अज्ञेय' बना देता है।

यहाँ मैं एक और बात का ज़िक्र ज़रूर करना चाहूँगा। अक्सर यह कहा जाता है कि बड़े से बड़ा वैज्ञानिक दुनिया के सारे रहस्य नहीं जान सकता। हमारे अपने जीवन में कई

---

5. देखें, *द थ्री सोर्सेज़ एन थ्री कॉम्पोनेन्ट पार्ट ऑफ़ मार्क्सिज़्म,* लेनिन, प्रोग्रेस पब्लिशर्स, मास्को-1981

6. देखें, पेज 357, *ऑन द क्वेश्चन ऑफ़ डायलेक्टिक्स, कलेक्टेड वर्क्स,* खंड 38, लेनिन, प्रोग्रेस पब्लिशर्स, मास्को-1981, साथ में लेनिन की 1909 में प्रकाशित किताब—*मेटेरिअलिज़्म एंड इम्पिरियो क्रिटिसिज़्म,* भाववाद और भौतिकवाद की आधुनिक बहस को समझने के लिए बेहद ज़रूरी किताब है।

7. देखें, पेज-18, *द्वंद्वात्मक भौतिकवाद,* मारिस कोनफोर्ड, समानांतर प्रकाशन, रोहतक, 1996

बार ऐसे अनुभव होते हैं जो उपलब्ध ज्ञान के आधार पर व्याख्यायित नहीं किये जा सकते। ऐसे में ऐसी चीज़ों को किसी ईश्वरीय लीला की तरह मानने पर ज़ोर देते हुए कहा जाता है कि विज्ञान की सीमा है, ईश्वर उसके पार है। यहाँ दो बातें कहना चाहूँगा। पहला तो यह कि विज्ञान की निश्चित तौर पर एक सीमा होगी। हमेशा रही है। एक वक़्त में हम यह नहीं जानते थे कि वर्षा कैसे होती है? क़बीलाई युग के आरम्भ में हम यह भी नहीं जानते थे कि बच्चे कैसे पैदा हो जाते हैं? हम समुद्र की गहराई छोड़िये, चौड़ाई भी नहीं जानते थे। हम बड़ी बीमारियाँ तो क्या बुखार तक की न तो वजह जानते थे और न ही इलाज। ये सब उस दौर के विज्ञान की सीमाएँ थीं। और इन सब को ईश्वरीय चमत्कार माना गया था। लेकिन मनुष्य ने अपनी अनंत जिजीविषा और विज्ञान के सहारे इन सब रहस्यों को सुलझाया और उसने इन वास्तविक समस्याओं का सामना वास्तविक हथियारों से किया और आज बुखार होने पर बड़े-से-बड़े आध्यात्मिक, दार्शनिक या धर्मगुरु मंदिर नहीं अस्पताल की ओर जाते हैं, समंदर पार करने के लिए आराधना नहीं करते हवाई जहाज़ या जलपोत का टिकट कटाते हैं।

सवाल बस यह है कि रहस्य के हल हो जाने तक आप उसे 'ईश्वरीय परिघटना' मानकर प्रपंच करते हैं या फिर उसे मानवता के समक्ष उपस्थित एक और प्रश्न मानकर उसकी वैज्ञानिक गवेषणा कर उसे सुलझाने की कोशिश। एक भाववादी और भौतिकवादी के नज़रिए में यही फ़र्क होता है। दूसरी बात यह कि विज्ञान को अपनी हर बात सिद्ध करनी होती है। वह अगर यह प्रस्थापना देगा कि एक यंत्र आसमान में उड़ सकता है, तो वह तब तक नहीं माना जाएगा जब तक कोई राईट ब्रदर्स सच में एक जहाज़ को उड़ा कर दिखा नहीं देंगे। बल्कि इसके बावजूद हर असफलता का भरपूर मज़ाक उड़ाया जाएगा, लेकिन एक भाववादी के लिए इतना लिख भर देना काफ़ी होगा कि देवता आकाश में पैदल चलते हैं, उनके पास चमत्कारिक अस्त्र-शस्त्र होते हैं, वे जब चाहें उड़ के कहीं भी जा सकते हैं। उसे कुछ सिद्ध नहीं करना है। किसी पुरानी किताब में यह लिखा होना ही काफ़ी है। ऐसे में ज़ाहिर है कि विज्ञान की सीमा होगी और कल्पना निस्सीम। अगले अध्यायों में भारतीय दर्शन परम्परा तथा पश्चिम की दार्शनिक बहसों के बारे में थोड़ा विस्तार से चर्चा करते हुए हम देखेंगे कि किस तरह भाववादी दर्शन प्रभुत्वशाली वर्ग द्वारा आम जन के बीच अपने शोषण को न्यायसंगत ठहराने में सहायक सिद्ध होता है। भौतिकवादी दर्शन के सबसे उन्नत रूप में मार्क्स ने द्वंद्वात्मक भौतिकवाद के दर्शन में पूँजीवादी समाज के शोषण के पूरे तंत्र को तार-तार कर सर्वहारा के अनन्य शासन के पक्ष में दार्शनिक आधार प्रस्तुत किया।

2

भारतीय दर्शन परम्परा—1

भारतीय दर्शन को लेकर आम समझ यही है कि भारतीय दर्शन परम्परा मूलतः आध्यात्मिक दर्शन की परम्परा है। आम बातचीत में ऐसा प्रदर्शित किया जाता है कि भारतीय परम्परा तो आध्यात्मिक रही और आज पश्चिम से भौतिकवाद यहाँ आ गया है और उसी ने सब गड़बड़ किया है। श्रीनिवास सरदेसाई कहते हैं—

> ''भारतीय दर्शन यानी वेदांत और वेदांत यानी भारतीय दर्शन, यह समीकरण वेदांत के प्रायः सभी समर्थकों द्वारा प्रस्तुत किया जाता है, जनमानस पर इस मत की गहरी छाप है। और यह सच है कि ऐतिहासिक दृष्टि से वेदांत इस देश का सर्वाधिक व्यापक और प्रतिष्ठित दर्शन है। परन्तु सर्वाधिक व्यापक एवं प्रतिष्ठित दर्शन का अर्थ एकमेव दर्शन नहीं है।''[8]

वाल्टर रूबेन ने भारत में दर्शन का स्पष्ट प्रारम्भ छान्दोग्य उपनिषद् में उद्दालक आरुणि के पुद्गल-जीववाद से माना है और उनके अनुसार, ''उसका भौतिकवाद, जो बहुत आदिम है, उस मान्यता का, जिसे देवी प्रसाद चट्टोपाध्याय ने *लोकायत* में 'प्रागैतिहासिक इहलोक परायणता' कहा है, और जो क़बायली युगों की विशेषता रही थी, पहला क्रमबद्ध निरूपण है। उद्दालक लगभग 600 ईसा पूर्व हुए थे जबकि भारत में लौहयुगीन राज्यों का प्रारम्भ हो रहा था। उसके भौतिकवाद के विरुद्ध याज्ञवल्क्य ने तत्काल ही कर्म, संसार और मोक्ष के सिद्धांत के साथ-साथ भारत के सबसे प्राचीन प्रत्ययवाद का सिद्धांत दिया। इस प्रकार दर्शन के इन दो मुख्य संप्रदायों के बीच संघर्ष का सूत्रपात हुआ।[9] के. दामोदरन, इसे और पीछे ऋग्वेदकालीन ऋषि बृहस्पति (लगभग 1520 ईसा पूर्व)[10] तक ले जाते हैं। डॉ. राधाकृष्णन ने भी, जो ख़ुद ज़ाहिर तौर पर आध्यात्मिक दर्शन प्रणाली के दार्शनिक थे, अपनी प्रसिद्ध किताब *हिस्ट्री ऑफ़ फ़िलॉसफ़ी* में लिखा है—

---

8. देखें, पेज -33, *भारतीय दर्शन—वैचारिक और सामाजिक संघर्ष*, श्रीनिवास सरदेसाई, संवाद प्रकाशन, मुंबई-मेरठ-2009

9. देखें, पेज-9, देवी प्रसाद चट्टोपाध्याय की पुस्तक *भारतीय दर्शन—सरल परिचय* की वाल्टर रूबेन द्वारा लिखी भूमिका, पेपरबैक संस्करण, राजकमल प्रकाशन-दिल्ली-2004

10. देखें, पेज-262, *दर्शन-दिग्दर्शन*, राहुल सांकृत्यायन, वर्ष-2000, किताब महल प्रकाशन, इलाहाबाद

> भौतिकवाद उतना ही पुराना है, जितना दर्शन। यह बुद्ध के पहले के समय में भी मौजूद था। इसके बीजाणु ऋग्वेद के सूक्तों में मिलते हैं।[11]

स्पष्ट है कि भारतीय दार्शनिक परम्परा में आरम्भ से ही भाववाद और भौतिकवाद, दोनों ही उपस्थित रहे। असल में दुनिया की अन्य किसी भी सभ्यता की तरह भारतीय उपमहाद्वीप में भी कोई एक चिंतन परम्परा नहीं रही। अगर ज्ञान-विज्ञान की विधिवत शुरुआत हम वैदिक काल से ही मान लें (क्योंकि इसके पहले की सिंधु सभ्यता की लिपि अब तक पढ़ी नहीं गयी है तो उस काल के विश्वासों और ज्ञान-विज्ञान के स्वरूप के बारे में कोई निश्चित बात कर पाना सम्भव नहीं) तो देखेंगे कि एक तरफ़ कर्मकांडों और दैवी चमत्कारों को मानने वाले थे तो दूसरी तरफ़ उसे पाखण्ड बताने वाले। इन्हें दो दार्शनिक प्रणालियों के आपसी संघर्ष या वाद-विवाद ही मान लेना और इस पूरी बहस को एक बौद्धिक बहस में तब्दील करना सही नहीं होगा। जैसा कि मैंने पहले अध्याय में भी कहा कि दर्शन किसी शून्य में से नहीं उपजता। इसे अनिवार्य रूप से उस समय की सामाजिक-आर्थिक दृष्टि से देखना होगा। बकौल कार्ल मार्क्स—

> अस्तित्व के भौतिक साधनों का स्वरूप सामाजिक, राजनीतिक एवं बौद्धिक जीवन की सम्पूर्ण प्रक्रिया को प्रभावित करता है। मनुष्यों की चेतना उनके अस्तित्व को निर्धारित नहीं करती वरन् उनका सामाजिक अस्तित्व है जो उनकी चेतना को निर्धारित करता है।[12]

इसका मतलब क्या हुआ? सीधी-सी बात है कि एक व्यक्ति या फिर व्यक्तियों का एक समूह जो कुछ सोचता-समझता है, जो उसका कॉमन सेंस होता है, उसके जो विश्वास होते हैं या इन सबको मिलाकर जो उसकी चेतना बनती है वह सीधे-सीधे ज़िन्दगी के उन हालात पर निर्भर करती है, जिसमें वह जी रहा होता है। ऐसा नहीं होता कि उसे यह सब जन्म के पहले ही मिल गया हो और फिर वह उसी के हिसाब से ज़िन्दगी जी रहा हो तो भारतीय दर्शन के बारे में भी यही सही है।

> भारत में वैदिक प्राकृतिक धर्म के उदय के साथ ही ब्राह्मण, पुरोहितों का वर्चस्व स्थापित होने लगा। चार वर्णों वाली व्यवस्था जैसे-जैसे जड़ जमाने लगी, समाज के अंदर एक स्पष्ट बँटवारा दिखने लगा। एक तरफ़ ब्राह्मण, पुरोहित और क्षत्रिय राजा थे जो अपने कर्मकांडों और चमत्कारों की भूलभुलैया में जनता को भटकाकर अपना वर्चस्व बनाए रखना चाहते थे तो दूसरी तरफ़ इसका मोल चुकाने वाली आम जनता। आज भी वेदों को लेकर हमारे मन में एक अतिरिक्त श्रद्धाभाव रहता है। लेकिन असल में आज हमारे बीच बच रही पशु-पालक जातियों के गीतों और आलापों की भाँति ये

---

11. देखें, पेज 377, *हिस्ट्री ऑफ़ फ़िलॉसफ़ी ईस्टर्न एंड वेस्टर्न,* खंड 1, डॉ. एस. राधाकृष्णन, जॉर्ज एलन एंड उनविन लिमिटेड, लन्दन—1953

12. देखें, *अ कॉन्ट्रिब्यूशन टू द क्रिटीक ऑफ़ पोलिटिकल इकॉनमी,* कार्ल मार्क्स, प्रोग्रेस पब्लिशर्स, मास्को-1977

> वैदिक सूक्त भी दिन-प्रतिदिन की अभिलाषाओं की अभिव्यक्ति मात्र हैं—पशुओं की अभिलाषा, वर्षा की अभिलाषा, विजय की अभिलाषा, स्वास्थ्य की अभिलाषा, संतान की अभिलाषा।[13]

इन्हीं वेदों को ईश्वर द्वारा रचित बताकर ब्राह्मणों ने अपने लिए विशेषाधिकार सुरक्षित कर लिया था। *मनुस्मृति* में कहा गया, 'संसार में ब्राह्मण धर्म के कारण सर्वश्रेष्ठ हैं, इस हेतु कि वे सबसे पवित्र अंग अर्थात् मुँह से काम करते हैं और वेद के अनुसार कर्म करते हैं।'[14] इसी आधार पर ब्राह्मणों ने स्वयं को पूरी तरह से शारीरिक श्रम से मुक्त कर लिया। राजा को ईश्वर की इच्छा का मूर्त रूप घोषित कर दिया गया और इस तरह उसे पूरी तरह निरंकुश बना दिया गया। भौतिक परिस्थितियाँ दर्शन को किस कदर प्रभावित करती हैं, इसका एक उदाहरण हमें राहुल सांकृत्यायन की *दर्शन-दिग्दर्शन* में मिलता है जब वह बताते हैं—

> "ऋग्वेद के पुराने मन्त्रों में यद्यपि इंद्र, सोम, वरुण की महिमा ज़्यादा गायी गई है, किन्तु उस वक्त किसी एकदेवता को सर्वेसर्वा मानने का ख़याल नहीं था...किन्तु जब हम ऋग्वेद के सबसे पीछे के मन्त्रों (दशम् मंडल) तक पहुँचते हैं, तो वहाँ बहुदेववाद से एकदेववाद की ओर प्रगति देखते हैं। सभी जातियों के देव लोक में उनके अपने समाज का प्रतिबिम्ब होता है। जहाँ आरम्भ काल में देवता, पितृसत्ता को समाज के नेता पितरों की भाँति छोटे-बड़े शासक थे, वहाँ आगे नियंत्रित सामंत या राजा बनते हुए अंत में निरंकुश राजा बन जाते हैं। प्रजा के अधिकार जब बहुत कम रह गए, और राजा सर्वेसर्वा बन गया, उसी समय (600-500 ईसा पूर्व) 'देव' राजा का पर्यायवाची शब्द बना।"[15]

वर्चस्वशाली वर्ग के इन दोनों प्रतिनिधियों के बीच स्वाभाविक रूप से तालमेल था। ब्राह्मण, पुरोहितों ने राजा को पूरी निरंकुशता से राज्य करने का प्रमाणपत्र दिया तो राजा ने ब्राह्मणों के विशेषाधिकारों की रक्षा की। शेष जनता को 'कर्म करो और फल की चिंता न करो' का झुनझुना पकड़ा दिया गया। पुनर्जन्म का सिद्धांत इसमें बड़ा मददगार था, लोगों से कहा गया कि आज जो दुःख या सुख भोग रहे हैं, उसके ज़िम्मेदार उनके पूर्वजन्म के कर्म हैं। अगर वे इस जन्म में अपना 'धर्म' सही तरीके से निभाएँगे तो ईश्वर उन्हें अगले जन्म में ही नहीं, ऊपर स्वर्ग में भी सुख देगा, नहीं निभाएँगे तो अगला जन्म तो बिगड़ेगा ही, साथ में ऊपर भी नर्क की आग में जलना होगा। और सबका धर्म अलग-अलग था, ब्राह्मण का धर्म पूजा-पाठ था, क्षत्रिय का युद्ध और राज्य, वैश्य का व्यापार तो शूद्र का धर्म केवल इन तीनों वर्गों की सेवा निर्धारित किया गया।[16] इन सभी को अपने धर्म के अनुसार कर्म करते जाना था और फिर उसी के हिसाब से उनके सुख और दुःख निर्धारित होने थे। इसे ही 'कर्म का

---

13. देखें, पेज—529, *लोकायत,* देवी प्रसाद चट्टोपाध्याय, वर्ष-1959, पीपुल्स पब्लिशिंग हाउस, दिल्ली
14. देखें श्लोक 93, *मनुस्मृति,* सौवें श्लोक में कहा गया है कि जो कुछ संसार में है वह सब ब्राह्मण के हेतु है क्योंकि ज्ञानबल से वह उनको भोग सकता है। (सर्व स्वं ब्राह्मणस्येदं यतकिंचिज्जगतीतम)
15. देखें, पेज-266, *दर्शन-दिग्दर्शन,* राहुल सांकृत्यायन, वर्ष-2000, किताब महल प्रकाशन, इलाहाबाद
16. देखें, *मनुस्मृति,* श्लोक 88 से 91

सिद्धांत' कहा गया। यही वह कर्म था जिसके लिए *गीता* में कहा गया—'कर्मण्येवाधिकारस्ते मां फलेषु कदाचन' अर्थात् सिर्फ़ कर्म पर तुम्हारा अधिकार है, फल पर कतई नहीं। फल पर अधिकार तो ईश्वर का था, वह आज दे, स्वर्ग में दे, अगले जन्म में दे या उसके बाद दे।

ज़ाहिर है कि पूरी तरह शारीरिक श्रम से मुक्त हो ब्राह्मण वर्ग को वह अवकाश मिला, जिससे वह कला, विज्ञान, व्याकरण, ज्योतिष, दर्शन और ऐसे ज्ञान-विज्ञान के तमाम क्षेत्रों में नए सृजन कर सका। इस तरह उसने अपनी बौद्धिक श्रेष्ठता स्थापित की। ब्राह्मण होने का अर्थ ही विद्वान होना स्थापित कर दिया गया। आखिर जिनका धर्म सिर्फ़ सेवा था, जिन्हें पढ़ने-लिखने का अधिकार भी नहीं था, वे विद्वान बनते भी तो कैसे! इस तरह से शूद्रों के साथ अन्याय और उनके श्रम के शोषण के माध्यम से उच्च वर्णों ने अपनी भौतिक सुख-सुविधाएँ जुटाईं—आध्यात्म के सहारे!

लेकिन यह गोरखधंधा अनंत काल तक नहीं चल सकता था। दस्तकारी के विकास के साथ समाज में नए वर्गों का उदय हुआ। उत्पादन की नयी तकनीकों के साथ व्यापार में भारी वृद्धि हुई और अब ब्राह्मणों की व्यवस्था इसमें बाधा बनने लगी थी। उन निर्धारित कर्मों और नियमों को मानते हुए उत्पादन और व्यापार का विस्तार सम्भव नहीं था तो स्वाभाविक है कि इसका विरोध होता। ऐसे में वर्ण व्यवस्था और उसके कर्मकांडों पर हमला करने वाले चिंतकों का उदय हुआ जो अपने मूल में भौतिकवादी थे। इसके बाद का इतिहास इन दर्शनों के आपसी संघर्ष का इतिहास है, जो ज़ाहिर तौर पर पुराने वर्चस्वशाली वर्ग और नए उभरते वर्गों का इतिहास है।

भारतीय दर्शन परम्परा

भारतीय दर्शन परम्परा में मुख्यत: नौ सम्प्रदाय हैं जिनमें छ: को आस्तिक अर्थात् वेद भक्त माना जाता है और तीन को नास्तिक। आस्तिक सम्प्रदायों में मीमांसा अथवा पूर्वमीमांसा, वेदान्त, सांख्य, योग, न्याय तथा वैशेषिक हैं। नास्तिक सम्प्रदायों में (यानी जो वेद को मान्यता नहीं देते थे) लोकायत अथवा चार्वाक दर्शन, बौद्ध और जैन हैं। इनमें लोकायत, बौद्ध और वेदान्त दर्शनों पर आगे के अध्यायों में विस्तृत चर्चा की गई है। यहाँ शेष सभी पद्धतियों की बहुत विस्तार से चर्चा तो संभव नहीं है, लेकिन एक संक्षिप्त परिचय देने का प्रयास किया गया है। उत्सुक पाठक संदर्भित पुस्तकें देख सकते हैं।

मीमांसा सम्प्रदाय के मूल ग्रन्थ का नाम है *मीमांसासूत्र* जिसे 200 ईसा पूर्व से 200 ईस्वीं के बीच का माना जाता है। *मीमांसासूत्र* पर उपलब्ध सबसे पुराना भाष्य 'शबर-भाष्य' है जिसका रचना काल 400 ई के पहले का है। इसके बाद प्रभाकर और कुमारिल भट्ट इसके प्रमुख मीमांसक माने जाते हैं जिनमें पर्याप्त मतभेद है। मीमांसा सम्प्रदाय आस्तिक होते हुए भी मूलत: निरीश्वरवादी सम्प्रदाय था। ईश्वर की मान्यता के विरुद्ध शबर की सीधी-सादी युक्ति यह है कि ईश्वर के अस्तित्व के समर्थन में कोई प्रमाण नहीं। कुमारिल और प्रभाकर दोनों ने ईश्वर के अस्तित्व को नकारा है। इनके मतानुसार विश्व में पाई जानेवाली वस्तुएँ आदि तथा अंत वाली अवश्य हैं, लेकिन इसका यह अर्थ कदापि नहीं कि समूचा

विश्व ही आदि तथा अन्त वाला है। दोनों ने इस कल्पना को ठुकराते हुए कि समूचे विश्व में ही समय-समय पर सृष्टि और प्रलय हुआ करते हैं, इस मत की स्थापना की कि इस विश्व में 'उत्पत्ति तथा विनाश की प्रक्रियाएँ सतत् चलती रहती हैं।' डॉ. राधाकृष्णन कहते हैं—''पूर्वमीमांसा की यह दरार (यानी ईश्वर की मान्यता का अभाव) इतनी असंतोषजनक थी कि परवर्ती रचनाकार धीरे-धीरे करके चोरी-छिपे ईश्वर को ले आये।''[17]

सांख्य सम्प्रदाय काफ़ी प्राचीन माना जाता है और इसका प्रभाव भी काफ़ी व्यापक था। कुछ विद्वानों ने इसके नामकरण का कारण बताते हुए कहा है कि चूँकि यह केवल वैदिक सोच पर नहीं अपितु तार्किक सोच पर आधारित था इसलिए इसे सांख्य कहा गया। सांख्य का भारतीय चिंतन प्रणाली पर गहरा असर रहा। डेविस के अनुसार—

> यह केवल तर्क के आधार संसार की उत्पत्ति, प्रकृति और मनुष्य के सम्बन्धों, भविष्य के प्रश्नों जैसे उन रहस्यात्मक सवालों के उत्तर ढूँढने की पहली कोशिश थी जो प्रत्येक वैचारिक मनुष्य के मन में उठने स्वाभाविक थे।

कपिल मुनि को सांख्य का प्रवर्तक माना जाता है और आम मान्यता है कि वह छठी या सातवीं ईसा पूर्व की अवधि में थे। यह वह दौर था जब क़बीलाई समाज का पतन हो रहा था और आर्य सभ्यता वर्ण-व्यवस्था निर्माण तथा राज्य की उच्चतर अवस्था में पहुँच रही थी। उभरती हुई अर्थव्यवस्था की इस पृष्ठभूमि में आरंभिक सांख्य दार्शनिकों ने तर्क में अपनी आस्था प्रकट की और यह घोषणा की कि विश्व का निर्माण भौतिक तत्व से हुआ है, प्रकृति विकास की प्रक्रिया में है और जीवन तथा जीवन शक्ति, विचार और चेतना केवल भौतिक तत्व के उत्पाद हैं। दामोदरन ने *महाभारत* तथा अन्य स्थानों से उदाहरण देकर प्राचीन सांख्य के इन विश्वासों का ज़िक्र किया है।[18]

लेकिन कालान्तर में वेदांत का प्रभाव बढ़ने के साथ-साथ सांख्य दर्शन को अपने अनुकूल ढालने के प्रयास में अनेक टीकाएँ लिखी गईं। असल में इसका प्राचीनतम् ग्रन्थ *षष्टिसूत्र* अनुपलब्ध है और इसके स्रोत मूलत: *सांख्य कारिका* तथा *सांख्य सूत्र* में पाए जाते हैं। *सांख्य सूत्र* को देवीप्रसाद चट्टोपाध्याय जाली बताते हैं जिसको बहुत बाद में 1400 ईस्वी में लिखा गया। कारिकापूर्व सांख्य को खोजने के प्रयास में इसके दृष्टिकोण का एक प्रमुख सूत्र वेदान्तदर्शन का आधारभूत ग्रन्थ माने जाने वाले बादरायणकृत *ब्रह्मसूत्र* में मिलता है जहाँ अकेले सांख्य मतवाद के खंडन के लिए 60 सूत्र रचे गए हैं जबकि दूसरे सभी विरोधी मतवादों का खंडन 43 सूत्रों में आ जाता है। ज़ाहिर है कि वेदान्त के लिए *सांख्य दर्शन* प्रमुख प्रतिद्वंद्वी था।[19] के. दामोदरन कहते हैं—

---

17. देखें, पेज 62-63, *भारतीय दर्शन : सरल परिचय,* देवी प्रसाद चट्टोपाध्याय, राजकमल प्रकाशन, 2004
18. देखें, पेज 130-31, *इन्डियन थॉट : अ क्रिटिकल सर्वे,* के. दामोदरन, एशिया पब्लिशिंग हाउस, दिल्ली—1967
19. देखें, पेज 119, *भारतीय दर्शन : सरल परिचय,* देवी प्रसाद चट्टोपाध्याय, राजकमल प्रकाशन, 2004

मूलतः सांख्य एक वैदिक दर्शन नहीं था, फिर भी इस दार्शनिक पद्धति के दार्शनिकों ने जनता के बीच में वह प्रतिष्ठा और प्राधिकार हासिल किया कि ब्राह्मणवादी चिंतक भी इसके कुछ विचार अपनाने लगे जिसके परिणामस्वरूप समय के साथ सांख्य को भी एक रूढ़िवादी विचार की तरह देखा जाने लगा। इसकी वजह से इसकी कुछ मूलभूत सैद्धांतिक प्रस्थापनाओं को छोड़ना पड़ा और इस विचार में भाववादी विचार घुस गए। इस तरह मूल सांख्य और उस सांख्य में अंतर आते चले गए जो अष्टिका दर्शनों का हिस्सा बना।[20]

योग सम्प्रदाय के प्रवर्तक पतंजलि माने जाते हैं। योग कोई दार्शनिक मतवाद नहीं है, इसका आशय कुछ ऐसी क्रियाओं से है जो अत्यंत प्राचीनकाल से प्रचलित थीं और जिनके बारे में यह विश्वास था कि वे अति-प्राकृतिक क्षमताओं को जन्म देती हैं। दूसरे यह कि *योगसूत्र* में इन क्रियाओं का विस्तृत वर्णन है तथापि एक दार्शनिक मतवाद विशेष का भी इन दो के बीच में कोई सम्बन्ध नहीं। यदि ईश्वर की स्वीकृतिवाली बात छोड़ दी जाए तो *योगसूत्र* में प्रतिपादित मतवाद प्रायः वही था जिसका प्रतिपादन हम सांख्य में पाते हैं। इसीलिए पतंजलि के दर्शन को 'सेश्वर सांख्य' या ईश्वर सहित सांख्य कहा गया।[21] दामोदरन की भी मान्यता है कि योग और सांख्य के उद्देश्य एक ही थे। पतंजलि का उद्देश्य कपिल मुनि की अवधारणाओं को वास्तविक रूप में अनुभव करना था। सत्य की केवल खोज नहीं की जानी है अपितु उसका अनुभव भी किया जाना है। इसलिए व्यावहारिक प्रशिक्षण सैद्धांतिक अध्ययन जितना ही ज़रूरी है। यही योग का उद्देश्य था।[22]

वैशेषिक दर्शन प्रणाली के प्रणेता कणाद माने जाते हैं। यह प्राचीन भारत की सबसे यथार्थवादी और व्यवस्थित दार्शनिक प्रणालियों में से एक है और इसका स्रोत आज उपलब्ध *वैशेषिक सूत्र* के 370 सूत्र हैं। दर्शन को कणाद का सबसे महत्त्वपूर्ण योगदान परमाणु से विश्व के उद्विकास की अवधारणा है जिसे वह बुनियादी वास्तविकता मानते हैं। दामोदरन ने कणाद सूत्रों और उस पर शंकर मिश्र की टीका के अनुवादक नंदलाल सिन्हा के हवाले से कणाद का काल छठी से दसवीं शताब्दी के बीच माना है। वैशेषिक प्रणाली प्रकृति तथा विश्व की मूलभूत वास्तविकताओं को समझने और उनकी खोज करने का प्रयास करती है। कणाद की मान्यता थी कि प्रकृति तथा ब्रह्माण्ड के प्रत्येक पक्ष के विशेष गुणों और विशेषताओं के अध्ययन से ही इन मूलभूत वास्तविकताओं को ठीक से जाना जा सकता है। इसीलिए इस दार्शनिक पद्धति का नाम 'वैशेषिक' पड़ा। कणाद के अनुसार, विश्व मनुष्य की चेतना के बाहर और उससे स्वतन्त्र रूप से वस्तुगत तरीके से अस्तित्वमान है और मानवीय प्रयासों से इसकी व्याख्या की जा सकती है और इसे समझा जा सकता है।

वैशेषिक सूत्र का आरम्भिक वाक्य है : अब हम धर्म की व्याख्या करेंगे। धर्म क्या है? कणाद के अनुसार, धर्म ईश्वर या किसी अनश्वर दैवी शक्ति में आस्था नहीं अपितु वह है जिससे प्रगति और आधारभूत सुख की प्राप्ति हो सके। कणाद ने छह ज्ञेय पदार्थों की

20. देखें, पेज 132, *इन्डियन थॉट : अ क्रिटिकल सर्वे*, के. दामोदरन, एशिया पब्लिशिंग हाउस, दिल्ली—1967
21. देखें, पेज 121-22, *भारतीय दर्शन : सरल परिचय*, देवी प्रसाद चट्टोपाध्याय, राजकमल प्रकाशन, 2004
22. देखें, पेज 167, *इन्डियन थॉट : अ क्रिटिकल सर्वे*, के. दामोदरन, एशिया पब्लिशिंग हाउस, दिल्ली—1967

पहचान की—गुण, कर्म, सामान्य, विशेष और समवाय। उनके अनुसार प्रकृति और जगत की समस्त अवधारणाओं में ये छह पदार्थ अस्तित्वमान हैं। इसके अलावा कणाद ने द्रव्य को नौ भागों में बाँटा पृथ्वी, जल, अग्नि,वायु, आकाश, काल, दिक, आत्मा और मानस। उन्होंने सभी भौतिक और मानसिक कारकों को इन नौ द्रव्यों में बाँटकर इनके मिलने से अस्तित्व में आईं विभिन्न वस्तुओं और अवधारणाओं का अध्ययन किया।[23] कणाद ने स्पष्ट घोषणा की कि ब्राह्मण नहीं अपितु अविनाशी, स्व-उद्भूत परमाणु जगत का कारण हैं। यही नहीं, वह कहते हैं कि चेतना, अनुभूति, बौद्धिकता आदि द्रव्य से स्वाधीन रूप से काम करने वाली आत्मा में अन्तर्निहित गुण नहीं अपितु वे द्रव्यों के जटिल संयोजन का परिणाम हैं। इस प्रकार दामोदरन का निष्कर्ष है कि सांख्य की ही तरह वैशेषिक भी मूलतः एक तार्किक भौतिकवादी दर्शन था जो बाद में भाववादी टीकाकारों द्वारा विकृतियों (जोड़-तोड़) और भ्रामक व्याख्याओं का शिकार बनाया गया।[24]

न्याय दर्शन का उद्देश्य यथार्थ के संदर्भ में ज्ञान की समस्या के अन्वेषण पर केन्द्रित होता है। इसीलिए इसे हेतुविद्या और प्रमाणशास्त्र भी कहा जाता है। इस प्रकार न्याय प्राचीन भारत में तर्क का विज्ञान था और ज्ञान का सिद्धांत इस प्रणाली में सबसे महत्त्वपूर्ण है। इसके प्रणेता गौतम माने जाते हैं जिन्हें महाभारतयुगीन माना गया है। गौतमकृत *न्याय-सूत्र* इस प्रणाली का आदिस्रोत है। न्याय दर्शन प्रणाली वैशेषिक प्रणाली से इतनी मिलती-जुलती है कि अक्सर इन्हें मिलाकर न्याय-वैशेषिक प्रणाली के रूप में ही देखा जाता है।

इस दर्शन के अनुसार ब्रह्माण्ड परमाणुओं की क्रिया और अंत:क्रिया से निर्मित होता है। वैशेषिकों की ही तरह न्याय भी मौलिक रूप से एक भौतिकवादी दर्शन था जो ब्रह्माण्ड के अपने सिद्धांत में किसी ईश्वर या पराभौतिक शक्ति को कोई स्थान नहीं देता था। पाँच अनश्वर और मूलभूत पदार्थों—पृथ्वी, जल, अग्नि और आकाश न्याय ब्रह्मांडविज्ञान के मूलभूत आधार हैं। यह मनुष्य के उच्चतर लक्ष्य के रूप में निश्रेयस अर्थात् परमानंद को घोषित करता है जो केवल यथार्थ के सम्पूर्ण ज्ञान द्वारा संभव है।

न्याय प्रकृति के नियमों की रौशनी में मानव अस्तित्व की समस्या के विवेचन का प्रयास करता है। यह यथार्थ को मोटे तौर पर चेतना और अचेतना में विभक्त करता है, दोनों स्वतन्त्र रूप से अस्तित्वमान होते हैं लेकिन फिर भी एक-दूसरे से सम्बद्ध होते हैं : मानसिक यथार्थ अविभाज्य रूप से बाह्य मानसिक यथार्थ यानी वस्तुगत बाहरी यथार्थ से सम्बद्ध होता है। वाह्य पदार्थ न केवल मानसिक जीवन से स्वतन्त्र रूप से अस्तित्वमान होते हैं अपितु वे मानसिक जीवन की विभिन्न अवधारणाओं के लिए आवश्यक शर्त होते हैं। मानसिक संक्रिया का हर हिस्सा किसी-न-किसी बाहरी यथार्थ से जुदा होता है। और चेतन तत्व का अस्तित्व केवल अचेतन तत्वों की संक्रियाओं से अभिव्यक्त होता है। लेकिन यह माना गया कि अविनाशी परमाणविक तत्व मानस अस्तित्वमान है और सक्रिय है।

---

23. देखें, पेज 150, *इन्डियन थॉट : अ क्रिटिकल सर्वे*, के. दामोदरन, एशिया पब्लिशिंग हाउस, दिल्ली—1967

24. देखें, पेज 158 वही,

वैशेषिक तर्क पद्धति को एक उदाहरण से समझा जा सकता है। उनके अनुसार अनुमान-वाक्य पाँच उप-वाक्यों वाला होना चाहिए—

1. यह पर्वत आगवाला है; (प्रतिज्ञा)
2. क्योंकि यह धुएँवाला है; (हेतु)
3. जो भी स्थान धुएँवाला है वह आगवाला है जैसे कि रसोई; (उदाहरण)
4. यह पर्वत धुएँवाला है और आग धुएँ के साथ सदा रहती है; (उपनय)
5. इसलिए यह पर्वत आगवाला है। (निगमन)

इस प्रकार न्याय प्रणाली की सबसे बड़ी विशेषता तर्क, कारण तथा द्वंद्व के सहारे ज्ञान की तलाश थी, लेकिन धीरे-धीरे इसमें भी भाववादी तत्व घुसा दिए गए।

जैन सम्प्रदाय आज भी एक धर्म के रूप में सक्रिय है। बौद्ध धर्म से पहले अस्तित्व में आया यह सम्प्रदाय अब श्वेताम्बर तथा दिगम्बर, दो सम्प्रदायों में बँट गया है। इसके प्राचीनतम् स्रोत 11 अंग हैं जिन्हें दिगम्बर स्वीकार नहीं करते। इस दृष्टिकोण की निजी विशेषता है 'अनेकान्तवाद' (non-absolutism) जो किसी भी प्रकार के चरमपंथ को स्वीकार नहीं करता। यह एक प्रयास था उपनिषद्-स्वीकृत तथा बौद्ध-स्वीकृत मंतव्यों के बीच का रास्ता निकालने का। इस रूप में जैन प्रणाली ने चरम वास्तविकता को नित्य और शाश्वत दोनों ही माना। यही 'स्यादवाद' का मूल है, जो स्यात अर्थात् 'हो सकता है' से निकला है। उदाहरण के लिए घड़े का प्रयोग करते हुए कहा गया कि मिट्टी (भौतिक वस्तु) सदा विद्यमान रहती है लेकिन यह नए-नए आकार और नए-नए गुण धारण कर सकती है अतः शाश्वत या परिवर्तनशील है। ईश्वर की अस्वीकार्यता के बावजूद अपनी वैचारिक उलझनों के कारण जैन धर्म का ज़ोर अहिंसा पर बढ़ता चला गया और अंततः इसे ही मूलमन्त्र बना लिया गया।

वेदों में क्या है!

आम मान्यता यही है कि वेदों में सिर्फ़ आध्यात्म की शिक्षा है। लेकिन यह पूरा सच नहीं है। मैंने पहले ही डॉ. राधाकृष्णन के हवाले से बताया है कि *ऋग्वेद* में भौतिकवाद के बीजाणु थे। के. दामोदरन बताते हैं कि *ऋग्वेद* के बृहस्पति भारतीय भौतिकवाद के प्रथम प्रणेता माने जाते हैं। उन्होंने ही सर्वप्रथम पदार्थ को परम सत्य घोषित किया था। वह और उनके शिष्य ईश्वर के अस्तित्व से भी इनकार करते थे। वे आत्मा की अमरता और मृत्यु के बाद के जीवन की अवधारणा के भी विरोधी थे।[25] इसी सन्दर्भ में वे बृहस्पति के शिष्य धिषण और भृगु (जिनके बारे में 'का रहीम हरि को भयो, जो भृगु मारहिं लात' वाला दोहा है) का भी ज़िक्र करते हैं। इसी किताब में एम. हिरियन्ना का एक लंबा उद्धरण है जो *ऋग्वेद* के कुछ ऐसे सूक्तों का ज़िक्र करता है जिनमें सर्वोच्च वैदिक देवता इंद्र और पुरोहितों पर सवाल खड़े किये गए हैं।[26] वेदों के अलावा उपनिषदों में तो जगह-जगह ऐसे विचार मिलते हैं। *छान्दोग्य* उपनिषद् (700 ईसा पूर्व) में वैसे तो कर्मकांडों की भरपूर प्रशंसा है, लेकिन

---

25. देखें, पेज-93, *भारतीय चिंतन परम्परा,* के. दामोदरन
26. देखें, पेज-94 वही,

प्रथम अध्याय के अंत में दाल-रोटी के लिए 'हावु-हावु' (सामगान का आलाप) करने वाले पुरोहितों का एक दिलचस्प मज़ाक किया गया है।

बक दालभ्य—जिसका दूसरा नाम ग्लाब मैत्रेय भी था—कोई ऋषि था। वह वेद पाठ के लिए किसी एकांत स्थान में रह रहा था; उस समय एक सफ़ेद कुत्ता वहाँ प्रकट हुआ। फिर कुछ और कुत्ते आ गए और उन्होंने सफ़ेद कुत्ते से कहा कि हम भूखे हैं, तुम साम गाओ, शायद इससे हमें कुछ भोजन मिल जाए। सफ़ेद कुत्ते ने दूसरे दिन आने के लिए कहा। दालभ्य ने कुत्तों की बात सुनी थी। वह भी सफ़ेद कुत्ते के सामगान को सुनने के लिए उत्सुक था। दूसरे दिन उसने देखा कि कुत्ते आगे-पीछे एक की पूँछ दूसरे के मुँह में लिए बैठकर गा रहे थे—हि! ओम् खावें, ओम् पीएं, ओम् देव हमें भोजन दें। हे अन्नदेव! हमारे लिए अन्न लाओ, हमारे लिए इसे लाओ, ओम। इस मज़ाक में दरअसल, सामगायक पुरोहित पेट के लिए यज्ञ के वक़्त जो एक के पीछे एक-दूसरे का वस्त्र पकड़े हुए *सामवेद* का गायन करते थे, उसी की नक़ल उतारी गयी है।[27]

बाद के उपनिषदों में तो इन कर्मकांडों का उपहास और भौतिकवादी विचारों का ताप और तीखा है। *मुंडक* उपनिषद् में लिखा है, 'यज्ञ रूपी ये बेड़े कमज़ोर हैं। जो मूर्ख से अच्छा कहक़र अभिनन्दन लेते हैं, वे फिर-फिर बुढ़ापे और मृत्यु को प्राप्त होते हैं। अज्ञान के भीतर विद्यमान ख़ुद को पंडित समझने वाले वे मूर्ख अंधे द्वारा अपने पीछे अन्धों को चलाने वाले की ही तरह दुःख पाते हैं।'[28] यही नहीं वे, '*ऋग्वेद, यजुर्वेद, सामवेद, अथर्ववेद,* शिक्षा, कल्प, व्याकरण, निरुक्त, छंद और ज्योतिष को कमतर ज्ञान (अपरा) घोषित करते हैं।'[29] श्वसनवेद घोषणा करता है कि 'न तो कोई अवतार है, न ईश्वर है, न स्वर्ग है और न नरक है। सभी परम्परागत धार्मिक साहित्य अहंकारी मूर्खों की करतूत है।'[30]

स्पष्ट है कि हमारी परम्परा कोई एकांगी परम्परा नहीं। लेकिन चूँकि सत्ता वर्ग हमेशा चार वर्णों वाली व्यवस्था का हामी रहा तो उसके लिए इन कर्मकांडों और इनके पोषक दर्शनों को संरक्षण देना लाज़िमी था। भौतिकवाद हमेशा ही विरोध का दर्शन रहा और तमाम अपमान तथा उत्पीड़न के बावजूद हमारे प्राचीन विद्रोहियों ने लगातार इसका परचम उठाये रखा।

---

27. देखें, पेज -303, *दर्शन-दिग्दर्शन,* राहुल सांकृत्यायन, किताब महल प्रकाशन, इलाहाबाद, 2000

28. देखें, पेज-327 वही,

29. देखें, पेज-327 वही,

30. देखें, पेज-95, *भारतीय चिंतन परम्परा,* के. दामोदरन, पीपुल्स पब्लिशिंग हाउस, दिल्ली, 2001

3

भारतीय दर्शन परम्परा (चार्वाक या लोकायत दर्शन)

पिछले अध्याय में हमने भारतीय दर्शन के आरंभिक स्रोतों, वेदों और उपनिषदों में भौतिकवादी प्रवृत्तियों की छानबीन करते हुए पाया था कि वेदों और उपनिषदों के काल में भी यज्ञ और दान के पाखण्ड पर ही नहीं अपितु ईश्वर और ब्रह्म की अवधारणा पर भी सवाल उठते दिखाई देते हैं। साफ़ तौर पर भारतीय दर्शन की दो धारायें हमें दिखाई देती हैं जिनमें जो 'इस सिद्धांत की अनुयायी थीं कि पदार्थ को प्राथमिकता प्राप्त है, भौतिकवादी कहलाईं और जो इस सिद्धांत को मानती थीं कि आत्मा प्राथमिक है और प्रत्येक वस्तु का उद्‌भव चेतना अथवा किसी ज्ञान सिद्धांत से हुआ है, आदर्शवादी कहलाईं।[31] ईसा पूर्व आठवीं और छठी शताब्दियों के बीच भारत में अनेक भौतिकवादी विचारधाराएँ थीं, इनमें सर्वप्रमुख विचारधारा 'चार्वाक दर्शन' थी। प्रचलित धारणा यही है कि चार्वाक शब्द की उत्पत्ति 'चारु'+'वाक्' (मीठी बोली बोलने वाले) से हुई है।[32] ज़ाहिर है कि यह नामकरण इस सिद्धांत के उन विरोधियों द्वारा किया गया है जिनका मानना था कि ये लोग मीठी-मीठी बातों से भोले-भाले लोगों को बहकाते थे। चार्वाक सिद्धांतों के लिए बौद्ध पिटकों तक में 'लोकायत' शब्द का प्रयोग किया जाता है जिसका मतलब 'दर्शन की वह प्रणाली है जो इस लोक में विश्वास करती है और स्वर्ग, नरक अथवा मुक्ति की अवधारणा में विश्वास नहीं रखती।'[33]

चार्वाक का नाम सुनते ही आपको 'यदा जीवेत सुखं जीवेत, ऋण कृत्वा, घृतं पीबेत' (जब तक जियो सुख से जियो, उधार लो और घी पियो) की याद आएगी। 'चार्वाक' नाम को ही घृणास्पद गाली की तरह बदल दिया गया है। मानो इस सिद्धांत को मानने वाले सिर्फ़ क़र्ज़खोर, भोगवादी और पतित लोग थे। हिरियन्ना ने अपनी किताब में इस बात पर अफ़सोस व्यक्त किया है कि इस दर्शन के बारे में जानने के लिए जो भी स्रोत हैं, वे सब

---

31. देखें, पेज—105, *भारतीय चिंतन परम्परा,* के. दामोदरन, पीपुल्स पब्लिशिंग हाउस, दिल्ली-2001
32. देखें, वही, पेज 106, और पेज-187, *आउटलाइंस ऑफ़ इन्डियन फ़िलासफ़ी,* एम. हिरियन्ना, मोतीलाल-बनारसीदास पब्लिशर्स प्रा.लि., दिल्ली-1993
33. देखें, *भारतीय चिंतन परम्परा,* के. दामोदरन, पेज—106, देखें, *दर्शन-दिग्दर्शन,* पेज-435

इसके दुश्मनों द्वारा की गयीं आलोचनाओं के ही हैं। उन्होंने इसकी तुलना प्राचीन ग्रीस के 'सोफ़ीवाद' दर्शन से की है, जो रसिया और काफ़िर होने का पर्यायवाची बन गया था।[34] चार्वाक या लोकायत दर्शन का ज़िक्र तो *महाभारत* में भी मिलता है लेकिन इसका कोई भी मूल ग्रन्थ उपलब्ध नहीं। ज़ाहिर है कि चूँकि यह अपने समय की सत्ताधारी ताकतों के ख़िलाफ़ बात करता था, तो इसके ग्रंथों को नष्ट कर दिया गया।[35] और प्रचलित कथाओं में चार्वाकों को खलनायकों की तरह पेश किया गया। इसकी तुलना हम उस स्थिति से कर सकते हैं जब आज मार्क्सवाद के बारे में आम जन के पास अधिकतर जानकारी उन अख़बारों या *पूँजीवादी* माध्यमों से पहुँचती है जो मार्क्सवाद के शत्रु हैं, या *अमेरिकी* सिनेमा से जो एक तय रणनीति के अनुसार शीतकाल के दौर में रूस तथा वामपंथ विरोधी अभियान चला रहा था। ज़ाहिर है कि लोकायतों का विरोध इसलिए था कि यह वैदिक प्राधिकार और ब्राह्मणों के ख़िलाफ़ था। लेकिन जैन और बौद्ध धर्म भी इनके ख़िलाफ़ थे परन्तु जो व्यवहार, जो घृणा चार्वाकों के प्रति थी वह उनके लिए नहीं। आखिर क्यों? इसे समझने के लिए लोकायत दर्शन को थोड़ा विस्तार से देखना होगा।

इन दुश्मनाना स्रोतों में भी, लोकायत के उन विभिन्न पहलुओं की जानकारी मिलती है जिसके सहारे हम अपने सबसे पुराने भौतिकवादी दार्शनिकों के बारे में जान पाते हैं। जैसे शंकर के अनुयायी श्री हर्ष की किताब *खंडन खंड्खाद्य* (खंडन रूपी खांड की मिठाई) में समस्त प्रमाण और प्रमेयों का खंडन किया गया और शंकर ने कहा कि 'प्रमाण प्रमेय सम्बन्धी सभी व्यवहार अविद्यामूलक (यानी इस तरह से पाया गया ज्ञान सही ज्ञान नहीं है) हैं।[36] ज़ाहिर है, लोकायतिक अपने ज्ञान तक पहुँचने के लिए 'प्रमाण और प्रमेय' का सहारा लेते हैं। यह 'प्रमाण' और 'प्रमेय' क्या है? 'प्रमाण' का अर्थ किसी सही, पुष्ट ज्ञान (प्रमा) तक पहुँचने के आवश्यक माध्यम हैं और प्रमेय वह ज्ञात प्रयोजन है तथा जानने वाला 'प्रमाता'। प्रमाण तीन तरह के होते हैं। पहला—प्रत्यक्ष, दूसरा- अनुमान और तीसरा- शब्द।[37] लोकायतिक दार्शनिकों के सिद्धांत का सबसे महत्त्वपूर्ण पक्ष है कि वे सिर्फ़ प्रत्यक्ष प्रमाण पर विश्वास करते हैं। न तो वे अनुमान को विश्वसनीय प्रमाण मानते हैं और न ही पहले से किसी 'दैवी' पुस्तक (वेद, उपनिषद्) में कहे गए शब्दों यानी शब्द प्रमाण को। चार्वाकों के सिद्धांतों को राहुल सांकृत्यायन ने चार मूल सिद्धांतों में बाँट कर देखा है।[38] पहला—चार्वाक चेतना को भौतिक उपज मानते हैं। वे पृथ्वी, हवा, आग और जल को चार भूत मानते हैं और उनका मानना है कि इन्हीं से चेतना की उत्पत्ति होती है। दूसरा—वे अनीश्वरवादी हैं। उनके अनुसार दुनिया को बनाने में ईश्वर का कोई योगदान नहीं। तीसरे—

---

34. देखें, पेज-187, *आउटलाइंस ऑफ़ इन्डियन फ़िलॉसफ़ी*, एम. हिरियन्ना, मोतीलाल-बनारसीदास पब्लिशर्स प्रा.लि., दिल्ली-1993
35. देखें, पेज-86, *डिस्कवरी ऑफ़ इंडिया*, जवाहर लाल नेहरू, ऑक्सफ़ोर्ड यूनिवर्सिटी प्रेस, दिल्ली-1980
36. देखें, पेज-185, *भारतीय दर्शन-सरल परिचय*, देवी प्रसाद चट्टोपाध्याय, राजकमल प्रकाशन, 2004
37. देखें, पेज-177, *आउटलाइंस ऑफ़ इन्डियन फ़िलॉसफ़ी*, एम. हिरियन्ना, मोतीलाल-बनारसीदास पब्लिशर्स प्रा.लि., दिल्ली-1993
38. देखें, पेज-435, *दर्शन-दिग्दर्शन*, राहुल सांकृत्यायन, किताब महल प्रकाशन, इलाहाबाद, 2000

वे आत्मा जैसी किसी चीज़ के होने से इनकार करते हैं। *सर्वदर्शन* संग्रह में उद्धृत एक श्लोक में कहा गया है कि 'न स्वर्ग है, न नरक, न परलोक में जाने वाली कोई आत्मा, वर्ण और आश्रम की बातें बकवास हैं। जो बुद्धि और बल से हीन हैं वही यज्ञ, हवन आदि में विश्वास करते हैं। यदि यज्ञ में बलि दिया गया पशु स्वर्ग जाता है तो लोग अपने पिता की बलि क्यों नहीं चढ़ाते?' और चौथा—'नैराश्य-वैराग्य का खंडन' यानी वे इस बात से इंकार करते हैं कि चूँकि सुखों के साथ दुःख जुड़े होते हैं इसलिए हमें सुखों का त्याग करना चाहिए। इसके लिए वे तर्क देते हैं कि 'हम अच्छे धान को इसीलिए फेंक नहीं देते कि वह भूसी से लिपटा होता है।' इस तरह संन्यास जैसी चीज़ों को वे मूर्खता कहते हैं। जीवन का चरम उद्देश्य सुख है। लेकिन इसका अर्थ यह नहीं कि वे इस 'सुख' को हासिल करने के लिए किसी अनैतिक या भ्रष्ट आचरण की वकालत करते हैं। उनका मानना है कि 'सामूहिक सुख वैयक्तिक सुखों में ही प्रतिबिंबित होते हैं और ऐसा कोई सार्वजनिक-सामाजिक हित नहीं हो सकता जिसमें समाज के लोग दुखी हों।' अगर अपने समय को हम देखें तो सरकारें एक तरफ़ विकास दरों की बढ़ोत्तरी की दुहाई देती हैं और दूसरी तरफ़ बेरोज़गारी, महँगाई, गरीबी बढ़ती ही जाती है, किसान आत्महत्या करने पर मजबूर होते हैं। ऐसे में यह सवाल बनता ही है कि वह कौन-सा सार्वजनिक विकास है जिसकी नींव आम आदमी के दुखों पर बनती है?

पहली ईसवी सदी के राजनीतिक, आर्थिक, अंतर्जातीय और सांस्कृतिक उथल-पुथल के दौर में जब गणतंत्रों की व्यवस्था को समाप्त कर गुप्त राजवंश भारत के बड़े हिस्से पर कब्ज़ा जमा चुका था तो जो वर्ग यहाँ थे उनमें सबसे ऊपर थे देशीय या फिर देशीय बन गए राजा, दरबारी और सामंत जो जनता के बड़े हिस्से के श्रम पर ऐश करते थे और उसके बाद धर्माचार्यों की जमात थी जो आत्मा, परमात्मा और मोक्ष का प्रपंच फैलाकर यज्ञ-हवन-बलि जैसे ढकोसलों के सहारे अपना धंधा चलाती थी और सामंतों तथा राजाओं के इस अनैतिक शासन और लूटपाट को जायज़ ठहराती थी। इन्हीं के साथ आम जन को दुखों से मुक्ति के साधन के रूप में संन्यास की शिक्षा देते थे। संसार झूठा है, मृत्यु के बाद स्वर्ग है, धनी-ग़रीब सब ईश्वर के बनाये हैं, संसार माया है जैसी निराशावादी शिक्षा तथा लोक-परलोक की बातों से जनता को भरमाये रखते थे। इसके अलावा व्यापारी वर्ग था जो सस्ती मज़दूरी पर कारीगरों का शोषण करता था और सूदखोरी करता था। इनके अलावा एक बड़ा वर्ग था आम जनता का जो दिन-रात श्रम करता था, युद्धों में गाजर-मूली की तरह काट दिया जाता था, दास-दासियों की तरह बाज़ार में बिकता था और चातुर्वर्ण्य व्यवस्था की निचली पायदानों पर रहकर ब्राह्मणों द्वारा निर्धारित समस्त छुआछूत, भेदभावों, अपमानों और अत्याचारों को झेलता था। जब हमारे दार्शनिक गूढ़ और आम जनता के लिए पूरी तरह से अबूझ हवाई बातें बना रहे थे तो लोकायतों ने इस पाखण्ड के ख़िलाफ़ आवाज़ बुलंद की। इसीलिए जहाँ लोक में उनकी प्रतिष्ठा हुई वहीं सत्ता प्रतिष्ठान उनके प्रति क्रूर रहा।

सत्ताशाली तीन वर्णों (सामंत, ब्राह्मण और वैश्य) में से किसी को भी लोकायत फूटी आँख नहीं सुहाते थे, क्योंकि उनका दर्शन उन सभी पाखंडों को तार-तार कर देता था जिन पर शोषण का तंत्र टिका था। 'कर्म सिद्धांत' (*गीता* में प्रतिपादित सिद्धांत कि कर्म

करो फल की चिंता न करो और यह कि इस जन्म के अच्छे कर्मों के फल के रूप में स्वर्ग में स्थान और अगले जन्म में बेहतर जीवन की बात) के अस्वीकार करते ही कामगार वर्ग इस लोक में और इस जन्म में उठाये जा रहे दुखों को चुपचाप झेलने से मना कर देता और पूरी व्यवस्था का ताना-बाना बिखर जाता। लोकायतों के अलावा जो भी दूसरे दर्शन थे, उन्होंने वैदिक दर्शनों पर सवाल ज़रूर खड़े किये लेकिन वे इस तरह सीधे-सीधे उसकी मूल प्रस्थापनाओं पर सवाल नहीं खड़ा करते। जबकि हमारे ये प्राचीनतम् भौतिकवादी यह साफ़-साफ़ कहने की हिम्मत रखते थे कि 'परलोक नहीं है, प्राणियों का जन्म माता-पिता के अलावा और किसी कारण से नहीं होता, न भले कर्म का कोई फल मिलता है न बुरे कर्म का...कोई पुनर्जन्म नहीं होता। (पायासि-सुत्तंत)।'[39] इसलिए लोकायत भारतीय भौतिकवादी दर्शनों में सबसे 'समझौता-विरोधी' दर्शन है।[40]

इसके अलावा लोकायत प्रणाली ने ब्राह्मणवाद और पुरोहितवाद की तीव्र निंदा से ही संतोष नहीं कर लिया बल्कि इस ब्रह्माण्ड के मूल कारण और ढाँचे को बौद्धिक रूप से समझने तथा स्वयं जीवन की प्रकृति को समझने का भरपूर प्रयास किया।[41] प्राचीन भारतीय वैज्ञानिकों में से अधिकांश भौतिकवाद के मानने वाले ही थे। आयुर्वेद के महान आचार्य चरक के अनुसार, 'इस जगत के तमाम पदार्थ, चाहे वे जड़ हों या चेतन, पाँच तत्वों की उपज हैं।' लोकायत दर्शन यह भी नहीं मानता था कि सभी घटनाओं और व्यापारों के लिए बस एक ही प्राथमिक कारण (ईश्वर) है, बल्कि उसकी मान्यता थी कि हर पदार्थ पाँच मूल भूतों (तत्वों) से बना है।

इन्हीं कारणों से लोकायत एक समय सामाजिक जीवन में ज़बरदस्त ताक़त बन गये थे।[42] आधुनिक नज़रिए से देखने पर सीधे-सादे और त्रुटिपूर्ण लगने वाले इस दर्शन ने अपने युग में रूढ़िवादी विचारधाराओं के ख़िलाफ़ आवाज़ बुलंद की और अंधविश्वासों, कर्मकांडों तथा रोज़-ब-रोज़ की ज़िन्दगी में देवताओं के हस्तक्षेप व पुनर्जन्म जैसी चीज़ों का पुरज़ोर विरोध किया और इस रूप में जनता को सिखाया कि अपनी बेड़ियाँ तोड़ने के लिए उसे ख़ुद ही कोशिश करनी होगी। *अ शॉर्ट हिस्ट्री ऑफ़ इन्डियन मैटरियलिज़्म* में दक्षिण रंजन शास्त्री ने सही ही लिखा है—

> लोकायत दर्शन के अनुयायियों ने जब सुसभ्य तथा सामान्य लोगों के दिलों में घर बना लिया तो इन सबने मिलकर अपनी तात्कालिक खुशहाली के लिए इस जगत में ही प्रयास करना शुरू किया। इस आन्दोलन के फलस्वरूप ही विविध कलाओं और विज्ञानों को भरपूर प्रोत्साहन मिला।'[43]

---

39. देखें, पेज-187 *भारतीय दर्शन-सरल परिचय,* देवी प्रसाद चट्टोपाध्याय, राजकमल प्रकाशन, 2004
40. देखें, पेज-110, *भारतीय दर्शन,* श्रीनिवास सरदेसाई, संवाद प्रकाशन, वर्ष-2009
41. देखें, पेज-112, *भारतीय चिंतन परम्परा,* के. दामोदरन, पीपुल्स पब्लिशिंग हाउस , दिल्ली - 2001
42. देखें, 283-284, *हिस्ट्री ऑफ़ फ़िलॉसफ़ी ईस्टर्न एंड वेस्टर्न,* खंड 1, डॉ. एस. *राधाकृष्णन,* जॉर्ज एलन एंड उनविन लिमिटेड, लन्दन-1953
43. देखें, पेज -117 के. दामोदरन द्वारा उद्धृत

4

भारतीय दर्शन परम्परा—2

बौद्ध दर्शन

एक सवाल यह भी है कि आध्यात्मिक कही जाने वाली धार्मिक धाराएँ भी कितनी अ-भौतिकवादी या परलोकवादी हैं? आध्यात्मिकता के लिए अंग्रेज़ी में दो अनुवाद हैं—मेटाफ़िज़िकल और स्प्रिचुअल, भारतीय आध्यात्मिकता दोनों से अलग अर्थों वाली है। प्रोफ़ेसर लाल बहादुर वर्मा ने *भारत की जनकथा* में लिखा है, 'भारत का सबसे प्राचीन वेद *ऋग्वेद* है। वह भौतिक संस्कारों से सराबोर है। सारे देवता भौतिक शक्तियाँ हैं। सारा सुख-आनंद भौतिक है। हड़प्पा सभ्यता भौतिक सुख-समृद्धि-सत्ता के प्रेमी एक महान समाज का अवशेष प्रस्तुत करती है। *रामायण-महाभारत* भौतिक सुखों और प्रतिद्वंद्विता की कथायें हैं। भारतीय समाज एक धार्मिक समाज दिखाई देता है। लेकिन धर्म अपने-आप में एक भौतिक परिघटना है। इसमें पराभौतिक तत्व बहुत थोड़े से हैं।[44] अगर प्रो. वर्मा द्वारा दिए गए *ऋग्वेद* के उदाहरण के सन्दर्भ में देखें तो उसकी सारी सूक्तियाँ भौतिक सुख-संपदाओं की प्राप्ति के लिए ही हैं, उदाहरणार्थ—

इंद्र श्रेष्ठानि द्रविणानि धेहि चित्ति दक्षस्य सुभगत्वमसे
पोषं रयीणामरिष्टि तनूनां स्वाद्मानम वाचः सुदिन्त्वमह्नम

(अर्थात्—हे देव! हमें श्रेष्ठतम निधियाँ प्रदान करें, हमें प्रतिभाशाली मस्तिष्क और सौभाग्य प्रदान करें, हमें धन और सम्पत्ति प्रदान करें, हमारे शरीरों को स्वास्थ्य प्रदान करें, हमें मधुर वाणी दें और हमारे दिन अच्छे करें)।

बाद का एक और अत्यंत प्रचलित श्लोक कहता है—विद्या ददाति विनयं / विनयात याति पात्रताम/ पात्रत्वाद धनमाप्नोति/ धनात धर्मः, ततो सुखं, यानी विद्या से विनय, विनय से योग्यता, योग्यता से धन, धन से धर्म और धर्म से सुख की प्राप्ति होती है! इसमें आध्यात्म या परलोक है कहाँ? जातियों का विभाजन, मानसिक तथा शारीरिक श्रम का विभाजन,

---

44. देखें, *भारत की जनकथा,* पेज-28, लाल बहादुर वर्मा, इतिहासबोध प्रकाशन, इलाहाबाद-2013

राज्य जैसी संस्था का निर्माण और सम्राटों-सामंतों की समृद्धि के विवरण 'भौतिक' समृद्धि और उपलब्धियों के ही विवरण हैं। फिर इन सबके बावजूद भारतीय समाज को एक आध्यात्मिक समाज सिर्फ़ इसलिए कहना कि यहाँ ब्राह्मणों का एक छोटा-सा लेकिन विशेषाधिकार प्राप्त तबका धर्म और आध्यात्म के नाम पर देश के बड़े मेहनतकश तबके के मानसिक और शारीरिक श्रम को अपने तथा सत्ता के हित में शोषित करता रहा, असल में एक बौद्धिक फ्रॉड है। इसीलिए इस कसौटी पर खरा उतरने वाला वेदान्त कालान्तर में भारत का सबसे प्रभावी दर्शन बना।

लोकायत के बाद की भारतीय दार्शनिक प्रणालियों में बौद्ध धर्म, जैन धर्म, सांख्य प्रणाली, वैशेषिक दर्शन, न्याय दर्शन, योग प्रणाली, मीमांसा और वेदान्त प्रमुख हैं। बारहवीं शताब्दी के बाद भारत में इस्लाम और सत्रहवीं शताब्दी में ईसाई धर्म का भी प्रवेश होता है तथा बीसवीं सदी बीतते न बीतते एक दर्शन के रूप में समाजवाद ने बौद्धिक वर्ग को गहरे प्रभावित किया और धीरे-धीरे अपनी जगह भी बनाई।

लोकायत के बाद बौद्ध दर्शन ने भारतीय जनमानस को सबसे अधिक उद्वेलित किया और वैदिक धर्म की चार वर्णों वाली व्यवस्था के समक्ष सबसे मज़बूत चुनौती पेश की। वैसे देखें तो छठी शताब्दी ईसापूर्व सारी दुनिया में बौद्धिक उद्वेलन का काल है। इस समय चीन में कन्फ़्यूशियस ने एक ऐसे व्यावहारिक धर्म-दर्शन की रचना की जो आज तक चीन के दैनंदिन जीवन को संचालित करता है, ईरान में जोरोस्टर धर्म की पवित्र पुस्तक *ज़िंदा अवेस्ता* लिखी गयी। यूनान में पेरिक्लीज़ ने एक उन्नत सभ्यता की नींव रखी और भारत में बौद्ध तथा जैन धर्म-दर्शन का आविर्भाव हुआ।[45] एंगेल्स ने इसे 'महान ऐतिहासिक मोड़ों के साथ-साथ आये धार्मिक परिवर्तनों के वाहक विश्व धर्मों' में इस्लाम और ईसाइयत के साथ शामिल किया है।[46]

बौद्ध धर्म तथा इसके प्रणेता गौतम बुद्ध की कथाओं से हिन्दी का समाज भली-भाँति परिचित है। दु:ख से परिचय के बाद उन्होंने इस जीवित जगत में ही इससे मुक्ति पाने का मार्ग दिखाया। इस मार्ग के आठ सूत्र थे—सम्यक विश्वास, सम्यक आकांक्षा, सम्यक भाषण, सम्यक आचरण, सम्यक जीवनयापन, सम्यक प्रयत्न, सम्यक मानसिक अवस्था और सम्यक ध्यान। बुद्ध की शिक्षाओं को एक पंक्ति में कहना हो तो वह यह है कि मध्यम मार्ग पर चलते हुए अभिलाषाओं का अंत करना। लेकिन यहाँ दो बातें महत्त्वपूर्ण हैं और वही बुद्ध-दर्शन की दो ज़रूरी निष्पत्तियाँ हैं—पहला यह कि उन्होंने दु:ख से मुक्ति की बात इसी जीवित जगत में की, किसी अलौकिक या पारलौकिक जगत (स्वर्ग आदि) में नहीं और दूसरा उन्होंने यह सिद्धांत दिया कि इस दुख का कारण है, उस कारण के निवारण बिना दु:ख से मुक्ति सम्भव नहीं। विसुद्धिमग्ग कहती है—न उत्पाद मन्त्र पटिच्च समुत्पादो, यानी हर

---

45. देखें, पेज-100, *भारत की जनकथा,* लाल बहादुर वर्मा, इतिहासबोध प्रकाशन, इलाहाबाद
46. देखें, पेज-100, *लुडविग फ़ायरबाख़ एंड द एंड ऑफ़ ज़र्मन फ़िलॉसफ़ी,* पेज 355, खंड 3, *सेलेक्टेड वर्क्स ऑफ़ कार्ल मार्क्स एंड फ्रेडरिक एंगेल्स,* प्रोग्रेस पब्लिशर्स, मास्को-1977

उत्पाद का कोई प्रत्यक्ष कारण होता है। इस जगत में ऐसे समस्त कार्य–व्यापारों और वस्तुओं का कोई–न–कोई कारण होता है, हर घटना का किसी–न–किसी चीज़ से कार्य–कारण सम्बन्ध होता है। नया कभी भी पुराने की पुनरावृत्ति या जारी रहना नहीं होता। पुराने का नए में रूपांतरण एक वस्तुगत आम नियम—कारण और प्रभाव के नियम की क्रियाशीलता से होता है। इस आम नियम को, जो अनुभवसिद्ध अस्तित्व को संगठित करता और रूप देता है, बुद्ध 'कर्म का नियम' कहते थे। यही बुद्ध–दर्शन का 'प्रतीत्य समुत्पाद' है।[47]

यह अनश्वर, अपरिवर्तनीय तथा शाश्वत वैदिक धर्म के सिद्धांत के सीधे ख़िलाफ़ खड़ा है। बौद्ध धर्म किसी भी मूलतः अपरिवर्तनशील और शाश्वत तत्व को, फिर वह पार्थिव हो या आध्यात्मिक, इस संसार का मूल कारण नहीं मानता। इस नज़रिए से आत्मा, ईश्वर या ब्रह्म के लिए कोई गुंजाइश नहीं बचती। उन्होंने इसे 'अनात्मवाद' कहा। बुद्ध का दर्शन समस्त घटनाओं की क्षण भंगुरता पर विश्वास करता था। यह बिलकुल आरम्भिक स्तर का द्वन्द्वात्मक नज़रिया था। बुद्ध ने न केवल आत्मा और ईश्वर के अस्तित्व से इनकार किया बल्कि ब्रह्मा के मुख से ब्राह्मणों, भुजा से क्षत्रियों, पेट से वैश्यों और पैरों से शूद्रों के पैदा होने जैसी मान्यताओं, वैदिक यज्ञों, पशुबलि, कर्मकांडों आदि का भी पुरज़ोर विरोध किया। उन्होंने जनता को सुनी–सुनाई ख़याली बातों पर आँख मूँद कर विश्वास करने की जगह उन्हें जाँचने–परखने और विश्लेषण करने की सलाह दी। ज़ाहिर है कि यह एक नास्तिक दर्शन था हालाँकि इसे भौतिकवादी कहना सही नहीं होगा, क्योंकि ईश्वर और आत्मा के निषेध के बावजूद वह यह नहीं मानते थे कि जीवन–प्रक्रिया केवल शरीर में सीमित है, उनका कहना था कि वैयक्तिक चेतना मृत्यु के बाद भी जारी रहती है।[48] *दर्शन–दिग्दर्शन* में राहुल सांकृत्यायन ने कोसल देशीय पायासी के उद्धरण से बताया है कि बुद्ध समझते थे कि भौतिकवाद उनके ब्रह्मचर्य और समाधि का भी विरोधी है। अगर मृत्यु के बाद के फल की चिंता लोग नहीं करेंगे तो ब्रह्मचर्यवास नहीं करेंगे। इसीलिए लोगों को इस ओर *प्रवृत्त* करने के लिए ज़रूरी है कि मृत्यु के बाद के अस्तित्व को स्वीकार किया जाय। इस प्रकार उन्होंने ख़ुद को 'अनात्मवादी–अभौतिकवादी' की श्रेणी में रखा।[49]

लेकिन यह मान लेना त्रुटिपूर्ण होगा कि बुद्ध का दर्शन केवल राजमहल के अशेष सुख और उसके बाहर पसरे दुःख के एक सांयोगिक साक्षात्कार से पैदा हो गया। कोई भी दर्शन, कोई भी विचार शून्य में या किसी व्यक्तिगत सुख–दुःख–लालसा से नहीं उपजता, और अगर उपजा भी तो अपने समय में प्रभावी तो कतई नहीं होता। किसी भी दर्शन या विचार के उपजने के पीछे सामाजिक–आर्थिक कारण होते हैं और उस विचार की सफलता–असफलता में भी व्यक्तिगत कौशलों की तुलना में ये कारण अधिक महत्त्वपूर्ण होते हैं। बौद्ध दर्शन के सम्बन्ध में भी यही सच है। ज़ाहिर है कि यह वैदिक ब्राह्मण धर्म की तुलना में प्रगतिशील था और ब्राह्मणों के वर्चस्व को चुनौती देता था। बुद्ध के काल

---

47. विस्तार के लिए देखें— *बौद्ध दर्शन मीमांसा,* आचार्य बलदेव उपाध्याय, चौखम्भा विद्याभवन, वाराणसी
48. देखें, पेज 120–124 *भारतीय चिंतन परम्परा,* के. दामोदरन,
49. देखें, पेज–402 *दर्शन–दिग्दर्शन,* राहुल सांकृत्यायन,

तक ब्राह्मणों का वर्चस्व काफ़ी बढ़ गया था। कर्मकांड और अंधविश्वास इतने बढ़ गए थे कि आम मेहनतकश जनता इससे आक्रान्त थी। क्षत्रिय राजा भी ब्राह्मणों की इस बढ़ती शक्ति से परेशान थे। व्यापार-वाणिज्य में प्रगति के साथ समृद्ध हुआ व्यापारी वर्ग भी अपनी सामाजिक स्थिति में उन्नयन चाहता था। चार्वाकों जैसे भौतिकवादियों ने ब्राह्मण पाखण्ड पर हमले तो किये, लेकिन वे इतने तीखे और व्यवस्था विरोधी थे कि शासकों के लिए उसे स्वीकारना पूरे सामंतवाद के अस्तित्व पर सवाल खड़ा करना था, क्योंकि ब्राह्मण ही अपने पुनर्जन्म के सिद्धांतों तथा एक अविनाशी, शाश्वत ईश्वर के प्रतिनिधि के रूप में मान्यता देकर उनके शासन को सुरक्षित बनाते थे तथा चार वर्णों वाली व्यवस्था को कड़ाई से लागू करा कर शोषित जनता का वह बड़ा वर्ग तैयार करते थे जिसके शोषण के भरोसे सत्ताधारियों की सुख-संपदा बनती तथा स्थाई होती थी। देखा जाय तो धन-संपदा के निरंतर संचयन और भोग-विलास के बढ़ते चलन में सत्ताधारी वर्ग ख़ुद तो भौतिकवाद का ही पालन कर रहा था लेकिन शोषित जन को वह आध्यात्म और कर्मकांड में ही फँसाए रखना चाहता था, जिससे कि वे इस स्थिति के प्रतिकार में खड़े न हों। ज़ाहिर है कि ऐसे में ब्राह्मणों की श्रेष्ठता को स्वीकार करने के अलावा कोई और चारा नहीं था। बौद्ध धर्म अपने अनात्मवादी-अभौतिकवादी रूप में ब्राह्मणों से त्रस्त समाज के लिए अधिक स्वीकारणीय था।

अपनी अंतर्वस्तु में बेहद क्रांतिकारी 'प्रतीत्य समुत्पाद' के साथ जुड़े प्रतिसन्धि और कर्म के सिद्धांत सत्तावर्ग को निश्चिन्त करते थे। उन्होंने कर्म के उस सिद्धांत को मज़बूत किया कि तुम जैसा कर्म करोगे, उसी के चलते अमीर-ग़रीब, सुख-दुःख जैसी स्थितियाँ तुम्हें मिलेंगी। इस तरह सृष्टि के लिए जो क्षण भंगुरता का नियम था वह सामाजिक जीवन के लिए लागू नहीं होता था। बुद्ध के दर्शन ने पारलौकिक जगत की अवैज्ञानिक व्याख्या पर तो तीखा हमला किया, लेकिन लौकिक जगत के मामले में वे इस सुधारवाद से आगे नहीं बढ़ सके कि दुःख ब्राह्मण-अब्राह्मण सबको एक समान होता है और उसे दूर करने का तरीका भी सभी के लिए एक है। सिद्धांत में मध्य मार्ग वास्तविक जगत में मध्य मार्ग नहीं था। यह सत्ताधारी वर्ग के हितों पर कोई कुठाराघात नहीं करता था। सामाजिक-आर्थिक शोषण से उपजे भेदभाव को दूर करना उनके एजेंडे में नहीं था, वह सिर्फ़ आध्यात्मिक दुखों तक सीमित थे। इसीलिए जब ऋणग्रस्त लोगों या दासों ने अपनी मुक्ति के लिए बौद्ध संघों की शरण ली तो बुद्ध ने नियम बनाये कि ऋणी को संन्यास नहीं लेना चाहिए, दासों को संन्यास नहीं देना चाहिए। जब सैनिकों ने हिंसा की राह छोड़ बौद्ध धर्म अपनाने की पहल की तो चिंतित राजा बिम्बिसार की चिंता दूर करते हुए बुद्ध ने नियम बनाया कि राजसैनिकों को संन्यास नहीं देना चाहिए।[50] स्त्रियाँ तो खैर बुद्ध की दुनिया में दोयम दर्जे की नागरिक रही हीं।[51]

---

50. *दर्शन-दिग्दर्शन*, राहुल सांकृत्यायन, पेज 26-27

51. इस विषय पर पाठक देवदत्त पटनायक का यह रोचक आलेख पढ़ सकते हैं—https://qz.com/india/586192/theres-a-misogynist-aspect-of-buddhism-that-nobody-talks-about/

इस तरह आरम्भिक दौर में समाज के दलित-शोषित वर्ग को आकर्षित करने वाला बौद्ध धर्म अपनी बेहद क्रांतिकारी अंतर्वस्तु के बावजूद सत्ता के दो बड़े केन्द्रों ब्राह्मणों और क्षत्रियों के द्वंद्व में एक केंद्र का हथियार बनकर रह गया। यह तत्कालीन दासता और दारिद्रय को समझने और व्याख्यायित करने में तो सफल रहा लेकिन उसके लौकिक कारणों पर कोई मज़बूत हमला करने में नहीं। इसीलिए यह राजाओं और महाजनों, व्यापारियों का प्रिय धर्म बना। कालान्तर में राज्याश्रय भी मिला और धीरे-धीरे समाज से कटकर गुह्य तंत्र-मन्त्र-साधनाओं के भंवर में ऐसा फँसा कि जब सम्राट अशोक के बाद ब्राह्मण धर्म के नए पैरोकार सामने आये तो इन वेदान्तियों के सैद्धांतिक हमलों के सामने बिलकुल भी टिक न सका और भारत से तो करीब-करीब यह समाप्त ही हो गया (अन्य पुस्तकों के साथ डॉ. शिव प्रसाद सिंह का उपन्यास *नीला चाँद* परवर्ती बौद्ध धर्म की विकृतियों को समझने में बहुत सहायक हो सकता है)। बहुत बाद में डॉ. भीमराव अम्बेडकर ने जब हिन्दू धर्म की जातिव्यवस्था के प्रतिरोध में इसे दलितों-शोषितों के धर्म के रूप में अपने जीवन के अंतिम वर्षों में चुना तो इसका एक पुनरुद्धार दिखा, लेकिन वह भी किसी क्रांतिकारी परिवर्तन का वाहक न बन सका।

5

भारतीय दर्शन परम्परा में वेदान्त का वर्चस्व और इसके सामाजिक-आर्थिक कारण

भारतीय दर्शन परम्परा में दर्शन की तमाम परम्पराएँ एक के बाद एक विकसित हुईं। ज़ाहिर है कि इनका न तो विकास शून्य में हुआ और न ही पराभव। जहाँ इनके पैदा होने के महत्त्वपूर्ण सामाजिक-आर्थिक कारण थे, वहीं इनके अप्रासंगिक होते जाने के भी। जैसा कि मैंने पहले भी लिखा कि किसी भी समय के प्रभावी विचार उस समय की सामाजिक-राजनैतिक-आर्थिक व्यवस्था में प्रभावी वर्ग या सत्ता के विचार होते हैं। हर काल में इनके विरोधी विचार भी उपस्थित रहते ही हैं और वे इस सत्ता व्यवस्था के विचार या दर्शन पर सवाल खड़ा करते हैं। ये उस वर्ग के विचार होते हैं जो सत्तासीन वर्ग द्वारा उपेक्षित और शोषित किया जाता है। इसीलिए आप देखेंगे कि भारतीय परम्परा में वैदिक कट्टरपंथ वाले दर्शन के बरअक्स खड़े हुए सभी दर्शन, चार्वाक से लेकर बौद्ध दर्शन तक, वैदिक चातुर्वर्ण्य (चार वर्णों ब्राह्मण, क्षत्रिय, वैश्य, शूद्र को मान्यता देने वाला सिद्धांत) का प्रतिकार करते हैं और ब्राह्मण वर्चस्व पर सवाल खड़े करते हैं। लेकिन अधिक तार्किक होने के बावजूद अगर इन्हें वैदिक वर्चस्व के आगे हारना पड़ा तो इसलिए कि ये उस वर्ग को एक कर सत्ता तंत्र पर कब्ज़ा करने की स्थिति में नहीं आ सके। बौद्धिक विमर्शों से आगे जाकर वास्तविक परिवर्तन के वाहक न बन सके। मार्क्स ने लिखा था, 'अब तक के दर्शनों ने दुनिया को अलग-अलग तरीके से व्याख्यायित किया है, अब बारी दुनिया को बदलने की है।'[52] ये दर्शन 'दुनिया को बदलने' के इस ज़रूरी काम को नहीं कर सके और इसीलिए असफल रहे और चातुर्वर्ण्य व्यवस्था का सबसे प्रखर समर्थक वेदान्त[53] इस प्रक्रिया में सबसे प्रभावी दर्शन के रूप में स्थापित हुआ।

---

52. *थीसिस ऑन फायरबाख़*, कार्ल मार्क्स, पेज 15, *सेलेक्टेड वर्क्स ऑफ़ कार्ल मार्क्स एंड फ्रेडरिक एंगेल्स*, प्रोग्रेस पब्लिशर्स, मास्को

53. विस्तार के लिए पाठक स्वामी विवेकानंद की *प्रैक्टिकल वेदांता* पढ़ सकते हैं जो उनके इस विषय पर दिए भाषणों का संकलन है।

वेदान्त का शाब्दिक अर्थ है वेदों का अंतिम भाग।[54] वैदिक साहित्य को चार भागों में बाँटा जाता है। प्रथम भाग में चार वेदों— *ऋक्, साम, यजुर्* और *अथर्व* का समावेश होता है; इन्हें संहिता कहते हैं। दूसरा भाग ब्राह्मण ग्रंथों का है, तीसरा आरण्यकों का और चौथा उपनिषदों का।[55] इस साहित्य के अंत में आये उपनिषदों पर आधारित सिद्धांत को वेदान्त कहा जाता है। प्रमुख उपनिषदों का रचनाकाल आमतौर पर *ऋग्वेद* के बाद से नौ सौ से हज़ार वर्षों का माना जाता है तो यह दौर ईसा पूर्व पंद्रहवीं सदी से छठी-पाँचवीं सदी तक का माना जाता है। लेकिन उपनिषदों में कोई समान रूप से सुसंगत विचार प्रतिपादित नहीं किये गए, बल्कि इसमें कई जगह तो परस्पर विरोधी प्रवृत्तियाँ पाई जाती हैं।[56]

बादरायण ने अपने ग्रन्थ *ब्रह्मसूत्र* में इस कठिनाई को दूर करने का प्रयास किया और उन्हें आदिकालीन वेदान्त का प्रणेता माना जाता है। इस दर्शन के अनुसार चेतना अथवा आत्मा ही हर वस्तु का मूल कारण थी और हर वस्तु अंत में उसी में विलीन हो जाती थी। इस आदिकालीन वेदान्त का सबसे प्रखर रूप में प्रचार करने वाली कृति *भगवद्गीता* है। कई लोगों का मत है कि बादरायण का ही एक नाम व्यास भी था और उन्होंने ही *महाभारत* तथा *भगवद्गीता* की रचना की है। *भगवद्गीता* वैदिक साहित्य का ग्रन्थ नहीं है लेकिन इसमें जो सिद्धांत प्रतिपादित हुए हैं, वे आदिकालीन वेदान्त की स्थापना और प्रचार करने वाले ही हैं।

असल में *गीता* भारतीय दर्शन के इतिहास में धर्म और दर्शन का घालमेल करने वाला पहला ग्रन्थ है। *महाभारत* के युद्ध के ठीक पहले एक 'ईश्वर' के मुख से कहलवाया गया यह आख्यान अपने कहे के पक्ष में तर्क का उतना इस्तेमाल नहीं करता, जितना ईश्वरीय होने का। अब चूँकि ख़ुद 'भगवान' श्रीकृष्ण, जिन्हें विष्णु का अवतार बताया गया है, यह सब कह रहे हैं तो इस पर सवाल कैसे उठाये जा सकते हैं? दूसरा वेद विरोधी दर्शनों के सतत् प्रहार से घायल वैदिक दर्शन यहाँ तमाम प्रवृत्तियों का समन्वय करता है। वेदान्त और सांख्य तथा योग, कर्म और ज्ञान, भक्ति और संन्यास सबकी मिली-जुली खिचड़ी पकाई गयी है। एक तरफ़ कहा गया कि तुम कर्म करो और फल की चिंता न करो तो दूसरी तरफ़ कहा गया कि मारे गए तो स्वर्ग मिलेगा और जीते तो राज्य! *गीता* में जगह-जगह सांख्य की चर्चा है, कपिल मुनि का गुणगान है लेकिन उनके भौतिकवादी दर्शन को एक आदर्शवादी मोड़ दे दिया गया है। एक जगह कहा गया है कि पदार्थ नित्य और अनादि है तथा सभी जीवों का जन्म प्रकृति से हुआ है तो दूसरी जगह कहा गया है कि भगवान् श्रीकृष्ण अथवा परमात्मा ही इस सृष्टि के जन्मदाता हैं।

आखिर इसकी ज़रूरत क्यों पड़ी? यह समझने के लिए इन उलटवांसियों के बीच *गीता* जिन चीज़ों पर बिलकुल समझौताहीन रूप से दृढ़ है उन्हें देखना होगा। वे हैं—चातुर्वर्ण्य में आस्था, ईश्वर में आस्था और नास्तिकों का विरोध। 'भगवान' ख़ुद घोषणा करते हैं—चातुर्वर्ण्य

---

54. विस्तार के लिए देखें, पेज 191 *भारतीय चिंतन परम्परा*, के. दामोदरन,

55. देखें, पेज-42, *भारतीय दर्शन-वैचारिक और सामाजिक संघर्ष*, श्रीनिवास सरदेसाई,

56. विस्तार के लिए देखें, पेज 516-538 *दर्शन-दिग्दर्शन, राहुल सांकृत्यायन*,

अथवा समाज के चार वर्ण मैंने उनके गुणों और कर्मों के अनुसार बनाए हैं। इन्हीं वर्ण नियमों का पालन धर्म है और अपने धर्म का पालन करते हुए मर जाना दूसरे के धर्म की पालना से बेहतर है (स्वधर्मे निधनं श्रेय: परधर्मो भयावह [57])। ज़ाहिर है क्षत्रिय के लिए युद्ध करते हुए मरना श्रेयस्कर था लेकिन शूद्रों के लिए यह श्रेय ब्राह्मणों और क्षत्रियों की सेवा से ही प्राप्त हो सकता था।[58] इस सेवा में उठाये कष्टों का निराकरण अगले जन्म में होना था जब उनके इस जन्म के कर्मों की मार्कशीट के आधार पर अगले जन्म में उनकी पैदाइश की स्थितियाँ तय होंगी। यह पुनर्जन्म का सिद्धांत चातुर्वर्ण्य की व्यवस्था के शिकारों के लिए अफ़ीम जैसी राहत थी।

यह 'चातुर्वर्ण्य' इतना ज़रूरी क्यों था? इसके लिए ऋग्वेदकालीन समाज से वेदान्त कालीन समाज के रूपांतरण को थोड़ा समझना होगा। ऋग्वेदकालीन समाज अभी पशुपालन की अवस्था में था। शिकार भी एक साधन था लेकिन कृषि से अभी वे अपरिचित थे और कालान्तर में उन्होंने यह कला सीखी। आरम्भिक आर्य लोहे के बारे में भी नहीं जानते थे और उनके धनुष-बाण नुकीले पत्थरों अथवा तांबे के होते थे। लोहे की कुल्हाड़ी की खोज काफ़ी बाद में हुई। आर्यों की समाज व्यवस्था भी अभी क़बीलाई तरीके की थी। अगर देखें तो प्रगति के उस दौर में दुनिया की हर सभ्यता की व्यवस्था सामूहिक उत्पादन और उपभोग वाले क़बीलाई समाज की ही रही है। हमारे यहाँ इसे 'गण व्यवस्था' कहा गया। उत्पादन के साधन निम्न स्तर के होने के कारण किसी तरह भरण-पोषण भर का अनाज पैदा होता था और यही कारण है कि वेदों में आपको अन्न की माँग करते हुए स्तोत्र जगह-जगह मिल जाते हैं। उत्पादन सामूहिक श्रम से होता था तो ज़ाहिर है कि स्वामित्व भी सामूहिक ही होता। इसे 'आदिम क़बीलाई साम्यवादी व्यवस्था' कह सकते हैं जहाँ हर सदस्य अपनी क्षमता के अनुसार श्रम करता था और फिर उसे उसकी आवश्यकता के अनुसार उपभोग की वस्तुएँ मिल जाती थीं। गाय-बैल उस दौर की प्रमुख सम्पत्ति थे और स्वाभाविक है कि आर्यों के बीच इस गोधन के लिए संघर्ष होता रहता था। आर्यों का टकराव यहाँ के मूल निवासियों से हुआ जिनमें से कुछ उनसे तकनीकी रूप से पिछड़े हुए थे और सिन्धु घाटी सभ्यता के नगरों जैसे कुछ उनसे आगे भी थे। आर्यों और मूल निवासियों का यह संघर्ष ही वेदों में वर्णित देवासुर संग्राम है। आरम्भिक आर्य लड़ाई में शूर और आक्रामक तथा जीवन में भोग-विलास प्रिय थे। वेदों की ऋचाओं में जो उनका जीवन बिखरा पड़ा है वह उनके आध्यात्मिक होने की गवाही नहीं देता। वह अपनी भौतिक वास्तविकताओं के अनुरूप न समझ में आने वाली चीज़ों और प्रत्यक्ष घटनाओं पर आधारित कल्पनाएँ करता है, प्रकृति के रहस्यों से डर कर उनमें देवत्व आरोपित करता है और इसके अलावा समाज के विकास के साथ-साथ विकसित हुए शिल्पकार का कौशल, मानव का श्रम आदि उसकी विचार-प्रक्रिया में शामिल होते हैं तो वह उनमें से कुछ को देवता तथा पूज्य भी बनाता है। लोहे की कुल्हाड़ी (परशु) का जंगलों की सफ़ाई तथा आत्मरक्षा में जो महत्त्व है, वही परशुराम को इतना महत्त्वपूर्ण तथा रोबीला देवता बनाता है। गोधन की लूट की लड़ाई में नेतृत्व करने वाला इंद्र सबसे बड़ा वैदिक देवता बनता है तो उस दौर के जीवन तथा

---

57. हाल में इस श्लोक का उपयोग साम्प्रदायिक नफ़रत फैलाने के लिए भी किया गया है। ध्यान देना चाहिए कि जब *महाभारत* लिखी गई तो इस्लाम तो था भी नहीं। धर्म का उस दौर का अर्थ अलग था।

58. विस्तार के लिए देखें, पेज 196-203, *भारतीय चिंतन परम्परा*, के. दामोदरन, साथ में मैं पाठकों को एक रोचक किताब *खट्टर काका* भी पढ़ने की सलाह दूंगा जिसके लेखक प्रोफ़ेसर हरिमोहन झा हैं।

समाज को सबसे ज़्यादा प्रभावित करने वाले सूर्य, पवन, वरुण आदि भी देवता का स्थान पाते हैं। इन्हें प्रसन्न करने की विधि थी यज्ञ, जिसमें वह धन-धान्य और सुख की कामना करते हुए प्रार्थना करता था। सामूहिक श्रम तथा सामूहिक स्वामित्व वाले इस समाज में समता, एकजुटता तथा बंधुत्व का भाव था और यह समाज गतिमान रूप से प्रगतिशील भी था।

लेकिन इस 'गण व्यवस्था' का अनंतकाल तक चलना सम्भव न था। *ऋग्वेद* के प्रारम्भ और उपनिषदों के बीच के काल में उत्तर भारत की समाजार्थिक व्यवस्था में बहुत महत्त्वपूर्ण परिवर्तन हुए। स्थाई खेती अब अर्थव्यवस्था का एक प्रमुख हिस्सा बन गयी, तो ज़ाहिर था कि घुमक्कड़ क़बीलाई जीवन त्याग कर लोग एक जगह बसने लगे, गाँव छोटे-मोटे नगरों में तब्दील हुए तथा व्यापार बढ़ा। इसके साथ ही समाज में विकसित होने वाले नए उद्योगों और व्यवसायों के लिए विविध प्रकार के औज़ारों और उनके इस्तेमाल तथा निर्माण के लिए आवश्यक कौशल के मद्देनज़र एक नया शिल्पकार वर्ग तैयार होता है, जिससे समाज की उत्पादन क्षमता तेज़ी से बढ़ती है, इनके बीच सामाजिक श्रम विभाजन अधिक व्यापक और जटिल होते जाना स्वाभाविक ही था।

इस काल में जीवन की न्यूनतम ज़रूरतें पूरी होने के बाद अतिरिक्त उत्पादन बचने लगा। इस तरह 'उत्पादन के इस अतिरेक' की भारतीय समाज में पहली बार उपस्थिति दर्ज हुई और इसी के साथ वह ऐतिहासिक सवाल भी सामने आया कि इसका मालिक कौन हो? या तो पुरानी गण व्यवस्था के तहत यह सामूहिक सम्पत्ति हो सकती थी और इसका उपयोग पूरे समाज की बेहतरी के लिए किया जा सकता था या फिर समाज का अब प्रभुत्वशाली हो चला वर्ग इसे अपने निजी हित के लिए उपयोग कर सकता था। गण द्वारा किये जाने वाले यज्ञों के अगुआ धार्मिक नेता के रूप में सामने आये तो गणों के बीच होने वाले युद्धों के नेता राजनीतिक तथा सामरिक नेता के रूप में और उन्होंने इस अतिरिक्त उत्पादन पर अधिकार जताया। इसी के साथ सामूहिक स्वामित्व आधारित गण व्यवस्था का विघटन शुरू हुआ और निजी सम्पत्ति आधारित व्यवस्था का विकास। भारतीय इतिहास में पहली बार स्पष्ट रूप से वर्गों का निर्माण हुआ। धार्मिक तथा सामरिक नेताओं ने ब्राह्मण और क्षत्रिय के रूप में प्रभुत्वशाली संपन्न वर्ग का निर्माण किया तो पशुपालक तथा कृषि और व्यापार में संलग्न वैश्य इनके वर्ग-मित्र बने। इन तीनों वर्णों की सेवा करने पर बाध्य शूद्र (जो अक्सर हारे हुए क़बीलों के सदस्य होते थे।) सर्वहारा वर्ग के सदस्य बने जिनका बाकी तीनों शोषण किया करते थे तथा जिनके श्रम से उत्पादित सामाजिक उत्पादन का अधिशेष कब्ज़ा किया जाता था। पुरानी अल्पविकसित गण व्यवस्था पर इस आगे बढ़ी हुई विकसित उत्पादन सम्बन्धों वाली व्यवस्था की जीत भारत में पहली बार उस सिद्धांत का गवाह बनी, जिसे मार्क्स ने इतिहास के अपने अध्ययन में पुष्ट किया, 'सामाजिक संघर्ष में उन्नत और अधिक उत्पाद सामाजिक व्यवस्था की जीत होती है।'[59]

इसके आगे भारतीय इतिहास एक ओर सामाजिक प्रगति तो दूसरी ओर बहुसंख्यक दलित वर्ग के भयावह शोषण के द्वंद्वात्मक विरोध से आगे बढ़ा। ज़ाहिर है कि इस सामाजिक-

---

59. विस्तार के लिए देखें, पेज-42 *भारतीय दर्शन-वैचारिक और सामाजिक संघर्ष*, श्रीनिवास सरदेसाई,

आर्थिक–राजनैतिक व्यवस्था को बनाये रखने के लिए समाज को चार वर्णों में बाँटकर ब्राह्मण–क्षत्रिय वर्ग का प्रभुत्व तथा दलित वर्ग का शोषण बरकरार रखना ज़रूरी था। इसीलिए जब वैदिक धर्म पर चार्वाक, सांख्य तथा अन्य भौतिकवादी दार्शनिकों ने हमला करते हुए यज्ञ आदि के औचित्य तथा ब्राह्मणों के वर्चस्व पर सवाल उठाये और उनका जवाब देना मुश्किल होता गया तो एक ओर उनके साथ मनगढ़ंत प्रयोग कर उन्हें आदर्शवादी दर्शन में समेटने के लिए आदिकालीन वेदांत में समन्वयित किया गया तो दूसरी ओर *गीता* में उसे ईश्वर द्वारा प्रमाणित करा के अप्रश्नेय बना दिया गया। अब वह भगवान का कहा था और उस पर कौन सवाल खड़ा कर सकता था? जो सवाल खड़ा करता वह सीधे नास्तिक घोषित कर दिया जाता। धर्म के साथ दर्शन के इस घालमेल ने तर्क की जगह सीमित कर दी। (हालाँकि यहाँ यह कह देना भी ज़रूरी है कि *गीता* का दर्शन वर्णाश्रम समर्थक तथा एकांगी होने के बावजूद पलायन नहीं वरन् साहस के साथ जीवन की समस्याओं का सामना करने की सीख देने वाला है, उसी की वजह से उसको भारतीय समाज में वह मान्यता मिली और बाद में गांधी सहित कई लोगों ने उसे अपनी तरह से सकारात्मक रूप में अपने पक्ष में इस्तेमाल भी किया)।

बाद में जब व्यापार के बढ़ने के साथ ब्राह्मणों के वर्चस्व पर नए सवाल उठाते बौद्ध तथा जैन धर्म आये (इनके उद्‌भव की समाजार्थिक स्थितियों का वर्णन पिछले अध्यायों में किया गया है।) तो उसके प्रतिकार के लिए शंकराचार्य ने बादरायण के *ब्रह्मसूत्र* का भाष्य प्रस्तुत किया। अपनी ख़ुद की कमज़ोरियों का शिकार होकर कमज़ोर हो चुका बौद्ध धर्म उनके प्रहार को झेलने में सफल नहीं रहा और एक बार फिर चातुर्वर्ण्य के समर्थकों ने निर्णायक जीत हासिल की। यह तत्कालीन सामंतवादी व्यवस्था के अनुकूल थी, जिसमें एक ओर उनकी प्रभुसत्ता को दैवीय *अनुशंसा* से स्थापित बता कर सुरक्षित किया जा रहा था तो दूसरी ओर उनके लिए उत्पादन तथा सेवा के लिए मुफ़्त के दास दलितों के रूप में उपलब्ध हो रहे थे। भारत के कथित गौरवशाली इतिहास का सारा गौरव इन्हीं दमित जन के श्रम और खून के बल पर स्थापित हुआ है। अगर हम गौर से देखेंगे तो भारत ही नहीं दुनिया भर में इस दौर में सामंतवाद अलग–अलग तरह से ऐसे ही दासों के मुफ़्त श्रम पर विकसित हुआ। लेकिन भारत के सन्दर्भ में इसका समाज की जातीय संरचना में स्थापित होना अपने आप में इसे सबसे अलग करता है। इसने डॉ. अम्बेडकर के शब्दों में समाज के भीतर एक ऐसी संरचना बनाई जो बिना सीढ़ी वाली बहुमंज़िली इमारत जैसी थी जिसमें एक शूद्र को जीवन भर ही नहीं अपितु अपनी पूरी वंशावली में शूद्र बने रहने और शोषण बर्दाश्त कर अमानवीय श्रम करने के लिए बाध्य होना पड़ता है।

ज़ाहिर है कि यह स्थिति भी टूटनी थी। कृषि आधारित सामंतवादी उत्पादन सम्बन्धों के बिखराव के साथ इसे भी ख़त्म होना ही था। लेकिन जहाँ योरप में यह सत्रहवीं शताब्दी में शुरू हो गया, भारत में अंग्रेज़ों की प्रभुत्व स्थापना के कारण यह प्रक्रिया बाधित भी हुई और अपनी तरह से आगे भी बढ़ी। ज़ाहिर है कि आधुनिक काल के नए दार्शनिक आविष्कार तेज़ी से बदल रहे योरप में होने थे, हुए भी। आधुनिक भौतिकवाद का विकास सीधे–सीधे औद्योगिक क्रान्ति अर्थात् कृषि अर्थव्यवस्था से औद्योगिक अर्थव्यवस्था में विकास के क्रम में हुआ। अगले अध्याय में हम उसका विस्तार से अध्ययन करेंगे और पश्चिम में आद्य भौतिकवाद से द्वन्द्वात्मक भौतिकवाद के विकास की प्रक्रिया को समझने की कोशिश करेंगे।

6

पश्चिमी दर्शन परम्परा और भौतिकवाद

जैसे यह कहना ग़लत है कि भारतीय दर्शन मतलब आध्यात्मिक दर्शन वैसे ही यह भी एक भ्रामक प्रचार है कि पश्चिमी दर्शन यानी भौतिकवादी दर्शन। दर्शन शून्य में पैदा नहीं होते, न ही ख़त्म होते हैं। उनके उत्पन्न होने और नष्ट होने के मूल में ठोस सामाजिक-आर्थिक-राजनैतिक कारण होते हैं। किसी भी समय का प्रभावी दर्शन उस समय के प्रभावी वर्ग का दर्शन होता है, जो उसके पक्ष में सहज बोध (common sense) बनाते हैं और उस वर्ग का वर्चस्व (hegemony) बनाए रखने में सहायक होते हैं। इसी दर्शन के आधार पर उस समय की संस्कृति, ज्ञान-विज्ञान और नियम-क़ानून भी बनते हैं। तो भारत में ही नहीं पश्चिम में भी दर्शन का इतिहास इसी प्रक्रिया की गवाही देता है।

बुर्जुआ वर्ग के ख़िलाफ़ सर्वहारा के संघर्ष में मार्क्सवाद मूलत: पश्चिमी दर्शन के आधार पर ही विकसित हुआ। क्लासिकल जर्मन दर्शन, फ्रांसीसी समाजवाद और ब्रिटिश राजनैतिक अर्थशास्त्र, ये तीन उपलब्धियाँ मार्क्सवाद के विकास की पृष्ठभूमि में हैं। इनकी तीखी, वस्तुपरक आलोचना द्वारा सकारात्मक तत्वों के ग्रहण और पुरोगामी तत्वों की सटीक पहचान से ही मार्क्स ने एक नई विचारधारा का विकास किया, जिसका उद्देश्य दुनिया से हर तरह के शोषण की समाप्ति कर सर्वहारा के अनन्य शासन वाली एक सच्ची समाजवादी व्यवस्था का निर्माण करना था।

इस अध्याय में हम पश्चिमी दर्शन की कुछ प्रमुख प्रवृत्तियों को देखेंगे। हमारी कोशिश होगी कि मूल ध्यान अठारहवीं सदी में विकसित हुए दर्शनों पर ही दिया जाय, जिससे हम उस दार्शनिक पृष्ठभूमि की ज़रूरी समझ बना सकें जिससे द्वंद्वात्मक भौतिकवाद का विकास हुआ, जो मार्क्सवाद का दार्शनिक आधार है। ज़ाहिर है कि इसके लिए प्राचीन पश्चिमी दर्शन की एक संक्षिप्त जानकारी भी ज़रूरी है।

प्राचीन पश्चिमी दर्शन

अगर इतिहास में जाएँ तो पश्चिम में दर्शन की प्राचीनतम उपलब्ध परम्परा यूनानी दर्शन की है। योरोपीय दर्शन इसी परम्परा में अपनी जड़ें तलाशता है। हालाँकि इसका अधिकांश भाग

लिखित में उपलब्ध नहीं है और यह दर्शन अरबों के साथ योरप आया था।[60] यूनान की प्राचीनतम दार्शनिक पद्धति थी, मिलेज़ियन या यूनिक दार्शनिक पद्धति, जिसका काल 600 से 400 ईसा पूर्व का माना जाता है। हेगेल ने *हिस्ट्री ऑफ़ फ़िलॉसफ़ी* में इस पद्धति में थेल, एनेक्सिमंडर और एनेक्सिमीनास को सबसे महत्त्वपूर्ण दार्शनिक माना है। राहुल सांकृत्यायन इन्हें 'तत्वजिज्ञासु' कहते हैं। उनके अनुसार, इन दार्शनिकों की 'जिज्ञासा का मुख्य लक्ष्य था उस मूलतत्व का पता लगाना, जिससे विश्व की सारी चीज़ें बनी हैं'।[61] हेगेल, थेल को दुनिया का पहला 'प्रकृति दार्शनिक' मानते हैं। थेल के अनुसार, 'पानी ही मूलतत्व है'। एनेक्सिमीनास ने भी पानी को ही मूलतत्व माना लेकिन थेल के समकालीन और मित्र एनेक्सिमंडर ने मूलतत्व को अनंत और अनिश्चित माना। इन दार्शनिकों ने रेखागणित का अध्ययन किया था और वे खगोल वैज्ञानिक थे। हेगेल ने हेरोडाट्स के माध्यम से थेल की खगोल विज्ञान के क्षेत्र में की गयीं कुछ भविष्यवाणियों का ज़िक्र किया है।

राहुल सांकृत्यायन ने एक महत्त्वपूर्ण बात रेखांकित की है कि भारतीय दर्शन में भी हम दार्शनिकों को इस मूलतत्व की तलाश करते देखते हैं, लेकिन अंतर यहाँ पैदा होता है कि जहाँ भारतीय दार्शनिक 'इसे किसने बनाया' के सवाल में उलझते हैं, यूनिक दार्शनिकों की रुचि 'ये कैसे बने' के सवाल में है। इसीलिए हम पाते हैं कि यूनिक दार्शनिक सिर्फ़ हवाई सवालों में ही नहीं उलझते बल्कि वे अपनी दार्शनिक निष्पत्तियों के आधार पर वैज्ञानिक प्रयोग भी करते हैं। सम्भवत: यह पश्चिमी दर्शन तथा भारतीय दर्शन के बीच के अंतर का एक महत्त्वपूर्ण बिंदु है। वे अपनी तरह के आद्य-भौतिकवादी दार्शनिक थे। लेकिन लगभग उसी काल में पाइथागोरस जैसे भाववादी दार्शनिक भी हुए, जो मूलतत्व आकृति को मानते थे और 'सभी चीज़ें संख्यायें हैं' जैसी स्थापना देकर ठोस जगत से दूर कल्पना-जगत में उड़ते हुए एक दार्शनिक धारा को जन्म देते हैं जो यूनान पर ईरानी आधिपत्य के बाद इटली के एलिया नामक स्थान पर जा बसे उनके शिष्यों के कारण एलियाई दर्शन परम्परा के नाम से पश्चिमी दर्शन में 'स्थिर-विज्ञान-अद्वैतवाद' जैसी भाववादी परम्परा की स्थापना करते हैं। युनिक दर्शन से कालान्तर में सोफी दर्शन (कुछ जगहों पर इसे सूफी दर्शन कहा गया है, लेकिन राहुल सांकृत्यायन ने इस्लामी दर्शन परम्परा में जन्मे सूफी दर्शन से इसे अलगाते हुए 'सोफी' का प्रयोग किया है) विकसित हुआ।

युनिकों के बाद का प्रमुख भौतिकवादी दार्शनिक है हेराक्लिट्स[62] जिसकी किताब *ऑन नेचर* ग्रीक दर्शन की सबसे महत्त्वपूर्ण किताबों में शामिल की जाती है। उसे 'द्वंद्ववाद का जन्मदाता' माना जाता है। उसका महत्त्व सुकरात के उस कथन से लगाया जा सकता

---

60. देखें, *लेक्चर्स ऑन द हिस्ट्री ऑफ़ फ़िलॉसफ़ी,* खंड 2, भाग-1, हेगेल, अनुवाद—इ.एस. हाल्डेन, यूनिवर्सिटी *ऑफ़* नेब्रास्का प्रेस-1995

61. देखें, पेज-2 *दर्शन-दिग्दर्शन,* राहुल सांकृत्यायन,

62. विस्तार के लिए देखें, बी सी बर्ट की पुस्तक *ए ब्रीफ हिस्ट्री ऑफ़ ग्रीक फ़िलॉसफ़ी* और *इंटरनेट एन्साइक्लोपीडिया ऑफ़ फ़िलॉसफ़ी*-https://www.iep.utm.edu/heraclit/

है जिसमें वह कहता है, 'हेराक्लिट्स का जो हमारे पास बचा है वह उत्कृष्ट है, और हम उनका जो कुछ खो जाने का अनुमान लगाते हैं, वह भी निश्चित ही उत्कृष्ट होगा।' अपनी पूर्वोद्धरित किताब में हेराक्लिट्स पर लिखे आलेख में हेगेल ने द्वंद्ववाद के तीन स्तरों में अंतिम हेराक्लिट्स का माना है जिसमें 'उनकी वस्तुपरकता द्वंद्ववाद को एक सिद्धांत के रूप में स्थापित कर देती है।' वह एक परिवर्तनवादी दार्शनिक है। उसके अनुसार परिवर्तन प्रकृति का नियम है। स्थाई गुण जैसी कोई चीज़ नहीं होती। 'अस्तित्व और अनस्तित्व एक ही है; हर चीज़ है और फिर भी नहीं है।' हकीक़त केवल एक है—'विरुद्धों का समागम'। इस 'विरुद्धों के समागम' को हम उसकी आगे कही बातों से समझ सकते हैं। प्लेटो ने उसके हवाले से लिखा है, 'हर वस्तु निरंतर परिवर्तन की अवस्था में है, कोई भी चीज़ स्थिर नहीं है और न ही वह आगे उसी अवस्था में रहेगी।' प्लेटो आगे कहता है कि हेराक्लिट्स चीज़ों की तुलना नदी के बहाव से करता था, कोई भी एक ही धारा में दुबारा नहीं जा सकता।'[63]

इसे हेगेल ने आगे और स्पष्ट किया है—इस सार्वभौमिक सिद्धांत को अस्तित्व के सत्य के रूप में बेहतर तरीके से देख सकते हैं। चूँकि हर चीज़ है, और फिर भी नहीं है। हेराक्लिट्स कहता है कि हर चीज़ बनने की प्रक्रिया में है। केवल जन्म ही इससे सम्बन्धित नहीं है बल्कि वह भी है जो नष्ट हो रहा है। दोनों स्वतंत्र नहीं हैं बल्कि समरूप हैं। नदी की धारा वाले उदाहरण को देखें तो कोई भी एक ही धारा में दुबारा इसलिए नहीं जा सकता, क्योंकि नदी की धारा मनुष्य के प्रवेश के साथ ही अपना मूल रूप खो देती है। मनुष्य का उसमें तैरना उसे एक नया रूप देता है। पानी वही है लेकिन वह स्थिर नहीं रह जाता, बदल जाता है। इस प्रकार दो विपरीतों के संयोजन से एक नयी चीज़ उत्पन्न होती है। दर्शन शास्त्र में एलियाई दार्शनिकों के अस्तित्व के सिद्धांत से हेराक्लिट्स की अस्तित्वमान होने की प्रक्रिया का सिद्धांत एक बड़ी छलांग थी। यहाँ दर्शन स्थिर से गतिमान की ओर आगे बढ़ता है। इस परिवर्तन को वह एक स्वयंसिद्ध, अटल प्राकृतिक नियम मानता था जिसे 'न देवताओं ने बनाया, न मनुष्यों ने।' हेराक्लिट्स का लिखा बहुत कम मात्रा में ही उपलब्ध है। हेगल ने इस आलेख में उसकी अंतिम तत्व सम्बन्धी मान्यता पर विभिन्न विचारों की विवेचना की है। हेराक्लिटस का कथन है, 'अग्नि पानी में बदलती है और फिर पृथ्वी में; पृथ्वी जल में परिवर्तित होती है फिर अग्नि में।'[64] इस आधार पर जहाँ सुकरात मानते थे कि हेराक्लिट्स अग्नि को अंतिम तत्व मानता था, वहीं कुछ अन्य का मानना है कि वह पानी या हवा या वाष्प को मूलतत्व मानता था। हेगेल के अनुसार, हेराक्लिट्स का मूलतत्व अग्नि ही हो सकती थी, क्योंकि इनमें सिर्फ़ अग्नि ही है जो अपने आप में एक प्रक्रिया है, निरंतर गतिमान और निरंतर रूप बदलती हुई, जहाँ विरुद्धों के समागम से लगातार नई चीज़ पैदा होती है। आगे चलकर हम देखेंगे कि 'विरुद्धों का समागम' (unity of opposites) द्वंद्वात्मक भौतिकवाद के विकास में कितना सहायक सिद्ध हुआ।

---

63. देखें, पेज-278, *लेक्चर्स ऑन द हिस्ट्री ऑफ़ फ़िलॉसफ़ी,* खंड-1, हेगेल, अनुवाद—इ.एस. हाल्डेन, यूनिवर्सिटी ऑफ़ नेब्रास्का प्रेस, 1995।

64. https://www.iep.utm.edu/heraclit/

लेकिन यहाँ यह सवाल उठ सकता है कि 535 ईसा पूर्व आखिर यूनान में ऐसी कौन-सी भौतिक परिस्थितियाँ पैदा हो गयी थीं कि इतने क्रांतिकारी विचार सामने आये? राहुल सांकृत्यायन इस प्रक्रिया की एक रोचक जानकारी देते हैं। हेराक्लिट्स का जन्म एक रईस सामंती घराने में हुआ था। लेकिन उस दौर में यूनानी व्यापारी इतने मज़बूत हो गए थे कि उन्होंने पुराने रईसों को हटाकर सत्ता पर कब्ज़ा कर लिया था। हेराक्लिट्स के लिए वह 'वर्तमान' असह्य था और वह 'परिवर्तन' के लिए बेकल था। ज़ाहिर तौर पर उसके लिए परिवर्तनवादी होने का अर्थ पिछली अवस्था में लौटना था, जहाँ व्यापारियों का शासन ख़त्म होकर पुराने रईसों का शासन आ जाए। यह अनायास नहीं कि वह युद्ध को जगत की गति का स्रोत मानता है—

> युद्ध सबका पिता है और सबका राजा है, जिसने कुछ को ईश्वर की तरह बनाया और कुछ को मनुष्यों की तरह, कुछ को ग़ुलाम बनाया, कुछ को आज़ाद। और हम सबको यह स्वीकार करना चाहिए कि युद्ध सामान्य है और कलह न्याय है,और हर चीज़ कलह तथा आवश्यकता के अनुसार होती है।[65]

आखिर युद्ध ही वह साधन था जिससे पुरानी ताक़तें नई ताक़तों से सत्ता छीन सकती थीं। इस तरह एक प्रतिगामी उद्देश्य के साधन के लिए प्रतिपादित सिद्धांत भविष्य में हेगेल और मार्क्स दोनों के दर्शनों के लिए आधार बना। इस उदाहरण से एक बेहद महत्त्वपूर्ण चीज़ निकल कर आती है, 'साधन हमेशा उसी साध्य (उद्देश्य) को पूरा नहीं करते जिसके लिए उनका निर्माण किया गया है।' यह चीज़ों की द्वंद्वात्मक समझ है। स्कूल-कॉलेज, सरकारें अपनी व्यवस्था को चलाने के लिए पढ़े-लिखे लोगों को तैयार करने के लिए बनाती हैं, लेकिन उनमें ही ऐसे लोग भी पैदा होते हैं जो उस पर ही सवाल खड़ा करते हैं। हथियार आत्मरक्षा के लिए बने, लेकिन उनसे हत्याएँ भी होती हैं। इंटरनेट बना था बहुराष्ट्रीय कम्पनियों द्वारा दुनिया भर में फैले अपने नेटवर्क पर नियंत्रण के लिए, लेकिन वह दुनिया भर के संघर्षशील लोगों का हथियार भी बन रहा है। लोग जब पूँजीवाद के ख़िलाफ़ संघर्ष में पूँजीवाद की कोख से उपजे तमाम यंत्रों के प्रयोग पर सवाल खड़े करते हैं तो यह समझ अपने समय की तमाम भ्रांतियों को सुलझाने में काफ़ी मददगार साबित होगी।

हेराक्लिट्स के बाद का सबसे महत्त्वपूर्ण दर्शन सोफ़ीवाद[66] है। सोफी उन्हें कहा गया, जिन्होंने यूनान पर ईरानियों के कब्ज़े के बाद वहाँ से पलायित होकर घुमंतू जीवन अपना लिया। सोफ़ी एक अशांत, बिखरते समाज तथा राज्य क्रान्ति की उपज थे, इसीलिए पहले से चली आ रहीं बातों पर उनका विश्वास कम था, उनमें ज्ञान की बड़ी प्यास थी।[67]

65. *आइडेंटिटी एंड वैल्यूज़*, पेज 23, सूजी फरार्रेलो और *एस. जी. लुडाविसी*, कैम्ब्रिज स्कॉलर पब्लिशिंग, 2015

66. विस्तार के लिए प्लेटो कृत *सोफीस्ट* पढ़ सकते हैं, यहाँ ऑनलाइन उपलब्ध है—http://www.gutenberg.org/files/1735/1735-h/1735-h.htm

67. देखें, पेज-6 *दर्शन-दिग्दर्शन*, राहुल सांकृत्यायन,

किसी चीज़ को सिर्फ़ इसलिए स्वीकार करने की जगह कि वह पुरानी और प्रतिष्ठित है, उनका ज़ोर सत्य के अन्वेषण पर था। उन्होंने मनुष्य को ज्ञान के केंद्र के रूप में स्थापित किया और कहा, 'मनुष्य वस्तुओं की कसौटी है।' उन्होंने मौखिक शिक्षा देने और अपनी सीखों को अपने आचरण से स्थापित करने का रास्ता अपनाया।

ईसा पूर्व चौथी सदी में यूनानी दर्शन का जो महत्त्वपूर्ण विकास आया उसके प्रमुख दार्शनिक सुकरात सोफ़ियों से बहुत प्रभावित थे। सुकरात का मानना था कि विश्व की संरचना और चीज़ों का भौतिक स्वभाव जान पाना सम्भव नहीं। हम सिर्फ़ ख़ुद को जान सकते हैं। अवधारणायें परिभाषाओं से जानी जाती हैं, जिनका अर्थ अनुमान से लगाया जाता है। ज्ञान उनके लिए सबसे महत्त्वपूर्ण था और उसके लिए सही रास्ता था ठीक तौर पर प्रयत्न तथा इससे प्राप्त ज्ञान का समय तथा परिस्थितियों की कसौटी पर परीक्षण। उन्होंने कोई किताब नहीं लिखी। उनके प्रसिद्ध वार्तालाप, जिन्हें 'सुकरात के विरोधाभास' कहा जाता है, बात करने वाले को अन्तर्विरोध की ओर ले जाते हैं, जो उन अवधारणाओं की कमज़ोरी की ओर इंगित करता है और उन्हें वास्तविक सत्य की खोज की ओर उद्धत करता है। ज़ाहिर है कि सुकरात यथार्थवादी थे और समाज में फैली अवधारणाओं पर सवाल उठाते थे। वे उन सहज बोधों (common sense) पर सवाल खड़े करते थे जो तत्कालीन समाज व्यवस्था में स्थापित और अप्रश्नेय माने जाते थे।

उनका समय एथेंस के पतन का था। स्पार्टा के हाथों उसकी करारी हार हुई थी और वह किसी तरह ख़ुद को पुनर्गठित कर रहा था। तत्कालीन जनतंत्र को लेकर लोगों के मन में सवाल उठने लाज़िमी थे। सुकरात, जो एथेंस के शासक की आलोचना करते थे और स्पार्टा के प्रशंसक थे। यथास्थिति का समर्थन करने या फिर तत्कालीन समाज के स्थापित नियम 'ताकतवर ही सही है' के समर्थन की जगह उन्होंने इस पर सवाल खड़े किये और एक सामाजिक-नैतिक आलोचक की ज़रूरी भूमिका निभाई। फलत: तत्कालीन शासकों ने उनके ऊपर युवाओं को पथभ्रष्ट करने, देवनिन्दक होने तथा नास्तिक होने का आरोप लगाकर, उन्हें मृत्युदंड दे दिया। सुकरात के बाद उसके शिष्य प्लेटो और अरस्तू ने यूनानी दर्शन को अपनी-अपनी तरह से आगे बढ़ाया। योरप में पंद्रहवीं सदी से सत्रहवीं सदी के बीच के पुनर्जागरण के दौर के दर्शन की समझ बनाने से पहले इन दोनों दार्शनिकों को समझना बेहद ज़रूरी होगा।

7

पश्चिमी दर्शन परम्परा—2

प्लेटो का राजनीतिक दर्शन

प्लेटो, सुकरात का शिष्य और अरस्तू का गुरु था। उसकी सबसे प्रमुख किताब है—*रिपब्लिक*। संवाद शैली में लिखे इस ग्रन्थ को उसके दार्शनिक विचारों की सबसे प्रखर उद्घोषणा माना जा सकता है जहाँ मुख्य पात्र, दरअसल प्लेटो की ही बात कर रहा होता है या यों कहें कि मुख्य पात्र के रूप में दरअसल प्लेटो ही बातें कह रहा होता है। इस विशद ग्रन्थ में न केवल दर्शन बल्कि नीति शास्त्र, शिक्षा, समाज, न्याय सहित विभिन्न राजनीतिक प्रणालियों यथा कुलीनतावाद, राजशाही, साम्राज्यवाद, गणतंत्र, तानाशाही आदि पर बेहद विस्तार से अपना पक्ष रखता है। उसका मानना था कि व्यक्ति की शांति में ही समाज की शांति और प्रगति निहित है तो स्वाभाविक था कि उसकी कल्पना में एक 'आदर्श समाज' था। इस 'आदर्श समाज' की उसकी परिकल्पना में ही उसकी वर्गीय पक्षधरता भी स्पष्ट रूप से देखी जा सकती है।

बर्ट्रेंड रसेल के अनुसार, (*द हिस्ट्री ऑफ़ वेस्टर्न फ़िलॉसफ़ी*) ''विषय की दृष्टि से यह पुस्तक मोटे तौर पर तीन हिस्सों में बँटी है। पहले खंड से लेकर चौथे खंड के समापन से कुछ पहले तक वह अपने आदर्श समाज की भूमिका बनाता है। किंतु न्याय की व्याख्या को वह इस हिस्से से अलग रखता है। स्पष्ट है कि *रिपब्लिक* के लेखन के दौरान ही प्लेटो के मन में न्याय को लेकर अलग से पुस्तक तैयार करने की भूमिका बन चुकी थी, जो आगे चलकर *लांज* में पूरी हुई। चौथे खंड के बाकी हिस्से से सातवें खंड तक वह 'दार्शनिक' सम्राट की अपनी परिकल्पना को विस्तार देता है, यह सिद्ध करने का प्रयत्न करता है कि केवल दार्शनिक ही आदर्श सम्राट हो सकते हैं। पुस्तक के आठवें से दसवें खंड, इस दृष्टि से महत्त्वपूर्ण हैं कि इनमें वह सभी प्रचलित शासन प्रणालियों यथा सामंतशाही, राजतंत्र, तानाशाही और गणतंत्र के गुण-अवगुण पर विचार करता है। उस समय तक यूनान में आदर्श समाज की संकल्पना जन्म ले चुकी थी। *रिपब्लिक* में यह कल्पनालोक अधिक व्यवस्थित रूप से मौजूद है।'' इस किताब में न केवल वह अपने आदर्श राज्य की परिकल्पना प्रस्तुत

करता है बल्कि उसकी स्थापना के लिए ज़रूरी उपाय भी सुझाता है। पहला तो रसेल की किताब के बारे में उपरोक्त टिप्पणी में ही है जहाँ प्लेटो की मान्यता है कि शासक को अनिवार्य रूप से दार्शनिक होना चाहिए। दर्शन उसके लिए इतना ऊँचा स्थान रखता था कि उसका दृढ़ मत था कि एक दार्शनिक ही देश के नागरिकों को विकास की राह पर ले जाने वाला सच्चा जन-प्रतिनिधि हो सकता है। वह ही 'साहस, ज्ञान, सहिष्णुता तथा न्याय' जैसे आवश्यक गुणों से परिपूर्ण हो सकता है।

प्लेटो के इस आदर्श समाज के बारे में थोड़ा विस्तार से जानने के पहले उन वस्तुगत स्थितियों को जान लेना बहुत ज़रूरी होगा, जिनसे उसका दर्शन उपजा था। प्लेटो का समय एथेंस के पराभव का समय था। जिस कुलीन समाज में वह पैदा हुआ था, वह अब धीरे-धीरे नष्ट हो रहा था तथा उसकी जगह व्यापारी वर्ग की प्रभुता स्थापित हो रही थी। हाल ही में वहाँ 'जनतंत्र' स्थापित हुआ था, लेकिन प्लेटो इस जनतंत्र का खोखलापन अपने गुरु सुकरात की हत्या के रूप में देख चुका था। इस 'अत्यंत सच्चे आदमी' की असहमतियों के बदले उसे मौत की सज़ा देने वाला यह 'जनतंत्र' ज़ाहिर तौर पर प्लेटो के लिए एक आदर्श व्यवस्था नहीं हो सकता था और न ही अब पुरानी कुलीन तंत्र वाली व्यवस्था में लौटना सम्भव था। इस व्यवस्था से उसकी असंतुष्टि इतनी थी कि वह कहता है, "अन्यायी व्यक्ति एक न्यायपूर्ण व्यक्ति से बेहतर ज़िन्दगी जीता है।"[68] बिलकुल स्वाभाविक है कि प्लेटो ने ऐसे में एक नए समाज की परिकल्पना की, एक ऐसा समाज जो उस 'जनतंत्र' से बेहतर हो, उसकी खामियों से मुक्त हो और इस प्रक्रिया में उसने अपने यूटोपियाई नए समाज की प्रस्थापना सामने रखी और घोषित किया—

> मानव-जाति बुराइयों से तब तक नहीं बच सकती, जब तक कि वास्तविक दार्शनिकों के हाथ में सत्ता न आ जाए।[69]

प्लेटो के इस आदर्श समाज में आधुनिक समाज और दर्शन के अनेक बीज छिपे हैं, लेकिन उसका बुद्धिवादी दर्शन अपनी पक्षधरता में बिलकुल स्पष्ट है। यहाँ मानव-समाज के वर्गीकरण का आधार उसकी नैसर्गिक प्रतिभा, शक्ति तथा साहस को माना है। जो विलक्षण प्रतिभाशाली नहीं हैं, न बहादुर हैं और न ही हृष्ट-पुष्ट हैं, वे प्राय: उत्पादक कार्यों, खेती, हाथ की दस्तकारी के सर्वाधिक उपयुक्त माने जाते हैं। मगर जो सुंदर-सजीले हैं, साथ में ताकतवर और साहसी भी हैं, उनको सुरक्षा और राजनीति के क्षेत्र में लिया जाना चाहिए। उनमें भी जो अतिरिक्त रूप से साहसी, विलक्षण प्रतिभाशाली और सद्‌गुण संपन्न हैं, वे राज्य को चलाने में स्वयं समर्थ होंगे। ज़ाहिर तौर पर प्लेटो के आदर्श राज्य की परिकल्पना अभिजात वर्ग पर निर्भर है।[70] वह समाज के शेष कम प्रतिभाशाली लोगों को 'शेष कार्यों' का दायित्व सौंपता है, लेकिन सत्ता को अभिजात वर्ग के पास ही रखना चाहता है। उसके

---

68. देखें, *रिपब्लिक*, बुक 2, पेज 35
69. देखें, *रिपब्लिक*, बुक 5, पेज 120
70. देखें, http://omprakashkashyap.wordpress.com/category/प्लेटो-का-राजनीतिक-दर्शन

लिए सबसे महत्त्वपूर्ण है शिक्षा और इस मामले में प्लेटो बेहद आधुनिक है कि वह न केवल इस क्षेत्र में बिना किसी लैंगिक भेदभाव के सभी स्त्रियों तथा पुरुषों को शिक्षा देने का पक्षधर है, बल्कि स्त्रियों की आज़ादी का भी। वह विवाह संस्था की मुखालफ़त करता है, समाज में स्त्री-पुरुष के बीच किसी भी प्रकार के भेदभाव को अस्वीकार करता है। *रिपब्लिक* के पाँचवें खंड में वह स्त्री-पुरुष की शारीरिक एवं मानसिक भिन्नताओं पर चर्चा करता है और इस निष्कर्ष पर पहुँचता है कि ये आभासी हैं। पाँचवें खंड में एडीमेंटस, पोलीमार्क्स और ग्लुकोन के साथ चर्चा में हिस्सा ले रहा सुकरात कहता है कि जिस प्रकार घर की देखभाल के लिए कुत्ते का चयन करते समय यह नहीं देखा जाता कि वह नर है अथवा मादा, केवल उसके गुणों पर ध्यान रखा जाता है, इसी प्रकार सामाजिक दायित्वों के अनुपालन के लिए भी स्त्री और पुरुष के भेद को नज़रअंदाज़ किया जाना चाहिए। यदि फिर भी कोई मानता है कि स्त्री और पुरुष की कार्यक्षमताओं में अंतर होता है तो भी कार्य-विभाजन के समय इस अंतर की उपेक्षा की जानी चाहिए।[71] उसके इस विचार के मूल में उसकी यह दृढ़ मान्यता है कि राज्य सर्वोपरि है और इसकी बेहतरी के लिए सभी नागरिकों का योग्य होना बेहद ज़रूरी। इसीलिए वह एक तरफ़ अभिजात वर्ग की अनन्य सत्ता की माँग करता है तो दूसरी तरफ़ बच्चों के लालन-पालन की ज़िम्मेदारी व्यक्तियों के भरोसे न छोड़कर राज्य को अपने हाथ में लेने की बात करता है। वजूहात चाहे जो हों लेकिन लैंगिक असमानता के उस भयावह दौर में कही गयीं ये बातें आज के जनतांत्रिक समाज में भी बेहद महत्त्वपूर्ण हैं। कहना न होगा कि हम आज भी इन आदर्श स्थितियों से कितनी दूर खड़े हैं। योरोपीय ही नहीं विश्वदर्शन में स्त्री-पुरुष समानता की बात करने वाले प्रथम दार्शनिक के रूप में प्लेटो का महत्त्व अतुलनीय है।

लेकिन इसके साथ राज्य की अनन्यता और 'साहस' आदि गुणों पर अपने अत्यधिक ज़ोर के कारण प्लेटो एक-दूसरे छोर पर भी जाते हैं, जहाँ वह कविता को समाज के लिए ग़ैरज़रूरी ही नहीं बल्कि हानिकारक चीज़ सिद्ध करते हैं। अपने समकालीन होमर की रचनाओं को बच्चों के लिए पूरी तरह से अनुपयुक्त बताते हैं क्योंकि उसकी रचनाएँ 'प्रेम और संवेदना' का पक्ष लेती हुईं, उन्हें बढ़ावा देने का काम करती हैं। प्लेटो के अनुसार, वे बच्चों को मृत्यु से डरना सिखाती हैं, जबकि शिक्षा का उद्देश्य बालकों में जोश भरना, वीरता और युद्धक्षेत्र में शहीद हो जाने की भावना पैदा करना भी है। अत: किशोरों को सिखाया जाना चाहिए कि दासता मृत्यु से कहीं बदतर है। इसलिए उन्हें रोने-धोने वाले मनुष्य की कहानी सुनाने से बचना चाहिए, भले ही वह व्यक्ति अपने किसी निकट मित्र अथवा सम्बन्धी की मृत्यु के कारण शोक-निमग्न क्यों न हो। अनुशासन के रूप में प्लेटो चाहता था कि बच्चों को गंभीर रहने की शिक्षा दी जाए। उन्हें सिखाया जाना चाहिए कि ज़ोर से हँसना अशिष्टता का प्रतीक है। उसने होमर, हेसोद की रचनाओं को बालकों के लिए इसलिए भी अनुपयुक्त माना था, क्योंकि उनमें शानदार दावतों का गुणगान किया गया है। वे ईश्वर को लालची सिद्ध करती हैं। प्रकारांतर में वे बच्चों में धनसंग्रहण एवं विलासितामय

71. देखें, *रिपब्लिक*, बुक 5, पेज 120

जीवनशैली के प्रति ललक बढ़ाती हैं। इस प्रकार की कहानियाँ बालकों के धैर्य के लिए घातक हैं। वह बच्चों को ऐसी कहानियाँ सुनाने के पक्ष में भी नहीं था, जिसमें बुरे आदमी को सुखी और भले व्यक्ति को दुखी बताया गया हो। उसके अनुसार इससे बालक की अनैतिक जीवन के प्रति आसक्ति बढ़ सकती है। चूँकि कविताओं में करुणा, दया आदि मानवीय संवेगों का बढ़ा-चढ़ाकर बखान किया जाता है, इसलिए उसने युवा विद्यार्थियों को कवि और कविताओं से दूर रखने की सलाह दी है। नाटक को लेकर भी प्लेटो ने रोचक बात कही है। उसके अनुसार कोई भी भला व्यक्ति किसी बुरे व्यक्ति की नकल करने से बचेगा, जबकि प्रायः सभी नाटकों में खलनायक की मौजूदगी होती है। नाटककार एवं अभिनेता उस पात्र को जीवंत बनाने के लिए उसकी खलनायकी के तरह-तरह के रूप, कई बार बढ़ा-चढ़ाकर भी, दर्शकों के समक्ष प्रस्तुत करते हैं। परिणामस्वरूप लोगों को अपराध के नए तरीकों की जानकारी मिल सकती है। प्लेटो लिखता है कि न केवल खलनायक, बल्कि स्त्री, दास तथा अन्य निम्नवर्गीय व्यक्तियों का अभिनय भले व्यक्तियों को करना पड़ता है। इसलिए ऐसे नाटकों के प्रदर्शन पर रोक लगाई जानी चाहिए, विशेषकर बच्चों को तो उनसे दूर रखना ही श्रेयस्कर है। उनके लिए ऐसे नाटक लिखे जाने चाहिए जिसमें किसी भी दोषी, अपराधी अथवा चरित्रहीन व्यक्ति का उल्लेख न हो। चूँकि अधिकांश नाटक मंडलियों की राय में ऐसे नाटक लिखे जाने सम्भव नहीं हैं, इसलिए प्लेटो ने उन सभी को नगर से निर्वासित करने की सलाह दी है।'[72] इस रुख का उत्स तत्कालीन एथेंस की युद्धप्रियता में देखा जा सकता है।

राहुल सांकृत्यायन के अनुसार, प्लेटो का दर्शन 'परस्पर-विरोधी दार्शनिक विचारों का समन्वय' है। इस पर सुकरात, हेराक्लिट्स, पेरामेंडिस, जेनो और पाइथागोरस के स्पष्ट प्रभाव हैं। डायोजेंस लेरिटस ने लिखा है, 'उसने (प्लेटो ने) हेराक्लिट्स, सुकरात और पाइथागोरस के तर्कों को मिलाकर प्रस्तुत किया। लौकिक के संदर्भ में वह हेराक्लिट्स का सहारा लेता है, ज्ञातव्य के संदर्भ में वह पाइथागोरस का और राजनीति के संदर्भ में सुकरात का।' वह सुकरात की इस बात को मानता था कि ठीक तौर पर प्रयास करने से तत्वज्ञान सम्भव है, साथ में हेराक्लिट्स की इस राय से भी सहमत था कि जिन पदार्थों का साक्षात्कार हम करते हैं वे सभी सदा बदलती, सदा बहती रहने वाली धाराएँ हैं और उनके बारे में किसी महासत्य पर नहीं पहुँचा जा सकता।[73] एलियाई दार्शनिक पैरामेंडिस और जेनो तो उसके *रिपब्लिक* में पात्र की तरह उपस्थित हैं और वह उनकी एक परिवर्तनशील विज्ञान जगत की मान्यता से सहमत था। रूप (form) के प्लेटो के सिद्धांत पैरामेंडिस के 'ज्ञातव्य वास्तविकता में पराभौतिक एकता व स्थिरता' पर आधारित हैं। इन सब के समन्वय से वह इस निष्कर्ष पर पहुँचा, 'ज्ञान का यथार्थ विषय सदा-परिवर्तनशील जगत-प्रवाह और उसकी चीज़ें नहीं है, बल्कि उसका विषय है लोकातीत, अचल, एकरस, इन्द्रिय अगोचर पदार्थ-विज्ञान,' जो कि पाइथागोरस की निष्पत्ति से मिलता है।

---

72. देखें, *रिपब्लिक*, बुक 3, पेज-74
73. देखें, *दर्शन-दिग्दर्शन*, पेज-13

अगर प्लेटो लोक की जगह लोकातीत को इतना महत्त्व देता है, प्रत्यक्ष इन्द्रिय ज्ञान को गौण मानता है और शुभ-अशुभ के बारे में यह विचार रखता है कि जो कुछ 'विधाता' ईश्वर द्वारा निर्मित है सब शुभ है और अशुभ के लिए ज़िम्मेदार सिर्फ़ भौतिक हस्तक्षेप है, अगर वह अपने यूटोपियाई समाज का निर्माण ठोस धरती पर नहीं किसी वायवीय संसार में दार्शनिक राजा के भरोसे करना चाहता है तो इसके कारण बहुत स्पष्ट हैं। वह दरअसल दास-स्वामी में विभक्त समाज में किसी ठोस ज़मीनी परिवर्तन का आकांक्षी नहीं है। वह इसके तीखे अंतर्विरोधों को विशिष्ट तथा सामान्य में विभक्त कर इसकी असमानताओं पर पर्दा डालना चाहता है और इसका शासन विशिष्ट जन अर्थात् कुलीन स्वामियों के हाथ में ही रखना चाहता है। राहुल सांकृत्यायन ने इसकी तुलना कुछ सदियों पहले भारत के ऋषियों द्वारा पुरुषसूक्त बना कर अलग-अलग वर्णों की परम शक्ति के सिर, बाहु, जंघा तथा पैर से उत्पत्ति का सिद्धांत प्रतिपादित कर वर्ण-विभाजन पर पर्दा डालने की कोशिश से की है। स्वाभाविक है कि प्लेटो ने भी ईश्वर को सर्वश्रेष्ठ विज्ञान माना है, उसे विधाता माना है, मूर्तिकार से तुलना करते हुए उसकी कृतियों को अप्रश्नेय माना है। स्वाभाविक है कि वह इस ईश्वरीय मूल को प्रमुख तथा 'विज्ञान' मानता है और ठोस भौतिक तत्वों से बनी दुनिया को गौण मानता है। इस अर्थ में वह भाववादी दार्शनिक है। *रिपब्लिक* में अपने आदर्श समाज के स्वप्न में उसने अनेक ऐसी प्रस्थापनाएँ दी हैं जो बाद के राजनीतिक दर्शनों के प्रणेताओं के लिए स्रोत बनीं, लेकिन उन समानताओं को ठोस ज़मीन पर स्थापित करने का रास्ता उन्हें ख़ुद तलाशना था। इस रास्ते को उसके शिष्य अरस्तू से आगे चलकर योरोपीय पुनर्जागरण से रौशनी मिली।

8

पश्चिमी दर्शन परम्परा—3

अरस्तू और उसके आगे

अरस्तू अपनी किशोरावस्था में ही प्लेटो का शिष्य बन गया था। ज़ाहिर है कि उस पर प्लेटो का काफ़ी प्रभाव था। लेकिन अपनी दार्शनिक निष्पत्तियों में वह अपने गुरु से काफ़ी अलग भी था। उसके राजनीतिक विचार भी बेहद स्पष्ट थे तथा उसने इनके आधार पर उस समय की राजनीति में सक्रिय हस्तक्षेप किया, पहले सिकंदर के गुरु के रूप में और फिर उसकी मृत्यु के बाद मकदूनिया विरोधी दल के सक्रिय समर्थक के रूप में। पहले यहाँ उसके दार्शनिक दृष्टिकोण की बात कर लेते हैं।

अरस्तू, सुकरात और प्लेटो की तरह ज्ञान के लिए विज्ञान के महत्त्व को स्वीकार करता था, लेकिन उसे भौतिक जगत से अलग-थलग एकमात्र प्रधान जगत नहीं।[74] वह इन्द्रिय ज्ञान को प्लेटो की भाँति अनादर भाव से नहीं देखता था। वह प्रत्यक्ष जगत की व्याख्या के लिए भौतिक पहलू (इन्द्रिय ज्ञान) तथा मूलस्वरूप या विज्ञान दोनों को ज़रूरी मानता था। वह गणितज्ञ भी था और प्राणिशास्त्री भी। इसीलिए वह विज्ञान तथा भौतिक तत्व को अलग-अलग करके नहीं देखता था। उसने ज्ञान की विभिन्न शाखाओं को विज्ञान (epistemic) कहा। विज्ञान को परिभाषित करते हुए उसका कहना था, ''विज्ञान अनुभवजन्य शोधों के रिकॉर्ड के बरअक्स अध्ययन के ऐसे संगठित स्वरूप हैं जिन्हें प्रस्तुत किया जा सके।'' उसने विज्ञान को पुन: तीन शाखाओं में विभक्त किया—सैद्धांतिक, व्यावहारिक और उत्पादक। सैद्धांतिक विज्ञान वह जो अपनी संतुष्टि के लिए ज्ञान की तलाश करता है जैसे दर्शन और भौतिक शास्त्र व प्रकृति विज्ञान, व्यावहारिक वह जो सामाजिक एवं व्यक्तिगत दोनों स्तर पर कार्यव्यवहार को बेहतर बनाता है जैसे राजनीति और नीति शास्त्र और उत्पादक विज्ञान वह जो उपयोगी वस्तुओं का उत्पादन करता है, जैसे शिल्पकारी, कृषि, चिकित्सा आदि। यहाँ यह दर्ज करना भी ज़रूरी है कि अरस्तू संगीत, रंगमंच, कविता तथा नृत्य जैसी कलाओं को

74. देखें, राहुल सांकृत्यायन, *दर्शन-दिग्दर्शन,* पेज-18, आगे भी इस किताब का कई जगहों पर उपयोग किया गया है।

भी इसी श्रेणी में मानता था। यानी न केवल भौतिक अपितु मानसिक उत्पादन को भी उसने वैज्ञानिक उत्पादन माना। अपने गुरु प्लेटो की तरह वह नाटककारों और कवियों के लिए देशनिकाला नहीं तजवीज़ करता। उसका मानना है, 'कला प्रकृति का सृजनात्मक अनुसरण है।' उसने महाकाव्यों और त्रासदियों के स्वरूप का विस्तृत विवेचन किया तथा काव्य जगत को अनुकरण सिद्धांत व विरेचन सिद्धांत के रूप में दो महत्त्वपूर्ण सिद्धांत दिए जो सर्वकालिक महत्त्व के हैं। उसका कहना था कि काव्य से श्रोताओं की दुर्वृत्तियों का पोषण नहीं विरेचन होता है। यहाँ अनुकरण का अर्थ नक़ल नहीं 'पुनर्सृजन' है। कलाकार प्रकृति से प्राप्त अनुभव का अपनी भावनाओं, कल्पनाओं और अपने विचारों से जो पुनर्सृजन करता है, वह वास्तविक जीवन से अधिक सुन्दर होता है और इस रूप में वह श्रोता को एक बेहतर स्वप्न दिखाता है। विरेचन (catharsis) चिकित्सा विज्ञान का शब्द है जिसका अर्थ दवाओं द्वारा शरीर से अपशिष्टों का उत्सर्जन कराना है। अरस्तू की मान्यता थी कि साहित्य और कलाएँ मनुष्य के भीतर से अवांछित और अशुभ को विरेचित करा देती हैं। पश्चिमी दर्शन में यह काव्यशास्त्र की पहली तर्कपरक व्याख्या थी।) इस तरह वह हर चीज़ में विज्ञान (मूलस्वरूप) और भौतिक तत्व (इन्द्रियजनित ज्ञान) देखता था। भौतिक तत्व वह जिसमें एक सीमा तक वृद्धि या परिवर्तन सम्भव है। वह अनीश्वरीय नहीं था लेकिन प्लेटो की तरह ईश्वर को एकमात्र अपरिवर्तनशील विज्ञान नहीं मानता था। ईश्वर अरस्तू के लिए विधाता नहीं है, क्योंकि विज्ञान और भौतिक तत्व हमेशा से यहाँ मौजूद थे। वह किसी कार्य के लिए चार प्रकार के कारण मानता है, उपादान (material cause), मूल स्वरूप या वैज्ञानिक कारण (formal cause), निमित्त कारण (efficient cause) और अंतिम कारण या प्रयोजन (final cause)।

अरस्तू का एक और अत्यंत महत्त्वपूर्ण योगदान था पहली बार 'लॉजिक' या तर्क के सिद्धांत को व्यवस्थित तरीके से प्रस्तुत करना। तर्क अरस्तू के यहाँ ज्ञान तक पहुँचने का रास्ता है। ज्ञान प्राप्त करने की यह पद्धति विशिष्ट से सामान्य तक पहुँचने की है, ज्ञात इन्द्रियानुभाव से सहज बोध की ओर जाने की। उन्होंने इसके लिए निगमन (deduction) की जो पद्धति विकसित की वह बाद में तर्कशास्त्र के विकास के लिए आधार बनी। अरस्तू के इस योगदान का महत्त्व उनके कोई दो सौ साल बाद इम्मानुएल कांट के अपनी किताब *क्रिटिक ऑफ़ प्योर रीज़न* में किये इस स्वीकार से लगाया जा सकता है कि 'एकदम आरम्भिक समय से तर्क ने एक सुरक्षित यात्रा की है। इसे इस तथ्य से देखा जा सकता है कि अरस्तू के समय से ही यह एक कदम भी पीछे नहीं गया है...इस बारे में यह भी महत्त्वपूर्ण है कि यह अरस्तू के बाद से एक कदम आगे भी नहीं बढ़ा है और इसीलिए अपने हर स्वरूप में यह परिपूर्ण नज़र आता है।'

निगमन को सबसे सरल रूप में इस तरह समझा जा सकता है—(1) सभी 'अ' 'ब' हैं। (2) सभी 'ब' 'स' हैं, अत: (3) सभी 'अ' 'स' हैं। इस तरह अ और ब के सम्बन्ध में उपलब्ध प्रत्यक्ष ज्ञान से एक नया निष्कर्ष (ज्ञान) प्राप्त हुआ। दर्शन में अरस्तू की प्रमुख देन द्रव्य का प्रत्यय है। यों तो उसने सत्ता के 10 अंतिम पक्षों (कैटेगोरीज़) का वर्णन किया है, परंतु वास्तव में वे द्रव्य और उसके गुण ही हैं।[75] यह भारतीय न्याय प्रणाली के पाँच

75. विस्तार के लिए पाठक http://plato.stanford.edu/entries/aristotle-logic/ पढ़ सकते हैं।

स्तरीय निगमन की तुलना में तीन स्तर का निगमन है।

इस तरह हम देख सकते हैं कि अरस्तू के दार्शनिक विचार अपने गुरु प्लेटो से अलग वस्तुवादी हैं। वह किसी आदर्श समाज की ख़याली दुनिया में तो नहीं ही जीता, साथ में समाज में विशिष्ट तथा आम जन के बीच उस तरह के कार्यविभाजन का भी समर्थन नहीं करता। नीति में, अरस्तू ने प्लेटो की तरह मौलिक सद्भावनाओं पर विचार नहीं किया, उसने सामान्य सद्भावना का स्वरूप निर्णित करना चाहा। वह इस निष्कर्ष पर पहुँचा कि शुभ या भद्र दो चरम सीमाओं में मध्यवर्ती स्थिति है। धृष्टता और कायरता दोनों अवगुण हैं; इनके मध्य में साहस है जो सदाचार है। शिष्टाचार उद्दंडता और दासभाव के बीच की अवस्था है। इस समाधान से शुभ और अशुभ का भेद मात्रा का भेद बन जाता है। दार्शनिकों में प्राय: इसे गुणात्मक भेद समझा जाता है। भलाई और बुराई भिन्न प्रकार की वस्तुएँ हैं। वह प्लेटो के इस विचार का, 'अच्छाई एक सार्वभौमिक चीज़ है जो हर अच्छी चीज़ में पाई जाती और एक जैसी होती है' खंडन करते हुए स्थापित करता है कि अलग-अलग सन्दर्भों में अच्छाई का अर्थ अलग-अलग होता है। ज्ञान उसके लिए गवेषणा का विषय है और वह इसके लिए तर्क की एक नवीन पद्धति का विकास करता है। जहाँ प्रत्यक्ष इन्द्रियानुभव को पूरा महत्त्व दिया गया है। वह अनीश्वरवादी नहीं था, लेकिन वह प्लेटो की तरह भाववादी भी नहीं था। वह द्वैतवादी था जो विज्ञान तथा भूत दोनों को अनादि मानता था और ईश्वर को एक निमित्त कारण। राहुल सांकृत्यायन ने *दर्शन-दिग्दर्शन* में बताया है कि किस तरह सिकंदर के भारत में प्रवेश के बाद वैशेषिक तथा न्याय दार्शनिक प्रणालियों पर अरस्तू का साफ़ असर दिखाई देता है।

दर्शन में उसके प्रचुर योगदान को एक लेख में समेटना सम्भव भी नहीं है, लेकिन यहाँ मैंने उन बिन्दुओं पर ध्यान केन्द्रित करना अधिक ज़रूरी समझा जिन्होंने पश्चिमी दर्शन को, ख़ासतौर पर उसकी भौतिकवादी धारा को गहरे प्रभावित किया। अरस्तू के पक्ष की हार होने के बाद यूनान का पतन हो गया और मकदूनिया का उस पर कब्ज़ा। उसके बाद उसकी तमाम कृतियाँ नष्ट भी हो गयीं। उसके कुछ शिष्यों द्वारा बचाई गयीं किताबें ईसा पूर्व 86 में जब रोमन सेनापति सलरसेला ने रोम के एक पुस्तकालय में रखीं तब जाकर अरस्तू को फिर से पढ़ना शुरू हुआ। राहुल सांकृत्यायन के अनुसार इस्लामी दर्शन पर उसका गहरा प्रभाव है।

आधुनिक पश्चिमी दर्शन : औद्योगिक क्रान्ति से पहले

सत्रहवीं सदी आते-आते योरप में तार्किकता का प्रसार तेज़ हो रहा था। एक तरफ़ नए-नए यंत्र बन रहे थे, छापाखाने के विस्तार से किताबें लोगों तक पहुँच रही थीं तो दूसरी तरफ़ धर्म और रूढ़ि पर हमले हो रहे थे। पूरे योरप में परिवर्तन की एक धीमी बयार को साफ़ देखा जा सकता था। इस बीच नए यंत्रों की सहायता से कोलंबस और वास्को-डि-गामा जैसे यात्रियों ने भारत और अमेरिका के लिए समुद्री रास्ते खोज निकाले थे तो धर्म और विज्ञान के तीक्ष्ण संघर्ष में ब्रूनो को आग में जलाया जा चुका था। इस अत्याचार के बावजूद आधुनिकता और विज्ञान की जो बयार योरप में आई थी, उसे रोका जाना सम्भव न था। यह

दर्शन में भी अपने तरीके से सामने आई। इस सदी के दर्शनों को मुख्यत: दो भागों में बाँटा जा सकता है। बेकन, हाब्स, लाक, बर्कले आदि द्वारा प्रतिपादित 'प्रयोगवादी दर्शन' जो प्रत्यक्ष इन्द्रियानुभूति अथवा प्रयोग को ही ज्ञान का आधार मानते थे और देकार्त, स्पिनोजा, लिब्नित्ज़ जैसे दार्शनिकों का 'बुद्धिवादी दर्शन' जो दार्शनिक ज्ञान को इन्द्रियानुभूत नहीं बल्कि बुद्धिगम्य मानते थे। मार्क्स ने अपने आलेख 'पवित्र परिवार' में इन दोनों प्रवृत्तियों को फ्रांसीसी भौतिकवाद माना है। उनके अनुसार देकार्त द्वारा दिया गया दर्शन मूलत: यांत्रिक भौतिकवाद था और लाक की प्रवृत्ति सीधे समाजवाद की ओर ले जाती है।

देकार्त ने अपनी भौतिकी में भूतद्रव्य (matter) की जीवन की अभिव्यक्ति के रूप में कल्पना की थी। उन्होंने अपनी भौतिकी को अपने अधिभूतवाद[76] से पूरी तरह अलग कर दिया। उनके अनुयायियों ने उनके अधिभूतवाद की जगह उनकी भौतिकी को अंगीकार किया।[77] अठारहवीं शताब्दी के अंत में काबानीस ने इसके अधिभूतवादी तत्वों को हटाकर, 'कार्तेसियन भौतिकवाद(यांत्रिक भौतिकवाद : इसके बारे में विस्तार से अगले भाग में द्वंद्वात्मक भौतिकवाद के परिप्रेक्ष्य में बात की जायेगी) को पूर्णता प्रदान की।

हाब्स का तरीका अद्वैत भौतिकवाद कहलाता है। वह दर्शन में कार्य-कारण सिद्धांत का हिमायती था यानी कारणों से कार्य और कार्य से कारणों का ज्ञान प्राप्त होता है। इन्द्रियानुभूत यानी देखी-सुनी-महसूस की गयीं चीज़ों से वस्तु का ज्ञान प्राप्त होता है। उसके अनुसार दर्शन गति और क्रिया का विज्ञान है। गतिमान प्रकृति भी हो सकती है और राजनीति भी। विचार मस्तिष्क और हृदय की गतियाँ हैं। भौतिक तत्व और गति मूलतत्व हैं और वे ही हर चीज़ की, चाहे वह जड़ हो या चेतन, व्याख्या करने में समर्थ हैं। अच्छाई, बुराई, पाप, पुण्य सब सापेक्ष चीज़ें हैं, यानी वे भौतिक परिस्थितियों के अनुसार निर्धारित होती हैं, जो एक जगह पाप है वह दूसरी जगह पुण्य हो सकता है। ईश्वर को लेकर उसकी मान्यता थी कि मनुष्य ईश्वर को नहीं जान सकता।

लाक का यह दर्शन 'सामान्य बुद्धि का दर्शन' कहा जाता है, अर्थात् बकौल मार्क्स, ''उन्होंने परोक्ष रूप से कहा कि ऐसा कोई दर्शन नहीं हो सकता जिसकी स्वस्थ मानव-इन्द्रियों तथा उन पर आधारित विवेक से असंगति हो।'' लाक भी इस बात से इनकार करते थे कि प्रयोग

---

76. Metaphysics-यह दर्शन की वह विधि है जो किसी घटना को अन्य घटनाओं के पारस्परिक सम्बन्ध की जगह अलग करके अध्ययन करने की पक्षधर है। यह परिवर्तन तथा गति का अध्ययन करते समय वास्तविक विकास को ध्यान में न रखते हुए प्रकृति, समाज या मनुष्य के चिंतन में किसी नई घटना या प्रक्रिया के पैदा होने की संभावना का नकार करती है। इस तरह इस विधि में वस्तुओं और परिघटनाओं को अपरिवर्तनीय तथा एक दूसरे से पूरी तरह स्वतंत्र माना जाता है और उनके आंतरिक अंतर्द्वंद्वों के उनकी गति का स्रोत होने को नकारा जाता है। द्वंद्व के सम्बन्ध में हम आगे विस्तार से चर्चा करेंगे। इस तरह यह विचारधारा जो जैसा है उसके बने रहने यानी कि 'यथास्थितिवाद' की समर्थक होती है। देकार्त हर चीज़ को संदेह से देखने के पक्षधर थे। सच सिर्फ़ उसे मानते थे जो 'स्पष्ट और असंदिग्ध है' जैसे अपना स्वयं का अस्तित्व। लेकिन वह ईश्वर को ज्यामितीय प्रयोगों जितना ही 'स्पष्ट और असंदिग्ध' मानते थे और इस तरह अप्रश्नेय। इस तरह वह ईसाई धर्म और चर्च को वैधता देते थे।

77. (देखें, *आन डायलेक्टिकल मेटेरियलिज़्म,* मार्क्स-एंगेल्स, पेज-18-27।)

या अनुभव से परे कोई स्वत: सिद्ध वस्तु है। उसका मानना है कि कारण वह चीज़ है जो दूसरी चीज़ को बनाता है और कार्य वह है जिसका आरम्भ किसी दूसरी चीज़ से हो। लाक के फ्रांसीसी शिष्य कोंदिलाक ने लाक के सिद्धांतों को सत्रहवीं सदी के अधिभूतवाद के ख़िलाफ़ इस्तेमाल किया।

सत्रहवीं सदी के इन विचारों का स्रोत पूँजीवाद के उद्‌भव के साथ चर्च और विज्ञान के बीच शुरू हो गए अंतर्विरोधों में है। अठारहवीं सदी आते-आते यह और तीखा हुआ। अपने अत्यंत आरंभिक रूप में भौतिकवाद यहाँ तमाम कमज़ोरियों से भरा हुआ था। सबसे बड़ी कमी थी मनुष्य की मूलभूत अच्छाइयों और समाज के साथ उनके नाभिनालबद्ध रिश्ते की पहचान। दर्शन अब भी आम आदमी की प्रवृत्तियों को उसकी सामाजिक-आर्थिक परिस्थितियों के साथ कार्य-कारण रूप में देख पाने में सक्षम न था। यह यों ही नहीं कि हाब्स जैसा दार्शनिक भी मनुष्य को मानव भेड़िया कहता था और उसकी मूल वृत्ति धन, लोभ-लालच की ओर प्रवृत्त होने की मानता था। जिस तरह की लूट-खसोट उन दिनों मची थी, उसका बाहरी अध्ययन उसे इसी निष्कर्ष तक पहुँचा सकता था। वह यह कैसे देख पाता कि इस प्रवृत्ति के स्रोत मानवद्रोही मरणासन्न सामंती व्यवस्था में हैं। मनुष्य और समाज के इस द्वंद्वात्मक सम्बन्ध की पड़ताल के लिए तो ज़रूरी यह था कि दर्शन का विवेच्य विषय मानव और उसका समाज बने तथा उसकी स्पष्ट पक्षधरता मानव की सामाजिक-आर्थिक-राजनीतिक मुक्ति बने।

मार्क्स का द्वंद्वात्मक भौतिकवाद इसी उद्देश्य के साथ आया था।

9

औद्योगिक क्रान्ति के दौर में यूरोप में नई दार्शनिक प्रवृत्तियाँ

अठारहवीं और उन्नीसवीं सदी यूरोप में नए वैज्ञानिक आविष्कारों और सामंतवाद से पूँजीवाद के संक्रमण की सदियाँ थीं। न केवल यांत्रिकी के क्षेत्र में नए-नए प्रयोग हो रहे थे, बल्कि प्राकृतिक विज्ञानों में भी नित नए प्रयोग हो रहे थे। ये सब सामंतवादी उत्पादन सम्बन्धों[78] के पूँजीवादी उत्पादन सम्बन्धों में बदलने की प्रक्रिया में अपनी भूमिकाएँ भी निभा रहे थे और उनसे प्रभावित भी हो रहे थे। ज़ाहिर है कि इसका असर दर्शन के क्षेत्र में भी पड़ना ही था। पुराने भाववादी विचार अब इस नई आर्थिक व्यवस्था की कोख से उपजने वाली सामाजिक-राजनीतिक व्यवस्था के काम के नहीं रह गए थे। एक बार न्यूटन द्वारा गुरुत्वाकर्षण का नियम खोज लिए जाने के बाद या विलियम हार्वे द्वारा शरीर के रक्तप्रवाह का रहस्य खोज लिए जाने के बाद परिवर्तनशाली विश्व की व्याख्या के क्रम में भाववादी रीति से सब कुछ किसी अभौतिक सर्वशक्तिशाली ईश्वर के ऊपर नहीं छोड़ा जा सकता था। सामंतवाद के पहले ढहते बुर्ज़ फ्रांस में इस दौर में रूसो और वाल्तेयर जैसे क्रांतिकारी सामंती सत्ताओं से टकराने के साथ-साथ धर्म और धर्म की सत्ता को सीधे-सीधे चुनौती दे रहे थे।

यहाँ थोड़ा रुककर यह देख लेना ज़रूरी होगा कि आखिर सामंती समाज में परिवर्तनशील जगत के नियंता के रूप में एक अपरिवर्तनशील, अविनाशी और अभौतिक ईश्वर का परिचालक शक्ति के रूप में होना किस तरह उसके अपने अस्तित्व से जुड़ा है। दुनिया में हो रहे परिवर्तन स्पष्ट रूप से दिखाई देने वाले अर्थात् गोचर होते हैं। कोई भी समाज स्थिर नहीं होता। शासक व्यवस्थाओं के लाख प्रयास या इच्छा के बावजूद भी समाज की सतह के ऊपर और नीचे भी परिवर्तन जारी रहते हैं। तो प्रभावी विचारधाराओं के लिए ज़रूरी होता है कि इन परिवर्तनों की परिचालक शक्ति के रूप में एक ऐसी शक्ति को बताया जाय जो ख़ुद अपरिवर्तनीय हो। यानी यह कहा जा सके कि जो कुछ बदल रहा है या बदलता हुआ प्रतीत हो रहा है वह तो तुच्छ है, जो महान है वह सदैव स्थाई रहता है। दर्शन के क्षेत्र

78. उत्पादन सम्बन्ध के बारे में विस्तार से हम आगे मार्क्स के इतिहास संबंधी विवेचन वाले अध्याय में बात करेंगे।

का ईश्वर और भौतिक जगत में उसका प्रतिनिधि राजा। आप देखिएगा अब भी बहुत से लोग ऐसे तर्क देते हैं कि दुनिया ऐसी ही रही है, ऐसी ही रहेगी। अमीर-ग़रीब सदा से हैं, सदा रहेंगे। इसे दर्शन की भाषा में 'यथास्थितिवाद' कहा जाता है यानी जो जैसा है वैसा ही रहेगा। अब यह दर्शन किसके लिए अच्छा होगा? किसके अनुकूल होगा? ज़ाहिर है कि उसके जो सत्ता में है और किसी तरह का मूलभूत बदलाव जिसकी सत्ता को ख़तरा पहुँचा सकता है। जिस तरह के भौतिक परिवर्तन नई वैज्ञानिक खोजों और नए-नए यंत्रों के चलते बदलती उत्पादन पद्धति में हो रहे थे, उनसे ज़ाहिर है कि एक नई किस्म की अर्थव्यवस्था का निर्माण हो रहा था जिसके लिए सामन्ती शासन पद्धति अनुपयोगी हो रही थी। इसलिए इन नए उत्पादनों के साधनों के मालिकान अब नई तरह की शासन पद्धति की बात कर रहे थे। सामंतवाद कमज़ोर हो रहा था और पूँजीवाद उसकी जगह ले रहा था। यह सामंतवाद से अधिक विकसित विचार था जहाँ मनुष्य की अस्मिता के सवाल उठ रहे थे, जन्म आधारित श्रेष्ठताएँ और चर्च जैसी पुरोहित वर्चस्व वाली संस्थाओं के ख़िलाफ़ बग़ावत हो रही थी और प्रतिनिधि की सत्ता के नकार के लिए यह अवश्यम्भावी था कि उसके नियंता ईश्वर पर भी सवाल उठता तथा अभौतिक ईश्वर की जगह किसी भौतिक अविनाशी परिचालक शक्ति की तलाश की जाती। आखिर पूँजीवाद को भी तो अपने स्थायित्व के लिए भविष्य के परिवर्तनशील समाज के बीच एक शाश्वत परिचालक शक्ति चाहिए थी।

ऐसे में स्वाभाविक है कि अब तक सत्ता की प्रभावी विचारधारा भाववाद इतनी आसानी से हार तो नहीं ही मानती। लेकिन उसके लिए अब विज्ञान के इन नए प्रयोगों को नज़रअंदाज़ कर पाना भी सम्भव नहीं था। तो इस दौर में भाववाद नए-नए स्वांगों के साथ सामने आया। हर बार पहले से अधिक हास्यास्पद, हर बार पहले से अधिक विद्रूप पैदा करता हुआ।

भाववाद के नए पैंतरे और भौतिकवाद का बढ़ता प्रभाव

बिशप बर्कले भौतिकवाद का मुकाबला करने के लिए भौतिक तत्वों के अस्तित्व से ही इनकार कर रहे थे। न रहेगा भौतिक तत्व न ही उसके आधार पर कोई भौतिकवादी व्याख्या सम्भव होगी! जर्मनी के इम्मानुएल कांट ने 'शुद्ध बुद्धि' और 'व्यावहारिक बुद्धि' का जाल बिछाया। उनका 'ईश्वर' शुद्ध बुद्धि की सीमा से बाहर की चीज़ था। मनुष्य के अनुभव और इन्द्रिय ज्ञान की सीमाओं के पार—transcedental। इसीलिए उस पर तर्क सम्भव नहीं है। न उसके खंडन के लिए न मंडन के लिए। उसे सिर्फ़ श्रद्धा के आधार पर माना जाना चाहिए। और उसे मानने से 'समाज तथा व्यक्ति में शान्ति और संयम बना रहता है' तो 'व्यावहारिक बुद्धि' का तकाज़ा यह हुआ कि वह हो न हो उसे पूरी श्रद्धा से मानते जाइए और समाज तथा मनुष्य के भीतर शान्ति बने रहने दीजिये! क्रांतिकारी परिवर्तनों के उस तूफ़ानी दौर में ढहती हुई सामंती सत्ताओं के लिए 'श्रद्धापूर्ण विश्वास, शान्ति और संयम' से बड़ा सहारा और क्या हो सकता था? लेकिन दार्शनिक बहस में अब इन भावोच्छ्वासों का कोई असर नहीं हो सकता था। जिन विचारों का समय आ गया था उन्हें अब रोका नहीं जा सकता

था। भौतिकवादी विचार इस दौर में अपनी जड़ें जमाने लगे थे। वे अब पहले की तुलना में अधिक आक्रामकता के साथ सामने आये।

भाववादी दार्शनिकों के विपरीत ये भौतिकवादी दार्शनिक मानते थे कि वास्तविक भौतिक जगत में परिवर्तनों के कारण भौतिक होते हैं और वे अगम्य नहीं होते बल्कि मानव बुद्धि से व्याख्यायित किये जा सकते हैं। देखा जाय तो जहाँ परिवर्तनशील विश्व की चालक शक्ति के रूप में सामन्ती समाज में परिवर्तनों के बीच एक अपरिवर्तनीय, शाश्वत, अभौतिक शक्ति वाले ईश्वर की तलाश की गयी, वहीं पूँजीवादी उत्पादन सम्बन्धों के आरम्भ के साथ इस आरम्भिक भौतिकवादी प्रणाली ने परिवर्तनशील विश्व की परिचालक शक्ति को एक स्थाई अपरिवर्तनशील भौतिक कारक की तलाश करने की कोशिश की। उन्हें यह शक्ति मिली 'परमाणु' के रूप में, जो पदार्थों का मूलतत्व था, अविनाशी था, स्थाई था और भौतिक जगत का था। यह कोई नई चीज़ नहीं था। याद कीजिए ग्रीक दार्शनिक एपीक्यूरस का ज़िक्र करते हुए हम पिछले अध्यायों में इस पर बात कर चुके हैं। भारतीय दर्शन में भी वैशेषिक पद्धति के दार्शनिक कणाद भी सूक्ष्म परिमाण वाले कण 'परमाणु' को सृष्टि के निर्माण की ईंटें मानते थे। लेकिन जहाँ प्राचीन दर्शनों में परमाणु एक संकल्पना के रूप में था और वे दार्शनिक इसकी वास्तविक संक्रियाओं को व्याख्यायित करने और उनसे .कोई ठोस निष्कर्ष निकालने में सक्षम नहीं थे, वहीं आधुनिक भौतिकवादी रुंटगेन द्वारा एक्स-रे और क्यूरी दम्पति तथा मैक्सवेल जैसे वैज्ञानिकों की नई खोजों की रौशनी में उनका बेहतर उपयोग भी कर सकते थे और अधिक ज़ोरदार तर्कों के साथ दार्शनिक बहसों में वर्चस्व भी स्थापित कर सकते थे। ज़ाहिर है कि यह अपने समय का प्रगतिशील विचार था। एक बार ईश्वर अपने नियंता के पद से पदच्युत हुआ तो फिर वास्तविक विश्व की गतिकी को लेकर नई-नई उत्कंठायें सामने आईं और उन्हें सुलझाने के लिए अब लोग चर्चों की जगह प्रयोगशालाओं और वास्तविक जगत की ओर मुड़े। 'प्रकृति की जाँच-पड़ताल के साथ-साथ भौगोलिक खोजें, व्यापार और यातायात में भारी विकास हुआ। यांत्रिक विकास के, जो तकनीक की ज़रूरतों के साथ बहुत नज़दीकी के साथ जुड़ा होता है, विकास में बहुत लम्बी छलाँगें लगाई गयीं। इस प्रकार भौतिकवादी सिद्धांत प्रकृति के विषय वैज्ञानिक जाँच-पड़ताल और विशेषकर यांत्रिक विज्ञान द्वारा बहुत समृद्ध हुआ।'[79]

अपने इस आरम्भिक रूप में यह भौतिकवाद 'यांत्रिक' था। यह दुनिया को यांत्रिक दृष्टि से देखता था। जैसे एक यंत्र में अलग-अलग पुर्ज़े मिलकर एक ख़ास तकनीक से साथ-साथ काम करते हैं और वह यंत्र लगातार कार्य करता रहता है वैसे ही परमाणुओं से, जिनमें से प्रत्येक का अपना अलग और स्वतंत्र अस्तित्व होता है, बनी यह दुनिया लगातार चलती रहती है। ये सभी कण एक-दूसरे को सिर्फ़ बाहरी तौर पर प्रभावित करते हैं तथा इस पूरी संक्रिया में इनके भीतर कोई परिवर्तन नहीं होता। मोरिस कोनफोर्ड ने पूर्व-उद्धृत किताब में इसे न्यूटन के सौर मंडल की व्यवस्था के उदाहरण से समझाया है। न्यूटन अपने पूर्ववर्ती

79. देखें, पेज—34, मोरिस कोनफोर्ड, *द्वंद्वात्मक भौतिकवाद*, समानांतर प्रकाशन, 1996

परमाणुवादियों से आगे बढ़कर इस सौर व्यवस्था की कार्यप्रणाली का सही-सही पता लगाने के लिए तो इच्छुक थे लेकिन उन्हें इस बात से कोई मतलब नहीं था कि सौरमंडल का निर्माण आखिर हुआ कैसे था? यानी वह उस 'मशीन' को एक इंजीनियर की तरह तो समझना चाहते थे, लेकिन एक वैज्ञानिक की तरह नहीं। वह उसके विकास की प्रक्रिया को जानने में कोई रुचि नहीं दिखाते मानो उन्होंने मान लिया हो कि यह किसी बाह्य शक्ति, सम्भवतः ईश्वर द्वारा बनाई गयी है और अनंत काल से ऐसी ही है।

ज़ाहिर है कि सौर मंडल की उत्पत्ति की बात करते ही इसके अंत की बात भी करनी होती। इसके परिवर्तनों की तह में जाना होता। यांत्रिक भौतिकवाद इन सवालों का कोई जवाब नहीं देता, न यांत्रिकी के क्षेत्र में न ही प्राकृतिक विज्ञान के क्षेत्र में। इसीलिए यह किसी अगोचर परिचालक की जगह एक वास्तविक गोचर परिचालक शक्ति और उसकी कार्यप्रणाली की वैज्ञानिक स्थापना कर भाववाद से आगे तो जाता है लेकिन यह कई ज़रूरी सवालों का जवाब नहीं दे पाता। विश्व से लेकर मनुष्य के शरीर तक को एक मशीन की तरह काम करने वाला मान लेने पर पहला स्वाभाविक प्रश्न इनके निर्माता को लेकर उठता है। सभी यांत्रिक भौतिकवादी इस सवाल पर खामोश रह जाते हैं और अपने पूर्ववर्ती भाववादियों की तरह सर्वशक्तिमान ईश्वर का सहारा लेते है। यानी ईश्वर से रोज़-ब-रोज़ के परिचालन का काम तो छीन लिया गया लेकिन निर्माण की ज़िम्मेदारी अब भी उसी की बनी रही। फिर यह सिद्धांत दुनिया को एक ही लीक पर लगातार चलते चले जाने की बात करता है। मशीन लगातार एक ही तरह से काम करती चली जाती है और एक जैसे उत्पाद ही उत्पादित करती है। इसमें कोई बदलाव सम्भव नहीं। जिस काम के लिए वह बनी है, उसके अलावा वह कोई और काम नहीं कर सकती। यानी जो मिल्कियत के लिए बना है, वह लगातार मालिक का ही काम कर सकता है और जो नौकरी के लिए बना है वह नौकर का ही। लेकिन वास्तविक जगत में तो ऐसा होता नहीं। परिवर्तनशील समाज में विकास भी तो होते हैं। यांत्रिक भौतिकवाद विकास के सवाल पर कोई जवाब नहीं दे पाता। मनुष्य ही नहीं प्रकृति में भी गुणात्मक परिवर्तन होते हैं। हाइड्रोजन और ऑक्सीजन के एक विशिष्ट मात्रा में मिलने से बनने वाला पानी अपने गुणों में अपने दोनों संघटकों से अलग होता है। समाज के सन्दर्भ में तो यह और ज़्यादा द्रष्टव्य है। क्रांतियों से समाज का पूरा का पूरा आर्थिक-राजनीतिक ढाँचा बदल जाता है। ख़ुद पूँजीवाद ने सामंतवाद को नेस्तनाबूद कर नया सामाजिक-राजनीतिक-आर्थिक ढाँचा बदल के रख दिया। तो इस विकास को इस गुणात्मक परिवर्तन को व्याख्यायित करने के लिए यांत्रिक भौतिकवाद के पास कोई टूल नहीं है।

एक जैसे स्वायत्त परमाणुओं के समुच्चय के आधार पर मनुष्य को देखने का नतीजा यह हुआ कि यह एक दिए हुए समाज में हर मनुष्य को एक इकाई की तरह मानता है जिसके कुछ नियत गुण हैं। यह उसे स्वायत्त और स्वतन्त्र तो मानता है लेकिन न तो उन नियत गुणों के कारणों की तलाश करता है,न ही उनमें किसी गुणात्मक परिवर्तन की संभावना को स्वीकार करता है। पूँजीवादी क्रान्ति का जो समानता के अधिकार का नारा है वह इन

अस्मिताओं के सम्मान की बात है, उनके नियत गुणों, मौलिक अधिकारों और कर्तव्यों के सम्मान की बात है। यह उसके प्रदत्त स्वभाव के सम्मान और स्वीकार की बात करता है। लेकिन वह जो नहीं कह सकता वह यह है कि मनुष्य का यह 'मूलभूत स्वभाव' कोई दैवी प्रदत्त और अपरिवर्तनीय नहीं होता, न ही वह यंत्रवत् समाज में अपनी भूमिकाएँ निभाता रहता है बल्कि वह जिस सामाजिक–आर्थिक परिवेश में रहता है, वही उसे निर्मित करते हैं तथा वह इस परिवेश को भी प्रभावित करता है।

इसीलिए यह उन मानव 'यंत्रो' के सुधार और उनकी उत्पादकता तथा उनकी गुणवत्ता को सुधारने के लिए बेहतर शिक्षा तथा वातावरण को सुधारने की बात करता है, लेकिन यह नहीं बता पाता कि मनुष्य ख़ुद उन परिस्थितियों का निर्माता भी है, वह इसे बदलता भी है। इसीलिए इस यांत्रिक भौतिकवादी दृष्टि से जन्मा यूटोपियाई समाजवाद (जिसके तमाम रूपों में एक को हम भारत में समाजवादी कहने वाले लोहियावादी 'समाजवाद' के रूप में देख सकते हैं।) पूँजीवादी आर्थिक व्यवस्था को समाप्त कर एक वर्गहीन समाज बनाने की जगह पूँजीवाद प्रभुओं की उदात्तता पर विश्वास करते हुए मानता है कि वे अपने समाज के वंचितों को शिक्षा, स्वास्थ्य तथा सामाजिक सुरक्षाओं के ज़रिये आर्थिक व सामाजिक रूप से बराबर बना सकता है। गांधी के ट्रस्टीशिप सिद्धांत की (जिसमें वह मानते थे कि जब पूँजीपतियों के पास बहुत ज़्यादा धन हो जाएगा तो वह एक ट्रस्ट बनाकर ग़रीबों में बाँट देंगे।) जड़ें भी ऐसी ही मान्यता में हैं। गौर से देखेंगे तो यह नए पूँजीपति वर्ग के हितों के अनुकूल विचार था जिसने सामंती विचारों की बेड़ियों को तोड़ कर सामंती प्रभुओं के बरअक्स उत्पादन की नई शक्ति पूँजीपतियों के सामने नई राहें खोलीं लेकिन यह पूँजीवाद के फलस्वरूप पैदा हुए श्रमिकों के लिए कोई मुक्तिकामी विचार नहीं दे सका। यह समाज के सम्मानित नागरिक–समाज की बेहतरी का दर्शन बना, मानवमात्र की मुक्ति का नहीं। जैसा कि मार्क्स ने 'फायरबाख पर निबंध' में लिखा है—

> पुराने भौतिकवाद का दृष्टिबिन्दु 'नागरिक' समाज है; नये भौतिकवाद का दृष्टिबिन्दु मानव समाज या समाजीकृत मानवजाति है।[80]

और पूर्वोद्धरित यह, 'दार्शनिकों ने विभिन्न विधियों से दुनिया की केवल व्याख्या की है, सवाल दुनिया को बदलने का है।' दर्शन के उपयोग से दुनिया को बदलने की ज़िम्मेदारी इतिहास ने मार्क्स के कन्धों पर डाली थी।

---

80. *थीसिस ऑन फायरबाख़*,×, कार्ल मार्क्स, पेज 15, *सेलेक्टेड वर्क्स ऑफ़ कार्ल मार्क्स एंड फ्रेडरिक एंगेल्स*, प्रोग्रेस पब्लिशर्स, मास्को

द्वंद्वात्मक भौतिकवाद—हेगेल से मार्क्स तक

पूँजीवादी क्रान्ति के साथ दुनिया में पहली बार उद्योगपति और कामगार जैसा विभाजन सामने आया था। एक तरफ़ पूँजीपति थे जिनके पास पूँजी का नियंत्रण था और दूसरी तरफ़ वे लोग जो अपना मानसिक और शारीरिक श्रम पूँजीपतियों को बेचकर बदले में मज़दूरी पाते थे, जो उनके भरण-पोषण का इकलौता सहारा थी। ज़ाहिर है कि दोनों के हित एक-दूसरे से अलग होने थे। सामंती व्यवस्था योरप में ध्वस्त हो गयी थी। ऐसे में दर्शन के क्षेत्र में जो प्रवृत्तियाँ सामने आईं उन्हें हमने पिछले अध्यायों में विस्तार से देखा है। यांत्रिक भौतिकवाद के सन्दर्भ में हमने देखा कि दुनिया को किसी यंत्र की तरह चलने वाला मान लिया गया था, जिसके तहत दुनिया के बदलावों को एक क्रम-विकास के तहत माना गया और फिर इस प्रक्रिया को शुरू करने के लिए जिस बाहरी ताक़त की ज़रूरत थी, वह ईश्वर को मान लिया गया। क्रम विकास की यह प्रक्रिया निरंतर, निर्विघ्न और अटूट मानी गयी। लेकिन जैसा कि इतिहास में देखा गया था यह प्रक्रिया रेखीय नहीं थी। इतिहास के विकास में कई बार इतिहास छलाँग मारकर एक मंज़िल से दूसरी मंज़िल तक पहुँचता दिखाई देता है। जैसे सामंतवाद से पूँजीवाद में संक्रमण। जहाँ यांत्रिक भौतिकवादी इसे भी उसी निरन्तरता की एक कड़ी मान लेते थे। हेगेल ने पहली बार इन गुणात्मक बदलावों को अलग करके देखा। उन्होंने लिखा—

> जिस तरह एक बच्चे के जन्म के दौरान, एक लम्बे समय के खामोश पोषण के बाद, आकार की लगातार वृद्धि की निरन्तरता रूपी मात्रात्मक बदलाव में बच्चे के पहली साँस लेने के साथ ही एक रुकावट आती है। प्रक्रिया में निरन्तरता एक गुणात्मक बदलाव के रूप में टूटती है और बच्चे का जन्म होता है।[81]

यह प्रस्तावना क्रम-विकास की अवधारणा से अलग थी। इस गुणात्मक परिवर्तन के कारणों की तलाश में हेगेल 'द्वंद्व' तक पहुँचे। उन्होंने कहा कि 'द्वंद्व' सभी तरह के जीवन और गति के मूल में हैं। जहाँ अंतर्विरोध काम कर रहे होते हैं, वहीं विकास की शक्ति मौजूद होती है या यों कहें कि वास्तविक वस्तुओं का विकास उनकी धारणाओं में मौजूद अंतर्विरोधों के कारण होता है। चूँकि हेगेल के लिए दर्शन का प्रयोजन प्रकृति और अनुभवों द्वारा सारे जगत को, जैसा वह है वैसा समझना था और उसका 'परमतत्व', मन और भौतिक तत्व (जिन्हें वह अलग-अलग नहीं बल्कि परमतत्व के आत्मप्रकाश के एक ही प्रवाह के दो अभिन्न अंग मानता था) थे तो भौतिक तत्व से सम्बद्ध उसके परमतत्व को भी स्थिर नहीं, चलायमान ही होना था। इस गति के कारण के रूप में उसने 'द्वंद्व' या 'अंतर्विरोध' की पहचान की। उदाहरण के लिए अणु था जिसमें धनात्मक प्रोटॉन और ऋणात्मक इलेक्ट्रॉन होते हैं और गति इन विरोधी अवयवों की आपसी अंतर्क्रिया से होती है। ऊपर दिए गए उद्धरण में गर्भ के सन्दर्भ में भी हमने यह देखा।

---

81. हेगेल, *फ़ेनामेनालॉजी ऑफ़ माइंड* से, यहाँ मोरिस कोनफोर्ड की किताब *द्वंद्वात्मक भौतिकवाद* से उद्धृत।

दर्शन के क्षेत्र में हेगेल का यह विचार क्रांतिकारी था। *एंटी ड्यूहरिंग* में एंगेल्स कहते हैं—

> इस प्रणाली में पहली बार समस्त प्राकृतिक, ऐतिहासिक एवं बौद्धिक जगत को एक प्रक्रिया के रूप में प्रस्तुत किया गया है—और यही इसका सबसे बड़ा गुण है...इस प्रणाली को अपनाने पर मानवजाति का इतिहास ऐसे बुद्धिहीन, हिंसात्मक कार्यों का दिशाहीन चक्रवात नहीं लगता था जो परिपक्व दार्शनिक बुद्धि की अदालत में समान रूप से निंदनीय थे और जिन्हें यथाशीघ्र भूल जाना ही उचित है; बल्कि इतिहास स्वयं मनुष्य के विकास की प्रक्रिया प्रतीत होने लगा था। अब बुद्धि का काम यह था कि यह प्रक्रिया जिन टेढ़े-मेढ़े रास्तों से गुज़रती है उनका पता लगाए, इस क्रमिक विकास क्रिया की विभिन्न अवस्थाओं का अध्ययन करे और ऊपर से आकस्मिक प्रतीत होने वाली इसकी समस्त घटनाओं में अन्तर्निहित नियमितता को खोज कर निकाले।[82]

हेगेल के अनुसार, विश्व निरंतर होते विकासों का प्रवाह है और ये विकास उसके भीतर उपस्थित अंतर्विरोधों के कारण हैं। द्वंद्व के चलते ही एक चीज़ बिलकुल ख़ुद से अलग दूसरी चीज़ में बदल जाती है। इसके लिए उसने वाद, प्रतिवाद और संवाद (thesis, antithesis and synthesis) की प्रक्रिया बताई। यानी पहले एक अवयव, फिर उसका विरोधी अवयव और फिर दोनों के सामंजस्य से तीसरी चीज़ जो मूल वस्तु से बिलकुल अलग है। अंतर्विरोधों की इसी *श्रृंखला* के नए विचार आकार लेते हैं और विचार का यह विकास आगे चलकर भौतिक जगत में वास्तविक परिवर्तनों के रूप में दिखाई देता है। समस्या यहीं है। हेगेल भाववादी हैं और उनका मानना यह है कि वस्तुएँ और उनका विकास क्रम उस 'विचार' के मूर्त रूप थे जो संसार के जन्म के पहले से ही कहीं पर अनन्त काल से विद्यमान है। इस तरह पूरी प्रक्रिया एक 'परमतत्व' की अनन्तकाल से उपस्थिति से निर्धारित होती है। उनके अनुसार इस अनन्तकाल से उपस्थित चेतना से ही जीवन निर्धारित होता है। ईश्वर ही चेतना का सर्वोच्च प्रतीक है तथा प्रशा का राज्य इसका सर्वोच्च प्रतिनिधि। एक तरफ़ तो वह विश्व को 'निरंतर होते विकासों का प्रवाह' कहते हैं तो दूसरी तरफ़ हो रहे तथा भविष्य में होने वाले सभी बदलावों को पहले से उपस्थित विचार का प्रतिबिंब मात्र बनाकर वास्तविक परिवर्तनों तथा इसमें मनुष्य की भूमिका को खारिज़ भी करते हैं। यहाँ तक कि सभी सत्ताओं की बुरी लगने वाली बातों को भी भ्रम और अंततः शुभ कहकर वह प्रशा (जिस राज्य में वह रहता था) के राजा के राज्य को ही नहीं उसकी निरंकुशता और अत्याचार को भी वैधानिकता प्रदान करता है और अपने दर्शन को एक यथास्थितिवादी दर्शन में तब्दील कर देता है।

मार्क्स ने हेगेल के दर्शन के क्रांतिकारी पक्ष 'द्वंद्ववाद' का उपयोग किया और इसे भौतिकवाद से जोड़कर एक सकर्मक तथा क्रांतिकारी दर्शन 'द्वंद्वात्मक भौतिकवाद' में तब्दील कर दिया। इसे ही अक्सर सर के बल खड़े हेगेलीय दर्शन को मार्क्स द्वारा सीधा खड़ा करना कहा जाता है।

---

82. देखें, *एंटी ड्यूहरिंग* की भूमिका, प्रोग्रेस पब्लिशर्स

10

द्वंद्वात्मक भौतिकवाद : गतिकी के नियम

द्वंद्वात्मक भौतिकवाद मार्क्सवाद का दर्शन है। ज़ाहिर है कि दुनिया को बदलने की ख़्वाहिश रखने वाले विचार का दर्शन अकर्मक तो हो नहीं सकता। यह वस्तुत: 'कर्मों' का मार्गदर्शक सिद्धांत है। यानी वास्तविक जगत में शोषणविहीन व्यवस्था की स्थापना के लिए पथ प्रदर्शित करने वाला दर्शन। तो ज़रूरी होगा कि मार्क्सवाद की अन्य प्रस्थापनाओं पर जाने से पहले इस दर्शन के वास्तविक जगत में अनुप्रयोगों पर कुछ बात कर ली जाय।

मारिस कान्फोर्ड कहते हैं, "द्वंद्ववाद का उद्देश्य संसार में वास्तविक परिवर्तनों तथा अंतर्संबंधों की खोज करना है।" इसका अर्थ क्या है? पहली बात तो यह कि वास्तविक परिवर्तन शून्य में पैदा नहीं होते। न ही किसी दैवी नियम से। उनके ठोस कारण होते हैं। उन कारणों की तलाश किये बिना उन्हें लाना सम्भव नहीं। दूसरा यह कि संसार में होने वाली समस्त आर्थिक-सामाजिक-राजनैतिक क्रियाएँ एक-दूसरे से मुक्त नहीं होतीं। वे अन्य संक्रियाओं से प्रभावित भी होती हैं और उन्हें प्रभावित भी करती हैं। उदाहरण के लिए हम संस्कृति को ले लें। किसी भी राजनैतिक-सामाजिक व्यवस्था में संस्कृति उस व्यवस्था की उत्पाद होती है। राजा-महाराजाओं के काल में जो संस्कृति थी, वह आधुनिक युग में नहीं है। आधुनिक युग में उसका लोप होना आधुनिक सामाजिक-आर्थिक व्यवस्था में अन्तर्निहित है। नए समय के सांस्कृतिक प्रतीक, नए समय की ज़रूरतों और पसंदगियों के अनुरूप ही हो सकते हैं। पुराने समय के सभी त्यौहार-उत्सव कहीं-न-कहीं कृषि से जुड़े हुए थे लेकिन नए समय में कृषि के उत्पादन का प्रमुख साधन हो जाने के बाद उनका पुराना स्वरूप भी बदला और नए सामाजिक ढाँचे के अनुसार नए त्यौहार भी आये। संस्कृति न सिर्फ़ नई सामाजिक-आर्थिक संरचना के साथ बदलती है बल्कि उसे प्रभावित भी करती है। इसीलिए आप देखेंगे कि शीत युद्ध के दौर में अमेरिका की गुप्तचर एजेंसी सी.आई.ए. ने विचारहीनता, अराजनीतिक और अयथार्थवादी संस्कृति, कला और साहित्य के प्रचार-प्रसार और उसका वर्चस्व स्थापित करने के लिए कांग्रेस फ़ॉर कल्चरल फ्रीडम, फ़ोर्ड फ़ाउंडेशन और रॉकफेलर जैसी संस्थाओं को अकूत धन दिया, क्योंकि सांस्कृतिक कार्यकर्ताओं, लेखकों और फ़िल्मकारों के बीच वामपंथी विचारों का तेज़ी से फैलता प्रभाव

उन्हें अपने वजूद के लिए ख़तरा लग रहा था। ग्राम्शी ने संस्कृति के प्रश्न पर विस्तार से बात की है।

इसलिए द्वंद्वात्मक भौतिकवाद चीज़ों को उनके पार्थक्य में नहीं बल्कि 'दूसरी वस्तुओं के साथ इसके अटूट सम्बन्ध में' देखता है। इसे एक और उदाहरण से समझना बेहतर होगा। हिन्दू समाज में जाति व्यवस्था प्राचीन काल से एक बेहद मज़बूत और कट्टर व्यवस्था के रूप में उपलब्ध रही है। जातियों को लेकर समाज में एक सहज बोध भी है। यह 'जातिगत' विशेषता के रूप में प्रचलित किया जाता है। जैसे यह कि ब्राह्मण हमेशा विद्वान होंगे, क्षत्रिय होगा तो बलवान होगा, वैश्य व्यापारिक बुद्धि में कुशल होगा और दलित कम बुद्धि का होगा...वगैरह-वगैरह। अगर बाक़ी चीज़ों से काट के सिर्फ़ उदाहरणों की बात करेंगे तो समाज से इस धारणा को पुष्ट करने वाले उदाहरण भी मिल जायेंगे। इस तरह उनकी अवस्था को एकांगी तरीके से और दूसरी चीज़ों से काटकर देखने से ऐसा निष्कर्ष सामने आयेगा कि उनकी यह 'प्रकृति' अंतिम है और इस रूप में उसे बदला नहीं जा सकता। अगर कहीं इसमें विचलन दिख भी रहा है तो वह बस एक 'अपवाद' के रूप में है। लेकिन एक द्वंद्वात्मक भौतिकवादी नज़रिया इस बात को अलग तरीक़े से व्याख्यायित करेगा। वह वर्ण विभाजन के साथ हुए श्रम विभाजन के तहत हज़ारों वर्षों से इन जातियों को सौंपे गए विशेषाधिकारों और वंचनाओं की रौशनी में इसे देखेगा। वह विवेचना करेगा कि जिस तरह कुछ जातियों का सम्पत्ति और ज्ञान पर एकाधिकार रहा और कुछ जातियों को इन सबसे वंचित रखा गया, सदस्यों की मानसिक बनावट उसी के अनुरूप बनी। यह कोई ईश्वरीय या जन्मजात प्रवृत्तियाँ नहीं थीं बल्कि उन सामाजिक-आर्थिक-राजनैतिक परिस्थितियों की उपज थीं, जिनमें इन सामाजिक संरचनाओं का जन्म हुआ। इसीलिए इनके लिए दोषी वे लोग नहीं बल्कि वे हालात हैं और उन हालातों को बदलकर ही इन विशिष्टताओं को बदला जा सकता है। इस तरह एक मार्क्सवादी व्यक्तियों को दोषी ठहरा कर यथास्थिति पर दुखी होने या उन परिस्थितियों के अपरिहार्य होने के यथास्थितिवाद (जो जैसा है, वैसा ही रहे) की जगह सामाजिक-आर्थिक परिस्थितियों में आमूलचूल परिवर्तन की माँग और वह प्रयास करेगा, जिससे मनुष्य की भौतिक परिस्थितियाँ बदल सकें और उसका समग्र विकास हो सके। वह इस सिद्धांत को मानेगा कि 'मनुष्य अपनी भौतिक परिस्थितियों का उत्पाद है और इन्हें बदलने की प्रक्रिया में वह ख़ुद भी बदल जाता है।' वह जातिवाद जैसी संस्था के ख़ात्मे की बात करेगा। इस प्रक्रिया में वह किसी 'निष्पक्षता' की जगह एक स्पष्ट पक्षधरता के साथ सामने आता है। असल में निष्पक्षता एक प्रकार का यथास्थितिवादी औज़ार ही है जो अक्सर शोषक के पक्ष में इस्तेमाल होता है। जहाँ स्पष्ट रूप से एक वर्ग दूसरे का शोषण कर रहा है, वहाँ निष्पक्षता का अर्थ शोषक को अपनी कार्यवाही करते रहने की आज़ादी देना है। एक मार्क्सवादी घोषित तौर पर अपने वर्ग के साथ होता है और इसीलिए वह वंचित वर्ग के पक्ष में आवाज़ उठाता है। लोकतंत्र या 'निष्पक्षता' एक ऐसे समाज में ही लागू हो सकती है, जहाँ सभी लोग समान हों। जहाँ असमानताएँ हैं, वहाँ यह ग़रीब की लाठी के आगे अमीर की बन्दूक को हथियार के नाम पर एक मान लेने जैसा ही होगा।

यह मान लेना भी ग़लत होगा कि यह कोई बनी-बनाई पद्धति है जिसमें हर चीज़ को फ़िट करने की कोशिश की जाती है। इसके उलट इसका प्रयोजन, चीज़ें वास्तविक रूप में जैसी हैं, वैसे ही उनकी तलाश करना और उन्हें व्याख्यायित करना है। यह लेनिन के शब्दों में 'ठोस परिस्थितियों का ठोस आकलन' है। वह कहते हैं, ''वास्तविक द्वंद्ववाद एक प्रक्रिया को इसके समस्त ठोस रूप में सम्पूर्ण तथा ब्यौरेवार विश्लेषण के माध्यम से आगे बढ़ता है।''

> सिद्धांत प्रकृति तथा मानव इतिहास पर लागू नहीं किये जाते, बल्कि उनसे निकाले जाते हैं। प्रकृति और मानवजाति सिद्धांतों के अनुरूप नहीं होती। इसके विपरीत सिद्धांत उसी हद तक प्रामाणिक हैं जिस हद तक वे प्रकृति तथा इतिहास के अनुरूप होते हैं।[83]

द्वंद्ववादी पद्धति

द्वंद्ववाद का मूल सिद्धांत है : 'अमूर्त सत्य जैसी कोई चीज़ नहीं होती, सत्य सदा ठोस होता है।' स्पष्ट है कि जो ठोस नहीं अमूर्त है, उसकी न तो खोज की जा सकती है न ही उसे समझा जा सकता है लेकिन जो 'ठोस' है उसके बारे में सम्पूर्णता से पता लगाया जा सकता है। द्वंद्वात्मक पद्धति यही करती है, इसीलिए इसमें किसी कल्पित स्वर्ग-नर्क-देवता-भूत-प्रेत के लिए कोई जगह नहीं। वह इन चीज़ों को आँख मूँदकर मान लेने की जगह तथ्यों और तर्कों पर इनकी पड़ताल करता है। अंध-आस्था को एक मूल्य की तरह स्वीकारने की जगह यह विज्ञान में आस्था प्रकट करने वाली एक वैज्ञानिक पद्धति है।

द्वंद्वात्मक पद्धति को हम इसकी गति के तीन नियमों से समझ सकते हैं—(1) विपरीतों की एकता और संघर्ष का नियम, (2) मात्रा के गुण में परिवर्तन के नियम और (3) निषेध का निषेध।

प्रकृति तथा समाज, दोनों में विकास विपरीत तत्वों की एकता और संघर्ष से होता है। किसी भी प्रक्रिया या वस्तु में विपरीत रुझानों का संघर्ष चलता रहता है। दोनों रुझान एक ही प्रक्रिया में एक ही साथ सक्रिय होते हैं। यही 'विपरीतों की एकता' है। लेकिन एक ही प्रक्रिया का हिस्सा होने के बावजूद इनमें एक अंतर्विरोध चलता रहता है। यह 'विपरीतों का संघर्ष' है। इस एकता और संघर्ष से ही गतिमानता पैदा होती है। उदाहरण के लिए हम प्रकृति में बिजली या चुम्बक की बात कर सकते हैं। दोनों में ऋणात्मक और धनात्मक ध्रुव होते हैं। ये चुम्बकत्व या विद्युत् धारा के प्रवाह की प्रक्रिया में एक साथ उपस्थित होते हैं। इन 'विपरीतों की एकता तथा उनके अन्तरविरोध' से ही चुम्बक में आकर्षण या विद्युत धारा में प्रवाह का गुण पैदा होता है। ग़ौर से देखा जाय तो यह 'धनात्मकता' या 'ऋणात्मकता' भी पार्थक्य में नहीं एक-दूसरे के परिप्रेक्ष्य में ही अस्तित्वमान होती है और इस तरह जो बात हमने पहले कही कि 'द्वंद्वात्मक भौतिकवाद चीज़ों को उनके पार्थक्य में नहीं बल्कि ''दूसरी

---

83. देखें, पेज-202, *द्वंद्वात्मक भौतिकवाद : कार्ल मार्क्स,* फ्रेडरिक एंगेल्स, व्ला.इ.लेनिन, प्रगति प्रकाशन, मास्को-1978

वस्तुओं के साथ इसके अटूट सम्बन्ध में'' देखता है' इस विज्ञान सम्मत उदाहरण द्वारा पुष्ट होती है। वैसे आइन्स्टीन का सापेक्षता सिद्धांत तो इसके लिए व्यापक वैज्ञानिक आधार प्रदान करता ही है। विज्ञान से इतर समाज में भी यह नियम बहुत स्पष्ट तरीके से परिवर्तनों को व्याख्यायित करता है। भौतिकवादी तरीके से इतिहास में हुए परिवर्तनों का विस्तार से अध्ययन हम आगे करेंगे। अभी उदाहरण के लिए हम यह देख सकते हैं कि किसी भी आर्थिक व्यवस्था में जो उत्पादन पद्धति होती है वह ऐसे ही दो विपरीत रुझान वाले तत्वों की संयुक्त निर्मिति होती है। उदाहरण के लिए पूँजीवाद में ही उत्पादन प्रक्रिया में एक तरफ़ मालिकान होते हैं तो दूसरी तरफ़ मानसिक या शारीरिक कामगार। मालिक का रुझान होता है कि अधिक-से-अधिक काम कम-से-कम मज़दूरी पर मिले ताकि मुनाफ़ा अधिकतम हो, लेकिन कामगारों (चाहे वे मैनेजर हों या मज़दूर) का रुझान अच्छी-से-अच्छी तनख्वाह तथा दूसरी सुविधाओं पर होता है। इन दो विपरीत रुझानों के बावजूद इनमें से किसी एक की अनुपस्थिति में उत्पादन सम्भव ही नहीं। इस तरह वे एकताबद्ध हो उत्पादन करते हैं, लेकिन उनके विपरीत रुझानों के कारण संघर्ष भी लगातार चलता रहता है और उत्पादन में गति इसी से आती है।

लेकिन विपरीतों की एकता और संघर्ष से होने वाले परिवर्तन मात्रा में ही नहीं होते, इनसे एक सीमा के बाद व्यवस्था का मूलभूत गुण ही बदल जाता है। ज़ाहिर है कि वस्तु में समस्त परिवर्तनों का एक मात्रात्मक (quantitaive) पक्ष होता है। इसमें परिवर्तन मात्रा में होता है, लेकिन प्रकृति (nature) नहीं बदलती। लेकिन यह मात्रात्मक परिवर्तन अनंत काल तक जारी नहीं रह सकता। एक क्रांतिक बिंदु (critical point) पर पहुँच कर यह गुणात्मक परिवर्तन (quantitaive change) बन जाता है, यानी वस्तु का मूलभूत गुण ही बदल जाता है। प्रकृति में इसका सबसे साधारण उदाहरण पानी का गर्म/ठंडा किया जाना है जहाँ वह अनिश्चितकाल के लिए गर्म/ठंडा नहीं होता बल्कि एक क्रांतिक अधिकतम/न्यूनतम तापमान के बाद इसकी प्रकृति बदल जाती है और यह भाप/बर्फ़ में बदल जाता है। समाज ने भी परिवर्तन के ऐसे चरण देखे हैं। अपने यहाँ देखें तो औपनिवेशिक शासन के लूट के मद्देनज़र उपनिवेशवादी अंग्रेज़ी शासन और उपनिवेश विरोधी भारतीय स्वाधीनता सेनानियों के बीच जो लंबा संघर्ष चला वह अनंत काल तक चलता ही नहीं रहा, पहले मात्रात्मक परिवर्तन आये, छोटे-बड़े अधिकार मिले फिर जब यह चरम पर पहुँचा तो उपनिवेशवाद अपना बोरिया-बिस्तर समेट कर चलता बना तथा देश की राजनीतिक अवस्था में गुणात्मक परिवर्तन आये। वर्गों की उत्पत्ति और संघर्ष का अध्ययन करते हुए हम इसे और व्यापक रूप से देखेंगे जहाँ दो वर्गों के संघर्ष की परिणति पूरी व्यवस्था में आमूलचूल परिवर्तन और नई उत्पादक शक्तियों के रूप में नए वर्गों के उदय में यह प्रक्रिया स्पष्ट दिखाई देती है।

निषेध का निषेध

लेकिन इस गुणात्मक परिवर्तन की दिशा क्या होगी? क्यों वह ख़ास रूप में ही नयापन हासिल करता है? इस वास्तविक कार्यशीलता को 'निषेध का निषेध' व्याख्यायित करता

है। एंगेल्स कहते हैं, ''द्वंद्ववाद में निषेध का अर्थ मात्र नहीं कहने से नहीं है।'' हमने ऊपर उदाहरणों में जब एक प्रक्रिया को विकास के क्रम में निचली मंज़िलों से ऊपरी मंज़िलों (जैसे उपनिवेशवाद से संप्रभुता संपन्न होने या पानी से बर्फ़ बनने तक) की ओर जाते देखा तो यह 'नई मंज़िल द्वारा पुरानी का निषेध है।' अनिल राजिमवाले समझाते हैं, ''बीज से पौधा बनने की प्रक्रिया में बीज का अस्तित्व ख़त्म होता जाता है और जड़ें, तना, पत्तियाँ, फल-फूल विकसित होते जाते हैं। यह प्रक्रिया तब तक चलती रहती है जब तक विकास की सारी संभावनाएँ समाप्त न हो जाएँ। निषेध की यह प्रक्रिया एक बिंदु पर आकर नए बीजों द्वारा पौधे के निषेध का रूप धारण करती है। बीज द्वारा पौधे का निषेध एक नया निषेध होता है, जिसमें पिछले निषेध की पूरी प्रक्रिया शामिल होती है।'' इस तरह परिवर्तन/विकास पिछले निषेध से आगे बढ़ता हुआ अगले निषेध की ओर अग्रसर होता है। वह एक अंत से दूसरे, एक निर्माण से दूसरे निर्माण की ओर आगे बढ़ता है। पुरानी कक्षाएँ पास कर नयी कक्षाओं में जाते विद्यार्थियों के उदाहरण से भी इसे समझा जा सकता है, जहाँ पुरानी कक्षाएँ पास करने के बाद भी उसमें अर्जित ज्ञान को अगली कक्षा में नष्ट नहीं किया जाता, बल्कि वह अगली कक्षा के ज्ञान को हासिल करने के लिए आवश्यक होता है।

सामान्य नियम के रूप में इसे कान्फोर्ड के शब्दों में कहा जा सकता है कि 'विकास की प्रक्रिया में प्रत्येक अवस्था में नए का पुराने के साथ संघर्ष होता है। पुरानी परिस्थितियों के अन्दर नए का उद्‌भव होता है तथा वह शक्तिशाली हो जाता है तो यह पुराने पर जीत हासिल कर लेता है व इसे नष्ट कर देता है। यह पिछली मंज़िल का, पुरानी गुणात्मक स्थिति निषेध है तथा इसका अर्थ है विकास की नई तथा उच्चतर स्थिति का, नई गुणात्मक स्थिति का अस्तित्व में आना।'

इस तरह द्वंद्वात्मक अर्थ में निषेध विनाश नहीं होता। न ही यह पुराने से पूरी तरह सम्बन्ध विच्छेद होता है। अन्यथा विकास की हर अगली मंज़िल पर शून्य से शुरू करना पड़ेगा जो असम्भव है। निषेध इस रूप में पुराने का आगे विकास है। इसीलिए जो कुछ लोग यह धारणा बनाते हैं कि समाजवाद आ जाने पर पूँजीवाद द्वारा किया गया सारा विकास नष्ट कर दिया जाएगा, वह कपोल कल्पना है। होगा यह कि इस नई मंज़िल पर पुराने विकास को एक नई राह मिलेगी। उनके निजी मालिकाने की जगह और मुनाफ़ा केन्द्रित स्वरूप की जगह उन पर सामूहिक स्वामित्व और बहुसंख्या की ज़रूरत वाला स्वरूप विकसित होगा। तकनीक मानव समाज की बेहतरी के लिए उपयोग होगी। अब तक हुआ सारा विकास मनुष्य की अदम्य जिजीविषा और मेहनत का परिणाम है और उसका उपयोग मनुष्य के हित में ही होना चाहिए न कि एक अल्पसंख्यक पूँजीपति वर्ग के मुनाफ़े के औज़ार के रूप में।

इस तरह हम देखते हैं कि वास्तव में हर निषेध में स्वयं उसका निषेध छिपा है। यह एक तरह से पहले निषेध का रद्द किया जाना है। इस तरह विकास की प्रक्रिया उच्चतर

स्तर पर पहुँच जाती है। उसकी वापसी होती है, लेकिन नए और उच्चतर स्तर पर। पुराना निषेध पूरी तरह नष्ट नहीं होता, बल्कि उसे नए निषेध में शामिल कर लिया जाता है। पुराने निषेध के सार को ग्रहण कर नया बेहतर और उच्च स्तर की ओर बढ़ जाता है। तो यह प्रक्रिया दरअसल 'निषेध के निषेध' की हुई। इस प्रक्रिया में विकास सीधी रेखा में नहीं होता। वह एक क्रांतिक बिंदु के बाद उछाल लेता है और इस रूप में यह वर्तुलाकार (serpentile) होता है। आगे के अध्यायों में हम इन औज़ारों की सहायता से अब तक के विकास क्रम को समझने तथा व्याख्यायित करने के मार्क्सवादी तरीके में इसे और स्पष्ट रूप से समझेंगे।

11

ऐतिहासिक भौतिकवाद

इतिहास को लेकर अक्सर बहस जारी रहती हैं। सरकारें बदलने के बाद हमने इतिहास लेखन में उनके हस्तक्षेप को एकाधिक बार देखा है और हमारे समय में तो यह बहुत स्पष्ट रूप से दिखाई दे रहा है। यही नहीं, इतिहास को लेकर आरोप-प्रत्यारोप से लेकर किताबें जलाने तक की घटनाएँ हमने देखी हैं। ज़ाहिर है कि इतिहास हमारे वर्तमान की चेतना पर एक गहरा असर रखता है और इसका महत्त्व सिर्फ़ सूचना या ज्ञान से आगे सामाजिक-राजनीतिक परिक्षेत्र में भी है। इतिहास को लेकर एक आम समझ यही रही है कि यह राजाओं की वंशावलियों का और अतीत की घटनाओं का एक नीरस-सा अध्ययन है। कब कौन-सा राजा हुआ, उसने कौन-सी लड़ाइयाँ लड़ीं, किनमें हारा, किनमें जीता, फिर उसके वारिसों के संघर्ष और फिर वही कहानी दुहराई जानी। इतिहास लेखन का काम कम-से-कम अपने यहाँ, राजाओं द्वारा नियुक्त दरबारियों के हाथों में रहा और ऐसे में यह लाज़िम ही था कि इतिहास विजेताओं का होता। यहाँ बहुत विस्तार में जाकर इतिहास की विभिन्न पद्धतियों के बारे में लिखना सम्भव न होगा, लेकिन यह तो कहा ही जा सकता है कि समाज विज्ञान के सभी क्षेत्रों और ख़ासकर इतिहास में परिवर्तनों को सामाजिक-आर्थिक बदलावों के साथ जोड़कर देखने की जगह एक ऐसा नज़रिया हावी था जिसमें सभी घटनाओं को एक-दूसरे से स्वतन्त्र रूप में देखा जाता था और उनकी परिचालक शक्ति के रूप में विशिष्ट व्यक्तियों की ताक़त, सूझबूझ और महानता को स्थापित किया जाता था। लेनिन के शब्दों में—

> मार्क्स के पूर्व का समाज शास्त्र और इतिहास लेखन, अधिक-से-अधिक क्रमहीन ढंग से जमा किये गए अपरिष्कृत तथ्यों का ढेर और ऐतिहासिक प्रक्रिया के अलग-थलग पक्षों का चित्रण ही प्रस्तुत करते थे।[84]

कार्ल मार्क्स ने सामाजिक विज्ञान तथा गति के अध्ययन के लिए द्वंद्वात्मक भौतिकवाद के तरीकों को लागू करते हुए मानव समाज के विकास के सामान्य नियमों एवं प्रेरक शक्तियों

---

84. देखें, *कार्ल मार्क्स और उनकी शिक्षा,* ब्लादीमीर इल्यीच लेनिन (द्वंद्वात्मक भौतिकवाद—मार्क्स, एंगेल्स, लेनिन में संकलित), पेज 427, प्रगति प्रकाशन

का अध्ययन प्रस्तुत किया और अन्य विज्ञानों की ही तरह इतिहास की गति और सतह के ऊपर की घटनाओं के मूल में स्थित ठोस भौतिक कारणों की तलाश की। यानी अगर एक उदाहरण के रूप में देखें तो यह तरीका यह नहीं कहेगा कि फलाँ राजा बहुत वीर थे लेकिन कुछ लोगों ने गद्दारी कर दी तो अंग्रेज़ हिन्दुस्तान पर काबिज़ हो गए, बल्कि उन सामाजिक-आर्थिक-तकनीकी कारणों को विस्तार से बताएगा, जिसकी वजह से भारतीय सामंतवाद जर्जर हो चुका था और एक नई तरह की आर्थिक व्यवस्था तथा बेहतर तकनीक और हथियारों से लैस अंग्रेज़ों की जीत के मूल में थे और फिर उन कारणों को जो उपनिवेशवाद के भारत सहित विश्व ऐतिहासिक पटल से विदाई के। मनुष्यों का इसमें योगदान महत्त्वहीन नहीं होता, लेकिन किसी एक नायक की भूमिका ही सबसे महत्त्वपूर्ण कारण नहीं होती। मनुष्य इन परिस्थितियों की सटीक पहचान कर उनमें परिवर्तनकारी हस्तक्षेप करता है जिससे क्रांतिकारी परिवर्तन सम्भव होते हैं। इस रूप में परिवर्तन सामूहिक हस्तक्षेप के परिणाम होते हैं न कि व्यक्तिगत शौर्य और बुद्धि चातुर्य के। असल में नायक भी उन परिस्थितियों की ही उपज होते हैं, इसीलिए गांधी या मार्क्स जैसा व्यक्तित्व सोलहवीं सदी में नहीं हो सकता था और इस समय में ठीक उनके जैसे व्यक्तित्वों की पैदाइश की कल्पना खामख़याली है। वे जो थे वह उस देशकाल की विशिष्ट परिस्थितियों की वजह से थे न कि विशुद्ध वैयक्तिक गुणों की वजह से। इसीलिए मार्क्सवाद व्यक्ति-पूजा और जड़ता के सख्त खिलाफ़ है तथा भिन्न देशकाल में नियमों को लागू करने के लिए पुराने अनुभव से सीखने की वक़ालत करता है न कि उनके अन्धानुकरण की।

> इसी तरह ख़ुद ऐतिहासिक भौतिकवाद के उदय के लिए कुछ सामाजिक एवं सैद्धांतिक पूर्वाधार ज़रूरी थे। उसका उदय जहाँ प्रगतिशील सामाजिक, राजनीतिक और दार्शनिक विचारों से हुआ, वहीं सामाजिक विकास ने वे परिस्थितियाँ पैदा कीं जिनसे सामाजिक जीवन के विकास के नियमों की खोज सम्भव हुई।[85]

द्वंद्वात्मक भौतिकवाद के उदय के सम्बन्ध में हमने उन परिस्थितियों का विस्तार से अध्ययन किया है जिनमें भाववादी दर्शन बदलते समय के परिवर्तनों को व्याख्यायित करने में अक्षम साबित हुए और उनकी जगह नई परिस्थितियों में नए विचारों का उद्भव हुआ। सामंतकाल के बेहद धीमे परिवर्तनों वाले दौर में समाज की गति के नियमों की खोज कर पाना न तो मुमकिन ही था न ही उसकी कोई ज़रूरत महसूस होती थी, लेकिन योरप में हुई पूँजीवादी क्रांतियों के बाद दुनिया भर में हालात इतनी तेज़ी से बने-बिगड़े-बदले कि उनके मूल में अवस्थित कारणों की पहचान भविष्य में क्रांतिकारी परिवर्तनों के लिए संघर्ष हेतु ज़रूरी समझदारी बन गयी और मार्क्स 'समाज के विज्ञान को भौतिकवादी आधार के अनुकूल बनाने और उस आधार पर उसका पुनर्निर्माण करने'[86] के कायल हो गए। इस तरह द्वंद्वात्मक

---

85. देखें, *ऐतिहासिक भौतिकवाद के मूल सिद्धांत,* डग लारिमर, अनुवादक: अनिल राजिमवाले, ग्रन्थ शिल्पी (इण्डिया) प्राइवेट लिमिटेड, नयी दिल्ली-2011

86. देखें, फ्रेडरिक एंगल्स, *लुडविग फायरबाख और क्लासिकीय जर्मन दर्शन का अंत,* अध्याय 2, पेज 421

भौतिकवाद के नियमों को समाज एवं इतिहास के विकास और गति के नियमों पर लागू किया जाना ही 'ऐतिहासिक भौतिकवाद' है।

यह द्वंद्वात्मक भौतिकवादी रवैये से इतिहास की समझ है। यह समाज और इतिहास की वैज्ञानिक समझदारी है। इस समझ के अनुसार ही उन्होंने समाज को अलग-थलग व्यक्तियों के यांत्रिक समूह की जगह परस्पर सम्बद्ध जनसमूह के रूप में व्याख्यायित किया और यह बताया कि समाज में परिवर्तन न तो किन्हीं ईश्वरीय सत्ताओं द्वारा स्थापित होता है न ही कुछ व्यक्तियों की सदिच्छाओं से, बल्कि इन परिवर्तनों के कुछ निश्चित नियम हैं और इनमें एक क्रमबद्धता है।

> मार्क्सवादी दर्शन के समान ही ऐतिहासिक भौतिकवाद सिद्धांत और पद्धति को एक में समन्वित करता है। वह सामाजिक विज्ञान के मूल संज्ञान प्रश्न का द्वंद्ववादी-भौतिकवादी हल निकालता है : यह प्रश्न सामाजिक अस्तित्व और सामाजिक चेतना के बीच सम्बन्ध का है।[87]

लेकिन मानव विकास के नियमों को जानने के लिए हमें दर्शन के नियम मात्र के ज्ञान से सफलता नहीं मिलेगी। इसके लिए सामाजिक श्रेणियों का भी अध्ययन ज़रूरी है। सामाजिक-आर्थिक संरचना, उत्पादक शक्तियाँ, उनके साथ मनुष्य के सम्बन्ध, उत्पादन पद्धतियाँ, सामाजिक वर्ग आदि की समझ के बिना सामाजिक परिवर्तनों की व्याख्या नहीं की जा सकती। मार्क्स उत्पादन सम्बन्धों को इतिहास की गतिशीलता का सबसे महत्त्वपूर्ण निर्धारक मानते थे। उन्होंने अपनी रचना *दि कंट्रीब्यूशन टू दि क्रिटिक ऑफ़ पोलिटिकल इकॉनमी* की भूमिका में लिखा है—

> अपने जीवन में सामाजिक उत्पादन करने के दौरान लोग आपस में अपनी इच्छाओं से परे ऐसे सम्बन्ध कायम कर लेते हैं जो अनिवार्य होते हैं। ये उत्पादन के सम्बन्ध होते हैं जो उत्पादन की भौतिक शक्तियों के विकास की ख़ास मंज़िल के अनुरूप होते हैं। उत्पादन के ये ही सम्बन्ध समाज का आर्थिक ढाँचा होते हैं, जो समाज का वह आधार होते हैं जिससे वैधानिक और राजनीतिक ढाँचे का निर्माण होता है और उन्हीं के अनुरूप सामाजिक चेतना के विशेष स्वरूप विकसित होते हैं। भौतिक जीवन के उत्पादन की पद्धति सामान्य रूप में सामाजिक, राजनीतिक और बौद्धिक जीवन क्रियाओं के लिए परिस्थितियाँ बनाती है। लोगों की चेतना उनका अस्तित्व तय नहीं करती बल्कि इसके विपरीत उनका सामाजिक अस्तित्व उनकी चेतना सम्बन्धी निर्णय लेता है। उनके विकास की विशेष मंज़िल में समाज की भौतिक शक्तियाँ वर्तमान उत्पादन सम्बन्धों के साथ टकराती हैं जिनके अन्दर ही वे अब तक सक्रिय रही हैं। ये सम्बन्ध उत्पादक शक्तियों के विकास में सहायक होने की जगह अब बाधक होने लगते हैं। और तब आरम्भ होता

87. देखें, *ऐतिहासिक भौतिकवाद के मूल सिद्धांत,* पेज- 43, डग लारिमर, अनुवादक: अनिल राजिमवाले, ग्रन्थ शिल्पी (इण्डिया) प्राइवेट लिमिटेड, नयी दिल्ली 2011

> है सामाजिक क्रांतियों का युग। आर्थिक आधार में परिवर्तन से सम्पूर्ण ऊपरी ढाँचे में तेज़ी से बदलाव आने लगता है। इन परिवर्तनों पर विचार करते समय हमें निम्न तत्वों के बीच का अंतर हमेशा याद रखना चाहिए—उत्पादन की आर्थिक परिस्थितियों का भौतिक परिवर्तन जिसे प्राकृतिक विज्ञान की तरह सटीक रूप से तय किया जा सकता है और लोगों द्वारा अपनाये गए क़ानूनी, राजनीतिक, धार्मिक, सौन्दर्यशास्त्रीय या दार्शनिक, दूसरे शब्दों में विचारधारात्मक स्वरूप जिनके ज़रिये लोगों को इस अंतर्विरोध का पता चलता है और वे इस संघर्ष में भाग लेते हैं। जैसे किसी व्यक्ति का आकलन अपने बारे में वह स्वयं क्या सोचता है, इस बात पर निर्भर नहीं होता, उसी तरह किसी युग या समय में घटी घटनाओं या परिवर्तनों का निर्णय उस वक्त के विचारों को ही देखकर नहीं लगाया जा सकता; बल्कि इसके विपरीत उस वक़्त के विचारों की व्याख्या तत्कालीन भौतिक जीवन के आंतरिक अंतर्विरोधों से ही की जा सकती है, उस वक़्त के सामाजिक उत्पादक शक्तियों और उत्पादन के सम्बन्धों के बीच परस्पर टकराव से। कोई भी सामाजिक व्यवस्था तब तक पूरी तरह से नहीं बिखरेगी जब तक उसके अन्दर उत्पादक शक्तियाँ विकसित करते रहने की क्षमता बची हो। नए और उच्चतर उत्पादन सम्बन्ध तब तक नहीं पैदा होते जब तक उनके अस्तित्व की परिस्थितियाँ पुराने समाज के गर्भ में ही नहीं पैदा हो जातीं, इसलिए समाज अपने विकास के दौरान सिर्फ़ ऐसे ही वस्तुगत प्रश्न सम्पादित करता है जिसे वह ऐतिहासिक रूप से हल कर सके। यदि ध्यान देकर अधिक गहराई से देखा जाए तो हम पायेंगे कि ये कार्य तभी उदित होते हैं जब उनके हल की भौतिक परिस्थितियाँ पैदा हों या कम-से-कम निर्मित होने के क्रम में हों।[88]

अगर इसे उदाहरण से समझना हो तो हम सामंतवाद से पूँजीवाद के संक्रमण के इतिहास से समझ सकते हैं। सामंतवाद में उत्पादन का साधन था कृषि। उत्पादक शक्ति थी ज़मीन और उस पर कृषक का श्रम। तो जो रिश्ते उत्पादक शक्तियों के बने वह उस ज़मीन पर काम करने वालों और ज़मीन की मिल्कियत रखने वाले सामंतों के बीच के थे। यही था उत्पादन सम्बन्ध। एक तरफ़ ज़मीन पर मेहनत करने वाले लोग और दूसरी तरफ़ उसकी मिल्कियत रखने वाले लोग। इंसानों के इन दो वर्गों के बीच के सम्बन्ध उनकी अपनी मर्ज़ी से नहीं बल्कि कृषि उत्पादन के चलते निर्मित हुए थे। किसान अपनी मेहनत से जो उत्पादन करता था उसका एक बड़ा हिस्सा सामंत के पास लगान के रूप में जाता था। यही लगान उनकी समृद्धि का कारक था। यह वह बेशी मूल्य[89] था जिसके संचय से सामंत वर्ग के पास धन-सम्पदा एकत्र होती थी। लेकिन समय के साथ-साथ कृषि बढ़ती ज़रूरतों को पूरा करने की स्थिति में नहीं रह गयी। बढ़ती जनसंख्या के बरअक्स कृषि भूमि या उत्पादकता में एक सीमा तक ही वृद्धि हो सकती थी। तो अगला दौर औद्योगीकरण का आना ही था। इस दौर में कृषि की जगह उद्योग उत्पादन के प्रमुख स्रोत बने। ज़ाहिर है कि उत्पादन के

---

88. देखें, https://www.marxists.org/archive/marx/works/1859/critique-pol-economy/preface.htm
89. बेशी मूल्य (Surplus Value) की परिभाषा के लिए देखें अध्याय 20

इस नए ज़रिये के चलते नए उत्पादन सम्बन्ध विकसित हुए। उत्पादन के इस नवीन साधन (उद्योगों के मालिक और उनमें काम करने वाले मज़दूरों के बीच) और पुराने सम्बन्ध टूटे। इन नए आर्थिक सम्बन्धों के चलते सामाजिक ढाँचा भी टूटा और पुराने सामंतों की जगह नया वर्चस्वशाली वर्ग—पूँजीपति या बुर्जुआ वर्ग नेतृत्व में आया। योरोपीय देशों में राजशाहियों के खिलाफ़ विद्रोह हुए और बुर्जुआ वर्ग के हितों के अनुरूप बुर्जुआ लोकतंत्र की स्थापना हुई। साथ ही संस्कृति, दर्शन और अन्य क्षेत्रों में भी पुरानी व्यवस्थायें टूटती हैं तथा नई जगह बनाती हैं। आर्थिक ढाँचे में बदलाव इस तरह पूरी प्रक्रिया की परिचालक शक्ति के रूप में सामने आता है।

12

उत्पादक शक्तियाँ और उत्पादन सम्बन्ध

हमने देखा कि मार्क्स ने यह सिद्ध किया कि भौतिक उत्पादन ही सामाजिक जीवन का आधार है। हालाँकि मार्क्स के पहले भी समाज के जीवन में भौतिक उत्पादन की भूमिका को लेकर कई विद्वानों ने विचार किया था, लेकिन मार्क्स का नवाचार इस अर्थ में विशिष्ट था कि उन्होंने भौतिक उत्पादन के दौरान विकसित होने वाले सामाजिक तथा वैयक्तिक सम्बन्धों की तलाश की। अपने प्रसिद्ध लेख '*वानर से नर में रूपांतरण*' में श्रम की भूमिका के आरम्भ में ही एंगेल्स लिखते हैं—

> राजनीतिक अर्थशास्त्री दृढ़तापूर्वक कहते हैं कि श्रम सारी सम्पदाओं का स्रोत है। वास्तव में यह वह स्रोत है, जो प्रकृति द्वारा आपूर्ति की गयीं चीज़ों को सम्पदा में बदल देता है। लेकिन यह इसके अलावा भी बहुत ज़्यादा कुछ है। यह सभी तरह के मानवीय अस्तित्व के लिए प्राथमिक मूल आवश्यकता है और यह इस हद तक है कि एक अर्थ में हम यह कह सकते हैं कि श्रम ने ही मनुष्य को बनाया है।[90]

असल में मानव के निर्माण की प्रक्रिया में दो महत्त्वपूर्ण मंज़िलें हैं, पहली कोई पच्चीस लाख वर्ष पूर्व उसके द्वारा औज़ारों का गढ़ा जाना और दूसरी कोई एक लाख वर्ष पूर्व मध्य पैलियोलिथिक युग में होमो सेपियंस (तार्किक मानव) का उदय। इसके बाद मानव शरीर में कोई बड़ा परिवर्तन नहीं हुआ है लेकिन श्रम के औज़ारों और उत्पादन की प्रक्रिया में क्रांतिकारी परिवर्तन हुए हैं।[91] इसके साथ-ही-साथ मानव की सामाजिक संरचना में भी आमूलचूल परिवर्तन हुए हैं।

इसे विस्तार से समझने के लिए एंगेल्स की ही एक महत्त्वपूर्ण किताब *परिवार, निजी सम्पत्ति और राज्य का उद्भव*[92] बहुत मददगार हो सकती है। लेविस एच. मार्गन के

---

90. देखें *सेलेक्टेड वर्क्स—मार्क्स-एंगेल्स,* खंड तीन, पेज 66, प्रगति प्रकाशन; मास्को, 1970

91. देखें, *ऐतिहासिक भौतिकवाद के मूल सिद्धांत,* डग लारिमर, अनुवादक: अनिल राजिमवाले, पेज संख्या 91, ग्रन्थ शिल्पी (इण्डिया) प्राइवेट लिमिटेड, नयी दिल्ली 2011

92. देखें *सेलेक्टेड वर्क्स—मार्क्स-एंगेल्स,* खंड तीन, पेज 191-316, प्रगति प्रकाशन, मास्को, 1970

महत्त्वपूर्ण शोधकार्य, *रिसर्चेज़ इन द लाइन ऑफ़ ह्यूमन प्रोग्रेस फ्रॉम सेवेजरी थ्रू बार्बरिज़्म टू सिविलाइजेशन* की रौशनी में एंगेल्स ने मानव समाज के क्रमिक विकास को इस किताब में ऐतिहासिक भौतिकवादी नज़रिए से व्याख्यायित किया है। इसकी भूमिका में ही वह लिखते हैं—

> भौतिकवादी नज़रिए के अनुसार इतिहास का निर्णायक तत्व अंतिम रूप से जीवन का उत्पादन और पुनरुत्पादन है। लेकिन इसका ही अपने आप में दुहरा चरित्र होता है : एक तरफ़ जीवन के लिए आवश्यक चीज़ों, रोटी, कपड़ा और मकान तथा उनके लिए आवश्यक औज़ारों का उत्पादन तो दूसरी तरफ़ स्वयं मानव जीवन का उत्पादन, मानव प्रजाति का विस्तार। मनुष्य जिस किसी भी विशिष्ट ऐतिहासिक युग और किसी भी विशिष्ट देश में निवास करता है उसकी सामाजिक संस्थाएँ इन दोनों प्रकार के उत्पादनों द्वारा निर्धारित होती हैं- एक ओर श्रम के विकास की मंज़िल द्वारा तो दूसरी ओर परिवार के विकास की मंज़िल। श्रम का विकास जितना ही कम होता है और इसके उत्पादन का परिमाण जितना ही सीमित होता है और इस प्रकार समाज की सम्पदा जितनी ही सीमित होती है सामाजिक व्यवस्था में उतने ही प्रबल रूप से लैंगिक सम्बन्ध (पारिवारिक सम्बन्ध) प्रभावी होते हैं। हालाँकि, पारिवारिक सम्बन्धों पर आधारित इस सामाजिक ढाँचे में श्रम की उत्पादकता लगातार बढ़ती है और इसके साथ निजी सम्पत्ति और विनिमय, सम्पत्ति में असमानता, दूसरों के श्रम के उपयोग की संभावना और इस तरह वर्ग शत्रुता का आधार बढ़ता है, नए सामाजिक तत्व पीढ़ियों तक समाज के पुराने ढाँचे नई परिस्थितियों से सामंजस्य बिठाने का प्रयास करते हैं जब तक अंतत: दोनों की असंगति पूर्ण क्रांति को जन्म नहीं दे देती। पारिवारिक सम्बन्धों पर आधारित समूहों से बना पुराना समाज नए विकसित सामाजिक वर्गों की टकराहट से बिखर जाता है और इसके स्थान पर नया समाज प्रकट होता है जो राज्य के रूप में संगठित होता है और जिसकी लघुत्तम इकाइयाँ अब पारिवारिक सम्बन्धों पर आधारित समूहों पर आधारित नहीं होतीं, बल्कि क्षेत्रीय समूहों पर आधारित होती हैं। एक ऐसा समाज जहाँ परिवार की संस्था पूरी तरह से सम्पत्ति व्यवस्था के दबदबे में होती है जिनमें वह वर्ग-शत्रुता और वर्ग संघर्ष स्वतंत्रतापूर्वक विकसित होते हैं, जिनमें अब तक के लिखित इतिहास की सारी अंतर्वस्तु समाहित है'[93]

ज़ाहिर है कि उत्पादन की पद्धति विकास की विभिन्न मंज़िलों में बदलती रहती है या यों कहें कि जैसे-जैसे उत्पादन की पद्धति बदलती है हमारा सामाजिक ढाँचा भी बदल जाता है। उत्पादन के दौरान मनुष्य प्रकृति से और दूसरे मनुष्यों से अंत:क्रिया करता है। यही अंत:क्रिया उत्पादन सम्बन्धों को जन्म देती है। इसके पहले उत्पादक शक्तियों के बारे में थोड़ी चर्चा कर लेना उचित होगा।

---

93. *सेलेक्टेड वर्क्स*—मार्क्स-एंगेल्स, खंड तीन, पेज 191-192, प्रगति प्रकाशन, मास्को, 1970

उत्पादक शक्तियाँ और उत्पादन सम्बन्ध

जैसा कि नाम से ही स्पष्ट है, उत्पादक शक्तियाँ यानी वे शक्तियाँ जो उत्पादन करती हैं। ये शक्तियाँ प्रकृति को अपने तरीके से प्रभावित करती हैं और उसे बदलती हैं। जैसे ज़मीन को कृषि योग्य बनाया जाता है, उसके भीतर से खनिज निकाले जाते हैं, नदियों को रोककर बिजली बनाई जाती है तथा ऐसे ही अनेक उत्पादन कार्य। प्रकृति श्रम का सार्वत्रिक आधार होती है। लेकिन यह स्वयं में उत्पादक शक्ति नहीं होती। जब मनुष्य इसमें हस्तक्षेप करता है तभी उत्पादन सम्भव होता है। उत्पादन के लिए मनुष्य को श्रम के साधन भी विकसित करने होते हैं जिसकी सहायता से वह उत्पादन कार्य करता है। औज़ार, फ़ैक्ट्रियाँ, यातायात और संचार के साधन जैसी चीज़ें श्रम का साधन होती हैं। इस तरह 'उत्पादन के साधन' विकसित होते हैं। उत्पादन के ये साधन उत्पादन की स्थितियों के बदलने के साथ-साथ बदलते रहते हैं। कृषि के विकास के पूर्व केवल पत्थरों के भद्दे औज़ार दीखते हैं जिनका उपयोग शिकार तथा अन्य चीज़ों में किया जाता था। जब बेहतर औज़ारों का विकास हुआ तो ही कृषि सम्भव हुई जिसमें ज़मीन तैयार करने, फ़सल बोने, जोतने, निराई-गुड़ाई और कटाई के लिए समय के साथ-साथ उन्नत औज़ार विकसित हुए। औद्योगिक क्रान्ति के मूल में भाप के इंजन जैसे उत्पादन के साधनों का विकास ही था। मार्क्स इन साधनों को उत्पादन की 'अस्थि और मांसपेशी' कहते हैं। पुराने उत्पादन के साधनों के आधार पर ही नए साधनों का विकास होता है और इस तरह एक निरंतरता भी बनी रहती है।

श्रम के ये औज़ार या उत्पादन के साधन प्रकृति से समाज के सम्बन्ध निर्धारित करते हैं। लेकिन श्रमजीवी जन की अनुपस्थिति में इनका कोई उपयोग सम्भव नहीं। एक तरफ़ वही मेहनतकश श्रमिक इनका निर्माण करता है तो दूसरी तरफ़ एक श्रमिक ही इनका उपयोग उत्पादन के लिए करता है। आधुनिक-से-आधुनिक औज़ार भी बिना मनुष्य के संचालित नहीं हो सकता। इसलिए यह श्रमजीवी जन सबसे महत्त्वपूर्ण 'उत्पादक शक्ति' होता है। यहाँ यह समझ लेना ज़रूरी होगा कि हम सिर्फ़ शारीरिक श्रम की बात नहीं कर रहे। हम मानसिक और शारीरिक दोनों श्रमों की बात कर रहे हैं। वैसे मेरा मानना है कि अक्सर हम जिन्हें अकुशल श्रमिक कहते हैं, उनमें भी एक ख़ास तरह की कुशलता पाई जाती है। मनुष्य का कोई भी श्रम पूरी तरह से शारीरिक नहीं होता। मकान बनाने वाले मज़दूर, कृषि श्रमिक या सड़कें बनाने वाले मज़दूर भी मानसिक क्षमताओं का उपयोग करते हैं और इंजीनियर या मैनेजर को भी शारीरिक श्रम करना होता है। फिर भी हम मान सकते हैं कि कुछ कामों में मानसिक श्रम प्रमुख होता है और अन्य में शारीरिक। दोनों ही रूपों में मनुष्य का श्रम सबसे महत्त्वपूर्ण उत्पादक शक्ति होता है।

मार्क्सवाद की इस मान्यता को पूँजीवादी अर्थशास्त्रियों और विचारकों ने अक्सर इस आरोप के लिए प्रयोग किया है कि मार्क्सवाद मनुष्य को एक व्यक्ति के रूप में न देखकर केवल एक उत्पादन के साधन के रूप में देखता है। मज़ेदार बात यह है कि जो पूँजीवाद न केवल श्रम को 'उत्पादन के साधनों' में से एक की तरह देखता है बल्कि मुनाफ़े के अनुरूप उनकी भर्ती/छँटनी और मज़दूरी को घटाने बढ़ाने की बात करता है, वह मनुष्य के श्रम को

हर उत्पादन का सबसे अहम स्रोत मानने वाले और इस रूप में सृजनकर्ता तथा उत्पादन के साधनों का नियंत्रक मानने वाले मार्क्सवाद पर सवाल उठाता है। हम आगे के अध्यायों में देखेंगे कि किस तरह मार्क्स मनुष्य के श्रम का किसी भी तरह से होने वाला शोषण रोकने की बात करते हैं तथा यह दिखाते हैं कि पूँजीवादी उत्पादन प्रणाली पूरी तरह कामगारों के श्रम के शोषण पर आधारित है।

ये उत्पादक शक्तियाँ स्थिर या जड़ नहीं होतीं बल्कि इनमें नियमित तौर से विकास होता रहता है। नई तकनीकें आती हैं जिनसे न केवल अन्य साधनों अपितु मनुष्य की उत्पादकता में भी वृद्धि होती है। तकनीक के नए स्तर पर इन सभी की उत्पादकता छलांग लगा कर बढ़ जाती है। उत्पादन शक्तियों के विकास का कोई स्तर 'सामाजिक श्रम की उत्पादकता' होता है। उदाहरण के लिए जब भाप का इंजन बना और मशीनें अस्तित्व में आईं तो इन सभी उत्पादक शक्तियों की उत्पादकता में एक उछाल आया। कम समय और कम लागत में तुलनात्मक रूप से उत्पादन का एक अत्यधिक उच्च स्तर प्राप्त कर लिया जाना सम्भव हुआ। अब एक मनुष्य इन मशीनों की सहायता से अन्य उत्पादक शक्तियों के साथ पहले की तुलना में कई गुना उत्पादन कर सकता था, इस तरह कहा जा सकता है कि 'सामाजिक श्रम की उत्पादकता' नई मंज़िल तक गयी। डग लारिमोर कृषि युग की समाप्ति के बाद मशीन उत्पादन के विकास को चार मंज़िलों में बाँटते हैं, पहला, शारीरिक श्रम से निर्मित स्टीम इंजनों द्वारा चलाई जानी वाली एवं मशीनमैन द्वारा नियंत्रित मशीनें, दूसरी, मशीन मैनों द्वारा चालित ऐसे स्टीम इंजन जिनका निर्माण मशीनमैनों के श्रम से किया गया था। यह मशीन उत्पादन में प्रथम तकनीकी क्रान्ति थी जिसका आरम्भ 1840 के दशक में हुआ। तीसरी, असेम्बली लाइन से जुड़ी हुईं मशीनें जिन्हें अर्धकुशल ऑपरेटर चलाया करते थे। ये मशीनें बिजली से संचालित थीं। यह द्वितीय तकनीकी क्रान्ति थी जो 1890 के दशक के अंत में आरम्भ हुई और चौथी, निरंतर प्रक्रिया वाली उत्पादक मशीनें इलेक्ट्रॉनिक उपकरणों से अर्धस्वचालित रूप में काम करती हैं। यह तीसरी तकनीकी क्रान्ति थी जो 1940 के दशक के अंत में आरम्भ हुई।[94] हम इसमें कम्प्यूटर्स के आने के बाद से नब्बे के दशक के आस-पास हुए परिवर्तनों को भी एक उछाल के रूप में शामिल कर सकते हैं जहाँ पूरी तरह से स्वचालित तकनीकें सामने आई हैं।

उत्पादन की पूरी प्रक्रिया सामाजिक होती है। भौतिक वस्तुओं के निर्माण के दौरान लोग आपस में एक सम्बन्ध का निर्माण भी करते हैं। जैसे एक फ़ैक्ट्री में काम करने वाला मज़दूर जहाँ फ़ैक्ट्री में अपने साथी मज़दूरों से एक तरह का सम्बन्ध स्थापित करता है वहीं वहाँ के मालिकान और प्रबंधन के लोगों से दूसरी तरह का। साथ ही जहाँ वह एक फ़ैक्ट्री के उत्पादन का उत्पादक होता है, वहीं दूसरी फ़ैक्ट्रियों में उत्पादित होने वाली वस्तुओं का उपभोक्ता भी होता है। अपनी फ़ैक्ट्री के भीतर उसके जो सम्बन्ध बनते हैं वह कार्य सम्बन्ध या उत्पादन-तकनीक सम्बन्ध होते हैं। हर उत्पादन इकाई में स्पष्ट श्रम विभाजन होता है।

---

94. देखें, *ऐतिहासिक भौतिकवाद के मूल सिद्धांत*, डग लारिमर, अनुवादक: अनिल राजिमवाले, पेज संख्या 105, ग्रन्थ शिल्पी (इण्डिया) प्राइवेट लिमिटेड, नयी दिल्ली 2011

यह श्रम विभाजन किसी भी समय पर उपलब्ध तकनीकी स्तर पर निर्भर होता है जिसके तहत कामगार अपनी कुशलता और तकनीकी ज्ञान के अनुरूप कार्य करता है। एक फ़ैक्ट्री में वह अकुशल मज़दूर, कुशल मज़दूर, इंजीनियर, फ़ोरमैन आदि इसी आधार पर होता है और श्रम विभाजन में उसकी स्थिति के अनुसार ही उसके अन्य कामगारों के साथ सम्बन्ध स्थापित होते हैं।

इसके साथ ही सामाजिक उत्पादन सम्बन्ध भी निर्मित होते हैं। यह इस बात पर निर्भर है कि समाज में उत्पादन के साधनों का वितरण किस प्रकार का है यानी उत्पादन के साधनों पर मिल्कियत किसकी है? यह मिल्कियत दो तरह की हो सकती है। पहली, जैसी कि पूँजीवादी समाज में है जहाँ उत्पादन के सारे साधन निजी स्वामित्व में हैं। यहाँ सभी फ़ैक्ट्रियों, ज़मीनों और यहाँ तक कि प्राकृतिक संसाधनों तक पर कुछ लोगों का कब्ज़ा है और बाक़ी बहुसंख्यक आबादी अपना मानसिक या शारीरिक श्रम इन्हें बेचकर अपनी आजीविका अर्जित करती है। इस तरह दो स्पष्ट वर्ग समाज में उभर कर आते हैं। मार्क्स ने पहले को 'बुर्जुआ वर्ग' कहा और दूसरे को 'सर्वहारा'। हम आगे के अध्यायों में देखेंगे कि इस प्रक्रिया में किस तरह पूँजीवादी मालिकान अपने यहाँ काम करने वाले सर्वहारा कामगार के श्रम का शोषण करते हैं जो मुनाफ़े के रूप में एकत्रित होता चला जाता है। इस उत्पादन प्रणाली में उत्पादन की इकलौती प्रेरणा मुनाफ़ा कमाना होती है। इसलिए समाज-उपयोगी चीज़ों की जगह सिर्फ़ उन चीज़ों का उत्पादन किया जाता है जिनसे मुनाफ़ा हो सके, भले ही वे चीज़ें तत्कालीन समाज के लिए ग़ैर ज़रूरी या फिर नुकसानदेह ही क्यों न हों। हमारे समय में जिस तरह विलासिता की चीज़ें और यहाँ तक कि पोर्न फ़िल्में भी उत्पादित हो रही हैं और लोगों को जीवन के लिए ज़रूरी चीज़ें, भोजन, दवा, आवास, कपड़ा आदि बेहद महँगी क़ीमतों पर ही मिल पा रहा है, वह इसका जीवंत उदाहरण है। मार्क्स ने इसके विकल्प के रूप में ऐसी व्यवस्था की बात की जिसमें सामाजिक उत्पादन के सभी साधनों पर नियंत्रण सिर्फ़ समाज का हो और उत्पादन और वितरण मुनाफ़े के लिए नहीं बल्कि सामाजिक उपयोगिता के आधार पर हो।

लेकिन, निजी मिल्कियत और असमान वितरण वाली इस मुनाफ़ा आधारित व्यवस्था के भीतर जो श्रम-सम्बन्ध स्थापित होते हैं उनके बीच के रिश्तों का क्या होता है? अपने प्रति अन्याय को क्या कामगार वर्ग यों ही सह लेता है? क्या इन रिश्तों में कोई अंतर्विरोध नहीं पैदा होता? इस अंतर्विरोध के परिणाम क्या होते हैं? अगले अध्याय में हम इन्हीं सवालों पर विचार करेंगे।

13

वर्ग एवं वर्ग संघर्ष

आम बोलचाल में वर्ग और वर्ग संघर्ष अक्सर अस्पष्ट अर्थों में उपयोग किये जाते हैं। अख़बारों की हैडिंग्स में 'फलाँ शहर में वर्ग संघर्ष की स्थिति' या फिर 'दो वर्गों के बीच ख़ूनी संघर्ष' जैसे वाक्य दिख जाते हैं। लेकिन मार्क्सवादी शब्दावली में वर्ग का एक विशिष्ट अर्थ है। एमिल बर्न्स अपनी बेहद प्रसिद्ध पुस्तिका *मार्क्सवाद क्या है* में लिखते हैं—

> साधारण शब्दों में कहा जाय तो वर्ग ऐसे लोगों के समूह को कहते हैं जो अपनी जीविका एक ही ढंग से कमाते हों। सामंती समाज का उत्पादन कार्य अर्द्ध-ग़ुलाम किसान-विशेषकर खेती द्वारा करते थे, और बादशाह तथा सामंत इन अर्द्ध-ग़ुलामों से वसूल किये जाने वाले किसी-न-किसी प्रकार के कर से (चाहे वह मेहनत के रूप में, चाहे वस्तु के रूप में वसूल किया जाता हो) अपनी जीविका चलाते थे। अत: सामंतों का एक वर्ग था जिसके कुछ वर्ग हित थे। सामंत चाहते थे कि अर्द्ध -ग़ुलामों की मेहनत से अधिक-से-अधिक फ़ायदा उठायें। सामंतों की सदा यही इच्छा रहती थी कि अपनी ज़मीन की सीमा को और उस पर काम करने वालों की संख्या को अधिक-से-अधिक बढ़ाएँ। दूसरी ओर, अर्द्ध-ग़ुलाम किसानों का एक वर्ग था जिनके अपने विशेष वर्ग हित थे। वे चाहते थे कि जो कुछ पैदा करें उसका अधिक-से-अधिक भाग मालिकों को सौंप देने के बजाय अपने लिए तथा अपने परिवारों के लिए बचा लें। वे ख़ुद अपने लाभ के लिए मेहनत करने की आज़ादी चाहते थे।[95]

अपने अत्यंत सरलीकृत रूप में यह परिभाषा दो बातें साफ़ करती है, पहली यह कि एक वर्ग के लोग उत्पादन प्रक्रिया में एक जैसी स्थिति में होते हैं और दूसरी यह कि दो वर्गों के हित एक-दूसरे के एकदम विपरीत होते हैं।

लेकिन यहाँ रुककर हमें 'उत्पादन प्रक्रिया में एक जैसी स्थिति' वाली बात की थोड़ी

95. https://www.marxists.org/archive/burns-emile/1939/what-is-marxism/index.htm

विवेचना करनी होगी। जैसा कि बर्न्स ने अपने उदाहरण में बताया, कृषि में यह सम्बन्ध बहुत स्पष्ट था। लेकिन पूँजीवादी उत्पादन प्रणाली में यह इतना स्पष्ट नहीं है। कारखाने में सीधा श्रम करने के अलावा भी मैनेजर से लेकर सेल्स डिपार्टमेंट तक ऐसे तमाम लोग होते हैं जो सीधे उत्पादन की प्रक्रिया में संलग्न तो नहीं होते, न ही उस तरह का शारीरिक श्रम कर रहे होते हैं लेकिन मालिकान में भी वे शामिल नहीं होते। हालाँकि उनका जीवन स्तर बेहतर होता है, लेकिन उन्हें भी महीने की एक निश्चित तनख़्वाह मिलती है। लेकिन उनकी नौकरी भी मालिकान के रहम-ओ-करम पर ही निर्भर होती है। यहाँ हमें बुर्ज़ुआ और सर्वहारा की परिभाषा को याद करना होगा। कम्यूनिस्ट घोषणापत्र के सवाल-जवाब वाले खंड में एंगेल्स बताते हैं—

> सर्वहारा, समाज का वह वर्ग है जिसका जीवनयापन पूरी तरह से और केवल अपने श्रम की बिक्री से ही होता है, पूँजी से होने वाले किसी मुनाफ़े से नहीं। जिसकी खुशियाँ और दु:ख, जीवन और मृत्यु, जिसका सम्पूर्ण अस्तित्व श्रम की माँग पर निर्भर करता है और इस तरह गलाकाट प्रतियोगिता के परिणामस्वरूप होने वाले उतार-चढ़ावों से होने वाले अच्छे-बुरे व्यापार पर। एक शब्द में सर्वहारा उन्नीसवीं सदी का कामगार वर्ग है।[96]

ज़ाहिर है कि ख़ुद को श्रमिकों से अलग और ऊँचा समझने वाला कथित प्रोफ़ेशनल वर्ग भी दरअसल इसी सर्वहारा वर्ग का हिस्सा है। याद कीजिए मंदी के समय पाँच-पाँच, छह-छह अंकों की तनख्वाह पाने वाले आई.टी. प्रोफ़ेशनल भी आम मज़दूरों अमेरिका से भारत तक नौकरियों से हाथ धो रहे हैं। इस तरह एक जैसी स्थिति का अर्थ केवल एक जैसा काम करने से नहीं बल्कि उत्पादन सम्बन्धों में अपनी स्थिति से है।

एक ओर वह वर्ग है जिसका पूँजी (मार्क्सवादी शब्दावली में पूँजी का अर्थ पैसे-रुपये से नहीं अपितु उत्पादन कर सकने में समर्थ उत्पादक मशीनों और अन्य साधनों से है।) पर अधिकार है और जो मुनाफ़ा कमाता है, इसे हम बुर्ज़ुआ वर्ग कहते हैं और दूसरी तरफ़ वह वर्ग जो अपना मानसिक या शारीरिक श्रम इन्हें बेचता है और बदले में तनख़्वाह पाता है, उसे हम सर्वहारा कहते हैं। इस तरह वर्गों में समाज का विभाजन आर्थिक कारणों से होता है। *एंटी ड्यूहरिंग* में एंगेल्स कहते हैं, ''समाज के ये युद्धरत वर्ग हमेशा उत्पादन पद्धति और विनिमय के परिणाम होते हैं, दूसरे शब्दों में अपने काल की आर्थिक परिस्थितियों के।'' इनमें से एक वर्ग जो प्रभावी होता है, जिसके हाथ में उत्पादक शक्तियों का नियंत्रण होता है वही राजसत्ता को भी नियंत्रित करता है और जिससे समाज में उसी के विचार भी प्रभावी विचार के रूप में स्थापित होते हैं। मार्क्स *जर्मन विचारधारा* में लिखते हैं 'हर युग में शासक वर्ग के विचार ही प्रबल विचार रहे हैं। अत: जो वर्ग समाज की भौतिक शक्तियों को शासित करता है, वही इस युग की बौद्धिक शक्ति पर भी शासन करता है। जिसे अक्सर सहज बोध (commonsense), सार्वभौमिक या सामान्य सत्य के रूप में प्रस्तुत किया जाता है, वह मार्क्स के अनुसार वस्तुत: विचारधारा होती है, या दूसरे शब्दों में कहें तो एक वर्ग

96. https://www.marxists.org/archive/marx/works/download/pdf/Manifesto.pdf

के परिप्रेक्ष्य में चीज़ों को देखने तथा विश्वबोध का तरीका और यही वर्ग न केवल उत्पादन के साधनों पर अपितु काफ़ी हद तक प्रतिनिधित्व एवं व्याख्या के साधनों पर भी नियंत्रण करता है।' आख़िर स्कूल, कॉलेज, न्याय, संविधान सब जब उसके नियंत्रण में होते हैं तो यह एकदम स्वाभाविक है कि निष्पक्ष दिखने वाले उसके विचार और निर्णय दरअसल उसके वर्गीय हितों से ही संचालित हों। क्या आश्चर्य है कि स्कूलों के पाठ्यक्रम में भगत सिंह को आतंकवादी बताया जाय और आज़ादी की लड़ाई के उन्हीं किरदारों को महत्त्वपूर्ण कह कर प्रस्तुत किया जाए जो सत्ता की विचारधारा से जुड़े हुए हैं!

उत्पादन सम्बन्धों और वर्ग के रिश्ते की बात करें तो यह स्पष्ट है कि सामंती काल में जब कृषि उत्पादन का प्रमुख साधन था, तो वर्गीय संरचना अलग थी और औद्योगिक क्रान्ति के बाद उत्पादन के साधन के रूप में मशीन के साथ यह बदल गयी जिससे सर्वहारा और बुर्जुआ के रूप में नए वर्ग पैदा हुए। यहाँ यह स्पष्ट कर देना भी ज़रूरी है कि ये वर्ग अनादि काल से, उत्पादन के आरम्भ होने और सभ्य समाज के विकास के साथ ही अस्तित्वमान हो गए थे। मार्क्स ने जोसेफ़ वेडेमेयर को लिखे एक पत्र में लिखा है—

> आधुनिक समाज में वर्गों के अस्तित्व की खोज का श्रेय मुझे नहीं जाता है और न ही उनके बीच संघर्ष की खोज का। पूँजीवादी इतिहासकारों ने मुझसे काफ़ी पहले वर्ग संघर्ष के विकास का वर्णन किया था और पूँजीवादी अर्थशास्त्रियों ने वर्गों की आर्थिक संरचना का। मैंने जो साबित किया वह यह था : (1) वर्गों का अस्तित्व उत्पादन के विकास में विशेष ऐतिहासिक चरणों से जुड़ा हुआ है, (2) वर्ग संघर्ष अनिवार्य रूप से सर्वहारा के अधिनायकत्व से जुड़ा होता है, (3) यह अधिनायकत्व सभी वर्गों के विलयन और वर्गविहीन समाज की ओर ले जाता है।[97]

सर्वहारा का अधिनायकत्व

स्पष्ट है कि अब तक के ऐतिहासिक विकास में उत्पादन सम्बन्धों में बदलाव के साथ पुराने वर्ग नष्ट हुए हैं और उनकी जगह नए वर्गों ने ली है लेकिन मार्क्सवाद वर्गों के विनाश की बात करता है। वह एक ऐसी उत्पादन प्रणाली की बात करता है जहाँ मालिक और मज़दूर का भेद मिट जाए, जहाँ मानसिक और शारीरिक श्रम का विभेद मिट जाए और श्रमिकों के श्रम का शोषण करके मुनाफ़ा कमाना मुमकिन न रहे। वह एक वर्गविहीन समाज की बात करता है जहाँ सर्वहारा का अनन्य शासन हो। इसे उन्होंने 'सर्वहारा का अधिनायकत्व' कहा। मार्क्स के इन शब्दों को अक्सर ग़लत तरीके से समझा और व्याख्यायित किया गया है। अधिनायकवाद (dictatorship या तानाशाही) को एक घृणित शब्द की तरह व्यवहृत किया जाता है। इसके मूल में पूँजीवादी व्यवस्था की कोख से पिछले लगभग सौ वर्षों में जन्मी नाजीवाद जैसी अनेक घृणित तथा बर्बर प्रवृत्तियाँ हैं। जब मार्क्स ने इस शब्द का प्रयोग किया था तब इसके ये मानी नहीं थे। दरअसल वे 'सभी' प्रकार के राज्यों की बात कर रहे थे, चाहे इनमें जिस हद तक भी जनतंत्र हो। मार्क्स के लिए हर राज्य वर्ग शासन का

97. देखें, *सेलेक्टेड वर्क्स ऑफ़ कार्ल मार्क्स एंड फ्रेडरिक एंगेल्स,* खंड-1, पेज 528, प्रोग्रेस पब्लिशर्स, मास्को

एक उपकरण था। फ्रांस और जर्मनी में क्रान्ति के बाद स्थापित शासन, जिनमें कई ऐसे मंत्री भी शामिल थे जो जनतंत्र के लिये संघर्ष में एक समय मज़दूरों के साथ कार्य कर चुके थे, पूरी बर्बरता से मज़दूरों के विरुद्ध हो गए थे। मार्क्स के समक्ष प्रश्न यह था कि 'किस प्रकार का शासन बहुसंख्यक के हितों की रक्षा कर सकता है?' और उनका उत्तर था...'सामाजिक स्थितियों में पूर्ण क्रांतिकारी परिवर्तन के साथ सर्वहारा का अनन्य राजनैतिक शासन जो उससे किसी तरह अलग न किया जा सके।' केवल ऐसी ही राज्य व्यवस्था सर्वहारा द्वारा अर्जित सफलताओं की रक्षा तथा सामाजिक स्थितियों के रूपांतरण को निर्देशित कर सकती थी। उनके लिए ऐसे शासन का अर्थ था सर्वहारा वर्ग का वह शासन जिसमें उसके वर्ग हित ही सत्ता व सामाजिक व्यवस्था की संचालक शक्ति हों। वह किसी व्यक्ति की तानाशाही की बात नहीं कर रहे थे।

वर्ग संघर्ष

अब ज़ाहिर है कि एकदम विपरीत हितों वाले ये वर्ग अपने हितों के लिए मुसलसल संघर्ष में होंगे। इसका सबसे बड़ा उदाहरण मैनेजमेंट और ट्रेड यूनियनों के बीच के संघर्ष का दिया जा सकता है। लेकिन इसके निहितार्थों को समझने के लिए इस पर विस्तार से बात करनी ज़रूरी है।

जैसा कि शुरू में कहा गया, आम भाषा में वर्ग संघर्ष को कोई अच्छी बात नहीं माना जाता है। ऐसे उपदेश हम अक्सर सुनते हैं कि सबको मिल-जुलकर रहना चाहिए, आपसी वैमनस्य अच्छी बात नहीं है। गाँधी से लेकर अहिंसा के तमाम प्रवर्तक वर्ग-संघर्ष की जगह वर्ग-समन्वय की बात करते हैं। पूँजीवादी इतिहासकार तथा समाजवादी इसे 'ग़लतफ़हमी', 'आपसी संवाद की कमी' या 'शासकों की ग़लत नीतियों' से लेकर 'समाज विरोधी तत्वों के भड़काने' तक का नतीजा सिद्ध करने की कोशिश करते हैं। लेकिन यह सोचना कि ऐसे दो वर्ग जिनके हित बिलकुल विपरीत हैं, शान्ति और समन्वय के साथ रह सकते हैं या तो नादानी है या फिर सत्ताधारी पूँजीपति वर्ग को बचाने की साज़िश। गाँधी के प्रति पूरी इज़्ज़त के बावजूद हम इस तथ्य को नहीं भूल सकते कि उन्होंने नाविक विद्रोह से लेकर मज़दूरों के तमाम आंदोलनों का विरोध किया था। यह विरोध था तो अहिंसा के नाम पर लेकिन इसका फ़ायदा पूँजीपति वर्ग को हुआ। क्या यह कल्पना की जा सकती है कि कोई पूँजीपति बिना संघर्ष किए मज़दूरों को उनका हक़ दे देगा? गाँधी अपने ट्रस्टीशिप के सिद्धांत में यह कल्पना करते हैं कि जब पूँजीपति के पास पर्याप्त धन हो जाएगा तो वह ट्रस्ट बना कर इसे सभी ग़रीबों में वितरित कर देगा। एंटीलिया जैसे महामहलों में रहने वाले अम्बानियों के युग में यह सिद्धांत क्या एक क्रूर मज़ाक नहीं लगता? क्या हमने नहीं देखा है कि पूँजीपति की मुनाफ़े की हवस असमाप्य है। क्या हम नहीं जानते कि पिछले पचास वर्षों में अमेरिका से लेकर भारत में अमीर-ग़रीब की खाई ही नहीं बढ़ी है बल्कि सबसे ऊपरी दस फ़ीसदी तबके के पास सम्पत्ति का संकेन्द्रण लगातार बढ़ता चला गया है। तो ऐसे में सर्वहारा हाथ-पर-हाथ धरे उनकी सदिच्छा और उनकी कृपा की प्रतीक्षा में नहीं रह सकता।

पूँजीपति वर्ग और सर्वहारा वर्ग वैमनस्यपूर्ण वर्ग हैं क्योंकि उनके हित परस्पर एक दूसरे के विरुद्ध और आपस में न मिलने वाले हैं। जो सर्वहारा के लिए फ़ायदा है वह पूँजीपति के लिए नुकसान। सर्वहारा एक शोषित वर्ग है और पूँजीपति का अस्तित्व ही उसके शोषण पर टिका है। इसलिए इन वर्गों के बीच संघर्ष तो अवश्यंभावी है।

लेकिन यह होता कैसे है? मार्क्स ने कम्यूनिस्ट घोषणापत्र में यह विस्तार से बताया है कि जैसे-जैसे पुरानी व्यवस्था से पूँजीवाद विकसित होता है छोटी कार्यशालाएँ औद्योगिक पूँजीपति के विशाल कारखाने में बदल जाती हैं। विकसित हो रहे नगरों को आपूर्ति करने वाले आधुनिक फ़ार्मों के गहन उत्पादन तंत्र में किसान, खेत मज़दूर बन जाते हैं, चिरंतन विकासमान राष्ट्रीय तथा अंतर्राष्ट्रीय वाणिज्यिक इकाइयों के चलते छोटे व्यापारी नष्ट हो जाते हैं, और बहुराष्ट्रीय निगमों के निर्माण की प्रक्रिया आरंभ हो जाती है। शहरों में और उसके इर्द-गिर्द विकसित उद्योगों में काम करने को मजबूर कामगार एक नई क्रूरता के शिकार होते हैं।

> कारखाने में ठुंसे झुंड के झुंड मज़दूरों को सैनिकों की तरह संगठित किया जाता है। औद्योगिक फ़ौज के सिपाहियों की तरह वे बाकायदा एक दरजावार तरतीब में बँटे हुए अफ़सरों और जमादारों की कमान में रखे जाते हैं। वे सिर्फ़ बुर्जुआ वर्ग या बुर्जुआ राज्य के ही दास नहीं हैं बल्कि उन्हें घड़ी-घड़ी, दिन-ब-दिन, अधीक्षक और सर्वोपरि ख़ुद बुर्जुआ कारखानेदार द्वारा भी दासता में ले लिया जाता है। यह निरंकुशता जितना ही अधिक प्रच्छन्न तौर पर मुनाफ़े को अपना लक्ष्य घोषित करती है, वह उतनी ही तुच्छ, घृणित और कटु होती जाती है।[98]

> ...प्रारंभ में जैसे-जैसे हताशा बढ़ती जाती है पहले इक्का -दुक्का मज़दूर लड़ते हैं, फिर एक कारखाने के मज़दूर मिलकर लड़ते हैं और फिर एक पेशे के, एक इलाके के सब मज़दूर एक साथ उस साझा दुश्मन-बुर्जुआ से मोर्चा लेते हैं, जो उनका सीधे -सीधे शोषण करते हैं। वे अपने हमले उत्पादन की बुर्जुआ अवस्थाओं के विरुद्ध नहीं बल्कि उत्पादन के उपकरणों के विरुद्ध लक्षित करते हैं। अपनी मेहनत के साथ होड़ करने वाले आयातित सामानों को नष्ट कर देते हैं, मशीनों को तोड़ देते है, फ़ैक्ट्रियों में आग लगा देते हैं। वे मध्ययुग की खोई हुई हैसियत को बलपूर्वक प्राप्त करने कोशिश करते हैं।[99]

लेकिन दरअसल विडंबना तो यह है कि मशीनें नहीं इनका वास्तविक शत्रु तो वह प्रयोजन है जिसके लिए इनका प्रयोग होता है। यह विरोधाभास ही है जैसा कि मार्क्स स्पष्टत: रेखांकित करते हैं कि मनुष्य जितना अधिक उत्पादन करने में सफल होता है मनुष्य को श्रम की दासता से मुक्त कराने की संभावना उतनी ही मज़बूत होती जाती है। लेकिन पूँजीवादी व्यवस्था में यह संभावना नष्ट कर दी जाती है। मानवता को मुक्त करने की जगह मशीन इसकी गुलामी को और बढ़ा देती हैं। लेकिन इसके साथ ही एक और प्रक्रिया होती

---

98. *कम्युनिस्ट घोषणापत्र*, पेज 39
99. *कम्युनिस्ट घोषणापत्र*, पेज 40

है—सर्वहारा या श्रमिक वर्ग केवल शहरों की तरफ़ धकेला ही नहीं जाता बल्कि जैसे-जैसे उत्पादन मुनाफ़े की होड़ में और परिष्कृत तथा यांत्रिक होता जाता है, कालांतर में इसकी वजह से मज़दूरों की सामूहिक शक्ति भी बढ़ती जाती है। जिससे उनके लिए संगठित होकर मशीनों के मालिकों से लोहा ले पाना सम्भव हो पाता है।

इस प्रकार मार्क्स की दृष्टि में सर्वहारा ही समाजवादी क्रांति का प्रतिनिधि है। वह मज़दूरों का किसी रूप में आदर्शीकरण नहीं करते। न तो वह उन्हें दूसरे संघर्षरत लोगों से मज़बूत या बेहतर घोषित करते हैं और न ही उन्हें पूँजीवादी समाज में पैदा होने वाले अंतर्विरोधों से मुक्त समझते हैं। एक आम मज़दूर व्यक्तिगत स्तर पर किसी भी दूसरे व्यक्ति की तरह ही स्वार्थी, पतित, पुरुष अहं की ग्रंथि का शिकार कुछ भी हो सकता है लेकिन इस नवीन पूँजीवादी समाज में एक वर्ग के रूप में वह ऐसी विशिष्ट स्थिति में होता है कि एक तरफ़ इसे बदलना उसके हित में होता है और दूसरी तरफ़ उसमें ऐसा करने की क्षमता भी होती है।

सर्वहारा वर्ग के पास खोने के लिए कुछ नहीं होता और सामूहिक शक्ति ही उसका इकलौता हथियार होती है।

14

वर्ग संघर्ष के विभिन्न रूप

वर्ग संघर्ष की एक मोटी समझदारी हमने पिछले अध्याय में विकसित की है। दो वर्गों के बीच यह संघर्ष सतत् चलता रहता है। प्रत्यक्ष वर्ग संघर्ष को विभिन्न रूपों में देखते रहते हैं। फ़ैक्ट्रियों में हड़ताल, जनसंघर्ष, धरने और कई बार दंडकारण्य जैसे इलाकों में चलते हिंसक संघर्ष भी। लेकिन इन प्रत्यक्ष संघर्षों के साथ-साथ अप्रत्यक्ष संघर्ष भी लगातार चलते रहते हैं। एक ही व्यवस्था में रह रहे दो वर्गों के सदस्य इसकी तमाम अंत:क्रियाओं के दौरान एक-दूसरे के सम्मुख होते हैं। ज़ाहिर है कि उनके बीच व्यवस्था के नियंत्रण की लड़ाई अलग-अलग रूपों में चलती है। उन हालात में भी जब एक वर्ग अपना आधिपत्य स्थापित कर चुका होता है और दूसरा वर्ग पराजय की स्थिति में होता है, सतह के ऊपर और नीचे भी इस तरह के द्वंद्व लगातार चलते रहते हैं।

हम इसे तीन प्रमुख क्षेत्रों में बाँट सकते हैं, (1) राजनैतिक, (2) आर्थिक और (3) वैचारिक। डग लारिमोर अपनी पूर्वोद्धृत किताब में आर्थिक को राजनैतिक से पहले रखते हैं। हालाँकि मेरी मान्यता है कि राजनैतिक संघर्ष सबसे मूलभूत और सबसे महत्त्वपूर्ण संघर्ष है और आर्थिक तथा वैचारिक संघर्ष इसी से संचालित होते हैं।

ज़ाहिर है कि राजनीतिक संघर्ष राजनीतिक सत्ता पर कब्ज़े के लिए होते हैं। आर्थिक और वैचारिक संघर्ष इसी संघर्ष के हिस्से के रूप में होते हैं। लेकिन यह कतई सम्भव है कि वर्गों के बीच आर्थिक संघर्ष वर्ग चेतना के उदय के पहले दिखाई दें। इसके उदाहरण हमें योरप के औद्योगिक क्रान्ति के बाद बनी नई फ़ैक्ट्रियों में आसानी से मिल सकते हैं, यहाँ तक कि भारत में अंग्रेज़ों द्वारा किसानों और आदिवासियों के भयावह शोषण के दौर में भी। 1857 के पहले भी भारत में नील के किसानों से लेकर आदिवासियों के तमाम विद्रोहों की जानकारी मिलती है। अयोध्या सिंह की एक बेहद महत्त्वपूर्ण किताब *भारत का मुक्ति संग्राम* पढ़ते हुए हम देख सकते हैं कि अंग्रेज़ों के आर्थिक शोषण के ख़िलाफ़ कैसे समय-समय पर आदिवासियों ने तीखे संघर्ष चलाए थे। सिधू कान्हू जैसे आदिवासी नायक तो अब वहाँ की लोककथाओं में हमेशा-हमेशा के लिए दर्ज हो चुके हैं। 1857 के दौर के कुछ गीतों पर

ग़ौर करें तो हम पाते हैं कि न केवल आदिवासी इलाक़ों में बल्कि देश के दूसरे इलाक़ों में भी औपनिवेशिक लूट के चलते जो दारुण आर्थिक प्रभाव पड़े थे, वे जनमानस को अंग्रेज़ी हुकूमत के खिलाफ़ आंदोलित कर रहे थे। ऐसे ही अम्पटन सिंक्लेयर का प्रसिद्ध उपन्यास *जंगल* पढ़कर हम औद्योगिक क्रान्ति के बाद स्थापित उद्योगों में अपनी ज़मीन से विस्थापित होकर आए श्रमिकों के अमानवीय शोषण और उसके ख़िलाफ़ उनके प्रतिकार को देख सकते हैं। यही नहीं, उस दौर में जब शोषण असह्य हुआ तो मज़दूरों ने अपना गुस्सा उन मशीनों पर निकाला, जिन्हें चलाने के लिए उन्हें सोलह-सोलह घंटे खपना पड़ता था। वे अपने असली शत्रु को नहीं पहचानते थे, इसीलिए जो प्रत्यक्ष दिखाई देता था उस पर हमला किया। यह किसी परिपक्व राजनैतिक चेतना का परिचायक नहीं, लेकिन यह तो स्पष्ट है कि वह आर्थिक शोषण जहाँ एक तरफ़ पूँजीपतियों की स्थिति लगातार मज़बूत कर रहा था, वहीं दूसरी ओर मज़दूर वर्ग उनसे त्रस्त था और यथासम्भव प्रतिकार कर रहा था। इस तरह हम देखते हैं कि ये आर्थिक संघर्ष असल में राजनीतिक संघर्षों की पूर्वपीठिका तय करते हैं। अगर मार्क्स को गौर से पढ़ा जाय तो वह लगातार अपने समय के इन संघर्षों को समझने और व्याख्यायित करने की कोशिश में वर्ग की अवधारणा को लगातार पुष्ट करते चलते हैं। उनका महत्त्वपूर्ण योगदान था, इतिहास में वर्गों की पहचान और उनके बीच सतत् चले संघर्षों की शिनाख्त।

आर्थिक संघर्षों का सबसे महत्त्वपूर्ण योगदान यह होता है कि वह श्रमिक वर्ग के लिए कुछ तात्कालिक और कुछ दूरगामी सुविधाएँ उपलब्ध कराता है और उनके मुश्किल जीवन को थोड़ा सहनीय बनाता है। मज़दूर वर्ग के प्रतिरोध को मालिकान नियंत्रित करने के लिए बल का प्रयोग तो करते हैं लेकिन साथ ही कुछ माँगों को मानने के लिए मजबूर भी होते हैं। थोड़ा अधिक वेतन, काम के कुछ कम घंटे, थोड़ी बेहतर स्थितियाँ और ऐसी ही कुछ चीज़ें मार्क्स के शब्दों में 'उसे पूरी तरह ढह जाने से रोकती हैं।' लेकिन आर्थिक संघर्षों की एक सीमा होती है। ये अक्सर तात्कालिक माँगों के लिए होते हैं और अपने चरित्र में भी तात्कालिक ही होते हैं। ऐसे संघर्षों में वह किसी एक पूँजीपति के ख़िलाफ़ संघर्ष कर रहे होते हैं और उन्हें आपस में जोड़ने वाला तत्व केवल वह समान माँग होती है। उस माँग के पूरा होते ही आन्दोलन ख़त्म हो जाता है या फिर किसी और तरह से जब एक बार पूँजीपति उस संघर्ष का दमन करने में सफल हो जाता है तो भी वह आन्दोलन ख़त्म हो जाता है। इससे किसी बड़े, आमूलचूल या स्थाई बदलाव की स्थिति पैदा नहीं होती। जब संकट का काल आता है या फिर मज़दूर कमज़ोर पड़ते हैं तो पूँजीपति वह सुविधाएँ वापस भी ले सकता है। इसीलिए दीर्घकालिक और स्थाई संघर्ष सिर्फ़ आर्थिक मुद्दों पर होने वाले संघर्षों की तुलना में अधिक महत्त्वपूर्ण होते हैं। मार्क्सवाद वर्गीय एकता के सहारे एक राजनीतिक प्रतिरोध चलाने की बात करता है। यह राजनीतिक संघर्ष सर्वहारा वर्ग की पार्टी द्वारा चलाया जाता है, जिसका उद्देश्य अंततः अपने वर्ग शत्रु को पराजित कर राजसत्ता पर काबिज़ होना है और इस तरह एक ऐसी शासन व्यवस्था की स्थापना है जहाँ कामगारों का नियन्त्रण हो, उत्पादन मुनाफ़े के लिए नहीं बल्कि समाज की ज़रूरतों के लिए हो, संसाधनों का न्यायसंगत बँटवारा हो और शोषण की संभावनाओं का खात्मा हो सके। आगे हम इसकी

प्रविधियों, ऐतिहासिक सबकों और भविष्य की संभावनाओं पर विस्तार से चर्चा करेंगे।

इस तरह हमने देखा कि राजनीतिक संघर्ष 'वर्ग संघर्ष' का सबसे उन्नत और विकसित रूप है। मार्क्स इस बिंदु पर एकदम स्पष्ट हैं, वह कहते हैं, ''मज़दूर वर्ग के राजनीतिक आन्दोलन का अन्तिम उद्देश्य बिना शक अपने लिए राजसत्ता हासिल करना है। इसके लिए आर्थिक संघर्ष में पैदा हुए इसके संगठन को एक बिंदु तक आगे बढ़ाना ज़रूरी है।'' यहाँ हम अगर थोड़ा रुक कर ट्रेड यूनियन आन्दोलनों के बारे में सोचें तो पाएँगे कि अलग-अलग राजनीतिक दलों ने अपने ट्रेड यूनियन बना रखे हैं। एकदम मज़दूर विरोधी और पूँजीपति समर्थक आर्थिक नीतियों की वकालत करने वाली पार्टियों के भी मज़दूर संगठन हैं। ये संगठन भी उसी भाषा शैली और अंदाज़ में मज़दूरों के हक़ों की बात करते हैं, जिसमें वामपंथी दलों की ट्रेड यूनियनें। लेकिन इनका उद्देश्य मज़दूरों को कुछ तात्कालिक लाभ दिलाने से अधिक हो ही नहीं सकता। ये यूनियनें मज़दूरों का राज बनाने की तो छोड़िये उनके बोनस भत्ते से आगे उनकी पक्षधर व्यापक आर्थिक नीतियों के निर्माण के लिए भी संघर्षरत नहीं होतीं। ज़ाहिर है कि इनकी सीमा सिर्फ़ कुछ आर्थिक लाभ उपलब्ध करा देने भर की है। इस प्रवृत्ति को हम 'अर्थवाद' कहते हैं। इसके विपरीत एक वामपंथी मज़दूर संगठन का उद्देश्य जहाँ अल्पकाल में मज़दूरों को आर्थिक लाभ दिलाना तथा उनके लिए बेहतर कार्यस्थितियाँ उपलब्ध कराना है, वहीं दीर्घकाल में उनकी वर्ग चेतना को लगातार मज़बूत करते हुए मज़दूरों की इस ताक़त का इस्तेमाल सर्वहारा क्रान्ति के लिए करना होता है। दुर्भाग्य से अपने देश में वामपंथी पार्टियों की ट्रेड यूनियनें भी बाद के दौर में अर्थवाद में फँसी दिखाई देती हैं। उनके यहाँ भी सतत् राजनैतिक प्रशिक्षण द्वारा मज़दूरों की वर्ग चेतना का स्तर ऊँचा करने और उन्हें क्रान्ति के हिरावल दस्ते (अग्रिम पंक्ति के लड़ाके) के रूप में विकसित करने का काम होता दिखाई नहीं देता। यही नहीं ये ट्रेड यूनियनें भी मुख्यत: शहरी क्षेत्रों में और संगठित क्षेत्रों में सक्रिय हैं, जबकि भूमिहीन और सीमांत कृषि मज़दूरों और असंगठित क्षेत्र की विशाल कामगार आबादी को संगठित करने के प्रयास नहीं दीखते।

यहाँ यह समझ लेना ज़रूरी है कि यही वजह है कि भूख और ग़रीबी से विद्रोह तो हो सकता है लेकिन आमूलचूल परिवर्तन के लिए क्रान्ति तभी सम्भव है जब इस वंचित जनता को उसकी वर्गीय चेतना के आधार पर संगठित कर वर्ग संघर्ष की धार को तीखा किया जाय। वर्गीय एकता के आधार पर क्रान्ति के उद्देश्य से बना संगठन ही कम्यूनिस्ट पार्टी होता है। पार्टियाँ वर्ग का पर्याय नहीं होतीं बल्कि वे सर्वहारा वर्ग के सर्वाधिक उन्नत चेतना वाले हिस्से का संगठित स्वरूप होती हैं जिन्हें वैज्ञानिक समाजवाद की स्थापना के उद्देश्य से गठित किया जाता है।

वैचारिक संघर्ष सतह के नीचे चलने वाला संघर्ष है। ऊपर जो उदाहरण मैंने बुर्जुआ पार्टियों और क्रांतिकारी पार्टियों के ट्रेड यूनियन का दिया वहाँ देखा जा सकता है कि दोनों के बीच का जो संघर्ष होगा वह ज़मीन के साथ-साथ वैचारिक क्षेत्र में भी लड़ा जाएगा। यह वैचारिक समझदारी का अंतर ही होगा कि एक ही क्षेत्र में, एक ही आर्थिक वर्ग से आये मज़दूर अलग-अलग मज़दूर संगठनों में शामिल होते हैं। जहाँ बुर्जुआ वर्गों की ट्रेड

यूनियनें उनके वैचारिक आधार का वर्चस्व स्थापित करना चाहेंगी, वहीं कम्यूनिस्ट पार्टी की ट्रेड यूनियन वैज्ञानिक समाजवादी विचारधारा की सर्वोच्चता को स्थापित करना चाहेगी।

इस पर थोड़ा विस्तार से बात कर लेना ज़रूरी है। कोई भी व्यवस्था जब राजसत्ता पर अधिकार करती है तो उसके साथ-साथ वह शिक्षा, ज्ञान-विज्ञान, मनोरंजन के साधनों, समाचार तंत्र और ऐसे तमाम क्षेत्रों पर भी वर्चस्व स्थापित करना चाहती है। वह समाज के नियम-कायदे, उसमें प्रचलित विचारों और यहाँ तक कि निष्पक्ष प्रतीत होने वाले कानूनों को भी अपने वर्गीय हितों के अनुकूल ही बनाती है। उदाहरण के लिए हर पूँजीवादी देश के संविधान में निजी सम्पत्ति का अधिकार शामिल है। क़ानून व्यवस्था पूँजीपतियों के सम्पत्ति के अधिकार की रक्षा करती है। जब हड़तालें होती हैं तो मज़दूरों पर लाठियाँ बरसाने वाली पुलिस पूँजीपतियों को सुरक्षा मुहैया कराती है। शिक्षा व्यवस्था ऐसी बनाई जाती है कि नायकों के प्रतिमान पूँजीवादी व्यवस्था के हित के अनुरूप गढ़े जा सकें। हम अपने इतिहास की किताबों में गाँधी के सत्याग्रह के बारे में तो पढ़ते हैं लेकिन नौसैनिक विद्रोह का ज़िक्र शायद ही होता है। भगत सिंह को एक दीवाने देशभक्त की तरह तो चित्रित किया जाता है लेकिन समाजवादी क्रान्ति के लिए उनके आह्वान और विचार या नास्तिकता के पक्ष में उनके विचार किसी विश्वविद्यालय में नहीं पढ़ाये जाते। संस्कृति या फिर मनोरंजन के साधनों की मुख्यधारा में हम जो नाटक, गीत, फ़िल्में वग़ैरह देखते हैं वह सब सत्ता की विचारधारा को ही पुष्ट करते हैं। स्कूलों में धार्मिक प्रार्थनाएँ होती हैं और कॉलेजों में पाठ्यक्रम इस तरह बनाया जाता है कि व्यवस्था के लिए अच्छे सेवक पैदा किये जा सकें।

हम देखते हैं कि उदारीकरण की नीतियाँ लागू होने के बाद कॉलेजों में मानविकी (जिसे आर्ट साइड कहा जाता है अक्सर) के विषयों का महत्त्व घटता चला गया और एमबीए, बीबीए तथा इंजीनियरिंग ही नहीं बल्कि होटल से लेकर किस्म-किस्म के मैनेजमेंट के कोर्स महत्त्वपूर्ण होते चले गए जो नए-नए विकसित हो रहे व्यापारों के लिए योग्य सेवक पैदा करते हैं। यही नहीं मौजूदा दौर में हम लगातार स्कूल-कॉलेज के सिलेबसों में ही नहीं बौद्धिक-सांस्कृतिक संस्थाओं में भी बदलाव देख रहे हैं। एक उदाहरण फ़िल्मों का लें तो नब्बे के दशक के बाद नायक का वर्गीय चरित्र बदल गया और वह अब उच्च मध्यवर्ग या उच्चवर्ग का हैप्पी गो लकी युवक बन गया, साठ के दशक में बहिष्कृत पुजारी अपने ज्योतिष के साथ सीरियल्स और फ़िल्मों में पुनर्प्रतिष्ठित हुआ और ट्रेड यूनियन नेता नायक से खलनायक में परिवर्तित हुआ। इस तरह एक तरह के विचार समाज के भीतर जड़ बनाते चले जाते हैं। यही आम तौर पर 'कॉमन सेन्स या सहज बोध' माने जाते हैं। जैसे सामंती काल में स्थापित सहज बोध कि ब्राह्मण विद्वान होता है, क्षत्रिय शक्तिशाली या कृषि को उत्तम तथा नौकरी को सबसे हीन व्यवसाय बताया जाना या पुत्र को पुत्री से अधिक महत्त्व दिया जाना या ईश्वर सबकी सुनता है या हमारे समय के सहज बोध कि पूँजीपति का लाभ पर हक़ होता है, जो मेहनत करेगा वह सफल होगा, सफलता का मतलब बड़ी गाड़ी, बड़ा बँगला, बड़ा ओहदा। कॉलेज राजनीति नहीं पढ़ाई-लिखाई के लिए है वग़ैरह वग़ैरह, असल में इन व्यवस्थाओं के हितकारी विचार हैं। मार्क्स ने 'कम्यूनिस्ट घोषणापत्र' में लिखा है—

विचारों का इतिहास इसके सिवा क्या साबित करता है कि जिस अनुपात में बौद्धिक उत्पादन का स्वरूप परिवर्तित होता रहता है। हर युग को शासित करने वाले विचार सदा उसके शासक वर्ग के ही विचार रहे हैं।

तो राजसत्ता हासिल करने के लिए संघर्षरत वर्ग चेतस संगठन को वैचारिक क्षेत्र में भी संघर्ष में उतरना होता है और अपने विचारों का वर्चस्व स्थापित करने के लिए सतत् संघर्ष करना होता है। जब तक जनता का बड़ा हिस्सा उसके विचारों से सहमत नहीं होगा तब तक वह पुरानी व्यवस्था को उखाड़ फेंकने के लिए तैयार नहीं होगा। इसलिए उसे यह संघर्ष लगातार चलाना होता है। जिस समय वह क्रान्ति के लिए लड़ रहा होता है उस समय भी और क्रान्ति हो जाने के बाद भी, क्योंकि ये विचार क्रान्ति के साथ ही ख़त्म नहीं हो जाते बल्कि जनता के बीच लम्बे समय तक बने रहते हैं और नए तरह के समाज के विकास में यह बाधक होते हैं। इन्हें पराजित किये बिना और लगातार दूर किये बिना क्रांतियाँ दीर्घजीवी नहीं हो सकतीं। इस तरह सतत् क्रान्तिकारीकरण की प्रक्रिया में नए विचार पुराने विचारों की जगह लेते हैं और इस तरह नए विचारों का वर्चस्व स्थापित होता है।

जिस समय सर्वहारा वर्ग क्रान्ति की तैयारी कर रहा होता है उस वक़्त उसे इन प्रतिकूल वैचारिक हालात में अपने विचारों को प्रसारित करने और समाज में उनका वर्चस्व स्थापित करने का काम क्रांतिकारी कार्यभार का हिस्सा होता है। कवि, लेखक, रंगकर्मी, चित्रकार, शिक्षाविद् सभी अपने-अपने तरीके से इसमें हिस्सा लेते हैं। मुख्यधारा के सांस्कृतिक आयोजनों के बरअक्स अपने विचारों के प्रचार-प्रसार करने वाले आयोजन किये जाते हैं। बहस-मुबाहिसों में हिस्सेदारी की जाती है। नाटक खेले जाते हैं, जनगीत लिखे जाते हैं। साहित्य में दख़ल किया जाता है, पत्रिकाएँ निकाली जाती हैं, पुस्तकें छापी जाती हैं, अखबार निकाले जाते हैं और इस तरह विपरीत परिस्थितियों में अपने विचारों के पक्ष में संघर्ष चलाया जाता है। अपने देश में इप्टा या प्रलेसं जैसे तमाम संगठन इसी वैचारिक संघर्ष को धार देने के लिए बनाए गए थे। ग्राम्शी ने इस प्रक्रिया पर बहुत विस्तार से विचार किया है और बौद्धिक वर्चस्व के ताने-बाने को समझाने के लिए 'ऑर्गेनिक बुद्धिजीवी' पद का इस्तेमाल किया है। ग्राम्शी का महत्त्व इस तथ्य में है कि वह बौद्धिक वर्चस्व के सवाल को केंद्र में लेकर आते हैं।[100]

ग्राम्शी : विचारधारा, वर्चस्व और ऑर्गेनिक बुद्धिजीवी

मार्क्सवाद में हेजिमनी या वर्चस्व कोई नया पद नहीं था, लेकिन इसका उपयोग ग्राम्शी से पहले राजनैतिक वर्चस्व के लिए ही किया जाता था और आर्थिक सवालों को मूलभूत प्रश्न माना जाता था। विचारधारा को सुपरस्ट्रक्चर का हिस्सा माने जाने की मान्यता के चलते यह माना जाता था कि आर्थिक मूलाधार में परिवर्तन के साथ अपने आप बौद्धिक वर्चस्व का

---

100. विस्तार के लिए देखें *अंतोनियो ग्राम्शी, फ़र्दर सेलेक्शंस फ्रॉम द प्रिजन नोटबुक,* अनुवाद और सम्पादन : डेरेक बूथमैन, अकार बुक्स, दिल्ली-2014, अंतोनियो ग्राम्शी, *सांस्कृतिक और राजनीतिक चिंतन के बुनियादी सरोकार,* (अनु) कृष्णकांत मिश्र, ग्रंथशिल्पी (इण्डिया) प्राइवेट लिमिटेड, दिल्ली—2002

प्रश्न हल हो जाता है। वर्ग संघर्ष में कामगार वर्ग के राजनीतिक नेतृत्व का रेखांकन हुआ था लेकिन ग्राम्शी ने इसे आगे बढ़ाते हुए नैतिक तथा बौद्धिक नेतृत्व तथा वर्गों के बीच ग़ैर-आर्थिक सम्बन्धों के महत्त्व का रेखांकन किया। उनके अनुसार विचारधारा आर्थिक सुपरस्ट्रक्चर के बदलाव से अपने आप बदल जाने वाली कोई उपोत्पाद (by product) नहीं बल्कि सामाजिक व्यवहारों, सिद्धांतों और रूढ़ियों में विन्यस्त ऐसा कारक है जो समाज में व्यक्तियों को पराश्रितों तथा सामाजिक अभिकर्ताओं (social agents) में तब्दील कर देती है। यही सामाजिक अभिकर्ता उत्पादन कार्यों में भी अपनी भूमिका निभाते हैं और इस तरह आर्थिक तथा राजनैतिक संघर्ष के साथ विचारधारात्मक संघर्ष भी वर्ग-संघर्ष का अहम हिस्सा बन जाता है। इस स्थापना से ग्राम्शी उस 'सिविल सोसायटी' को वर्ग संघर्ष के दायरे में ले आते हैं जो समाज में जनमत निर्माण में अहम भूमिका निभाती है। इस सिविल सोसायटी को लेकर ग्राम्शी की प्रस्थापना बेहद महत्त्वपूर्ण है। उनका मानना है कि विचारधारात्मक धरातल पर यानी कि सिविल सोसायटी में विचारधारात्मक आधार पर एक तरह का पुल निर्मित हो सकता है, यानी ज़रूरी नहीं कि विचारधारात्मक तत्व एक ही वर्ग से सम्बन्धित हों। विचारधारात्मक निकाय अपने विचारधारात्मक निष्कर्षों से परिभाषित होते हैं और ये निष्कर्ष विचारधारात्मक तत्त्वों से। इस तरह वर्चस्व के लिए संघर्षरत विभिन्न वर्गों के भिन्न विचारधारात्मक विमर्शों में तत्व रूपायित होते हैं।

ग्राम्शी के लिए अधिक महत्त्वपूर्ण पक्ष था 'ऑर्गेनिक विचारधारा' का। विचारधारा वर्गीय शासन के निकाय यानी वर्चस्व के संदर्भ में ही परिभाषित होती है, जिसमें एक एकीकृत व्यवस्था में सभी विचारधारात्मक तत्त्व व्यवस्थित होते हैं। यह जटिल व्यवस्था ही 'ऑर्गेनिक विचारधारा' है—एक वर्ग द्वारा अधिकृत राज्य व्यवस्था तथा उससे पैदा हुए सामाजिक वर्चस्व के भीतर एक समाज के सामुदायिक जीवन की अभिव्यक्ति। इस ऑर्गेनिक विचारधारा की व्याप्ति पूरे सिविल समाज में इसकी विभिन्न संस्थाओं और संरचनाओं जैसे, परिवार, धार्मिक संस्थाएँ, मीडिया, शिक्षण संस्थान, विधि व्यवस्था, ट्रेड यूनियन आदि में होती है। यह व्याप्ति वर्चस्वशाली वर्ग के सामाजिक अभिकर्ताओं के माध्यम से होती है, जिन्हें ग्राम्शी 'ऑर्गेनिक बुद्धिजीवी' कहते हैं यानी लेखक, पत्रकार, शिक्षक, वक़ील, नेता, उद्योगपति, इंजीनियर आदि-आदि।

कहना न होगा कि वर्चस्वशाली वर्ग के साथ-साथ वर्चस्व के संघर्ष में रत वर्ग के भी अपने ऑर्गेनिक बुद्धिजीवी होते हैं। बहुत विस्तार में न जाते हुए यहाँ इतना बता देना काफ़ी होगा कि ग्राम्शी वर्चस्व को दो तरह से परिभाषित करते हैं, पहला यह कि वर्चस्वशाली वर्ग उन वर्गों और समूहों के हितों को ध्यान में रखता है जिन पर उसका वर्चस्व है और इस प्रक्रिया में अपने अधीनस्थ वर्ग के साथ एक तरह का संतुलन बनाने के लिए वह अपने हितों के साथ कुछ समायोजन भी करता है तो दूसरे यह वर्चस्व नैतिक-राजनैतिक नेतृत्व के साथ आर्थिक वर्चस्व भी स्थापित करता है। यानी एक वर्ग के वर्चस्व में आर्थिक, राजनैतिक, नैतिक और बौद्धिक वर्चस्व शामिल है, इस प्रक्रिया में अपने कुछ निगमित हितों का बलिदान वस्तुत: एक ऐसा संतुलन बनाये रखने के लिए किया जाता है जो सर्वसहमति

स्थापित कर अपनी नेतृत्वकारी भूमिका को बनाए रखने में सहायक हो।

इस तरह 'सत्ता' दो रूपों में अभिव्यक्त होती है, बलपूर्वक नियंत्रण और सर्वसहमति। ये दो प्रविधियाँ शासक और शासित के बीच एक संतुलन की स्थापना करती हैं। जबकि राज्य के नौकरशाही, पुलिस, सेना और दूसरे तंत्र बलपूर्वक नियन्त्रण में काम आते हैं। सिविल सोसायटी और उसके सामाजिक अभिकर्ता यानी ऑर्गेनिक बुद्धिजीवी वर्चस्वशाली वर्ग की विश्वदृष्टि को सर्वमान्य बनाकर सर्वसहमति की स्थापना में महत्त्वपूर्ण भूमिका निभाते हैं अर्थात् वे विचारधारात्मक संघर्ष में विरोधी वर्ग की विश्व दृष्टि या विचारधारा के ख़िलाफ़ अभियान चलाकर अपने वर्ग के विचारों को अपने-अपने तरीक़े से जनसामान्य में प्रतिष्ठित करते हैं। इस प्रस्थापना से ग्राम्शी अपने महत्त्वपूर्ण निष्कर्ष पर पहुँचते हैं कि कामगार वर्ग को राज्यसत्ता हासिल करने से पहले सत्ताधारी वर्ग के बरअक्स राजनैतिक, सांस्कृतिक और नैतिक क्षेत्रों में नेतृत्व हासिल करना होगा।[101]

इस तरह वर्ग संघर्ष अलग-अलग रूपों में समाज के भीतर कभी तेज़ तो कभी धीमे स्वरूप में चलता रहता है। अपने उच्चतम रूप में यह क्रान्ति की मंज़िल में पहुँचता है और इस तरह एक सामाजिक आर्थिक व्यवस्था को नष्ट कर विजेता वर्गों के अनुकूल नयी सामाजिक-आर्थिक व्यवस्था का निर्माण करता है।

101. विस्तार के लिए देखें, *सांस्कृतिक और राजनीतिक चिंतन के बुनियादी सरोकार,* अंतोनियो ग्राम्शी, (अनु) कृष्णकांत मिश्र, ग्रन्थ शिल्पी, दिल्ली—2002

15

वर्ग और अस्मिता का सवाल

वर्ग की पारम्परिक संरचना आर्थिक आधार पर है। एक वर्ग जिसका उत्पादन के साधनों पर अधिकार होता है और दूसरा जिसके पास ऐसा कोई अधिकार नहीं होता और वह पहले वर्ग के यहाँ मज़दूरी या वेतन के बदले अपना श्रम बेचता है। यानी एक शोषक वर्ग और एक वंचित वर्ग। लेकिन वंचना का इकलौता आधार हमेशा आर्थिक ही नहीं होता। कई बार सामाजिक संरचनाएँ भी वंचना और भेदभाव के लिए ज़िम्मेदार होती हैं। जैसे भारत के सन्दर्भ में जातिगत संरचना। अफ्रीका के सम्बन्ध में रंगभेद। दुनिया भर में व्याप्त स्त्री-पुरुष असमानता। ये असमानताएँ शोषण का एक अलग तरह का लेकिन बेहद भयावह और दीर्घजीवी आधार तैयार करती हैं जो अक्सर आर्थिक भेदभाव के साथ कभी प्रत्यक्ष तो कभी परोक्ष रूप से जुड़ा होता है। दुनिया भर में आधुनिक काल में जब अस्मिताओं के संघर्ष शुरू हुए तो उसी के बरअक्स वर्ग की अवधारणा को लेकर काफ़ी काम हुआ है। उस पूरी बहस को यहाँ दे पाना तो विषयांतर जैसा होगा, लेकिन उत्सुक पाठक दिसंबर 2004 में *सेज* के जर्नल में छपा वेंडी बेटेरो का आलेख *क्लास आइडेंटिटी एन आइडेंटिटी ऑफ़ क्लास*[102] पढ़ सकते हैं। यहाँ पर हम भारत के संदर्भ में वर्ग और अस्मिता के सवाल को संक्षेप में समझने का प्रयास करेंगे।

मुख्यधारा बनाम उत्पीड़क सामाजिक संरचनाएँ

भारत अपने आप में कई विशिष्टताओं वाला देश है। यूरोपीय विकास क्रम से इसे समझना मुश्किल है तो इसकी संरचना को भी किसी मोनोलिथ नज़रिए से देखना घातक है। सबसे पहले तो यह बहुराष्ट्रीय देश है। यह बहु-राष्ट्रीयता क्या है? औपनिवेशिक काल से पहले भी भारत का एक राष्ट्र के रूप में अस्तित्व नहीं था। अलग-अलग राजाओं द्वारा शासित अलग-अलग राज्य थे, यहाँ जिनके नियम-क़ानून एक-दूसरे से मिलते-जुलते भले हों लेकिन भिन्नताएँ भी पर्याप्त थीं। इनमें स्थानीय क़बीले और अर्द्ध विकसित आदिवासी समाज भी थे, जिनमें से तमाम को अंग्रेज़ी शासन में भी एक तरह की स्वायत्तता हासिल

102. http://soc.sagepub.com/content/38/5/985.full.pdf+html

थी। अकबर के शासनकाल में जो भू-भाग एक झंडे के तले था उसे भी अगर देखें तो आज के भारत के कई हिस्से उसमें नहीं थे। फिर इन हिस्सों में जो राष्ट्रीयताएँ थीं/हैं उनकी संस्कृतियों में पर्याप्त अंतर है। जैसे दक्षिण भारत और उत्तर भारत को लें। फिर कश्मीर को देखें तो वहाँ यह भिन्नता एकदम स्पष्ट है। उत्तर-पूर्व की संस्कृति तो उत्तर प्रदेश या बिहार या मध्य प्रदेश में प्रचलित संस्कृतियों से एकदम भिन्न है और अंग्रेज़ों के पहले तक ये एकदम स्वाधीन राष्ट्र रहे। औपनिवेशिक काल में जब ये अंग्रेज़ी हुकूमत के झंडे तले आये तो ज़ाहिर था कि एक तरह की शासन व्यवस्था और एक संविधान के बावजूद इनके बीच द्वंद्व जैसी स्थिति होती। आदिवासी क्षेत्रों में उनके प्रवेश और व्यापार के लिए उनके उपयोग के बरअक्स आदिवासी विद्रोहों की एक पूरी शृंखला है तो उत्तर-पूर्व में भी ऐसे संघर्षों की कोई कमी नहीं। आज़ादी के बाद भी जब भारत के संविधान और प्रभुत्व में इस पूरे भूभाग को लाया गया (कई बार ताक़त के बल पर भी जैसे बस्तर के राजा की हत्या या फिर सिक्किम पर कब्ज़ा करके या कश्मीर के संदर्भ में एक समझौते द्वारा) तो ये अलग-अलग राष्ट्रीयताएँ एक देश का 'अभिन्न' अंग बनीं। आज़ादी के बाद यह पहला अवसर था जब इतनी सारी संस्कृतियाँ एक साथ, एक राष्ट्र/राज्य के अधीन आईं। इसके पहले अकबर के समय में भी इतनी संस्कृतियाँ, उत्तर से दक्षिण और पूरब से पश्चिम तक एक साथ नहीं थीं। इस तरह अनेक राष्ट्रों के सम्मिलन से जिस नए राष्ट्रराज्य (Nationstate) का उदय हुआ वह एक बहुराष्ट्रीय राष्ट्र है।

इस बहुराष्ट्रीय-बहुसांस्कृतिक राज्य के बनने पर यह स्वाभाविक था कि इसके संचालन के लिए पूरे देश का एकसमान क़ानून बनता। वह संविधान के रूप में बना भी। लेकिन इसी के साथ एक प्रक्रिया और शुरू हुई। वह थी प्रभावी या वर्चस्वशाली संस्कृति के निर्माण की। जैसे सबसे पहले भाषा के सवाल को देखें। भारत में अंग्रेज़ी और हिन्दी को सरकारी काम-काज की भाषा संघीय सरकार के लिए बनाया गया, जबकि राज्यों में राज भाषाओं को भी जगह दी गयी। अब हिन्दी या अंग्रेज़ी दोनों ही पूरे देश की कोई कॉमन भाषा नहीं थीं। राजभाषा का दर्जा हासिल करते ही हिन्दी और इसीलिए हिन्दी प्रदेश एक विशिष्टता पा जाते हैं। यह एक तरह का बँटवारा पैदा करता है और हिन्दी तथा हिन्दी भाषियों को एक तरह का वर्चस्व प्रदान करता है। अंग्रेज़ी और अंग्रेज़ी भाषियों को तो यह वर्चस्व औपनिवेशिक शासनकाल से ही हासिल था, लेकिन इस प्रक्रिया में दूसरी भाषा के रूप में अब तक प्रयोग की जाती रही उर्दू एकदम से रोज़गार की भाषा नहीं रह जाती है और नष्ट होने की तरफ़ बढ़ने लगती है। भाषा के सवाल को बहुत विस्तार से तो यहाँ नहीं लिया जा सकता, लेकिन यह ज़िक्र करना तो ज़रूरी ही है कि इस पूरी प्रक्रिया में कई जनजातियों और क्षेत्रों की भाषाएँ पूरी तरह से दम तोड़ देती हैं। इसका असर यह होता है कि उन राष्ट्रीयताओं की पहचान का एक प्रमुख कारक नष्ट हो जाता है और वे एक वर्चस्वशाली संस्कृति के समक्ष दोयम दर्जा हासिल करते हैं। जब एक ख़ास तरह के खानपान और वेशभूषा के आधार पर देशभक्ति और देशद्रोही की परिभाषाएँ करता यह उग्र राष्ट्रवाद दरअसल एक तरह का सांस्कृतिक राष्ट्रवाद है, जिसका आधार नस्ली वर्चस्ववाद है।

इस तरह जो एक मुख्यधारा स्थापित होती है उसकी संस्कृति मूलतः उत्तर भारत के सवर्ण समाज की संस्कृति है। बाक़ी संस्कृतियों को इसी के आईने में देखा गया। इस प्रक्रिया में पूरा उत्तर-पूर्व हेय सांस्कृतिक क्षेत्र बनता गया और वहाँ के निवासियों को मुख्यधारा में शामिल समझा ही नहीं गया। इस तरह आदिवासी समाज की स्वायत्तता ही समाप्त नहीं हुई बल्कि उसकी संस्कृति और उसके आर्थिक आधार में भी क्षरण शुरू हुआ। उत्तर-पूर्व में जो एक असंतोष था वह कालान्तर में कुछ अन्य राजनीतिक निर्णयों के चलते और बढ़ा और हिंसक प्रतिरोध में तब्दील हुआ। कश्मीर में भी ऐसा ही हुआ। आज भी यहाँ ऐसे ही हालात हैं कमोबेश। मणिपुर में एक महिला मनोरमा की हत्या और बलात्कार के विरोध में इरोम शर्मिला दस साल से अधिक समय से भूख हड़ताल पर रहीं तो आदिवासी क्षेत्रों में ज़मीन और जंगल की लूट को लेकर लम्बे समय से आन्दोलन चल रहे हैं।

तो इस तरह कुछ राष्ट्रीयताएँ इस नए राष्ट्र/राज्य के दौर में 'उत्पीड़ित राष्ट्रीयताओं' की श्रेणी में तब्दील हो जाती हैं। ऐसा नहीं है कि इनके भीतर वर्ग विभेद नहीं होता। लेकिन ये पूरी की पूरी राष्ट्रीयताएँ, एक बहुत छोटे से ऐसे हिस्से के अलावा जो सत्ताधारी वर्ग के साथ तालमेल कर उनका सहयोग करता है, एक तरह के पहचान या अस्मिता आधारित भेदभाव और शोषण का शिकार होती हैं। यह क्लासिकीय अर्थों में वर्ग न होने के बावजूद सत्ता द्वारा शोषण के कारण सर्वहारा वर्ग के संघर्ष का ज़रूरी हिस्सा बनती हैं। यहाँ यह दर्ज करना ज़रूरी है कि ये पहचानें बहुस्तरीय शोषण झेलती हैं। एकसमान शोषण अपनी पहचान के चलते तो उस पहचान के भीतर अपनी वर्गीय तथा जेंडर पहचानों के चलते दूसरे शोषण। यह सभी उत्पीड़ित पहचानों के लिए सही है।

इसके अलावा भारतीय समाज एक बहुधर्मी समाज है और इनमें से कम-से-कम हिन्दू धर्म के अन्दर बहुजातीयता है और अब यह अन्य कई धर्मों में भी दिखाई देती है। इस जातीय संरचना के बारे में और उच्च जातियों के प्रभुत्व के बारे में हम 'भारतीय दर्शन' वाले खंड में काफ़ी चर्चा कर चुके हैं। तो दीर्घकाल से प्रचलन में रही इस सामाजिक व्यवस्था संविधान के निर्माण के बाद शासकीय संरक्षण समाप्त हुआ। संविधान के स्तर पर और उससे बने क़ानून के स्तर पर जाति और धर्म के आधार पर कोई भेदभाव नहीं था। लेकिन समाज के भीतर इस व्यवस्था को ख़त्म किया जाना इतना आसान नहीं था। साथ ही हज़ारों वर्षों तक शिक्षा और मुख्यधारा से बाहर रहने के कारण दलित कही जाने वाली जातियों का स्वाभाविक विकास जो अवरुद्ध हुआ था उसने उनकी क्षमता पर भी असर डाला था। इसी वजह से आरक्षण की व्यवस्था एक सकारात्मक दख़ल के रूप में की गयी। लेकिन इन सबके बावजूद सत्ता और शिक्षा आदि पर ऊँची जातियों का वर्चस्व बना रहा और एक हद तक अब भी है। एक उदाहरण के रूप में एक तरफ़ कृषि क्षेत्र में भूस्वामियों में नब्बे फ़ीसदी से अधिक ऊँची तथा मध्यम जातियों के लोग हैं, वहीं भूमिहीन और सीमांत किसानों और कृषि मज़दूरों में नब्बे फ़ीसदी से अधिक दलित और नीची कहे जाने वाली जातियों के लोग हैं। यही नहीं शासकीय सेवाओं और शिक्षा तथा चिकित्सा के क्षेत्र में भी उच्च पदों पर ऊँची जातियों का वर्चस्व अब भी बना हुआ है। तो जातिगत पहचान अपने

आप में एक तरह के शोषण की वजह बन जाती है। एक तरफ़ इस शोषण के सामाजिक आयाम हैं तो दूसरी तरफ़ इसके आर्थिक परिणाम भी हैं। एक तरफ़ अपनी आर्थिक स्थिति के कारण इस जातीय समुदाय का बड़ा हिस्सा सर्वहारा की श्रेणी में आता है तो दूसरी तरफ़ सामाजिक क्षेत्र में यह उत्पीड़ित सामाजिक संरचना का निर्माण करता है। ऐसे में इस समूह की मुक्ति की लड़ाई का सवाल क्रांतिकारी संघर्ष का हिस्सा बनता है। सांस्कृतिक राष्ट्रवाद इस अंतर्विरोध को धुँधला करने के लिए उग्र धार्मिक रेटरिक का सहारा लेता है और उसकी आड़ में आरक्षण को ख़त्म करने जैसे खेल खेलता है।

स्त्री-मुक्ति संघर्ष और मार्क्सवाद

ऐसे ही हम स्त्रियों की मुक्ति की लड़ाई की विवेचना कर सकते हैं। हमारी सामाजिक संरचना पितृसत्तात्मक संरचना रही है। वेदों से लेकर *मनुस्मृति* जैसी किताबों में जिस तरह की पारिवारिक संरचना की वकालत की गयी है उसमें पुरुष को सम्पत्ति का मालिक बनाया गया है तो स्त्री को चूल्हे-चौके की क़ैद में दोयम दर्जा दिया गया है। पितृसत्ता का अर्थ है कि एक ऐसी पारिवारिक संरचना जिसमें गृहस्वामी पुरुष हो, वही सारे आर्थिक निर्णय भी ले और वही सारी परिसम्पत्तियों का मालिक हो। ख़ुद पितृसत्ता एक ख़ास तरह की आर्थिक प्रक्रिया से जन्म लेती है। एंगेल्स की किताब *परिवार, निजी सम्पत्ति और राज्य का उदय,* तो *रामचरितमानस* से लेकर *क़ुरान* तक सभी प्रचलित ग्रन्थ इसी की स्थापना करते हैं जहाँ ऐसे परिवार को आदर्श बताया जाता है जहाँ पहले पिता, फिर ज्येष्ठ पुत्र फिर उसके बाद उसी क्रम में पुरुषों को परिवार का स्वामी बनाया गया है। इस व्यवस्था का असर यह हुआ कि स्त्रियाँ सम्पत्ति से बेदख़ल हुईं और शिक्षा तथा अन्य सुविधाओं से भी। इस तरह जेंडर आधारित अपनी पहचान के चलते उन्हें एक तरफ़ घर में भेदभाव सहना पड़ता है तो दूसरी तरफ़ संविधान प्रदत्त अधिकारों को हासिल कर जब वे बाहर निकलती हैं तो उन्हें बलात्कार, छेड़छाड़ और असुरक्षा के ख़तरों से रू-ब-रू होना पड़ता है। भारत ही नहीं सारी दुनिया में महिलाओं ने अपने अधिकारों के लिए लंबा संघर्ष किया है। इसके बारे में उत्सुक पाठक विपुल सामग्री हासिल कर सकते हैं।

महिलाओं की मुक्ति की लड़ाई आरम्भ से ही मार्क्सवादियों के एजेंडा पर प्रमुखता से उपस्थित रही है। मार्क्स ने ख़ुद एकाधिक बार यह कहा है कि आधी आबादी की मुक्ति के बिना मनुष्य की मुक्ति अधूरी है। हमें याद करना होगा कि मार्क्स ने प्रूधों की इस मान्यता का कि महिला श्रम अमर्यादित है और औरतों की सही जगह घर के भीतर है, कड़ा विरोध किया तथा अंततः वह अंतर्राष्ट्रीय मज़दूर आन्दोलन के भीतर इसे परास्त करने में सफल रहे। दरअसल महिलाओं की मुक्ति और बराबरी का सवाल मार्क्स के लिए हमेशा अत्यंत महत्त्वपूर्ण रहा। एंगेल्स की किताब *परिवार, निजी सम्पत्ति और राज्य का उदय* आज भी नारीवादियों के लिए एक टेक्स्ट बुक की तरह है तो जर्मनी के कम्यूनिस्ट नेता आगस्टो बेबेल की 1897 से लेकर 1912 के बीच लिखी गयी, *वीमन इन पास्ट, प्रेज़ेंट एंड फ़्यूचर, वीमन अंडर सोश्यलिज़्म* और *द इंटेलेक्चुअल एबिलिटी ऑफ़ वीमन* जैसी किताबें बताती हैं कि स्त्री-मुक्ति का सवाल कैसे हमारे नेताओं के लिए मानव मुक्ति के

सवाल से अन्योन्याश्रित रूप से नाभिनालबद्ध था। दुनिया भर में मार्क्सवादी नारीवादियों की एक समृद्ध परम्परा रही है, जिसमें क्लारा ज़ेटकिन, एलानोरा मार्क्स, रोजा लक्ज़मबर्ग, अलेक्ज़ेन्द्रा कोलेंताई आदि शामिल हैं।

स्त्री मुक्ति संघर्षों के पहले दौर (फ़र्स्ट वेव) का मुख्य संघर्ष मताधिकार आन्दोलन था, जिसमें सफलता भी पाई गई। स्त्री मताधिकार विरोधियों का कहना था कि स्त्रियों की मुक्ति का अर्थ होगा विवाह, नैतिकता और राज्य का अंत; उनका अतिरेक उन उदारवादियों और मानवतावादियों की उलझी भलमनसाहत से कहीं स्पष्ट था जो यह मानते थे कि स्त्रियों को कुछ आज़ादी दे देने से कुछ नहीं बिगड़ेगा। स्त्री-मताधिकारवादियों की अनजाने में बोई फ़सल जब हम काटेंगे तो पाएँगे कि स्त्री-विरोधी आख़िर सही थे। अपनी किताब *द फीमेल यूनक* की भूमिका में जब जर्मेन ग्रीयर यह लिख रही थीं उस वक़्त रैडिकल स्त्रीवादियों के प्रखर आंदोलनों और चिंतन के बीच से ही एक समाजवादी स्त्रीवाद ने जन्म लिया जो यह समझ रहा था कि स्त्री की ग़ुलामी दो-चार अधिकार मिल जाने से दूर नहीं होगी। पितृसत्ता, और उसके साथ मिलीभगत में पूँजीवाद से लड़े बिना स्त्री की कोई सच्ची मुक्ति सम्भव नहीं है। क्लारा ज़ेटकिन यह बात कह चुकी थीं—

> मेरा विरोध स्त्री के मताधिकार की लड़ाई से नहीं है। दिक्क़त यह है कि इससे कोई संरचनात्मक बदलाव नहीं आने वाले। मताधिकार को हम समाजवादी स्त्रियाँ मुख्य सवाल मानती ही नहीं, क्योंकि यह सबसे गहरी वजह, निजी सम्पत्ति, को नहीं छूता जो एक मनुष्य के दूसरे मनुष्य द्वारा शोषण में अन्तर्निहित है...महिलाओं को मताधिकार शोषकों और शोषितों के बीच के वर्ग अंतरों को समाप्त नहीं करता जो महिला सर्वहारा के स्वतन्त्र और समानतापूर्ण विकास की राह में सबसे बड़ी बाधा है।[103]

क्लारा, स्त्री को सामाजिक उत्पादन की प्रक्रिया का हिस्सा बनाना चाहती थी कि वह रसोई और घर के स्ट्रक्चर से बाहर निकलेगी तभी उसकी सच्ची मुक्ति होगी। आगस्ट बेबेल ने अपनी किताब *वुमन एण्ड सोशलिज़्म* में जिस तरह से स्त्री की अधीनस्थता को समझा था और जिन सवालों को सम्बोधित किया था उसे एक व्यवस्थित चिंतन के रूप में सामने आना था। लेकिन स्त्रीवादी आंदोलनों की शुरुआती लड़ाइयाँ (मताधिकार आंदोलन) जिस मध्यवर्ग से शुरू हुई थीं उससे अपना सबसे बड़ा वर्ग शत्रु अनदेखा रह गया। 1960 में बेट्टी फ्रीडन की बेहद सफल किताब *द फ़ेमिनिन मिस्टीक* ने अमेरिका की औरतों को बताया कि उसने अपने चयन में कितनी बड़ी ग़लती की है और किस तरह द्वितीय विश्व युद्ध बीतने के बाद उसे वापस घर भेज दिया गया है और अब वह एक हैप्पी हाउसवाइफ़ बनकर एक अनाम बीमारी का शिकार हो रही है। बेट्टी की ही विद्यार्थी, रैडिकल ग्रुप से निकली सोशलिस्ट स्त्रीवादी केट मिलेट की प्रसिद्ध किताब *सेक्सुअल पॉलिटिक्स* 1970 में आती है और एक मकाम हासिल करती है, 1970 में ही आई अपनी किताब *द डायलेक्टिक्स ऑफ़ सेक्स* में शुलमिथ फायरस्टोन कहती हैं—'श्रम के आधार पर दुनिया का सबसे पहला

---

103. देखें, पेज 99, क्लारा ज़ेटकिन, *सेलेक्टेड राइटिंग्स*, सं—फिलिप एस. फोनर, आकार बुक्स क्लासिक्स, दिल्ली—2012

बँटवारा स्त्री और पुरुष के बीच हुआ।'

1970 के बाद ही फ्रांस और अमेरिका में स्त्रीवादी आलोचना पर जमकर काम शुरू होता है। कुल मिलाकर एक ऐसा समाजवादी स्त्रीवाद उभर कर आता है जो मार्क्सवाद से इत्तेफ़ाक़ रखता है और मानता है कि उदारवादी स्त्रीवाद उच्च मध्यवर्गीय और मध्यवर्गीय स्त्रियों तक ही महदूद है, जबकि दुनिया भर की स्त्रियों की आर्थिक सच्चाइयाँ एकदम अलग-अलग हैं। शीला रोबाथम 1973 में प्रकाशित अपनी किताब *वीमेंस कंससनेस, मेंस वर्ल्ड* में समाजवादी स्त्री-मुक्ति को पुराने समान-अधिकारों वाले स्त्रीवाद से अलग करते हुए कहती हैं—

> स्त्री मुक्ति में पुराने समान-अधिकार वाले स्त्रीवाद के कुछ लक्षण हैं...लेकिन यह उससे कहीं अधिक है : यह बदले हुए सामाजिक और राजनैतिक संदर्भ का उत्पाद है और इसमें कहीं अधिक तीक्ष्ण और रैडिकल स्त्रीवादी चेतना है। केट मिलेट के शब्दों में कहें तो—अंततः स्त्रीवाद आधी दुनिया को उसकी अविस्मरणीय ग़ुलामी से मुक्ति हासिल करा सकता है।[104]

इसी दौर में दुनिया भर में स्त्रीवाद की नई चेतना का विस्तार हुआ तो **सैकेण्ड वेव फ़ेमिनिज़्म** के भीतर भी ऐसे स्त्रीवादी आन्दोलन का विकास हुआ जो पूँजीवाद विरोधी तो था लेकिन वह इस बिंदु पर अपने-आप को मार्क्सवाद और रैडिकल स्त्रीवाद से अलग करता है कि स्त्रियों के शोषण की दुनिया में कोई इकलौती वजह है। वह वर्ग के साथ नस्ल, धर्म , जाति के उत्पीड़न के कारकों के रूप में पहचान करता है, यहाँ तक कि सेक्सुअल ओरिएंटेशन के आधार पर होने वाले भेदभाव को भी इसमें शामिल करता है। एंजेला वाए, डेविस जैसी स्त्रीवादियों ने **ब्लैक फ़ेमिनिज़्म** के ज़रिए यही मुद्दे उठाए। वामपंथी आन्दोलन में वर्ग की संकीर्ण समझ से आगे चलकर अगर इन अस्मितामूलक पहचानों को साथ लिया गया होता तो शायद न केवल स्त्री-मुक्ति आन्दोलन अपितु ऐसे अनेक आन्दोलनों के साथ मिलकर मानव मुक्ति का महान आख्यान तैयार किया जा सकता था।

पूँजीवाद को इस समाजवादी स्त्रीवाद से पर्याप्त ख़तरा था और उसने इन अंतर्विरोधों का ख़ूब लाभ उठाया। बहुत योजनाबद्ध तरीक़े से अमेरिकन मीडिया ने समाजवादी स्त्री-मुक्ति आन्दोलन को तोड़ने की कोशिशें शुरू कीं और इसे एक सुधारवादी आन्दोलन से प्रतिस्थापित करने के लिए काम किया। यूएन ने 1975 से 1985 को जब अंतर्राष्ट्रीय महिला दशक घोषित किया और स्त्री-अध्ययन विभाग बनने शुरू हुए तब स्त्री-अध्ययन से केट मिलेट तक को बाहर किया गया। आज पूरी दुनिया में इसका प्रभाव देखा जा सकता है। स्त्री देह के ही पूँजी में बदल दिए जाने की जो बात नाओमी वूल्फ़, *द ब्यूटी मिथ* में कह रही थीं, वह आज सामने दिखाई दे रही है। स्त्रीवाद को धीरे-धीरे एक साझा संघर्ष की जगह निजी चयन बना दिया गया, स्वतंत्रता को अकेले की लक्ज़री और बाज़ार समर्थित गर्ल-पॉवर को

---

104. देखें, पेज 29, *फ़ेमिनिज़्म एंड पोस्टफ़ेमिनिज़्म,* (सं) सारा गैम्बल, रूटलेज, लन्दन-2001

स्त्री को हथियार की तरह थमा दिया गया। पूँजीवाद, पितृसत्ता और मीडिया के मिले-जुले इस प्रयास ने स्त्री की मुक्ति के सवाल को पूरी तरह से भटका दिया है।

भारत में स्त्री-संघर्ष के इतिहास को समझने के लिए तीन चरणों में बाँटा जा सकता है। पहला सुधार आन्दोलनों के बीच अपनी जगह बनाता है, जिसमें ज्योतिबा और सावित्रीबाई फुले, ताराबाई शिंदे, पंडिता रमाबाई और बेगम रुखैया सखावत हुसैन की प्रमुख भूमिका है। दूसरा चरण स्त्रियों के राष्ट्रवादी आन्दोलन में शामिल होने से राष्ट्रीय स्तर के स्त्री-संगठनों के निर्माण और हिन्दू कोड बिल की माँग तक जाता है और तीसरा चरण 1970-75 के आस-पास शुरू होता है—जिसमें महिलाओं की पहली ट्रेड यूनियन के निर्माण से लेकर हैदराबाद में वामपंथी महिलाओं के संगठन प्रोग्रेसिव वीमेन ऑर्गेनाइज़ेशन जैसी पहल हुई। इसी संगठन ने हैदराबाद में सबसे पहले दहेज़ विरोधी आन्दोलन की शुरुआत की थी।[105] इन संगठनों के प्रयास से क़ानूनी स्तर पर तो बहुत पहल हुई लेकिन व्यापक स्तर पर कोई महिला आन्दोलन शुरू कर सकने में अब तक अपेक्षित सफलता नहीं मिल सकी है। बाद के दौर में दलित स्त्रियों ने अपने बहुस्तरीय शोषण का सवाल उठाते हुए **दलित स्त्री आन्दोलन** की शुरुआत की जिसका प्रेरणास्रोत ब्लैक फ़ेमिनिज़्म है।[106]

विस्तार में जाना तो यहाँ संभव न होगा लेकिन संक्षेप में कहें तो पूँजीवादी स्त्री आन्दोलन इसे मानवमुक्ति के महास्वप्न से अलग कर शोषण की बाक़ी व्यवस्थाओं को नज़रअंदाज़ कर स्त्री मुक्ति की बात करता है, वहीं मार्क्सवादी स्त्रीवादी स्त्री की मुक्ति की लड़ाई को अलग पहचान के साथ जारी रखते हुए भी उस महास्वप्न के हिस्से के रूप में और इस तरह उस साझा लड़ाई के रूप में जारी रखने की बात करते हैं। यह तो स्पष्ट है कि इन संघर्षों की आवश्यकता किसी क्रान्ति के साथ ख़त्म नहीं हो जायेगी और समाजवादी समाजों में भी स्त्री की मुक्ति का संघर्ष अलग से चलाना ही होगा, लेकिन यह भी सच है कि एक शोषणमुक्त समाज में ही अस्मिताओं की वास्तविक मुक्ति सम्भव होगी।

बहुधार्मिक समाज में अल्पसंख्यक

इसी क्रम में हम अल्पसंख्यकों की समस्या पर भी बात कर सकते हैं। एक बहुधर्मी देश में साम्प्रदायिक तनाव की समस्या रहती ही है। भारत जैसे देश में जिसका निर्माण एक साम्प्रदायिक विभाजन के फलस्वरूप हुआ, यह समस्या लगातार उपस्थित रही है। 1947 में जहाँ पाकिस्तान का निर्माण एक धार्मिक आधार पर हुआ, वहीं भारत का निर्माण सर्वधर्म समभाव वाले एक सेक्युलर देश के रूप में किया गया था। लेकिन आज़ादी से पहले और उसके बाद भी देश में ऐसी मान्यता वाले संगठनों/लोगों की कोई कमी नहीं रही जो पाकिस्तान को मुसलमानों का देश तो भारत को उसके बरअक्स हिन्दुओं के देश के रूप

105. देखें, पेज 35-50, *स्त्री निर्मिति*, सुजाता, सामयिक प्रकाशन, दिल्ली—2018

106. दलित स्त्रीवाद पर समझ बनाने के लिए यहाँ आप गोपाल गुरु, शर्मिला रेगे और छाया दातार के लेख पढ़ सकते हैं—https://www.epw.in/engage/discussion/caste-and-gender

में देखते थे। ऐसे दक्षिणपंथी संगठन आज़ादी की पूरी लड़ाई से ग़ायब ही नहीं रहे बल्कि अंग्रेज़ों के फूट डालो और राज करो की नीति के सहभागी भी रहे। आज़ादी के बाद जिस तरह दोनों तरफ़ दंगे हुए, इन्हें फलने-फूलने का पूरा मौक़ा मिला जिसकी चरम परिणति थी गाँधी की हत्या। उसके बाद लगे प्रतिबन्ध से कुछ वर्षों तक इन पर लगाम तो लगी लेकिन सतह के नीचे ये लगातार साम्प्रदायिक नीतियों और विचारों के प्रसार का काम करते रहे। 1977 की जनता सरकार में पहली बार सत्ता की भागीदारी पाने के बाद ये लगातार मज़बूत होते गए और 1991 में बाबरी मस्जिद विध्वंस के रूप में इन्होंने अपना शक्ति प्रदर्शन किया।

नब्बे में जिस तरह की आर्थिक नीतियाँ अपनाई गईं उन्होंने दुनिया में लगातार बढ़ते जा रहे आर्थिक संकट के साथ मिलकर इनके फलने-फूलने के लिए ज़मीन तैयार की। इतिहास, दर्शन, साहित्य आदि से पूरी तरह कटा हुआ जो एक प्रोफ़ेशनल वर्ग पैदा हुआ, उसके अन्दर एक तरफ़ तो अपनी सफलता का अहंकार था तो दूसरी तरफ़ उस शिक्षा के फलस्वरूप समाज के वंचित वर्ग से एक घृणा भी। नौकरियों के संकट के चलते उसे आरक्षण से समस्या थी और वह इस ऐतिहासिक सच को देखने को तैयार नहीं था कि जनसंख्या का छोटा-सा हिस्सा होने के बावजूद वह पहले ही संसाधनों के बड़े हिस्से पर कब्ज़ा किये हुए है। कुछ पूँजीपतियों के हाथ में लगातार पूँजी का संकेन्द्रण हुआ और बड़ा हिस्सा वंचित होता चला गया। इसे यह समझाना आसान था कि उसके संकटों के लिए अल्पसंख्यक ज़िम्मेदार हैं। इस तरह सोशल मीडिया के आक्रामक उपयोग द्वारा जो सांप्रदायिक माहौल बनाया गया, उसके प्रतिफल हम लगातार देख रहे हैं।

एक विचारधारा सदा से यह मानती रही है कि इस देश के सभी संसाधनों पर बहुसंख्यकों का अधिकार तो है ही साथ ही इस देश के नियम-क़ानून और इसकी संस्कृति बहुसंख्यकों के अनुसार बननी चाहिए और अल्पसंख्यकों को दोयम दर्जे के नागरिक की तरह रहने पर मजबूर करना चाहिए। आज़ादी के पहले और बाद आर.एस.एस. के गोलवरकर और सावरकर जैसे बड़े नेताओं ने इसे बाक़ायदा लिखा है तो 2014 के बाद भारत में ऐसे बयानों की बाढ़ आ गई है। साम्प्रदायिक दंगे हमने देखे हैं जिसमें कभी सिखों, कभी ईसाइयों और कभी मुसलमानों की हिन्दुओं के साथ हिंसक झड़पें हुई हैं जिसमें अनेकों लोगों की जानें गयी हैं और धन सम्पत्ति का नुक्सान हुआ है। कश्मीर की उलझी हुई समस्या को हिन्दू-मुस्लिम बनाने का खेल नया तो नहीं लेकिन इस दौर में यह किस क़दर घिनौना हुआ है, उसकी एक बानगी 370 हटाने के बाद सोशल मीडिया पर आये बयानों में देखी जा सकती है। इसी तरह, सीएए विरोधी आन्दोलनों को दबाने के क्रम में अल्पसंख्यकों के विरुद्ध सोशल मीडिया पर विषवमन से लेकर दिल्ली में हुई हिंसक दमन की घटनाओं के मद्देनज़र हम देख सकते हैं कि आज यह मामला जितना गंभीर होता जा रहा है उतना सैंतालीस के बाद शायद कभी नहीं रहा। विस्तार में जाना तो मुश्किल है लेकिन सच्चर कमेटी की रिपोर्ट में जो हालात बताये गए थे, उसके मद्देनज़र मुसलमानों की आर्थिक स्थिति का मामला भी बेहद महत्त्वपूर्ण हो जाता है। यहाँ भी पहचान एक तरह

के सामाजिक उत्पीड़न और भेदभाव का सबब बनती है। आज बराबरी की कोई लड़ाई इस सवाल को दरकिनार करके नहीं लड़ी जा सकती।

वर्ग और अस्मिता के समन्वय का सवाल

जैसा कि मैंने स्त्री प्रश्न पर बात करते हुए कहा कि इसे लेकर एक द्वंद्व रहा ही है कि पहचानों की इस लड़ाई को वर्ग की लड़ाई और इस तरह व्यापक सामाजिक परिवर्तन की लड़ाई से कैसे जोड़ा जाय? दो अतिरेकी समझ यह हैं—

1. सिर्फ़ वर्गीय आधार की लड़ाई लड़ी जाय और सर्वहारा का शासन होने पर यह समस्याएँ ख़ुद दूर हो जायेंगी, और
2. ये लड़ाइयाँ एकदम स्वतंत्र रूप से लड़कर वंचित जन के लिए अधिकार हासिल किये जाएँ तथा वर्ग संघर्ष में कोई भागीदारी न की जाय।

वस्तुत: दोनों अतिरेकी अवस्थितियाँ अपूर्ण हैं। एक तरफ़ तो इतिहास की समझ बताती है कि जिन देशों में इन्कलाब हुए, वहाँ भी उत्पीड़ित राष्ट्रीयताओं, जेंडर तथा अन्य अस्मिताओं की समस्याओं का पूरी तरह से समाधान नहीं हुआ। सोवियत रूस में भी, जहाँ तमाम राष्ट्रों ने मिलकर एक संयुक्त संघ बनाया था ये भेदभाव मौजूद रहे और अंत में विघटन में इनकी भी एक भूमिका रही। जेंडर के आधार पर होने वाले भेदभाव भी पूरी तरह से ख़त्म नहीं हो पाए। कारण स्पष्ट है कि सामाजिक मूलाधार में ये भेद लम्बे समय से बने हुए हैं और सुपरस्ट्रक्चर (राजनीतिक व्यवस्था) बदल जाने पर भी ये रातोंरात ख़त्म नहीं होते। भारतीय संदर्भ में जाति के सवाल पर भी यही बात है। तो परिवर्तन की व्यापक लड़ाई के दौरान ही इनके ख़िलाफ़ संघर्ष चलाना ज़रूरी होता है, जिससे सामाजिक दृष्टिकोण में व्यापक बदलाव लाया जा सके।

इसी तरह दूसरी अतिरेकी समझ की विवेचना करें तो यह आर्थिक ग़ैरबराबरी के सवाल को एकदम छोड़ देती है जिससे समाज के भीतर शोषण और वंचना की संभावनाएँ जस की तस बनी रहती हैं। अभी सार रूप में यह कि आर्थिक आधार पर बनी वर्गीय संरचना के साथ-साथ अस्मिताओं के आधार पर भी जो ग़ैर बराबरी की संरचनाएँ समाज के भीतर होती हैं, वे समतामूलक समाज की स्थापना में बाधक होती हैं। ये क्लासिकल अर्थों में वर्गों का निर्माण तो नहीं करतीं लेकिन वर्गीय प्रतिरोध का एक ज़रूरी हिस्सा होती हैं। आमूलचूल परिवर्तन के लिए एक क्रांतिकारी आन्दोलन को इन अस्मिताओं की मुक्ति के संघर्ष को भी अपनी व्यापक लड़ाई का हिस्सा बनाना होता है। आज की कम्यूनिस्ट पार्टियों को इन लड़ाइयों में भी गहरी भागीदारी करनी होगी और इसे मानवमुक्ति के महान स्वप्न से जोड़ना होगा।

16

राजनैतिक अर्थशास्त्र : विषय-वस्तु एवं परिचय

राजनैतिक अर्थशास्त्र मार्क्सवाद का एक बेहद ज़रूरी हिस्सा है। आर्थिक प्रणाली को समझे बिना मार्क्सवाद की जो समझ बनेगी वह नितांत अधूरी होगी। लेकिन समस्या यह है कि यह इतना विस्तृत विषय है कि अलग से एक किताब की माँग करता है। इसका एक और कारण यह है कि मार्क्स से लेकर अब तक पूँजीवाद की कार्यप्रणाली में ही इतना विकास हुआ है कि उसे समझने के लिए विस्तृत अध्ययन और शोध की आवश्यकता है। समय-समय पर मार्क्सवादी विद्वानों ने यह कोशिश की भी है, लेकिन उसे इस किताब में समेट पाना सम्भव नहीं। यहाँ मेरी कोशिश आर्थिक प्रणाली को समझने के बेसिक टूल्स उपलब्ध करवा देना भर है। इसलिए इसकी विषयवस्तु, अब तक के मानव इतिहास में उपस्थित उत्पादन सम्बन्धों का और उनके विघटन के कारणों का एक संक्षिप्त अध्ययन, पूँजीवादी प्रणाली की कार्यपद्धति और इसमें अंतर्निहित शोषण की एक समझ और समाजवादी समाज की संकल्पना तक ही सीमित है।

दर्शन और इतिहास की विवेचना के साथ मार्क्स ने दुनिया के बदलने का जो सवाल अपने सामने रखा था, वह उस आर्थिक व्यवस्था को बदले बिना सम्भव ही नहीं था जो श्रम के व्यापक शोषण पर आधारित थी। असल में यह सारी विवेचना परिवर्तनों के मूल कारणों की पहचान करते हुए भविष्य के परिवर्तन हेतु मार्ग तलाशने की कोशिश का ही हिस्सा थी। जैसा कि उन्होंने कहा, "सवाल दुनिया को बदलने का है।" हमने देखा है कि यह जो कुछ सामाजिक संरचनाएँ हमें सतह के ऊपर दिखाई देती हैं, उनका सीधा सम्बन्ध उत्पादन सम्बन्धों में है। कार्ल मार्क्स के सामने आकार लेता पूँजीवाद था और चुनौती थी उसका विकल्प प्रस्तुत करना, जो एक साथ उससे अधिक उत्पादक भी हो तथा शोषण मुक्त भी। उन्होंने पूँजीवादी आर्थिक व्यवस्था का गहन अध्ययन किया, उसे डिकोड किया और उसके विकल्प के रूप में समाजवाद का एक मॉडल दिया। अगले कुछ अध्यायों में हम उन टूल्स को समझने की कोशिश करेंगे, जिनसे मार्क्स ने यह ज़रूरी काम किया और उन निष्कर्षों को भी जहाँ तक वह पहुँचे। अभी हम कुछ ऐसे पदों को थोड़ा विस्तार से समझ लेते हैं जिनका आगे लगातार उपयोग होगा।

मनुष्य का प्रकृति से सम्बन्ध अटूट और पारस्परिक निर्भरता का है। हर आदमी को जीने के लिए भोजन, पानी और हवा की ज़रूरत है। और यह सब प्रकृति में उपलब्ध है। लेकिन प्रकृति में उपलब्ध इन संसाधनों को मनुष्य के उपभोग हेतु बनाने के लिए जिस चीज़ की ज़रूरत है वह है मनुष्य का श्रम। खेत, बीज, पानी सब प्राकृतिक है, लेकिन इनके उपयोग से अपनी आवश्यकता के लिए फ़सल बिना मनुष्य के मानसिक-शारीरिक श्रम के नहीं उगाई जा सकती। इस तरह मनुष्य अपने श्रम से इन प्राकृतिक संसाधनों को 'भौतिक संपदा' में बदल देता है, जिससे उसकी आवश्यकताओं की पूर्ति हो सकती है। भौतिक संपदाओं का यह उत्पादन ही मानव समाज तथा उसके विकास का आधार है। उत्पादन की इस प्रक्रिया में तीन चीज़ें अन्तर्निहित हैं—श्रम, श्रम का उद्देश्य और श्रम के साधन।[107]

श्रम के सामान्य अर्थ से हम सब परिचित हैं। जैसे कोई दफ़्तर से लौट कर आता है तो हम कहते हैं कि वह काम/श्रम करके आया है। पत्थर तोड़ना, हल चलाना, घर बनाना यह सब श्रम कहा जाता है। गौर से देखें तो यह मनुष्य द्वारा सचेतन, सोद्देश्य और भौतिक वस्तुओं के उत्पादन हेतु खर्च की गयी बौद्धिक एवं शारीरिक ऊर्जा है। श्रम की प्रक्रिया में लोग अपनी आवश्यकता की पूर्ति हेतु प्रकृति को प्रभावित करते हैं। जैसे खेतों से फ़सल उपजाई जाती है, खदानों से कोयला या धातुएँ प्राप्त की जाती हैं और पेड़ों से काग़ज़ बनाया जाता है।

मनुष्यों का यह श्रम इस रूप में पशुओं द्वारा किये गए श्रम से मूलभूत रूप से अलग होता है। पशुओं के कार्य सचेतन रूप से भौतिक उत्पादन के लिए नहीं होते। वह अपनी आवश्यकताओं के लिए शिकार करता है, रहने की जगहें बनाता है परन्तु यह उत्पादन नहीं कहा जा सकता। तो राजनैतिक अर्थशास्त्र में जब हम श्रम कहते हैं तो यह विशुद्ध मानवीय गतिविधि होती है। मानवीय जीवन के हर दौर में एक अनिवार्य गतिविधि। श्रम की मनुष्य के उद्विकास में (आसानी के लिए कहें वानर से नर बनने में) बेहद महत्त्वपूर्ण भूमिका है। एंगेल्स ने तो लिखा है, 'श्रम ने मनुष्य को वानर से नर बनाया।' हाथों और पैरों के बीच कार्यों का विभाजन हुआ, संवेदी अंगों का विकास हुआ और उसने बोलने तथा सोचने की क्षमता हासिल की। हाँ, यहाँ यह भी साफ़ कर देना ज़रूरी है कि जब हम श्रम की बात कर रहे हैं तो केवल शारीरिक श्रम की बात नहीं कर रहे, इसमें मानसिक श्रम भी शामिल है।

श्रम का उद्देश्य वह हेतु है, जिसके लिए श्रम किया जा रहा है। जैसे बढ़ई के लिए वह फ़र्नीचर है जिसे वह बना रहा है, लुहार के लिए लोहे की वह वस्तु, इंजीनियर और उसके साथ श्रम में लगे लोगों के लिए कोई पुल हो सकता है। श्रम के निवेश या उपयोग से बनने वाली भौतिक वस्तु ही उसका उद्देश्य है।

श्रम के माध्यमों में मनुष्य द्वारा उपयोग में लाई गईं वे सभी चीज़ें शामिल हैं जो श्रम के उद्देश्य को प्रभावित करती हैं या उसे परिशोधित करती हैं। इनमें सबसे महत्त्वपूर्ण भूमिका

---

107. *पॉलिटिकल इकॉनमी, ए बिगिनर्स कोर्स,* ए बजएव-वी बजएव, पेज 12, प्रोग्रेस पब्लिशर्स, मास्को, 1986

उन संसाधनों की होती है, जिनका उपयोग उत्पादों को सीधे प्रभावित करता है। जैसे मशीनें, औज़ार, तकनीक आदि। इनका स्तर ही मानव विकास के स्तर को प्रदर्शित करता है। जैसे-जैसे मानव विकसित होता जाता है वैसे-वैसे वह इन्हें बेहतर बनाता जाता है या यों कहें कि विकास के क्रम में ही मनुष्य ने नए-नए खनिज ढूँढे, उनके अनुरूप नए औज़ार बनाये, तकनीकें विकसित कीं और उनके सहारे उत्पादन कर जीवन को बेहतर और सुविधाजनक बनाया। हमने देखा है कि मार्क्स ने इन्हें 'उत्पादन की अस्थियाँ और मांसपेशियाँ' कहा था। इनमें भंडारण और यातायात के साधन, आधारभूत संरचनाएँ जैसे सड़कें, पुल, रेल वगैरह, ईंधन जैसे लकड़ी, कोयला, गैस, भाप से लेकर आणविक और सौर ऊर्जा तक सब शामिल हैं। ज़मीन भी श्रम का एक महत्त्वपूर्ण संसाधन है। कोई एक ही वस्तु अलग-अलग परिस्थितियों में उत्पादन का माध्यम भी हो सकती है और उद्देश्य भी। जैसे पशुपालन करने के लिए पशु उद्देश्य हो सकते हैं, लेकिन एक कृषक के लिए वह संसाधन में बदल जाते हैं। तो चीज़ों की भूमिका उनके कार्य से तय होती है।

श्रम के सभी उद्देश्य और माध्यम मिलकर उत्पादन के साधन बनाते हैं। जैसे किसी कपड़ा मिल में जिस ज़मीन पर मिल बनी है, उसका भवन, करघा, मशीनें, कपास (कच्चा माल), आदि उत्पादन के साधन हैं। यहाँ यह समझना होगा कि 'उत्पादन के साधनों के बिना श्रम की प्रक्रिया असम्भव है तो श्रम के बिना सभी उत्पादन के साधन अनुपयोगी चीज़ों का एक समुच्चय भर हैं।' मनुष्य के श्रम के बिना उत्पादन के सभी साधन बेकार हैं। उत्पादन की किसी भी प्रक्रिया में यह आवश्यक है कि लोग और उनकी श्रम शक्ति उत्पादन के साधनों को सक्रिय करे।

इस प्रक्रिया को थोड़ा ठहर कर देखने की आवश्यकता है। पहली बात तो यह कि उत्पादन की प्रक्रिया में मनुष्य केवल प्रकृति से रिश्ता नहीं बनाता। दूसरी यह कि यहाँ एडम स्मिथ सहित पूँजीवादी अर्थशास्त्र के तमाम विद्वानों ने आर्थिक व्यवस्था को 'मनुष्य और वस्तुओं' के बीच के रिश्ते की तरह बताया है। जैसे एल. राबिन्स जब अर्थशास्त्र को 'वैकल्पिक उपयोगों वाले सीमित संसाधनों और असीमित उद्देश्यों के बीच के सम्बन्धों का अध्ययन करने वाले विज्ञान' के रूप में परिभाषित करते हैं और इसकी मूल समस्या को 'चयन की समस्या' (यानी किस तरह उन सीमित संसाधनों के सर्वश्रेष्ठ चुनाव द्वारा महत्तम उद्देश्यों की पूर्ति की जा सके) बताते हैं तो वह वस्तुओं और मनुष्यों के बीच के सम्बन्ध की बात कर रहे होते हैं। अन्य परिभाषाओं को भी अगर विवेचित किया जाय तो हम ऐसे ही सम्बन्ध पायेंगे। लेकिन मार्क्स के लिए यह मनुष्यों के बीच के सम्बन्धों का अध्ययन है। 'मज़दूरी, श्रम और पूँजी' नामक लेख में (जो सबसे पहले *न्यू राइन जेतुंग* में छपा था) वह लिखते हैं—

> उत्पादन के कार्य में मनुष्य केवल प्रकृति से अपना रिश्ता कायम नहीं करता। वे उत्पादन तभी करते है जब वे एक विशेष तरीके से साथ मिलकर काम करते हैं और एक-दूसरे के साथ कुछ विशिष्ट रिश्ते तथा शर्तें तय करते हैं, और केवल इन्हीं रिश्तों और शर्तों से प्रकृति से उनका रिश्ता परिभाषित होता है और उत्पादन सम्भव होता है।

> ये सामाजिक रिश्ते जिनमें उत्पादक शामिल होते हैं, वे शर्तें जिन पर वे अपनी ऊर्जा का आदान-प्रदान करते हैं और उत्पादन की सामूहिक गतिविधि में अपना हिस्सा लेते हैं, उत्पादन के साधनों के चरित्र के अनुसार भिन्न-भिन्न होंगी। बारूद वाले हथियारों के आविष्कार के साथ ही सेना के पूरे संगठन को बदलना आवश्यक हो गया और सैनिकों के इस आधार पर कायम उन रिश्तों के बदलने से, जिनसे व्यक्ति सेना का निर्माण करते हैं, सेनाओं के आपसी रिश्तों में बदलाव आया।
>
> इस तरह जिन साधनों से व्यक्ति उत्पादन करते हैं उनके बदलने से बदले सामाजिक रिश्तों, यानी उत्पादन के सामाजिक सम्बन्धों के बदलने से उत्पादन की शक्तियाँ भी रूपांतरित हो जाती हैं। उत्पादन के सम्बन्ध सामूहिक रूप से उन सामाजिक सम्बन्धों का निर्माण करते हैं जिन्हें हम समाज कहते हैं। एक समाज ऐतिहासिक विकास की एक निश्चित अवस्था और उसकी एक यथोचित और विशिष्ट लाक्षणिकता होगी।[108]

इस तरह हम देख सकते हैं कि उत्पादन की प्रक्रिया सिर्फ़ व्यक्ति और प्रकृति के बीच के सम्बन्ध से तय नहीं होती, बल्कि एक विशिष्ट सामाजिक सम्बन्धों से बने समाज और उसकी प्रकृति के साथ अंतर्क्रिया से उत्पादन की प्रक्रिया संचालित होती है। जैसे वर्तमान व्यवस्था को हम देखें तो एक व्यक्ति के पास पूँजी होती है, वह उससे ज़मीन ख़रीदता है, मशीनें लगाता है, दूसरे तमाम व्यक्ति उसके यहाँ उत्पादन के लिए काम करते हैं। कोई मैनेजर होता है, कोई मज़दूरों का सेठ, मज़दूर होते हैं, विपणन का काम करने वाले होते हैं, ड्राइवर, सफ़ाईकर्मी सहित अलग-अलग भूमिकाओं में अलग-अलग व्यक्ति होते हैं। ये सब मिलकर समाज का हिस्सा होते हैं और इनके आपसी रिश्ते उत्पादन की प्रणाली से तय होते हैं। जब कृषि उत्पादन का मुख्य साधन थी, तो ये भूमिकाएँ अलग थीं। सामंत (भूस्वामी), किसान आदि। लेकिन उत्पादन के साधन में बदलाव के साथ इन रिश्तों और सामाजिक संरचना में भी बदलाव आया। इस तरह ये समाज ऐतिहासिक विकास की एक प्रक्रिया में बदले और अपने समय की विशिष्ट ऐतिहासिक अवस्था और लक्षणों को प्रदर्शित करते हैं।

यहाँ यह भी देखना होगा कि मार्क्स उत्पादन की प्रक्रिया को वस्तुओं और मनुष्य के बीच सम्बन्ध की तरह नहीं बल्कि मनुष्यों और मनुष्यों के बीच सम्बन्धों के संदर्भ में देख रहे हैं। कार्ल काउत्स्की ने अपनी प्रसिद्ध किताब *द इकोनोमिक डाक्ट्रिन्स ऑफ़ कार्ल मार्क्स*[109] में पहले अध्याय में बहुत विस्तार में जाकर इसे समझाया है कि कैसे यह सामूहिकता आर्थिक जीवन के एकदम आरम्भिक पशुपालन और शिकार वाले दौर में भी विद्यमान थी।

अगला महत्त्वपूर्ण पद है 'उपभोग।' हर तरह के उत्पादन का उद्देश्य उपभोग है। बिना

---

108. *वेज, लेबर एंड कैपिटल,* कलेक्टेड वर्क्स ऑफ़ कार्ल मार्क्स एंड फ्रेडरिक एंगल्स, खंड 9, प्रगति प्रकाशन, मास्को—1978

109. *द इकोनोमिक डाक्ट्रिन्स ऑफ़ कार्ल मार्क्स* (अनु) एच.जे.स्टनिंग, एसी ब्लैक लिमिटेड, लन्दन—1925

उपभोग के उत्पादन बेकार है। किसी भी वस्तु का उत्पादन मनुष्य की आवश्यकताओं की पूर्ति के लिए ही किया जाता है। उपभोग भी दो तरह का हो सकता है। व्यक्तिगत और उत्पादक उपभोग। किसी व्यक्ति द्वारा अपनी ज़रूरतों को पूरा करने के लिए किया गया उपभोग, जैसे कपड़ा, खाना आदि व्यक्तिगत उपभोग है तो उत्पादन की प्रक्रिया में किया गया उपभोग, जैसे शक्कर बनाते समय गन्ने का उपभोग, उत्पादक उपभोग है। किसी उत्पाद का उत्पादन और उपभोग सामाजिक उत्पादन के प्रथम और अंतिम बिंदु हैं और वितरण तथा विनिमय (आदान-प्रदान) इनके बीच की कड़ी बनाते हैं।

वितरण उत्पादन का विलोम है। यह उत्पादन की प्रकृति पर निर्भर है। एक पूँजीवादी व्यवस्था में उत्पादित वस्तुओं का वितरण लाभ के लिए होगा और उन्हें मिलेगा जो क़ीमत चुका सकेंगे, जबकि समाजवादी व्यवस्था में यह उन्हें मिलेगा जिन्हें इसकी सबसे अधिक आवश्यकता है। विनिमय उत्पादन का संघटक भाग है। श्रम से उत्पादित वस्तुओं का विभिन्न लोगों के बीच विनिमय होता है। फ़ैक्ट्री से माल थोक विक्रेताओं तक जाता है फिर वे ख़ुदरा विक्रेताओं को बेचते हैं और अंततः ख़ुदरा विक्रेताओं से वह सीधे अंतिम उपभोक्ता तक जाता है। मुद्रा के आविष्कार के पहले यह सरल रूपों में था जहाँ वस्तु के बदले वस्तु का विनिमय (बार्टर सिस्टम) था, यानी किसान अपने अनाज के बदले बढ़ई से ज़रूरी फ़र्नीचर ले लेता था या लुहार लोहे के किसी औज़ार के बदले मछुआरे से मछली ले सकता था। जैसे-जैसे उत्पादन की अवस्थाएँ बदलीं, मानक मुद्राओं के आविष्कार के साथ विनिमय अपने परिमाण और स्वरूप, दोनों में बदल गया।

इस तरह उत्पादन के सम्बन्ध भौतिक वस्तुओं के उत्पादन, वितरण, विनिमय और उपभोग के बीच की कड़ियों और सम्बन्धों के आधार पर समग्रता में निर्मित हो एक विशिष्ट सामाजिक अवस्था तथा आर्थिक व्यवस्था का निर्माण करते हैं। इस व्यवस्था का सबसे महत्त्वपूर्ण सूत्र है, 'उत्पादन के साधनों का मालिकाना।' उत्पादन, वितरण, विनिमय और उपभोग तथा आर्थिक सम्बन्धों का स्वरूप और उनकी प्रवृत्ति इस बात पर निर्भर करती है कि समाज में उत्पादन के साधनों पर मालिकाने का स्वरूप क्या है। आर्थिक सम्बन्ध हमेशा सम्पत्ति के सम्बन्ध होते हैं और वे साधनों के मालिकाने और श्रम के उत्पाद से सीधे-सीधे सम्बद्ध होते हैं। मालिकाना इस बात से तय होता है कि उत्पादन के साधनों और उनकी मदद से उत्पादित भौतिक वस्तुओं का विनियोग कौन करेगा, यानी उनसे सम्बन्धित निर्णय और उनसे पैदा होने वाले लाभ पर किसका हक़ होगा। देखा जाय तो उत्पादन की प्रक्रिया में समाज के सभी सदस्यों का योगदान भी होता है और हित भी जुड़े होते हैं, क्योंकि इसी के आधार पर उनके जीवन स्तर में बेहतरी होती है। लेकिन एक पूँजीवादी समाज में इन साधनों पर पूँजीपति का अधिकार होता है और वह इनका उपयोग लाभ के इकलौते उद्देश्य से करता है। इस तरह शोषण की एक प्रक्रिया इस उत्पादन सम्बन्ध में अन्तर्निहित होती ही है। मार्क्स ने इस शोषण के पूरे ताने-बाने को साफ़ किया है। एक समाजवादी समाज में उत्पादन के साधनों पर मालिकाना समाज का होगा और इस तरह वितरण, विनिमय और उपभोग का जो स्वरूप होगा, वह पूँजीवादी समाज से अलग व्यापक समाज के हित में

होगा। यही समाज में वर्गों की उपस्थिति का निर्धारण करता है।

उत्पादन के सम्बन्ध उत्पादक शक्तियों के साथ मिलकर भौतिक वस्तुओं की उत्पादन प्रणाली (mode of production) का निर्माण करते हैं। साथ ही उत्पादन के सम्बन्ध उत्पादक शक्तियों के विकास को भी प्रभावित करते हैं, वे इसे तेज़ भी कर सकते हैं और धीमा भी। जब ये सम्बन्ध उत्पादक शक्तियों के विकास में बाधक बनने लगते हैं तो ये नष्ट हो जाते हैं और नए उत्पादन सम्बन्ध निर्मित होते हैं। इसीलिए राजनैतिक अर्थशास्त्र उत्पादन सम्बन्धों को उत्पादक शक्तियों के विकास से उनके अंतर्संबंध के रूप में देखता है। मार्क्स ने आदिम कम्यूनों वाली पशुपालन एवं शिकार आधारित प्रणाली, दास प्रथा आधारित प्रणाली, सामंती उत्पादन प्रणाली से पूँजीवादी प्रणालियों के विकास के संदर्भ में इन तथ्यों का अध्ययन प्रस्तुत किया और निष्कर्ष दिया कि पूँजीवादी प्रणाली के विघटन के बाद सर्वहारा वर्ग समाजवादी उत्पादन प्रणाली का निर्माण करेगा, जिससे एक समता आधारित सामाजिक-राजनैतिक व्यवस्था निर्मित होगी।

17

प्राक् पूँजीवादी उत्पादन प्रणालियाँ

वर्ग संघर्ष की वास्तविक गति को समझने के लिए ज़रूरी है कि हम मानव समाज की अब तक की आर्थिक गतिकी को थोड़ा विस्तार से समझ लें। यह हमें उस यात्रा को समझने में मदद करेगा, जिसकी विवेचना द्वारा मार्क्स अपनी आर्थिक व्याख्याओं तक पहुँचते हैं। जैसा कि हमने पहले ही देखा मानव समाज की सामाजिक–राजनैतिक संरचनाएँ उन उत्पादन प्रणालियों पर निर्भर होती हैं, या कहें कि उन उत्पादन प्रणालियों की उत्पाद होती हैं जिनका उस समय वर्चस्व होता है। उत्पादन सम्बन्ध ही मानव जीवन की सामाजिक, राजनैतिक और आध्यात्मिक प्रक्रियाओं का निर्धारण करते हैं। मानव की चेतना उसके अस्तित्व को निर्धारित नहीं करती, बल्कि उनका सामाजिक अस्तित्व ही उसकी चेतना का निर्धारक तत्व होता है और यह सामाजिक अस्तित्व उसके समय के उत्पादन सम्बन्धों में उसकी स्थिति से निर्धारित होता है। इसका अर्थ यह मान लेना कतई उचित नहीं होगा कि मार्क्स सभी चीज़ों को सिर्फ़ और सिर्फ़ आर्थिक आधार पर न्यूनीकृत कर रहे थे। अक्सर यह आरोप लगाया जाता है कि मार्क्सवाद सिर्फ़ आर्थिक आधार पर चीज़ों को देखने का हामी है। इसके उलट मार्क्स की कोशिश सामाजिक अस्तित्व के आर्थिक और ग़ैर–आर्थिक कारकों के बीच के अन्तर्सम्बन्धों का गहन अध्ययन तथा उसके लिए एक सामान्य नियम की तलाश थी। यह नियम मानव समाज के अब तक के विकास के इतिहास को समझने के लिए वैज्ञानिक नज़रिया उपलब्ध कराता है, वह उन ऐतिहासिक द्वंद्वों को स्पष्ट करता है, जिससे मानव समाज एक ऐतिहासिक अवस्था से दूसरी ऐतिहासिक अवस्था में पहुँचा। जब मार्क्स कम्यूनिस्ट मैनिफ़ेस्टो में कहते हैं कि अब तक इतिहास, वर्ग संघर्षों का इतिहास है तो इन वर्गों की उत्पत्ति, इनके बीच संघर्षों का कारण और इनमें अग्रगामी शक्तियों की जीत से बदलते आगे बढ़ते इतिहास की ओर ही इशारा कर रहे होते हैं। इन शक्तियों के बीच उपस्थित आर्थिक सम्बन्ध ही इतिहास की गति के निर्धारक तत्व हैं। इसीलिए यह 'सिर्फ़ आर्थिक तत्व' की बात करना नहीं है, बल्कि समाज की गतिकी के पीछे के कारणों की तलाश है। इस तरह मार्क्स की दृष्टि में राजनैतिक अर्थशास्त्र 'समाज की शारीरिक संरचना' (anatomy) है। पूँजीवादी अर्थशास्त्री भी वर्गीय संघर्षों की आर्थिक जड़ों तक पहुँचने को

बहुत महत्त्व देते हैं, लेकिन ऐसा वे उत्पादन के ऐसे 'न्यायसंगत' वितरण के लिए करते हैं, जिसके मूल में पूँजीपति को उत्पादन का मूल एजेंट माना जाता है और उसके लाभ को उत्पादन का सबसे प्रमुख उद्देश्य। उनकी वर्गीय पक्षधरता अपने वर्ग के प्रति होती है। आगे हम जब पूँजीवाद की मार्क्स द्वारा की गयी विवेचना को विस्तार में पढ़ेंगे तो इस पर और चर्चा होगी। अभी हम उसके पहले की आर्थिक संरचनाओं का एक संक्षिप्त अध्ययन कर लेते हैं।

आदिम साम्यवादी समाज

पृथ्वी पर मनुष्य का जीवन आरम्भ होने के बाद सबसे पहली और सबसे लम्बी चली आर्थिक प्रणाली 'आदिम साम्यवादी उत्पादन सम्बन्धों' की है। मनुष्य के वानर से नर बनने की कहानी से आप सभी परिचित हैं, उत्सुक पाठक इस विषय पर एंगेल्स की लिखी महत्त्वपूर्ण पुस्तक *वानर से नर बनने में श्रम की भूमिका*[110] पढ़ सकते हैं। जब वे अपने पिछले पैरों पर चलना और हाथों का प्रयोग सीख चुके थे तो आदिम साम्यवादी समाज के इन बाशिंदों के लिए अपनी क्षुधा शांत करने के लिए प्रकृति में उपलब्ध फलों को एकत्र करना और जानवरों का शिकार ही उपलब्ध साधन थे। स्वयं उनकी अपनी स्थिति भी अन्य जानवरों से कोई बेहतर नहीं थी। शिकार हो जाने का ख़तरा हमेशा उनके साथ रहता था तो अक्सर समूहों में श्रम की प्रक्रियाओं में उनके मष्तिष्क का विकास हुआ, उन्होंने आपस में संवाद के लिए इशारे और ध्वनियाँ विकसित कीं। इस आदिम समाज में सामूहिकता महत्त्वपूर्ण थी। आदिम मनुष्य समूह में गुफाओं में रहता था, अपने एकत्र किये हुए फलों आदि तथा शिकार को मिल-बाँट के खाता था। परिवार जैसी संस्था अस्तित्व में नहीं थी और समाज मूलत: मातृसत्तात्मक था, हालाँकि इस विषय पर अलग से पढ़े जाने की ज़रूरत है और मैं एंगल्स की ही *परिवार, निजी सम्पत्ति और राज्य का उद्भव* पढ़े जाने की सलाह दूँगा जिसका ज़िक्र पहले भी हो चुका है।[111] इस आदिम समाज की उत्पादकता बहुत निचले स्तर की थी। इनके पास पत्थर के औज़ार हुआ करते थे जिनका उपयोग ये शिकार के लिए या लकड़ियाँ काटने, ज़मीन खोदने आदि में किया करते थे। ऊर्जा के स्रोत के रूप में मुख्यत: उनके पास मानवीय शक्ति ही थी।

श्रम के संसाधनों में विकास की एक प्रमुख घटना आदिम तीर-धनुष का विकास था। इसकी सहायता से उनके लिए शिकार आसान हो गया। उन्होंने फल एकत्र करने की जगह शिकार को अपना प्रमुख पेशा बनाया और शिकार से न केवल उन्हें भोजन बल्कि जाड़ों से बचने के लिए पशुओं की खाल, औज़ार बनाने के लिए उनकी हड्डियाँ भी आसानी से मिलने लगीं, जिन्होंने उनके जीवन को अपेक्षाकृत आसान बनाया, समय की बचत की और आगे चलकर श्रम के साधनों तथा बौद्धिक विकास के लिए मार्ग प्रशस्त किया। इसके बाद जिस एक आविष्कार ने आदिम मानव के जीवन में क्रांतिकारी परिवर्तन किया, वह

---

110. http://www.marxists.org/archive/marx/works/1876/part-played-labour/index.html
111. http://www.marxists.org/archive/marx/works/1884/origin-family/index.html

थी आग। इसने प्रकृति से संघर्ष में मनुष्य की अभूतपूर्व मदद की। वह अब आग जलाकर जानवरों को डरा सकता था, ठंड से बच सकता था, मांस को भून के खा सकता था, धातुओं को पिघला कर मनचाहे आकार दे सकता था। कांसे और जस्ते के बाद उसने जब लोहे की खोज की थी तो उसका जीवन पहले के आदिम मानव समाज की तुलना में काफ़ी बेहतर हो गया। बेहतर औज़ारों के आविष्कार से उसके लिए खेती करना आसान हो गया। उसने गेहूँ, राई, जई, प्याज, पत्तागोभी, कपास आदि उगाना शुरू किया। उन्होंने घोड़े तथा ऊँट की सवारी करना सीखा और शिकार के साथ-साथ पशुपालन भी शुरू हुआ। इसी अवधि में श्रम विभाजन लैंगिक आधार पर अस्तित्व में आया और गर्भधारण आदि के कारण शिकार में समय-समय पर अनुपलब्ध होने के कारण स्त्री को घर में रह कर आग जलाए रखने तथा पशुओं के पालन का काम प्रमुखता से मिला तो पुरुष शिकार के लिए बाहर जाने के काम में सन्नद्ध हुए। बच्चे भी शिकार पर जाने के लिए उपयुक्त नहीं माने गए तो उन्हें सँभालने की ज़िम्मेदारी भी स्त्रियों को मिली। इसका एक सीधा प्रभाव मातृसत्तात्मक समाजों से पितृसत्तात्मक समाजों में संक्रमण।

इसी दौर में घरों का निर्माण शुरू हुआ। मिट्टी और घासफूस के आरम्भिक मकान बने। तमाम औज़ारों के साथ एक क्रांतिकारी आविष्कार पहिये का हुआ। इस तरह आदिम मानव समाज की अर्थव्यवस्था और जटिल हुई। श्रम के उनके स्वरूप और विविध हुए तथा श्रम विभाजन के साथ विशेषज्ञता का भी विकास हुआ। अलग-अलग लोग या समूह अलग-अलग तरह के कामों में सन्नद्ध हुए। अभी भी समाज में सामूहिक उत्पादन की सहकारी प्रणाली ही लागू थी। लोग समूहों में रहते थे। धीरे-धीरे इन समूहों से गण या कुटुम्बों में रहने का चलन विकसित हुआ। इस व्यवस्था के तहत एक कुटुंब के लोग एक समूह में रहते थे तथा साथ में श्रम करते थे। पहले इनका आकार छोटा था फिर ये काफ़ी बड़े हो गए। कई गण मिलकर एक क़बीले का निर्माण करते थे। आरम्भिक गण मातृसत्तात्मक थे, यानी माता ही कुटुंब की प्रमुख होती थी, बाद में धीरे-धीरे पितृसत्ता विकसित हुई।

आदिम साम्यवादी समाज में उत्पादन सम्बन्ध, उत्पादन के साधनों और आजीविका के साधनों पर सामूहिक स्वामित्व पर आधारित थे। ऐसे समाजों में उत्पादन का इकलौता उद्देश्य उपभोग था। लोग सामूहिक रूप से खेती, शिकार या एकत्रण करते थे और फिर उसका उपभोग। मुख्य चिंता भूख मिटाने और प्राकृतिक आपदा तथा जंगली जानवरों से बचने की थी। उत्पादन के निचले स्तरों वाले इस समाज में अपने सभी सदस्यों की भोजन की मूलभूत चिंता के चलते 'उत्पादन प्रक्रिया में क्षमता अनुसार योगदान और उत्पाद में से आवश्यकता अनुसार उपभोग' ही एकमात्र तरीका हो सकता था। इस समाज में कोई वर्ग-विभेद नहीं था, समानता थी और कोई भी मालिक-नौकर वाला सम्बन्ध विकसित नहीं हुआ था। रूसो इसे स्वर्णिम काल कहते हैं, क्योंकि इस काल में अपराध, पाप और ऐसी तमाम बुरी भावनाओं का विकास ही नहीं हुआ था। लेकिन 'प्रकृति के इन जंगली बच्चों' वाला समाज दरअसल तमाम मुश्किलात झेलने वाला मजबूर और संघर्षशील समाज था जिसका जीवन पेट भर भोजन और जानवरों तथा प्रकृति से अपनी रक्षा की चिंता में ही बीत जाता

था। जीवित रहना जिनके लिए रोज़मर्रा का क़िस्सा हो, उन्हें भाववादी तरीक़े से पापमुक्त कहक़र महिमामंडित तो किया जा सकता है, लेकिन यथार्थ देखें तो वह मनुष्य की अदम्य जिजीविषा का परिचायक, लेकिन मुश्किल दौर था।

प्रकृति के साथ अपने संघर्ष में इन नए औज़ारों और विशेषकर पशुओं का कृषि में प्रयोग का हुनर जानने के बाद एक जगह बसने की प्रवृत्ति शुरू हुई। कृषि के विकसित होने के साथ-साथ श्रम की उत्पादकता में वृद्धि हुई। उत्पादन अब ज़रूरतों से अधिक होने लगा। यानी जितना एक समूह के उपभोग के लिए आवश्यक था उससे अधिक। इसे ही हम 'अधिशेष' कहते हैं। उपभोग के लिए आवश्यक उत्पादन से अधिक या अतिरिक्त इस उत्पादन का कम्यून के कुछ सदस्यों द्वारा उपयोग और फिर इन उत्पादों का निजी सम्पत्ति में बदलना एक ऐतिहासिक परिघटना थी, जिससे पहले क़बीले के भीतर असमानता के बीज पड़े और बाद में क़बीलों के बीच। इस समय तक क़बीलों, गणों तथा कम्यूनों के बीच प्रशासन के आदिम रूप उभर चुके थे, जिसमें सरदार, पुजारी, सेनापति जैसे बँटवारे होने शुरू हो गये थे, धीरे-धीरे ये वंशानुगत होते गए और निजी सम्पत्ति तथा इसके चलते सामाजिक-आर्थिक विषमता स्थापित होती चली गयी। यह कोई मनुष्य के लालच का नतीजा नहीं थी, बल्कि उत्पादक शक्तियों के विकास का सहज प्रतिफल थी। एंगल्स ने *एंटी ड्यूहरिंग* में लिखा है—

> जहाँ कहीं भी निजी सम्पत्ति का उद्भव हुआ, यह वितरण और उत्पादन के सम्बन्धों में बदलाव के कारण और उनकी अंत:क्रिया के कारण हुआ है, अत: इसके कारण आर्थिक हैं।

निजी सम्पत्ति उत्पादक शक्तियों के आगे के विकास के लिए एक आवश्यक तत्व थी। नयी उत्पादक शक्तियाँ पुराने सामूहिक स्वामित्व के साथ विकसित नहीं हो सकती थीं। यह उनके विकास में बाधा के रूप में उपस्थित हुआ। जहाँ पहले एक पूरा समूह खेत के टुकड़े पर मेहनत करके उत्पादन करता था, अब कृषि के संसाधनों के विकास के साथ उतना उत्पादन एक परिवार के लोग ही कर लेते थे। सामूहिक श्रम के लिए सामूहिक नेतृत्व आवश्यक था, लेकिन निजी श्रम के लिए अब निजी स्वामित्व की व्यवस्था आवश्यक हो गयी।

दास प्रथा आधारित उत्पादन सम्बन्ध

इस तरह निजी सम्पत्ति और वस्तु विनिमय[112] के विस्तार के साथ आदिम कम्यून वाली सामूहिक उत्पादन की व्यवस्था टूटी और फिर समाप्त हो गयी। इन्हीं कारणों से दास प्रथा का जन्म हुआ। बढ़ते उत्पादन के साथ उस पर काम करने वाले श्रमिकों की आवश्यकता बढ़ी। क़बीलों के बीच युद्ध में पराजित लोगों को मारने की जगह ग़ुलाम बनाकर श्रम में लगा देना बेहतर विकल्प बना। अब भूस्वामी के परिवार के साथ ये दास सहायक के रूप में

---

112. मुद्रा के आविष्कार से पहले अलग-अलग क़बीले या गण या परिवार अपने उत्पाद दूसरों से उनके उत्पाद के बदले विनिमय किया करते थे, जैसे अनाज के बदले वस्त्र इसे वस्तु विनिमय प्रणाली (barter system) कहते हैं, उत्पादनों की विविधता बढ़ने के साथ यह विस्तारित हुआ।

काम करते। सम्पत्ति की असमानता बढ़ने के साथ धनी लोगों ने दासों के साथ अपने क़बीले के ग़रीब लोगों से भी श्रमिक की तरह काम लेना शुरू कर दिया और इस तरह समाज के भीतर दो स्पष्ट वर्ग पहली बार उभरे, पहला दासों के मालिकों और दूसरा दासों का। मनुष्य द्वारा मनुष्य के शोषण के पहले स्रोत भौतिक रूप में उपस्थित हुए। वर्ग विभाजन के साथ ही राज्य का उद्‌भव हुआ। अपनी पूर्वोद्धृत किताब में एंगल्स ने लिखा कि सामूहिक स्वामित्व वाली व्यवस्था की उपयोगिता समाप्त हो गयी थी। श्रम विभाजन के साथ यह टूट गया और नतीजतन समाज का वर्गों में विभाजन हो गया। इसका स्थान राज्य ने ले लिया। यहाँ यह ध्यान रखना होगा कि इस समाप्ति का अर्थ यह होता है कि ये उत्पादन सम्बन्ध और इनकी कोख से जन्मी व्यवस्थाएँ अब प्रमुख व्यवस्थाएँ नहीं रह गयीं, लेकिन हाशिये पर इनका अस्तित्व पूरी तरह ख़त्म नहीं होता। दुनिया भर में, ख़ासतौर पर अफ्रीका और भारत के कई हिस्सों में उनका अस्तित्व आज भी बना हुआ है।

तीसरी और चौथी शताब्दी ईसा पूर्व में मिस्र में और फिर बेबीलोन सहित कुछ अन्य जगहों पर दास प्रथा आधारित उत्पादन सम्बन्ध विकसित हुए। इस नए तरह के उत्पादन सम्बन्ध की खासियत थी उन्नत उत्पादकता, वर्ग विभाजित समाज, आय और सम्पत्ति पर निजी अधिकार और सामाजिक-आर्थिक विषमता। दास प्रथा ज्ञात इतिहास में मनुष्य द्वारा मनुष्य के शोषण की सबसे क्रूर व्यवस्था थी। उत्पादन के सबसे प्रमुख स्रोत दास, न केवल उत्पादन के साधनों पर किसी स्वामित्व से महरूम थे, वे ख़ुद अपने मालिकान की सम्पत्ति और उत्पादन के एक औज़ार के रूप में उपयोग होते थे। उन्हें बस जीवित रहने और काम करने लायक़ बने रहने भर का भोजन उनके स्वामियों द्वारा उपलब्ध कराया जाता था। उनकी अपनी न कोई सम्पत्ति थी, न ही निर्णय लेने की कोई क्षमता। अधिकतर जगहों पर उन्हें परिवार व्यवस्था में शामिल होने का भी अधिकार नहीं था। ईसा पूर्व पहली शताब्दी के उनके हालात को हम डिडोरस सिकलस के लिखे से समझ सकते हैं, 'उनके पास कोई सुख-सुविधा नहीं थी। बीमारों के लिए कोई इलाज नहीं। अशक्त और बूढ़े लोगों तथा बीमार महिलाओं के लिए कोई तीमारदारी नहीं। उन्हें बस काम करना था, सिर्फ़ काम। तब तक जब तक मृत्यु उनके कष्टों और दुखों का अंत न कर दे।'[113] भारत में दासों और शूद्रों के साथ होने वाले अमानवीय व्यवहारों को हम *मनुस्मृति* जैसे ग्रन्थ से समझ सकते हैं। सम्पत्ति एवं शिक्षा के अधिकार से वंचित कर उन्हें किस तरह पीढ़ी-दर-पीढ़ी एक बंधुआ मज़दूर की स्थिति में डाल दिया गया, इसे जोतिबा फुले की किताब *ग़ुलामगिरी* पढ़कर समझा जा सकता है।

इस आर्थिक व्यवस्था में उत्पादन के मुख्य क्षेत्र थे खेती, पशुपालन और दस्तकारी। मानव इतिहास के इस बिंदु तक दस्तकारी एक स्वतंत्र उत्पादन में तब्दील हो चुकी थी और दस्तकार अपना उत्पादन मूलत: विनिमय के लिए करते थे। कृषि से दस्तकारी का यह बँटवारा वस्तु-उत्पादन (commodity production) की एक आवश्यक और प्रमुख शर्त थी। ज़ाहिर है कि इस दौर में उत्पादन के साधनों का और विकास हुआ। अब कृषि अधिक

113. यहाँ बजेएव एंड बजेएव की पूर्व उद्धृत पुस्तक से

सुनियोजित तरीक़े से होने लगी। नए और बेहतर औज़ार बने। एक बड़ा आविष्कार कुम्हार के चाक का हुआ, जिससे बर्तन बड़ी मात्रा में एक साथ बनने लगे और मिट्टी के दीगर सामान भी। आदिम करघे का आविष्कार हुआ, हाथ से चलने वाली चक्की से अनाजों को पीसना आसान हो गया, लोहे का उत्पादन शुरू हुआ और हथियार बने नए तरह के। सोने और चाँदी की खोज हुई और आभूषणों का उपयोग शुरू हुआ। इस तरह श्रम की उत्पादकता में गुणात्मक सुधार हुआ। इन गुलाम श्रमिकों ने अपने श्रम से मिस्र के पिरामिड बनाये, मंदिर बनाये, बेबीलोन में विशाल थियेटर बनाए, नहरें खोदीं और इस तरह अपने मालिकों को अधिशेष पैदा करने और उसके उपभोग की सुविधा प्रदान की। उनके श्रम के उत्पादन से अय्याशी और परजीविता का जीवन जीने वाले मालिक़ान को यह सुविधा भी मिली कि अपने ख़ाली समय में वे ज्ञान-विज्ञान, कला और दर्शन का विकास कर सकें। इसी दौर में गणित का विकास हुआ, विज्ञान का विकास होना शुरू हुआ और कला, स्थापत्य, खेल तथा दर्शन का भी। साथ ही दस्तकारी और विकास का कृषि से जो स्वतन्त्र विकास हुआ, उससे आवागमन और कृषि केन्द्रित ग्रामीण इलाक़ों से अलग व्यापार के मद्देनज़र जो बसाहटें हुईं, उन्होंने प्राचीन क़स्बों का आकार लिया और इस तरह शहरीकरण शुरू हुआ। यहाँ यह समझ लेना आवश्यक है कि दस्तकारी और आभूषण, कपड़े आदि का उत्पादन अपनी प्रवृत्ति से ही खेती के उत्पादन से इस रूप में अलग होता है कि वह अपने ख़ुद के उपभोग के लिए नहीं होता। उसमें उत्पादन का बड़ा हिस्सा बिक्री के लिए होता है तो वह अनिवार्यतः व्यापार से सम्बद्ध होता है। इस तरह गुलामों पर आधारित उत्पादन सम्बन्धों वाली व्यवस्था में मनुष्य जगत का अपनी तरह से विकास हुआ और यह गुणात्मक रूप में अपनी पूर्ववर्ती अवस्था से आगे गया।

लेकिन इसी में इसके अंतर्विरोध भी विकसित होने ही थे। सबसे पहला अंतर्विरोध मानसिक श्रम और शारीरिक श्रम के बीच पैदा हुआ। हमने पढ़ा कि 'जो वर्ग भौतिक उत्पादन पर नियंत्रण करता है, वह मानसिक उत्पादन पर भी नियन्त्रण करता है।' इसलिए जिस वर्ग का उत्पादन के साधनों पर नियंत्रण नहीं होता, वह अमूमन सत्ताधारी वर्ग के विचारों के प्रभाव में होता है। ग़ुलामों के मालिकान के वर्ग ने यह मिथ्या धारणा स्थापित करने की भरपूर कोशिश की कि मानसिक श्रम दूसरों पर शासन करता है, जबकि शारीरिक श्रम दूसरों से शासित होता है। राजनीति, क़ानून-दर्शन और विचारधारा के क्षेत्र में ग़ुलामों पर अपनी तानाशाही स्थापित करने के लिए उसने इस तर्क का बख़ूबी इस्तेमाल किया।[114] साथ ही शहरों और ग्रामीण इलाकों के बीच का अन्तर्विरोध बढ़ा। उत्पादक शक्तियों के विकास के साथ श्रमिकों के शोषण में जो अभूतपूर्व वृद्धि हुई वह धीरे-धीरे असहनीय होने लगी थी। एक तरफ़ उनके बीच असंतोष पैदा हुआ तो दूसरी तरफ़ उनकी मृत्यु-दर में अभूतपूर्व वृद्धि हुई। एक तरफ़ उत्पादन के बेहतर होने के साथ-साथ श्रमिकों की बढ़ी हुई माँग थी तो दूसरी तरफ़ इस बढ़ी हुई मृत्यु-दर के चलते घटती पूर्ति। मालिकान द्वारा

114. पेज 24, *फ़ंडामेंटल्स ऑफ़ पोलिटिकल इकॉनमी*, सम्पादन : जार्ज सी वांग, एम ई शार्प इंक पब्लिशर, न्यूयार्क-1977 (यह किताब *शंघाई पोलिटिकल इकॉनमी* के नाम से जानी जाती है।)

उनके परिवार को मान्यता न दिए जाने और अक्सर परिवार बसाने से रोके जाने के कारण उनके बीच जन्म दर भी काफ़ी कम थी। ग़ुलामों का सबसे बड़ा स्रोत युद्ध था। लेकिन युद्ध के अपने दुष्परिणाम भी थे। इन युद्धों में सैनिकों के रूप में जिनका उपयोग होता था, उनका बड़ा हिस्सा छोटे किसानों और दस्तकारों का था। युद्धों में उनके धंधे नष्ट हो जाते थे जिसका अर्थव्यवस्था पर बुरा असर पड़ता था और आगे के युद्धों के लिए आवश्यक धनराशि जुटाना मुश्किल होता था। अपने इन्हीं अंतर्विरोधों के कारण अब इस उत्पादन सम्बन्ध के लिए आगे बढ़ना मुश्किल हो गया। ग़ुलामों के श्रम पर आधारित बड़े-बड़े फ़ॉर्म टूटने लगे और कॉलोनी सिस्टम शुरू हुआ। यह अधिया, बंटाई वाली व्यवस्था के पहले की व्यवस्था थी, जहाँ ज़मीन का मालिकाना तो मालिक के पास ही रहता था लेकिन उसके छोटे-छोटे हिस्से अलग-अलग किसानों को एक समझौते के तहत दे दिए जाते थे, जिसमें उत्पादन का बड़ा हिस्सा मालिक को दिया जाना होता था।

जैसे-जैसे अंतर्विरोध गहरे हुए, ग़ुलामों तथा अन्य वंचित जनों और मालिकान के बीच वर्ग संघर्ष तीखा हुआ। कई महत्त्वपूर्ण ग़ुलाम विद्रोह हुए, जिनमें ईसा पूर्व 73वीं सदी में रोम के ग्लेडिएटर स्पार्टकस के नेतृत्व में हुआ विद्रोह इतिहास प्रसिद्ध है। हावर्ड फ़्रास्ट का इसी शीर्षक से लिखा उपन्यास कई पीढ़ियों को रोमांचित करता रहा है। भयंकर दमन के बीच भी गुलाम अपनी आज़ादी के लिए लड़ते रहे। एक तरफ़ वे सीधा संघर्ष करते थे आमने-सामने तो दूसरी तरफ़ खेतों में औज़ार तोड़ देना, काम करने से इंकार कर देना आदि उनके प्रतिरोध के दूसरे हथियार बने। इन बहादुराना संघर्षों के फलस्वरूप ईस्वी सदी के आरम्भ के कोई 70 साल पहले यह अर्थव्यवस्था टूट गयी। हालाँकि दुनिया भर में इसके अवशेष आज भी हैं, लेकिन यह प्रमुख अर्थव्यवस्था नहीं रह गयी। इसका स्थान उत्पादन के सामंती सम्बन्धों ने ले लिया।

सामंती उत्पादन सम्बन्ध

सामंती उत्पादन सम्बन्ध मानव जाति के इतिहास में मनुष्य द्वारा मनुष्य के शोषण पर आधारित दूसरा उत्पादन सम्बन्ध था और अब तक के इतिहास में सबसे लम्बे समय तक अस्तित्व में रहा। आठवीं-नौवीं शताब्दी से शुरू होकर योरप में औद्योगिक क्रान्ति तक तथा एशिया सहित तमाम दूसरी जगहों पर उसके भी बाद तक जारी रहा। सामंती अर्थव्यवस्था का मूल आधार है कृषि भूमि पर सामंती प्रभु का अनन्य अधिकार और किसानों के सीमित मालिकाना अधिकार। मार्क्स लिखते हैं, 'बड़ी ज़मीनों का मालिकाना वास्तव में मध्यकालीन सामंती समाज का आधार था।[115]

सामंती समाज में ज़मीन के मालिकाने के अधिकार के रिश्ते को हम एक विशाल पिरामिड के आकार से समझ सकते हैं। सबसे नीचे का जो विशाल आधार है उस पर खेतिहर मज़दूर हैं जो अपने श्रम से सभी परजीवी समूहों के लिए उत्पादन करते हैं। उनके

115. द *ट्रायल ऑफ़ रायनिश डिस्ट्रिक्ट कमिटी ऑफ़ डेमोक्रेट्स,* कार्ल मार्क्स (*कलेक्टेड वर्क्स* के खंड 8 से)

थोड़ा-सा ऊपर शहरों में काम करने वाले दस्तकार जैसे स्वर्णकार, लुहार, दर्ज़ी आदि हैं। उनके ऊपर निचले स्तर के कुलीन जिनमें पुजारी, व्यापारी और महाजन शामिल हैं। उनसे ऊपर होते हैं राजकुमार, बड़े सामंत, जागीरदार, मुख्य पुरोहित आदि और सबसे ऊपर होता है राजा। इस मुख्य विभाजन के अलावा भू-सम्पत्ति के आकार के आधार पर छोटे-बड़े कुलीनों के बीच के बँटवारे होते हैं।

किसानों द्वारा पैदा किये गए अधिशेष के कब्ज़े के तरीकों के साथ-साथ उनसे सामंतों का रिश्ता समय के साथ बदलता गया। *शंघाई पोलिटिकल इकॉनमी* इसके तीन रूप चिह्नित करती है। सबसे प्राचीन रिश्ता था 'श्रम लगान' का। जिसमें किसान अपने औज़ारों से सामंत के खेतों में श्रम करता था। बदले में उसे अपनी आजीविका चलाने के लिए भूमि का एक छोटा-सा टुकड़ा मिलता था। इस श्रम के लिए उसे और किसी तरह का भुगतान नहीं मिलता था। किसान के अधिशेष के शोषण का यह प्रत्यक्ष और क्रूर रूप था। ज़ाहिर है कि जिस मेहनत में अपनी कोई हिस्सेदारी न हो उसमें किसान मन से काम नहीं करेगा। तो उसकी निगरानी के लिए बाक़ायदा लोग लगाए जाते थे जो सख़्ती से काम करवाते थे। ऐसे में कई बार किसान विद्रोह भी कर देते थे। अपने यहाँ आप इसको बेगार प्रथा की तरह देख सकते हैं। इसके बाद जो दूसरा सम्बन्ध स्थापित हुआ वह था 'वस्तु लगान' का। इसके तहत किसान अपनी उपज का एक हिस्सा सामंत को लगान के रूप में देता था। इस व्यवस्था में किसान को नियंत्रित करने की आवश्यकता नहीं थी। अब वह अपने श्रम का मनमाफ़िक उपयोग करने के लिए आज़ाद था। फ़सल का एक हिस्सा, जो शासन द्वारा क़ानून बनाकर निर्धारित किया जाता था, सामंत को बिना किसी श्रम के लगान के रूप में मिल जाता था। किसान के श्रम से पैदा हुए अधिशेष के शोषण का यह तरीका पिछले तरीके से कम क्रूर और अधिक उत्पादक था। इससे ज़मीन की उत्पादकता भी बढ़ी और सामंतों की सम्पत्ति भी। भारत में यह अधिया-बंटाई के रूप में अब भी प्रचलित है। तीसरा सम्बन्ध 'मुद्रा लगान' का था, जिसमें फ़सल में हिस्से की जगह एक निश्चित धनराशि किसान सामंत को दिया करता था। यह सामंती उत्पादन सम्बन्धों का सबसे विकसित रूप था जिसमें अब किसान के लिए खेती की ही बाध्यता नहीं रह गयी थी, वह उस ज़मीन का दीगर उपयोग कर सकता था। इसमें पूँजीवादी उत्पादन सम्बन्धों के बीज छुपे हुए थे और इस तरह सामंतवाद के पतन का आरंभ हो चुका था।

इस काल में वस्तु विनिमय बढ़ने के साथ-साथ दस्तकारी में और विकास हुआ और वह धीरे-धीरे पूरी तरह कृषि से स्वतंत्र हो गई। क़स्बों और नगरों में अपने हितों की रक्षा के लिए उन्होंने ख़ुद को संगठित किया और धीरे-धीरे एक मुख्य दस्तकार के नीचे कई प्रशिक्षु और सहायक दस्तकार काम करने लगे। वे काम करने के घंटे, मज़दूरी के साथ-साथ अपने उत्पाद की क़ीमत और उन्हें बेचे जाने के लिए बाज़ार भी तय करने लगे। इसे थोड़ा ठहर कर समझ लेते हैं। जैसा कि हमने देखा कि दस्तकारी के उत्पादन आमतौर पर बिक्री के लिए होते हैं। तो साधारण वस्तु विनिमय में एक दस्तकार कोई एक

चीज़ बनाता था और उसे बेचता था। अब एक तरह की वस्तु बनाने वाले, जैसे चमड़े की वस्तुएँ या वस्त्र बनाने वाले तमाम दस्तकार होते थे। सबकी दक्षता और कार्यकुशलता अलग-अलग होती थी। तो उनकी लागत और उनके उत्पाद की गुणवत्ता भी अलग-अलग होती थी। लेकिन बाज़ार में एक जैसी वस्तुओं के लिए एक ही क़ीमत होती थी। यह एक तरह का अन्तर्विरोध पैदा करता था। इसमें थोड़े से कुशल दस्तकार तो लाभकारी स्थिति में होते थे लेकिन छोटे और अकुशल दस्तकारों की बहुसंख्या नुकसान में होती थी। इसलिए छोटे दस्तकारों ने अपने समूह बनाए। एक प्रमुख और कुशल दस्तकार के यहाँ वे काम करने लगे, जिसका ज़िक्र ऊपर किया गया है। इस तरह एक तरफ़ उस कुशल दस्तकार की मोलभाव की ताक़त बढ़ गयी तो दूसरी तरफ़ उत्पादन भी अब बड़े स्तर पर होने लगा। फिर ऐसे प्रमुख दस्तकारों ने मिलकर 'गिल्ड' बना ली जिनके बीच उत्पादन की प्रक्रिया और विपणन को लेकर समान नियम लागू किये गए। इस तरह पूँजीवादी उत्पादन सम्बन्ध अपने आरम्भिक रूप में प्रकट होने लगे। व्यापारी जो पहले वस्तु विनिमय में दलाल की भूमिका में था धीरे-धीरे वस्तुओं की ख़रीद-फ़रोख्त में महत्त्वपूर्ण भूमिका निभाने लगा और फिर दस्तकारों को पूँजी उपलब्ध कराने से लेकर कच्चे माल, औज़ार आदि उपलब्ध कराकर बाज़ार की ज़रूरतों के हिसाब से ख़ास तरह के माल का उत्पादन कराने और फिर उसे बाज़ार में बेचने की भूमिका लेकर यह वाणिज्यिक पूँजी पूरी तरह से उत्पादन की प्रक्रिया को नियंत्रित करने लगी और व्यापारी एक औद्योगिक पूँजीपति में बदलने लगा। स्थानीय स्तर से बढ़कर यह व्यापार राज्य की सीमाओं के भीतर और फिर बाहर तक फैला। जहाज़ी बेड़ों के साथ भारत के व्यापारियों का दूर के देशों में जाना और योरप के जहाज़ियों द्वारा नए-नए देशों की खोज किये जाने के इतिहास से हम परिचित हैं हीं। सामंतवाद के अंतिम चरणों तक व्यापारी और महाजन सबसे अमीर लोगों की तरह उभर कर आये थे और अक्सर राजा और सामंत भी इनसे क़र्ज़ लिया करते थे। नए-नए इलाक़ों की खोज के साथ विशेषकर योरप में व्यापार बहुत उन्नत स्तरों पर पहुँच गया था। ऐसे में सामन्ती उत्पादन प्रणाली का और लंबा चल पाना सम्भव नहीं था। अब वह उत्पादक शक्तियों के विकास में बाधा पैदा कर रही थी।

हालाँकि सामंतवाद में मुख्य प्रतिद्वंद्वी वर्ग थे सामंत और किसान। सामंती प्रभुओं का शोषण किसानों के असंतोष का कारण बन रहा था। उन्होंने सारे नियम-क़ानून अपने लाभ के अनुसार बनाये थे। बहुसंख्यक किसानों के श्रम पर छोटे से कुलीन वर्ग का जो नियन्त्रण था, उसने एक तरफ़ तो उन्हें विलासिता और बौद्धिक कार्यवाहियों के मौके दिए जिससे दुनिया भर में ज्ञान-विज्ञान, दर्शन, स्थापत्य आदि का अभूतपूर्व विकास हुआ लेकिन दूसरी तरफ़ उसने किसानों का जो भयावह शोषण किया, उसने बहुसंख्यक जनता का जीवन नर्क बना दिया। दुनिया भर में किसानों के विद्रोह हुए, चौदहवीं सदी में इंग्लैण्ड में वाट टेलर और फ्रांस में जैकेरी के नेतृत्व में किसानों ने विद्रोह किया तो पंद्रहवीं सदी में बोहेमिया में जान हस के नेतृत्व में। सोलहवीं सदी में जर्मनी में थामस मुन्ज़ेर के नेतृत्व में एक बड़ा

किसान विद्रोह हुआ। 1667 से 1671 के बीच रूस में स्टीफन रेजिन के नेतृत्व में किसानों ने एक बड़ी लड़ाई लड़ी। भारत में सामंतवाद से पूँजीवाद के संक्रमण के बीच जिस तरह उपनिवेशवाद ने हस्तक्षेप किया उसमें यह प्रक्रिया स्वाभाविक रूप से न हो पाई। इस पर विस्तार से बात करना तो यहाँ सम्भव नहीं लेकिन मैंने इस पर विस्तार से अपनी किताब *शोषण के अभयारण्य* में 1857 पर लिखे लेख में चर्चा की है।

इस तरह वस्तु विनिमय का दौर शुरू होने के साथ-साथ सामंती व्यवस्था उत्पादक शक्तियों के विकास के पाँवों में बेड़ी की तरह सामने आई और जनता ने इस बेड़ी को तोड़ कर फेंक दिया। औद्योगिक क्रान्ति के फलस्वरूप पहले योरप और फिर धीरे-धीरे दुनिया भर में एक नई तरह की अर्थव्यवस्था नए उत्पादन सम्बन्धों के साथ अस्तित्व में आई जिसे पूँजीवाद कहा गया।

18

पूँजीवादी उत्पादन सम्बन्ध

पूँजीवाद मानव समाज की अंतिम शोषण आधारित आर्थिक व्यवस्था है। सामंतवाद में वस्तु-विनिमय की साधारण व्यवस्था के बीच इसके आकार लेने को हम पिछले अध्याय में देख ही चुके हैं। पूँजीवाद का आधार है उत्पादन के साधनों पर पूँजीपति (बुर्जुआ) का अनन्य अधिकार और मज़दूरी या तनख्वाह के बदले काम करने वाले कामगारों के श्रम का शोषण।

सामंतवाद को अंतिम शिकस्त देकर जो पूँजीपति वर्ग सत्ता में आया, उसका नारा था 'स्वतंत्रता, समानता और भाईचारा।' यहाँ ठहर कर यह समझ लेना आवश्यक होगा कि उस दौर में यह निश्चित तौर पर जन्म आधारित श्रेष्ठता की व्यवस्था बरक़रार रखने वाली सामंती व्यवस्था से बेहतर सामाजिक-आर्थिक प्रणाली थी, जिसमें मनुष्य की अस्मिता को सम्मान दिया गया। हम देखते हैं कि स्त्री मुक्ति, काले-गोरे के भेद को ख़त्म करने जैसे तमाम महत्त्वपूर्ण आन्दोलन इसी दौर में जन्म लेते हैं। लेकिन अंतत: यह व्यवस्था पूँजीपतियों के आधिपत्य की थी जिनके लिए लाभ सबसे बड़ी संचालक शक्ति थी और है। अपने अस्तित्व में आने के बाद ही इसके नारे में कम-से-कम समानता शब्द का कोई अर्थ नहीं रह गया था। अपनी मौलिक गति में यह आर्थिक और इस तरह सामाजिक असमानताओं को विस्तार देने वाली व्यवस्था थी। इस समानता के बिना स्वतंत्रता और भाईचारा खोखले शब्द ही रह जाते हैं। वैसे भी पूँजीवादी प्रभुओं ने जिस तरह भारत जैसे देशों और अफ़्रीका में अपना शासन स्थापित किया, लाभ के लिए भयावह शोषण और अत्याचार किये वह मानव मात्र की स्वतंत्रता के किसी भी लक्ष्य से ठीक विपरीत था। आज भी हम अमेरिका और उसके योरोपीय बंधुओं की ऐसी कारगुज़ारियाँ दुनिया भर में देख सकते हैं।

मार्क्स इसकी सटीक पहचान करते हुए कहते हैं, ''सामंती समाज के ध्वंसावशेष से जन्मे आधुनिक बुर्जुआ समाज ने वर्ग विरोधों को समाप्त नहीं किया है। उन्होंने बस नए वर्गों के उत्पीड़न की नई अवस्थाओं और पुराने के स्थान पर संघर्ष के नए रूप को ही स्थापित

किया है।''[116] मार्क्स के अनुसार पूँजीवाद एक वर्ग समाज है जिसमें एक छोटा-सा वर्ग उत्पादन के साधनों पर नियंत्रण रखता है (उन्होंने इसे 'बुर्जुआ वर्ग' कहा। हालाँकि यहाँ हम उसे सुविधा के लिए 'पूँजीपति वर्ग' भी कह सकते हैं।) और बाकी (बहुसंख्य) लोगों के पास केवल अपनी कार्य करने की क्षमता होती है (मार्क्स ने उन्हें सर्वहारा कहा, हम सुविधा के लिए श्रमिक या कामगार भी कह सकते हैं।) जिसका एकमात्र क्रेता पूँजीपति होता है। इसे स्पष्ट करते हुए वह कहते हैं—

> हर वर्ग के अंदर ढेरों विविधताएँ होंगी—लिंग, नस्ल, रूप और पसंदगी की। दयालु तथा अन्यायी मालिक होंगे, नस्लवादी तथा उदारवादी मालिक होंगे, राष्ट्रवादी तथा जातीय पक्षपात से रहित लोग होंगे। श्रमिकों में कुछ शिक्षित होंगे, कुछ अशिक्षित, कुछ कुशल होंगे, कुछ अकुशल होंगे, कुछ काले होंगे, कुछ गोरे, कुछ पुरुष होंगे कुछ औरतें। लेकिन इसके बावजूद सामाजिक साधनों से अपने सम्बन्धों तथा अपने संगठक तत्वों के आधार पर वे एक वर्ग का हिस्सा होंगे। बुर्जुआ वर्ग, अपने सभी संघटकों के साथ एक होकर समाज की सम्पत्ति पर अपने अधिकार की रक्षा के लिए कार्य करता है, यही नहीं, वह अपने अधिकार तथा शक्ति का उपयोग सामाजिक उत्पादनों को अपने लाभ के अनुसार नियोजित करने में लगाता है। संचित करो- संचित करो! यही खुदा है और यही पैगंबर।[117]

इस साधारण-सी उक्ति से मार्क्स पूँजीवाद की परिचालक शक्ति को स्पष्ट कर देते हैं। उत्पादन के साधनों के मालिक एक ही वर्ग के होते हैं, लेकिन वे बाज़ार कब्ज़ाने तथा अपने लाभ के स्तर को बढ़ाने के लिए होड़ करते प्रतिद्वंद्वी भी होते हैं। पूँजीपति केवल उत्पादन के साधनों का स्वामी ही नहीं होता, वह इन साधनों का अधिक धन कमाने के लिए तथा अपने प्रतिद्वंद्वियों से आगे निकलने के लिए प्रयोग भी करता है। पूँजीवाद इसे सम्भव बनाने वाली आर्थिक व्यवस्था है।

पूँजीवादी अर्थशास्त्र का जनक एडम स्मिथ को माना जाता है। क्लासिकल अर्थशास्त्रियों का विश्वास था, 'मुक्त बाज़ार अर्थव्यवस्था' पर। मुक्त अर्थव्यवस्था यानी एक ऐसी अर्थव्यवस्था जिसमें आर्थिक संक्रियाओं में सरकारों की न कोई बंदिश हो न भूमिका। उनका मानना था कि 'एक अदृश्य हाथ' ऐसी अर्थव्यवस्था को हर हाल में संतुलन में रखता है। जे.बी. से कहते थे कि जो कुछ उत्पादित हुआ है वह बाज़ार में बिक जाएगा। यहाँ मानव श्रम भी पूँजी, ज़मीन, मशीन वगैरह की तरह उत्पादन का साधन था। उत्पाद की बिक्री से हुए लाभ में सबका हिस्सा होता है और मनुष्य के श्रम का भी। इसी में एक हिस्सा पूँजीपति के लाभ का होता है जिसे न्यायसंगत ठहराने के लिए यह तर्क दिया गया कि वह जोखिम उठाता है, इसलिए उसे लाभ मिलना ही चाहिए। क्लासिकल अर्थशास्त्रियों ने यह सिद्ध किया कि अल्पकाल में भले हानि या असाधारण लाभ मिल जाए लेकिन दीर्घकाल में उत्पादन के हर साधन को 'उचित' हिस्सा मिलता है और पूँजीपति को भी सामान्य लाभ ही

---

116. पेज 3, *कम्युनिस्ट घोषणापत्र,* मार्क्स-एंगल्स

117. *पूँजी,* खंड 1, पेज-592, कार्ल मार्क्स, प्रगति प्रकाशन, मास्को

मिलता है। इस दौर को हम एकाधिकारी पूँजी के पहले का दौर कह सकते हैं। कार्ल मार्क्स इसी दौर में थे और उन्होंने इसकी ही विवेचना की।

इसके बाद का दौर एकाधिकारी पूँजी के वर्चस्व में आने का और मुक्त बाज़ार अर्थव्यवस्था के 'मुक्त प्रतिस्पर्धा' के 'साम्राज्यवादी पूँजी' वाली व्यवस्था में बदल जाने का है, जिसमें अत्यंत शक्तिशाली पूँजीपति या कुछ पूँजीपतियों का समूह बाज़ार पर कब्ज़ा कर लेता है और वह वस्तुओं के उत्पादन, विपणन और श्रमिकों की मज़दूरी को अपने तरीक़े से ही लागू नहीं करता बल्कि दुनिया भर के देशों की राजनीति, मीडिया और क़ानून बनाने वाली एजेंसियों में अपने अनुसार हस्तक्षेप करने की स्थिति में होता है और इस तरह अपने लाभ को अधिकतम करने के हर सम्भव तरीक़े अपनाता है। लेनिन ने अपनी प्रसिद्ध क़िताब *साम्राज्यवाद : पूँजीवाद की चरम अवस्था* में इस व्यवस्था की विस्तार में विवेचना की है। लेकिन पूँजी की गतिकी उसके बाद भी लगातार विस्तारित हुई है। मल्टीनेशनल कंपनियों की संख्या में वृद्धि हुई है और अब उनका मालिकाना केवल अमेरिका या योरप में ही नहीं बल्कि भारत जैसे देशों के पूँजीपतियों के पास भी है। लाभ की भूख उन्हें दुनिया के कोने-कोने में ले गयी है और राजनीतिक सत्ताएँ उनके एजेंट्स की तरह काम करती नज़र आ रही हैं। आज के मार्क्सवादी लेखकों के समक्ष इसकी सटीक विवेचना और फिर इसके विकल्प खड़े करने की महती ज़िम्मेदारी है और इसके लिए दुनिया भर में अनेक सामूहिक और व्यक्तिगत प्रयास हो रहे हैं। यहाँ हम स्वयं को उस आरम्भिक दौर की मार्क्सवादी विवेचना पर सीमित रख रहे हैं जब पूँजीवाद मुक्त प्रतिस्पर्धा वाले दौर में था। कारण यह है भी कि बाह्य रूप बदलने के बावजूद पूँजीवादी उत्पादन प्रणाली अपने मूलभूत रूप में वैसी ही है और इसे समझे बिना वर्तमान या किसी भी दौर को समझना सम्भव नहीं है। पूँजीवादी प्रणाली का यह अध्ययन इसलिए भी ज़रूरी है कि कई बार जो सतह पर दिखाई देता है, हो सकता है कि वह असल में व्यवस्था की आंतरिक परिचालक शक्ति न हो। मार्क्स ने अपने पहले के लेखों में विस्तार से विवेचना की थी कि कैसे पूँजीवादी कार्यप्रणाली और नियम अक्सर वास्तविकताओं को छुपाते या ग़लत तरीके से प्रदर्शित करते हैं—यही वह चीज़ थी जिसे उन्होंने 'विचारधारा' कहा।

> हम अपने समय में अनेक ऐसे उदाहरण जानते हैं जब शक्तिशाली वर्गों द्वारा अपने हितों के अनुरूप लिए गए आर्थिक निर्णयों को दुनिया के समक्ष प्राकृतिक अवधारणा की तरह प्रस्तुत किया जाता है। जब हर समाचार बुलेटिन के अंत में दिए जाने वाले बारहाँ अपारदर्शी आँकड़े 'बाज़ारों की गतिविधि' या इस या उस सूचकांक का उतार -चढ़ाव दर्शाते हैं तो मौसम संबंधी सूचनाओं और विनाशों के लेखे-जोखे के बीच अक्सर दबे हुए से लगते हैं जैसे ये सब एक तरह की चीज़ें हों जिन पर हमारा कोई भी नियंत्रण न हो। बुर्जुआ अर्थशास्त्री बुर्जुआ उत्पादन सम्बन्धों को निश्चित, अपरिवर्तनीय एवं सनातन कोटियों की तरह प्रदर्शित करते हैं, जो दरअसल धन पैदा करने वाले लेकिन व्यवस्था तथा इसकी कार्यप्रणाली पर किसी भी अधिकार से वंचित लोगों के विरुद्ध खड़े वर्ग के हित में निश्चित तथा निर्धारित किए जाते हैं।[118]

118. कार्ल मार्क्स, *दर्शन की दरिद्रता* से

आज हम इसे नए-नए न्यूज़ चैनल्स के ख़बरों की चयन की प्राथमिकता से समझ सकते हैं, जहाँ नयी गाड़ियों के मॉडल पर लम्बे बाइट्स होते हैं, आर्थिक सुधार और निजीकरण को पवित्र शब्द की तरह पेश किया जाता है, फ़िल्म स्टार्स के बाथरूम और बेडरूम को ख़बर की तरह पेश किया जाता है लेकिन कालाहांडी के भूख से मरते लोगों, झारखंड, छत्तीसगढ़ और उड़ीसा में जारी प्राकृतिक संसाधनों की लूट, आदिवासियों की तबाही, जनपक्षधर कार्यकर्ताओं की गिरफ़्तारी, विदर्भ के किसानों की आत्महत्या कोई ख़बर नहीं बनती। सत्ताधारी वर्ग की पार्टियों की हर छोटी-बड़ी ख़बर को प्रमुखता से दिखाया जाता है लेकिन मज़दूरों के बड़े-से-बड़े आन्दोलन की खबर भी नहीं दिखाई जाती और दिखाई जाती है तो नकारात्मक रवैये के साथ। हड़तालों की ख़बरों में कभी उन वजूहात का ज़िक्र नहीं होता, जिनसे मज़दूर सड़क पर उतरने के लिए बाध्य होते हैं, ज़िक्र होता है तो सिर्फ़ यह कि पूँजीपति को उससे कितना नुकसान हुआ! इसीलिए वास्तविकता का आईना दिखाने के लिए एक वैकल्पिक विश्वदृष्टि या विचारधारा की आवश्यकता होती है।

वस्तु (commodity) और उसकी प्रवृत्तियाँ

मार्क्स अपनी विवेचना का आरम्भ 'वस्तु उत्पादन (commodity production)' से करते हैं। यह स्वाभाविक भी है। इतिहास के विकास क्रम में सबसे पहले वस्तु आती है फिर पूँजी और उसके बाद मुद्रा।

सबसे पहले हम देखें कि वस्तु क्या है? अर्थशास्त्र में वस्तु या माल ऐसी चीज़ है जिसका उत्पादन निजी उपभोग के लिए बल्कि विक्रय और बाज़ार विनिमय के लिए किया जाता है। जैसे अगर कोई कृषक अपने खेत में अनाज उगा रहा है और उसका एक हिस्सा अपने उपभोग के लिए रख रहा है तो सिर्फ़ वह हिस्सा वस्तु कहा जाएगा जो वह बाज़ार में बेचने के लिए अलग करता है। यानी ऐसी चीज़ जिसके उत्पादक और उपभोक्ता अलग-अलग हों 'वस्तु या माल' कही जाती है।

हमने देखा कि वस्तु उत्पादन गुलामों पर आधारित आर्थिक प्रणाली के दौर में ही अस्तित्व में आ चुका था, लेकिन वह अभी मुख्य उत्पादन नहीं था। सामन्ती उत्पादन प्रणाली के अंतिम दौर में साधारण वस्तु-विनिमय मुख्यता से अस्तित्व में आता है और पूँजीवादी उत्पादन प्रणाली के लिए स्थान बनाता है। पूँजीवाद के तहत 'निर्वाह अर्थव्यवस्था (subsistence economy)' यानी ऐसी अर्थव्यवस्था जिसमें उत्पादक अपनी निजी आवश्यकताओं को पूरा करने के लिए उत्पादन करता है, समाप्त होती जाती है और वस्तु उत्पादन प्रभावी बनता जाता है। इसके लिए दो पूर्व स्थितियाँ आवश्यक हैं, पहली यह कि श्रम के सामाजिक विभाजन का ऊँचे स्तर तक विकास हो जाए, यानी लोग या लोगों के समूह विशिष्ट तरह के उत्पादनों जैसे चमड़े की वस्तुएँ, कपड़े, आभूषण आदि के उत्पादन से सम्बद्ध हो जाएँ और दूसरी यह कि उत्पादक का मालिक के तौर पर उत्पादन की प्रक्रिया से विलगीकरण हो जाए। अर्थात् वह उत्पादन की प्रक्रिया में सीधे शामिल होने की जगह मालिक की भूमिका में निर्णयकारी मात्र हो। इस दूसरी स्थिति से ही 'साधारण और पूँजीवादी' वस्तु उत्पादन

के अंतर पैदा होते हैं। साधारण वस्तु उत्पादन उसे कहेंगे जब उत्पादक ख़ुद उत्पादन की प्रक्रिया में एक श्रमिक की तरह लगा हो, जैसे कोई लुहार अपने कारखाने में लोहे के औज़ार अकेले या फिर कुछ अन्य श्रमिकों के साथ बनाता हो और फिर उसे बाज़ार में बेचता हो तो यह 'साधारण वस्तु उत्पादन' है, लेकिन पूँजीवादी वस्तु-विनिमय में मालिक उत्पादन की प्रक्रिया में शामिल नहीं होता। उदाहरण के लिए अगर इसी उदाहरण में मालिक ख़ुद काम न करे और श्रमिकों द्वारा उत्पादित माल के विनिमय सहित सारे निर्णय लेने का अधिकारी हो तो वह 'पूँजीवादी वस्तु उत्पादन' कहा जाएगा।

इस तरह वस्तु या माल के दो आवश्यक निर्धारक गुण हैं। पहला यह कि इसमें कोई-न-कोई मानवीय आवश्यकता पूरी करने की क्षमता होती है और दूसरा यह कि यह निश्चित रूप से किसी अन्य वस्तु या मुद्रा से विनिमय किया जाता है। अरस्तू ने इसके लिए चप्पल का उदाहरण दिया था, जिसे या तो पहना जा सकता है या फिर किसी अन्य वस्तु के बदले बेचा जा सकता है।

किसी भी वस्तु की किसी मानवीय ज़रूरत को पूरा करने की जो क्षमता होती है, उसे उसका 'उपयोग मूल्य (use value)' कहते हैं। देखा जाय तो यह एक मनोगत अवधारणा है, क्योंकि किसी भी वस्तु के लिए किसी विशेष व्यक्ति की आवश्यकता किसी अन्य से अलग हो सकती है। इसकी अभिव्यक्ति उस मूल्य में होती है जो वह व्यक्ति या कोई भी वास्तव में उस वस्तु के बदले में देने को तैयार होता है। यह उसका 'विनिमय मूल्य (exchange value)' होता है। उदाहरण के लिए अगर कोई एक कपड़े के थान के लिए पाँच किलो गेहूँ देने को तैयार है तो कहा जाएगा कि कपड़े के थान का विनिमय मूल्य पाँच किलो गेहूँ के बराबर है। यह अनुपात समय और स्थान के साथ बदल सकता है। देखना होगा कि इन दो वस्तुओं के बीच समान तत्व क्या है? अब गेहूँ और कपड़े में कोई भौतिक समानता तो है नहीं। फिर वह कौन-सा तत्व है जो दोनों के बीच की विनिमय दर को तय करता है? वस्तुतः इन दोनों का जो उपभोग मूल्य है वह भी अलग-अलग है, क्योंकि दोनों मनुष्य की अलग-अलग आवश्यकताएँ पूरी करते हैं। ग़ौर से देखा जाए तो दोनों वस्तुओं के बीच जो समान तत्व है वह यह है कि दोनों ही मनुष्य के श्रम का उत्पाद हैं। तो दो वस्तुओं के बीच विनिमय के लिए तुलना का आधार उनके उत्पादन में लगा मानवीय श्रम हो सकता है। उपरोक्त उदाहरण में पाँच किलो गेहूँ और एक थान कपड़े के बीच के विनिमय का आधार यह है कि दोनों के उत्पादन में समान श्रम लगा है। इसलिए उनका मूल्य समान है।

इस तरह हम देखते हैं कि किसी भी वस्तु के दोनों तरह के मूल्य, उपभोग और विनिमय एक ही सिक्के के दो पहलू की तरह होते हैं। बिना उपभोग मूल्य के वस्तु का कोई विनिमय मूल्य हो ही नहीं सकता और विनिमय मूल्य के बिना कोई भी चीज़ आर्थिक शब्दावली में 'वस्तु' हो ही नहीं सकती। यही दोनों मूल्यों के बीच का अंतर्विरोध भी है, उपयोग मूल्य अनिवार्यतः उपभोग से सम्बद्ध है, जबकि विनिमय मूल्य विक्रय से। वस्तुओं के मूल्यों का यह द्वैत उनमें लगे श्रम के दोहरे स्वभाव से होता है। किसी भी वस्तु को उत्पादित करने के लिए जो विशिष्ट श्रम लगता है, उसे 'मूर्त श्रम' कहते हैं। उदाहरण के लिए एक

टेबल बनाने में लगा बढ़ई का श्रम। यह मूर्त श्रम उपयोग मूल्य तय करता है। लेकिन बाज़ार में उपलब्ध सैकड़ों-हज़ारों वस्तुओं के लिए अलग-अलग मूर्त श्रम लगता है तो इनकी आपस में तुलना सम्भव नहीं। फिर इस आधार पर वस्तुओं का आपस में विनिमय भी सम्भव नहीं। फिर इनके बीच वह क्या समान तत्व है जिसके आधार पर तुलना सम्भव है? वह यह तथ्य है कि भले ही अलग-अलग वस्तुओं के उत्पादन में अलग-अलग तरह का श्रम लगता है लेकिन वह होता मूलतः मनुष्य का शारीरिक या मानसिक श्रम ही है। चाहे वह कुर्सी-टेबल बना रहा हो या फिर फ़सल उगा रहा हो या मकान बना रहा हो, मूलतः वह अपने शारीरिक तथा मानसिक श्रम का उपयोग भौतिक उत्पादन के लिए कर रहा होता है। तो इस श्रम को जिसमें से वह विशिष्ट असमान तत्व निकाल दिया जाता है हम 'अमूर्त श्रम' कहते हैं। यही अमूर्त श्रम विनिमय मूल्य तय करता है। जिस वस्तु के उत्पादन में जितना अधिक अमूर्त श्रम लगता है, उसकी क़ीमत उतनी ही अधिक होती है। इस तरह मूर्त और अमूर्त श्रम दो अलग-अलग तरह के श्रम नहीं हैं, बल्कि एक ही श्रम की अलग-अलग अवधारणाएँ हैं। मूर्त श्रम मनुष्य और प्रकृति के बीच के सम्बन्ध को बताता है, जबकि अमूर्त श्रम विभिन्न वस्तुओं के उत्पादन में लगे श्रम की तुलना के लिए आधार प्रदान कर उनकी विनिमय दर तय करता है और इस तरह वस्तु उत्पादन की स्थितियों में लोगों के बीच जिस तरह श्रम का विनिमय किया जाता है, उस सामाजिक सम्बन्ध को परिभाषित करता है।[119]

इस तरह वस्तुओं की क़ीमतें उनके उत्पादन में लगे श्रम के अनुसार तय होती हैं। लेकिन यहाँ यह सवाल उठ सकता है कि एक ही वस्तु के उत्पादन के लिए अलग-अलग व्यक्तियों को अलग-अलग समय लग सकता है। एक अधिक दक्ष कारीगर कम समय लेगा, जबकि दूसरा अकुशल कारीगर अधिक। ऐसे में श्रम की कौन-सी अवधि मूल्य निर्धारण के लिए उपयोग की जानी चाहिए? मार्क्स इसके लिए 'सामाजिक रूप से आवश्यक श्रम अवधि' की अवधारणा देते हैं। 'यह वह श्रम-अवधि है जो उत्पादन की मौजूदा सामान्य परिस्थितियों में और उस समय प्रचलित दक्षता और श्रम गहनता[120] के तहत किसी उपयोग-मूल्य को उत्पादित करने में आवश्यक हो।' यहाँ हमें साधारण श्रम और जटिल श्रम के अंतर को भी समझना होगा। साधारण श्रम एक सामान्य स्वस्थ श्रमिक द्वारा किया गया श्रम है, जबकि जटिल श्रम किसी विशेष ट्रेड में प्रशिक्षण प्राप्त किये श्रमिक का श्रम है। ज़ाहिर तौर पर एक जटिल श्रमिक की उत्पादकता अधिक होगी। वस्तुतः जटिल श्रम कई साधारण श्रमों का संयुक्त रूप है और साधारण श्रम का संयुक्त श्रम में रूपांतरण विनिमय की प्रक्रिया में स्वतः ही हो जाता है।[121] मार्क्स कहते हैं, "एक वस्तु सबसे अधिक दक्ष कारीगर का उत्पाद हो सकती है उसका मूल्य एक साधारण अकुशल श्रमिक के समकक्ष

119. पेज 40, *फ़ंडामेंटल्स ऑफ़ पोलिटिकल इकॉनमी*, सम्पादन : जार्ज सी वांग, एम ई शार्प इंक पब्लिशर, न्यूयार्क—1977

120. श्रम सघनता का अर्थ प्रति इकाई समय में लगाई गई मानव ऊर्जा है। विस्तार के लिए देखें, *द थियरी ऑफ़ कैपिटलिस्ट डेवेलपमेंट*, पाल एम स्वीज़ी

121. वही, पेज 42

रख कर निकाला जाता है। इस तरह वह अकुशल श्रम की एक निश्चित मात्रा को ही प्रदर्शित करता है।''[122] यह 'श्रम-अवधि' उत्पादन की अवस्था पर निर्भर करती है। यदि उत्पादन की स्थितियाँ पिछड़ी हुई हैं तो यह अवधि ज़्यादा होगी। देखें तो यह श्रम की उत्पादकता पर निर्भर करेगी। अगर उत्पादन की तकनीक और दीगर स्थितियाँ बेहतर हैं तो श्रम की उत्पादकता बेहतर होगी। वह कम समय लगा कर ही अधिक उत्पादन कर सकेगा। ऐसे में उत्पादित वस्तु की प्रति इकाई लागत कम होती जायेगी। यह एक महत्त्वपूर्ण बिंदु है और आगे हम इसका उपयोग करेंगे।

यहाँ हम निजी श्रम और सामाजिक श्रम के बीच के द्वैत और अंतर्विरोध को भी देख सकते हैं। हर उत्पादन श्रमिक का निजी उत्पादन होता है। एक श्रमिक या कारीगर अपने निजी श्रम और संसाधन से कोई वस्तु बनाता है और यह उसका निजी श्रम, होता है। जब उसका यह उत्पाद बाज़ार में जाता है और यदि उसे ख़रीद लिया गया तो इसका अर्थ होता है कि समाज ने उसके उत्पाद को मान्यता दी। इस तरह यह निजी श्रम सामाजिक श्रम में तब्दील हो जाता है। उस वस्तु में लगा अमूर्त श्रम मूर्त श्रम में तब्दील हो जाता है, क्योंकि उसका एक विनिमय मूल्य निर्धारित और कार्यान्वित हो जाता है। वही वस्तु अगर नहीं बिकी तो उसका कोई मूल्य नहीं। वह एक बेकार की वस्तु रह जाती है और सामाजिक श्रम या अमूर्त श्रम या विनिमय मूल्य वाली वस्तु नहीं रह जाती। निजी और सामाजिक श्रम का यह निजी सम्पत्ति वाली उत्पादन व्यवस्था से उपजा अंतर्विरोध है जहाँ जो चीज़ बाज़ार में बिक नहीं सकती उसके उत्पादक को उत्पादक का और उसके श्रम को मूर्त श्रम का दर्जा ही नहीं मिलता और उसका कोई मूल्य नहीं होता। इस तरह बाज़ार की प्रतियोगिता में कुछ उत्पादक लगातार अमीर होते जाते हैं और कुछ बर्बाद हो जाते हैं। पूँजीवाद में यह अंतर्विरोध लगातार और तीखा होता चला जाता है और उत्पादन के सामाजिक चरित्र और लाभ-दोहन के निजी पूँजीपति के चरित्र के बीच के अन्तर्विरोध का रूप ले लेता है।

इस तरह हमने देखा कि पूँजीवादी मूल्य सिद्धांतों से अलग मार्क्स किसी भी वस्तु के मूल्य का निर्धारण उसमें लगे श्रम के आधार पर करते हैं। इसे ही 'मूल्य का श्रम सिद्धांत' कहा जाता है।

मुद्रा का विकास और विनिमय में इसकी भूमिका

जब वस्तु विनिमय प्रणाली थी तो किसी भी वस्तु का मूल्य उसके विनिमय के लिए आवश्यक दूसरी वस्तु के परिमाण के संदर्भ में किया जाता था। जैसे एक जूते का मूल्य पाँच किलो गेहूँ हो सकता है। यह सबसे साधारण विनिमय सम्बन्ध था जिसे 'प्राथमिक वस्तु विनिमय' कहा जाता है। इसमें एक से एक का सीधा सम्बन्ध था। आर्थिक संक्रियताएँ बढ़ने के साथ-साथ विनिमय की ज़रूरतें भी बदलीं तो यह और जटिल हुआ। अब एक वस्तु का कई वस्तुओं के सन्दर्भ में विनिमय मूल्य तय करना आवश्यक था। पशुपालन के दौर

122. पेज 51, खंड 1, *पूँजी*—कार्ल मार्क्स

में पशु एक कॉमन डिनामिनेटर बना। जैसे अगर एक बकरी लेनी है तो उसका मूल्य बीस किलो गेहूँ हो सकता है, या चार जोड़ी जूते हो सकते हैं या फिर कपड़े का एक थान। इस अपेक्षाकृत जटिल विनिमय प्रणाली को 'समग्र वस्तु विनिमय' कहा जाता है।

समय के साथ जब जटिलताएँ और बढ़ीं तथा मनुष्य द्वारा उपभोग की जाने वाली वस्तुओं की संख्या में तेज़ी से वृद्धि हुई तो यह विनिमय प्रणाली भी अपर्याप्त साबित हुई। उदाहरण के लिए अगर किसी लुहार को बकरी लेनी हो लेकिन बकरी का मालिक उसके द्वारा उत्पादित वस्तु नहीं चाहता बल्कि कपड़ा चाहता है और बुनकर न तो बकरी चाहता है न लोहे का कोई सामान तो उनके बीच विनिमय बेहद मुश्किल हो जाएगा। ऐसे में किसी ऐसी वस्तु के संदर्भ में सभी चीज़ों का विनिमय मूल्य तय करना आवश्यक था जो सभी को समान रूप से स्वीकार्य हो। यह भूमिका कालान्तर में क़ीमती धातुओं जैसे सोना, चाँदी आदि ने निभाई। इसे 'सामान्य या स्वर्ण विनिमय प्रणाली' कहा गया। मुद्रा का आविर्भाव इसी प्रक्रिया की अगली कड़ी के रूप में हुआ। सोने की सर्वस्वीकार्यता का कारण था इसकी एकरूपता, विभाज्यता (जिसमें यह बहुत छोटी मात्रा में विभाज्य हो सकता था), टिकाऊपन और ऊँचा मूल्य। सार्वत्रिक विनिमय में वही वस्तु स्वीकार्य हो सकती थी जो हर वस्तु की समतुल्य हो सके, यानी जिसके संदर्भ में हर वस्तु का मूल्य परिभाषित किया जा सके। इस रूप में मुद्रा वह वस्तु है जिसे प्रत्येक वस्तु का मूल्य प्रदर्शित करने की सामाजिक भूमिका दी गयी है। वक़्त के साथ-साथ सोने के लिए भी यह भूमिका निभाना आसान नहीं रहा। आखिर उसके भण्डार भी सीमित थे। ऐसे में मुद्रा के और विकसित रूप सामने आये।

मुद्रा के आवश्यक गुण हैं

1. यह मूल्य का माप है। यानी किसी भी वस्तु का मूल्य मुद्रा में निर्धारित किया जा सकता है। मुद्रा के रूप में अभिव्यक्त किसी वस्तु का मान ही उसका मूल्य होता है।
2. यह परिचलन (Circulation) का माध्यम है। विनिमय की प्रक्रिया में यह क्रेता से विक्रेता के हाथों में जाती रहती है, लेकिन धातुओं की तरह इसमें कोई क्षरण नहीं आता।
3. यह धन संचय का माध्यम है। लोग मुद्रा के रूप में बैंकों में या अपने पास ही संचय कर सकते हैं। उन्हें कोई अन्य भौतिक वस्तु रखने की आवश्यकता नहीं और फिर ज़रूरत पड़ने पर वे इसके माध्यम से वस्तुएँ या परिसम्पत्तियाँ ख़रीद सकते हैं।
4. इस तरह वे भुगतान का माध्यम हैं।
5. अब चूँकि यह पूरी अर्थव्यवस्था में सर्वस्वीकार्य होती है तो यह विश्व मुद्रा है।

ये सभी गुण एक-दूसरे से जुड़े भी होते हैं और एक-दूसरे पर निर्भर भी होते हैं। यहाँ यह स्पष्ट कर देना आवश्यक है कि अलग-अलग देशों ने अपनी अलग-अलग मुद्राएँ चुनी हैं और उनका आपसी विनिमय उन देशों की अर्थव्यवस्थाओं की स्थितियों पर निर्भर करता है। उत्सुक पाठक इस विषय पर बाज़ार में उपलब्ध तमाम किताबें पढ़ सकते हैं। हमारे समय में मुद्रा का सबसे प्रचलित रूप काग़ज़ की मुद्रा (paper money) है, हालाँकि अब क्रेडिट/डेबिट कार्डों के रूप में प्लास्टिक मुद्रा भी तेज़ी से उपयोग में आ रही है और

कैशलेस विनिमय भी। यह मुद्रा दरअसल उपरोक्त गुणों से सम्पन्न टोकन मुद्रा होती है, जिसका वैसे तो कोई मूल्य नहीं होता, लेकिन सरकार द्वारा मान्यता प्राप्त होने से वह मुद्रा की भूमिका निभाती है।

मूल्य का सिद्धांत वस्तु उत्पादन का आर्थिक सिद्धांत है

हमने देखा कि मूल्य का यह सिद्धांत विनिमय की अलग-अलग व्यवस्थाओं के बीच उस वक़्त से अस्तित्वमान है, जब से वस्तु उत्पादन का आरम्भ हुआ। अपने मूल में यह सिद्धांत कहता है, 'किसी वस्तु का मूल्य उसमें लगे सामाजिक रूप से आवश्यक श्रम से निर्धारित होता है। वस्तुओं का विनिमय निश्चित रूप से अपने मूल्य के अनुसार किया जाना चाहिए। यानी विनिमय में निश्चित रूप से समतुल्यता होनी चाहिए।'[123] मुद्रा के आविष्कार के बाद यह समतुल्यता मुद्रा के रूप में प्रदर्शित की जाती है।

लेकिन क्या व्यवहार में यह लागू होता है? हम देखते हैं कि वस्तुओं के मूल्यों में उतार-चढ़ाव उनकी माँग और पूर्ति के अनुसार होता है। पूर्ति की तुलना में बाज़ार में माँग अधिक होने पर उस वस्तु की क़ीमतें बढ़ जाती हैं और कम होने पर घट जाती हैं। पूँजीवादी अर्थशास्त्र में इसे 'माँग का नियम' भी कहते हैं। हर उत्पादक अपने प्रतियोगी की तुलना में अधिक-से-अधिक उत्पादन करना चाहता है और अधिक-से-अधिक लाभ भी कमाना चाहता है। जबकि कोई भी एकदम ठीक-ठीक नहीं जानता कि उसके उत्पाद के लिए सामाजिक आवश्यकता या माँग कितनी है। इसलिए पूर्ति और माँग में शायद ही कभी समानता आ पाती है।

इसे समझने के लिए एक उदाहरण ले लेते हैं। मान लीजिये कोई उत्पादक अपने उत्पाद का उत्पादन उसकी सामाजिक आवश्यकता से अधिक करता है, ऐसे में बाज़ार में उसके उत्पाद का मूल्य उसके विनिमय मूल्य से नीचे गिर जाएगा। उत्पादक को घाटा होगा और वह अपने उत्पाद को कम कर देगा। इससे उसकी पूर्ति उसकी माँग से कम हो जायेगी और फिर क़ीमत बढ़ जायेगी तथा मुनाफ़ा होगा जो उत्पादन के विस्तार का अवसर देगा। इस तरह बाज़ार मूल्यों के माध्यम से मूल्य का सिद्धान्त वस्तु उत्पादन को नियंत्रित करता है और समय-समय पर संतुलन की स्थिति उत्पन्न करता है। लेकिन संतुलन की यह स्थिति असल में बेहद अल्पजीवी और अस्थिर होती है। यह संतुलन दीर्घकाल में ही प्राप्त होता है जब माँग और पूर्ति की ताक़तें एक स्थाई संतुलन में आती हैं और वस्तु का मूल्य उसके उत्पादन के लिए सामाजिक रूप से आवश्यक श्रम के बराबर निर्धारित हो जाता है।

मूल्य का सिद्धांत उत्पादक शक्तियों के विकास को प्रोत्साहित करता है। अपने मुनाफ़े को बढ़ाने के लिए उत्पादक श्रम की उत्पादकता को बढ़ा कर अपनी लागत कम

---

123. पेज 52, *फ़ॉडामेंटल्स ऑफ़ पोलिटिकल इकॉनमी*, सम्पादन : जार्ज सी वांग, एम.ई. शार्प इंक पब्लिशर, न्यूयार्क-1977

करना चाहता है। तकनीक जितनी उन्नत होगी उतने ही कम समय में एक श्रमिक किसी वस्तु का उत्पादन कर पाएगा। इस तरह उत्पादक नई और उन्नत तकनीकें प्रयोग करता है। इससे उसकी लागत तो कम हो जाती है, लेकिन बाज़ार में मूल्य सामाजिक रूप से आवश्यक श्रम के अनुसार ही तय होते हैं। इस तरह लागत और बाज़ार मूल्य के बीच के अंतर को वह लाभ के रूप में संचित करता है। इससे प्रेरित होकर उसके प्रतियोगी भी बेहतर तकनीकों का प्रयोग आरम्भ करते हैं और समाज में उत्पादकता का स्तर बढ़ जाता है।

साथ ही कुछ विशेष परिस्थितियों में मूल्य का सिद्धान्त पूँजीवाद के उद्भव और विकास में मदद करता है। मूल्यों का उतार-चढ़ाव कुछ उत्पादकों को (जिनके मूल्य सामाजिक रूप से आवश्यक श्रम से अधिक होते हैं) नष्ट कर देता है। जबकि उत्पादकों का एक छोटा-सा हिस्सा लाभ कमाता है, धनवान हो जाता है और पूँजीपति में तब्दील हो जाता है। इस तरह मूल्य का सिद्धांत वस्तु उत्पादकों को संस्तरों में विभक्त कर देता है और उन्हें पूँजीपति तथा सर्वहारा में तब्दील करके पूँजीवादी शोषण के सम्बन्धों की नींव डालता है। इस तरह कुछ ऐतिहासिक परिस्थितियों में यह साधारण वस्तु अर्थव्यवस्था को पूँजीवादी अर्थव्यवस्था में तब्दील कर देती है।

19

पूँजी और बेशी मूल्य : पूँजीवाद के तहत मज़दूरी और मुनाफ़ा

बेशी या अतिरिक्त (surplus value) मूल्य का सिद्धांत लेनिन के शब्दों में मार्क्स की आर्थिक शिक्षाओं की 'आधारशिला' है। इसी आधार पर मार्क्स पूँजीवादी प्रणाली की कार्यविधि और शोषण की उसकी संरचना की सटीक पहचान और विश्लेषण करते हैं। इसे समझने के लिए पहले पूँजी और मुद्रा के सम्बन्ध को समझना ज़रूरी है।

मुद्रा का पूँजी में रूपान्तरण

साधारण वस्तु परिचालन में मुद्रा अंतिम उत्पाद होती है। कोई भी वस्तु उत्पादन के बाद बाज़ार में बेची जाती है और बदले में मुद्रा मिलती है। इस तरह यह पूँजी की प्रथम अभिव्यक्ति तो होती है लेकिन अपने आप में मुद्रा पूँजी नहीं होती। साधारण वस्तु परिचालन की स्थिति में हम इसे C—M—C के सूत्र से प्रदर्शित कर सकते हैं। जहाँ C पूँजी (capital) और M मुद्रा (money) को प्रदर्शित करता है। उदाहरण के लिए किसान अपना अनाज (जो उसकी पूँजी है) बेचकर मुद्रा प्राप्त करता है फिर उस मुद्रा से उत्पादन के लिए वस्तु ख़रीदता है। यहाँ मुद्रा पूँजी नहीं है बल्कि मध्यस्थ की भूमिका निभाती है और इस प्रक्रिया में पूरी तरह ख़र्च कर दी जाती है।

मुद्रा का पूँजी में रूपान्तरण M—C—M के सूत्र से प्रदर्शित होता है। इसे 'पूँजी का सार्वत्रिक सूत्र' कहते हैं। यह किसी वस्तु की ख़रीद से शुरू होता है और फिर बिक्री से ख़त्म होता है। यहाँ मुद्रा ख़र्च नहीं की जाती बल्कि पूँजी के रूप में आगे बढ़ा दी जाती है। मार्क्स के शब्दों में 'वह मुद्रा को ख़र्च करता है लेकिन केवल इसे वापस पाने के शातिर मंसूबे से।'[124] इस परिचालन का अंतिम उद्देश्य मुद्रा हासिल करना है। लेकिन अगर जितनी मुद्रा खर्च की गई है उतनी ही वापस मिले तो पूँजीपति यह परिचालन करेगा ही क्यों? वस्तुत: उसे वापस मिलने वाली राशि खर्च की गई राशि से अधिक होती है, इसलिए यह सूत्र M—C—M' का रूप ले लेता है जहाँ M'>MĐ मार्क्स ने इसी बढ़ी हुई राशि (M')

124. पेज 147, खंड 1, *पूँजी*, कार्ल मार्क्स

और मूल राशि (M) के अंतर को बेशी या अतिरिक्त मूल्य (surplus value) कहा।

इस प्रक्रिया के परिणामस्वरूप हर परिचालन के साथ मुद्रा बढ़ती जाती है, बेशी मूल्य में बढ़ोत्तरी होती जाती है और इस तरह 'ख़ुद बढ़ने वाली और बेशी मूल्य कमाने वाली मुद्रा पूँजी बन जाती है।'[125]

बेशी मूल्य के स्रोत क्या हैं?

स्वाभाविक प्रश्न उठता है कि मुद्रा में यह वृद्धि आती कहाँ से है यानी बेशी मूल्य का स्रोत क्या है? अगर पूर्व में चर्चित सूत्र M—C—M' को देखें तो यह परिवर्तन या तो मुद्रा या फिर वस्तु में आये किसी परिवर्तन के चलते हो सकता है। लेकिन मुद्रा का मान स्थिर होता है और वह अपने आप नहीं बढ़ सकती। इसका अर्थ यह हुआ कि परिवर्तन का स्रोत वस्तु में ही तलाशना होगा।

बाज़ार में पूँजीपति एक ऐसी वस्तु हासिल करता है, जिसमें अपने उपयोग मूल्य से अधिक मूल्य उत्पादित करने की क्षमता होती है। यह वस्तु है—कार्य करने की योग्यता या श्रम शक्ति। श्रम शक्ति से हमारा अभिप्राय एक मनुष्य की बौद्धिक तथा शारीरिक कार्यक्षमता से है। किसी भी समाज में यह उत्पादन का सबसे आवश्यक अवयव है। लेकिन पूँजीवाद में इसे भी एक वस्तु में तब्दील कर दिया जाता है। अब यह केवल उत्पादन के साधनों में से एक बन जाता है, एक संसाधन! (पाठकों को अपने देश में नब्बे के दशक में उच्च शिक्षा मंत्रालय का मानव संसाधन मंत्रालय में बदला जाना याद होगा।) पूँजीवादी व्यवस्था में श्रम शक्ति का मालिक अर्थात् कामगार व्यक्तिगत तौर पर आज़ाद तो होता है लेकिन उत्पादन के साधनों पर उसका कोई अधिकार नहीं होता और आजीविका चलाने के लिए उसके पास इकलौता जो रास्ता होता है, वह यह कि वह अपना श्रम पूँजीपति को बेचे और उससे मिली मज़दूरी या पगार से जीवनयापन करे।

अब हर वस्तु की तरह श्रम का भी एक उपयोग मूल्य होता है। चूँकि श्रम का आपूर्तिकर्ता एक मनुष्य होता है तो उसका उपयोग मूल्य तय करते समय कुछ अन्य चीज़ें महत्त्वपूर्ण हो जाती हैं। मनुष्य को जीवित रहने के लिए रोटी, कपड़ा और मकान के साथ-साथ मनोरंजन तथा बौद्धिक क्षमताओं की पूर्ति के लिए भी संसाधन चाहिए। यानी उसका उपयोग मूल्य ऐसा होना चाहिए जिससे वह इन आवश्यकताओं की पूर्ति के लिए भौतिक वस्तुओं को ख़रीद सके तथा मनोरंजन आदि पर आवश्यक खर्च कर सके। साथ ही कार्य को उचित तरीके से करने के लिए आवश्यक प्रशिक्षण भी प्राप्त कर सके। यही नहीं चूँकि उसके साथ परिवार भी जुड़ा होता है तो उसे अपनी पत्नी/अपने पति, बच्चों तथा अन्य परिवारजनों की आवश्यकताओं की पूर्ति के लिए भी धनराशि आवश्यक है। इस तरह उसका उपयोग मूल्य इन सारी चीज़ों को मिलाकर निर्धारित होना चाहिए। लेकिन पूँजीपति आमतौर पर श्रम को उसके इस उपयोग मूल्य से कम मूल्य पर ख़रीदता है। जिस मूल्य पर

125. पेज 63, *पोलिटिकल इकॉनमी–ए बिगिनर्स कोर्स,* बजेएव एंड बजेएव

श्रम को ख़रीदा जाता है उसे ही पूँजीवादी व्यवस्था में हम 'मज़दूरी या वेतन' कहते हैं। इस तरह श्रमिक के श्रम का उपयोग मूल्य और उसकी वास्तविक मज़दूरी का अंतर बेशी मूल्य का निर्माण करता है। इसे थोड़ा और विस्तार में देख लेते हैं।

पूँजीवादी (बुर्जुआ) समाज में श्रम शक्ति की उत्पादन के साधनों से संक्रिया बाज़ार के माध्यम से पूरी होती है। यहाँ दोनों ही पूँजीपति के अधिकार में होते हैं। यहाँ कामगार पूँजीपति के नियंत्रण में काम करता है और पूरी श्रम प्रक्रिया पूँजीपति के हितों के अनुसार ही संपन्न होती है। वही तय करता है कि किस चीज़ का उत्पादन किया जाएगा, कितनी मात्रा में उत्पादन किया जाएगा और उत्पादन के लिए तकनीक क्या होगी। साथ ही इस प्रक्रिया में कामगार न तो निर्णयों में शामिल होता है न ही उसका अपने ही द्वारा उत्पादित वस्तुओं पर कोई अधिकार होता है। मार्क्स इसे उत्पादन प्रक्रिया से श्रमिक की विलगनीयता (alienation) कहते हैं। इस तरह श्रमिक एक जबरन का श्रम करता है।

पूँजीवादी उत्पादन प्रक्रिया का एक और महत्त्वपूर्ण द्वैत होता है कि एक तरफ़ यह 'उपयोग मूल्य' सृजित करती है तो दूसरी तरफ़ यह विनिमय मूल्य में वृद्धि करती है और बेशी मूल्य सृजित करती है। यह द्वैत मज़दूर के श्रम के दोहरे चरित्र पर निर्भर करता है। उसका मूर्त श्रम नए उपयोग मूल्य सृजित करता है और उत्पादन के साधनों के उत्पाद में बदलने के दौरान हुए उपभोग में मूल्य पैदा कर देता है। उदाहरण के लिए लोहे से इस्पात बनाने की प्रक्रिया में वह अपने श्रम से लोहे को अधिक उपयोग मूल्य वाले इस्पात में बदल देता है। लेकिन इसी के साथ-साथ अमूर्त श्रम एक नया मूल्य पैदा कर देता है जो M' होता है। इसमें श्रम शक्ति के एक हिस्से से कमाया हुआ वह बेशी मूल्य शामिल है जिसे पूँजीपति हड़प लेता है। मार्क्स श्रमिक की इस क्षमता को उसका वह प्रकृति प्रदत्त उपहार बताते हैं जिसे हासिल करने में उसकी एक पाई खर्च नहीं होती लेकिन जो पूँजीपति के लिए बड़े फ़ायदे की चीज़ होती है।[126] पूँजीपति का ध्येय होता है बेशी मूल्य कमाना, यही उसकी सम्पदा का स्रोत है।

इसे एक उदाहरण से समझना आसान होगा। मान लीजिये जूता बनाने की एक फ़ैक्ट्री में एक मज़दूर चार जोड़ी जूते दस घंटे के अपने औसत दैनिक कार्य समय में बनाता है। इस उत्पादन के लिए पूँजीपति को कच्चे माल, मशीन, घिसाई वगैरह में 2000 रुपये ख़र्च होते हैं। इसके अलावा मान लीजिये वह श्रमिक को रोज़ की 100 रुपये मज़दूरी देता है। इस तरह इन चार जूतों पर उसकी कुल लागत हुई 2100 रुपए। अब अगर इन जूतों का विक्रय मूल्य 700 रुपये है तो हम देखते हैं कि पहले तीन जूते बनाने में वह श्रमिक 2100 रुपये का उत्पादन कर देता है। यानी अपने औसत श्रम समय के तीन चौथाई हिस्से (7.5 घंटे) में उसने लागत के बराबर काम किया। अब बाक़ी के एक तिहाई में जो उत्पादन वह करता है (इस उदाहरण में एक जूता यानी 700 रुपये का) वही बेशी मूल्य है। यहाँ M है 2100 रुपये और M' है 2800 रुपए। दोनों के बीच का अंतर वह अतिरिक्त मूल्य है जो श्रमिक अपने श्रम से पैदा करता है लेकिन जिसे हड़प पूँजीपति लेता है।

---

126. पेज-200, खंड 1, *पूँजी*, कार्ल मार्क्स

अगर कारखाने में 100 मज़दूर काम करते हैं तो प्रतिदिन का बेशी मूल्य उत्पादन 700,00 रुपये होगा। अगर पहले विवेचित परिभाषाओं की रौशनी में देखें तो इस उदाहरण में श्रमिक के लिए 'सामाजिक रूप से आवश्यक श्रम' 7.5 घंटों का है और अतिरिक्त श्रम वह शेष 3.5 घंटों का कर रहा है। इसी बेशी या अतिरिक्त श्रम समय में उत्पादित बेशी मूल्य का उत्पादन पूँजीपति का सबसे प्रमुख ध्येय होता है, जैसा कि मार्क्स कहते हैं, "इस उत्पादन सम्बन्ध का अनन्य नियम है बेशी मूल्य का उत्पादन।"[127] यहाँ यह स्पष्ट कर देना आवश्यक है कि पूँजी के भी दो घटक होते हैं। पहला तो स्थिर (fixed) जिसके तहत ज़मीन, मशीन आदि वे उत्पादन के साधन जिनका परिमाण उत्पादन की प्रक्रिया के दौरान बदला नहीं जा सकता या स्थिर (constant) रहता है और दूसरा श्रम को ख़रीदने के लिए लगी पूँजी जिसे ज़रूरत के हिसाब से घटाया और बढ़ाया जा सकता है, इसे परिवर्तनशील (variable) पूँजी कहते हैं। इसमें से सिर्फ़ परिवर्तनशील भाग ही 'बेशी मूल्य' का स्रोत होता है, जिसकी उत्पादकता या मज़दूरी को बढ़ा-घटा के पूँजीपति अपने लाभ को महत्तम कर सकता है। श्रमिकों का शोषण ही उसके लाभ का इकलौता स्रोत होता है। इसे समझने के लिए इसका गणितीय सूत्र देखते हैं।

अगर स्थिर पूँजी को c से, एक श्रमिक पर लगी परिवर्तनशील पूँजी को v और एक श्रमिक द्वारा उत्पादित बेशी मूल्य को m (बेशी मूल्य के लिए प्रयुक्त जर्मन शब्द Mehr-wert से मार्क्स ने m लिया था) से प्रदर्शित करें तो पूँजी पर किया कुल खर्च होगा c+v, जबकि उत्पाद का कुल मूल्य होगा c+v+m. अब चूँकि अपनी परिभाषा से ही उत्पादन की प्रक्रिया में स्थिर पूँजी यानी c का मान नहीं बदल सकता तो बेशी मूल्य m ज़ाहिर तौर पर परिवर्तनशील पूँजी v का उत्पाद है। इस तरह बेशी मूल्य की दर हासिल करने के लिए हम निम्नांकित सूत्र प्राप्त करते हैं।

बेशी मूल्य की दर = m/v

स्पष्ट है कि v का मान कम करके इस दर को बढ़ाया जा सकता है, अर्थात् मज़दूरी की दरें कम करके या काम के घंटे बढ़ा के या उसी मज़दूरी पर उत्पादकता को बढ़ा के पूँजीपति बेशी मूल्य की दर और इस तरह अपने मुनाफ़े में लगातार वृद्धि करता है। लेकिन इस दर के साथ ही शोषण के व्यापक प्रभाव को नापने के लिए एक और ज़रूरी अवधारणा 'समग्र या व्यापक बेशी मूल्य' (mass surplus value) की है। दर हमें एक श्रमिक के शोषण की कहानी बताती है तो समग्र बेशी मूल्य एक समय में सक्रिय सभी श्रमिकों के कुल शोषण की। यदि हम इस समग्र बेशी मूल्य को M से प्रदर्शित करें और समग्र उत्पादन प्रक्रिया में लगी परिवर्तनशील पूँजी को V से तो इसके लिए निम्नांकित सूत्र होगा।

समग्र बेशी मूल्य (M)= (m/v)* V

यह समग्र बेशी मूल्य उत्पादन में लगे कुल श्रमिकों और उनके शोषण की दर का गुणनफल है। ज़ाहिर है कि शोषण की दर जितनी अधिक होगी, पूँजीपति उतना ही अधिक

127. पेज 580, खंड 1 *पूँजी*, कार्ल मार्क्स

बेशी मूल्य अर्जित कर पाएगा। यही वजह है कि आज पूँजीपति नए मज़दूर रखने की जगह कामगारों के काम के घंटे बढ़ाता है, उन जगहों पर काम कराना पसंद करता है जहाँ मज़दूरी कम-से-कम हो और इस तरह अपना मुनाफ़ा बढ़ाता है। दुनिया भर की मल्टीनेशनल कम्पनियाँ ग़रीब और पिछड़े देशों में अपने उत्पादन की प्रक्रिया को स्थानांतरित करती हैं, ताकि सस्ते-से-सस्ते मज़दूर मिल सकें। बेशी मूल्य का यह सिद्धांत पूँजीवादी शोषण को समझने के लिए मूलभूत है। इसी से पूँजी और श्रम तथा सर्वहारा और बुर्जुआ के बीच के सम्बन्ध को विवेचित कर सकते हैं।

ज़ाहिर तौर पर मालिकान हमेशा यह तर्क देते हैं कि यह धन हथिया लेना न्यायसंगत है। क्योंकि उन्हें पुनर्निवेश तथा अपने धन निवेश में शामिल जोखिम की भरपाई के लिए इसकी ज़रूरत होती है। अर्थशास्त्र की किताबों में तो जोखिम और लाभ के अंतर्संबंधों को बाकायदा सिद्धांतबद्ध भी किया जाता है। लेकिन क्या सचमुच सारा जोखिम (risk) सिर्फ़ पूँजीपतियों का होता है? क्या उन फ़ैक्ट्रियों में काम करने वाले कामगार इन झटकों से प्रभावित नहीं होते? व्यावहारिक दुनिया के उदाहरण तो अलग ही क़िस्सा सुनाते हैं। अक्सर देखा जाता है कि जब यह निवेश असफल हो जाता है तो कामगारों को अपनी नौकरी खोनी पड़ती है, जबकि प्रबंधकों तथा निवेशकों को भारी क्षतिपूर्ति मिलती है तथा कामगारों के विपरीत वे जोखिम के ख़तरों से पूरी तरह संरक्षित रहते हैं। हालिया मंदी के दौरान जहाँ काम से निकाल दिए गए कामगार सड़क पर आ गए, आत्महत्या तक करने को मजबूर हुए, वहीं पूँजीपतियों को बाक़ायदा बेलआऊट पैकेज दिए गए। कोरोना के चलते जब फ़ैक्ट्रियाँ बंद हुईं तो मज़दूरों को निकाल दिया गया और वे मीलों पैदल चलकर अपने गाँवों में लौटने को विवश हुए। इस तरह निवेश के जोखिम से अगर सबसे सीधे-सीधे किसी का रिश्ता है तो वह उस उत्पादन से जुड़े आम मज़दूरों/कर्मचारियों का। फिर उनका हिस्सा लाभ में क्यों नहीं होना चाहिए? क्यों उनकी मेहनत का बड़ा हिस्सा पूँजीपति की जेबों में चला जाना चाहिए?

दरअसल मशीनों के नवीनीकरण तथा बैंकों के भुगतान के बाद जो कुछ बच जाता है वह लाभ होता है जिसका एक हिस्सा बुर्जुआ जीवनशैली के रखरखाव पर लगता है और दूसरा नई तथा बेहतर मशीनरी में निवेश के लिए उपयोग किया जाता है, जिससे कामगार और अधिक बेशी मूल्य का उत्पादन कर सकें तथा निवेशक को अपने अन्य प्रतिद्वंद्वियों पर बढ़त हासिल हो सके। लेकिन ज़ाहिर तौर पर हर पूँजीपति यही कर रहा होता है तो फिर उन्हें एक-दूसरे पर बढ़त किस तरह मिलती है? उत्तर बेहद सरल है। जो पूँजीपति कामगारों से जितना अधिक उत्पादन निचोड़ पाता है वह उतना ही आगे निकल जाता है। इस प्रक्रिया में काम के घंटे बढ़ा दिए जाते हैं, ऊँचे-ऊँचे 'टारगेट' दिए जाते हैं, महिला श्रमिकों के साथ मज़दूरी में भेदभाव किया जाता है और लगातार छँटनी की जाती हैं। उस दौर में मार्क्स द्वारा सिद्धांत के स्तर पर कही गयी यह बात आज ज़मीनी हकीक़त के तौर पर बिलकुल साफ़ देखी जा सकती है।

लेकिन जैसे-जैसे हर श्रमिक ज़्यादा-से-ज़्यादा मशीनों से संबद्ध होता जाता है, कुल उत्पादन प्रक्रिया के अनुपात में लाभ का यह स्रोत, श्रमिक का श्रम, कम होता चला जाता

है। यह कुल लाभ की मात्रा में वृद्धि के बावजूद लाभ की दर में ह्रास की प्रवृत्ति को जन्म देता है। दीर्घकाल में पूँजीवाद पर गंभीर ख़तरे को प्रदर्शित करता है। तीस के दशक की महामंदी एक ऐसा ही संकट थी और आज एक बार फिर अमेरिकी तथा यूरोपीय बाज़ारों सहित भारत में जारी आर्थिक संकट से विश्व अर्थव्यवस्था पर यह ख़तरा छाया हुआ है। मार्क्स ने विस्तार से इन संकटों के स्रोतों का ज़िक्र किया है।

पूँजीवाद के तहत मज़दूरी

बेशी मूल्य का सिद्धांत समझने के बाद हम पूँजीवाद के तहत दी जाने वाली मज़दूरी की व्याख्या कर सकते हैं। आमतौर पर यही कहा जाता है और माना जाता है कि मज़दूर की मज़दूरी उसके श्रम का भुगतान होती है। दूसरे शब्दों में यह कि वह श्रम की अपनी पूरी प्रक्रिया के बदले भुगतान पा जाता है। इससे यह भ्रम पैदा होता है कि पूँजीपति और कामगार के बीच सीधा रिश्ता होता है, कामगार अपना श्रम बेचता है और पूँजीपति उसका पूरा भुगतान कर देता है और इसमें शोषण जैसी कोई चीज़ है ही नहीं।

लेकिन असल में पूँजीपति कामगार का श्रम नहीं ख़रीदता, वह उसके श्रम करने की योग्यता यानी उसकी श्रम शक्ति ख़रीद लेता है। उत्पादन की प्रक्रिया में काम शुरू करने से पहले ही कामगार अपना श्रम बेच चुका होता है। इस पूरी प्रक्रिया में उसकी न तो निर्णय में भागीदारी होती है और न ही उत्पाद पर कोई अधिकार। श्रम मूल्य पैदा करता है लेकिन उसका अपना कोई मूल्य नहीं होता। मूल्य श्रमिक का होता है। इसलिए यह कहना कि श्रम एक वस्तु है, सही नहीं है। मूल्य उन वस्तुओं का होता है जो श्रम की पैदावार होती हैं। और इस श्रम के लिए अगर पूँजीपति पूरा भुगतान कर दे तो कोई बेशी मूल्य नहीं पैदा होगा। चूँकि पूँजीपति का अंतिम ध्येय मुनाफ़ा है तो वह ऐसा कर ही नहीं सकता। ऊपर हम इस प्रक्रिया को विस्तार में देख चुके हैं।

पूँजीवादी व्यवस्था में मज़दूरी के अलग-अलग रूप समय के साथ विकसित हुए। काम के घंटों के हिसाब से भुगतान सबसे प्रचलित मज़दूरी विधि है। इसमें काम के एक तयशुदा औसत घंटे तय किये जाते हैं और उस अवधि में किये गए काम के लिए मासिक, साप्ताहिक, पाक्षिक या फिर दैनिक भुगतान किया जाता है। हमने बेशी मूल्य के संदर्भ में दिए गए उदाहरण में देखा कि इस प्रक्रिया में बेशी मूल्य कैसे पैदा होता है। इस प्रक्रिया में काम के घंटे जितने बढ़ते जाते हैं, मज़दूर के शोषण में उतनी ही आसानी होती है। पाठकों को याद होगा कि काम के घंटे कम करने के लिए चले महान संघर्ष की स्मृति में ही अंतर्राष्ट्रीय मज़दूर दिवस 1 मई को पूरी दुनिया में मनाया जाता है। एक और प्रचलित विधि पीस रेट की है, जिसमें उत्पादन के अनुसार भुगतान होता है। जैसे किसी सिले-सिलाए कपड़ों की फ़ैक्ट्री में एक मज़दूर दिन भर में जितने शर्ट या कोई और चीज़ तैयार करेगा, उसका भुगतान उसके अनुरूप दिया जाएगा। इस प्रक्रिया में भी जो टार्गेट सेट किये जाते हैं वह 'सामाजिक रूप से आवश्यक श्रम' के लिहाज़ से नहीं बल्कि सबसे कुशल कामगार की क्षमता के अनुसार ही किये जाते हैं। अधिक मज़दूरी पाने की कोशिश में श्रमिक अपनी

कार्य गहनता बढ़ा देते हैं, काम के घंटे बढ़ा देते हैं और इस तरह पूँजीपति अपना बेशी मूल्य हासिल करता है लेकिन जल्द ही ये कामगार अपनी क्षमताएँ खोने लगते हैं और बहुत कम उम्र में काम के लिए बेकार हो जाते हैं। बाद में 'लाभ साझा करने' से लेकर बोनस तक तमाम विधियाँ ईजाद की गईं, जिनमें शोषण का स्वरूप और महीन होता चला गया। ऊपर से यह भ्रम ज़रूर लगता है कि पूँजीपति अधिक मानवीय हुआ है लेकिन असल में वह इन तरीकों से अपना मुनाफ़ा और तेज़ी से बढ़ा पाता है और मज़दूरों के आक्रोश को भ्रमित कर पाता है।

यही नहीं मुद्रा के रूप में अभिव्यक्त मज़दूरी (nominal wage) अक्सर श्रमिक की वास्तविक मज़दूरी को प्रकट नहीं करती। वास्तविक मज़दूरी मुद्रा की क्रय शक्ति पर निर्भर करती है। यानी वह कितनी वस्तुएँ ख़रीद सकती है। ज़ाहिर है कि जब क़ीमतें बढ़ती हैं, और मुद्रास्फीति पूँजीवादी व्यवस्था में अन्तर्निहित भी है और काम्य भी, तो उसी मज़दूरी से पुराना जीवन स्तर बनाये रख पाना मुश्किल हो जाता है। लेकिन पूँजीपति ऐसे में मज़दूरी या तो बिलकुल नहीं बढ़ाता या फिर जो थोड़ी-बहुत वृद्धि करता है, वह इन बढ़ी हुई क़ीमतों के प्रभाव को बेअसर करने के लिए पर्याप्त नहीं होती। यही नहीं समान श्रम के लिए वह महिलाओं और बच्चों को कम भुगतान करता है, ज़रा-ज़रा सी गलती पर जुर्माने लगाता है और इस तरह बेशी मूल्य को अधिक-से-अधिक करके पूरा का पूरा हड़प कर लेता है। तो जैसा कि मार्क्स गोथा कार्यक्रम की आलोचना में कहते हैं—

> मज़दूरियाँ वह नहीं होतीं जो वे दिखाई देती हैं, श्रम का मान या मूल्य, बल्कि श्रमशक्ति के मान या मूल्य का एक प्रछन्न (छुपा हुआ) रूप भर होती हैं।[128]

इस तरह पूँजीवादी उत्पादन किसी भी कीमत पर लाभ संचित करने की निर्दय तथा उद्दंड आवश्यकता से परिचालित होता है। इस प्रक्रिया में वह अन्य पूँजीपतियों से भी प्रतियोगिता करता है। संचय तथा प्रतियोगिता, ध्यान देने वाले शब्द हैं। अगर एक फ़ैक्ट्री का मज़दूर समान मज़दूरी पर बगल वाली फ़ैक्ट्री के मज़दूर से अधिक उत्पादन करता है तो उस फ़ैक्ट्री का लाभ बढ़ेगा। व्यवहार में इसका अर्थ हुआ कि दुनिया के संसाधनों पर अधिकाधिक अधिकार और बाज़ार की दौड़ में उनका दोहन तथा विनाश। इस प्रक्रिया में जंगल काट दिए जाते हैं, तेल और गैसें धरती से निकाल ली जाती हैं, भू-गर्भ के ईंधन का दोहन किया जाता है, कृषि को सघन किया जाता है और अधिक-से-अधिक ज़मीन खपा ली जाती है। साथ ही सस्ते श्रम की तलाश में दुनिया के ग़रीब देशों तक पहुँचा जाता है। एक तरफ़ पूँजी की आवाजाही पर रोक लगातार कम की जाती है, जिससे उसे अधिक-से-अधिक बाज़ार मिल सके, दूसरी तरफ़ कामगारों पर वीसा की शर्तें और कड़ी की जाती हैं जिससे कम मज़दूरी वाले ग़रीब देशों में बेहद सस्ती दरों पर उनसे उत्पादन का काम कराया जा सके। भारत, चीन, अफ्रीका और ऐसे दूसरे देशों में बहुराष्ट्रीय कम्पनियाँ अपने उत्पादन के काम

128. देखें, पेज 23, *क्रिटिक ऑफ़ गोथा प्रोग्राम, सेलेक्टेड वर्क्स ऑफ़ कार्ल मार्क्स एंड फ्रेडरिक एंगेल्स*, खंड 3, प्रोग्रेस पब्लिशर्स, मास्को—1977

के श्रम सघन (यानी जिसमें अधिक कामगारों की ज़रूरत हो) कार्य स्थानांतरित कर देती हैं और यहाँ के कामगार बेहद अमानवीय शर्तों और सस्ती मज़दूरी पर वह काम करके इन कंपनियों की उत्पादन लागत को कम कर देते हैं। चीन में एप्पल कंपनी के लिए उत्पादन का काम करने वाली कंपनी में मज़दूरों के भयावह शोषण का किस्सा तो अब सब जानते ही हैं। यह सब विकेंद्रीकरण या जिसे आजकल आउटसोर्सिंग कहते हैं, मूलतः कम-से-कम मज़दूरी देकर अधिक-से-अधिक अतिरिक्त मूल्य कमाने के ही तरीके इस प्रकार आज की फैक्ट्रियाँ पहले केवल यूरोप और उत्तरी अमेरिका में थीं। आज वे चीन, कोरिया या भारत में भी हैं। वे भविष्य के संसाधनों का उपयोग कर रही हैं, जल-जंगल-ज़मीन की लूट-खसोट में लगी हैं और इस तरह मानवता के भविष्य पर ख़तरे पैदा कर रही हैं। दरअसल, पर्यावरण संकट की जड़ में मुनाफ़े की यह अंधी हवस ही है।

वे इसे देख क्यों नहीं पाते? क्यों अमेरिका उसे स्वीकार करने से इंकार करता है जो लाखों लोगों के सम्मुख बिलकुल स्पष्ट है? प्रतियोगिता की सतत् दौड़ में पूँजीपति आगे की, कम-से-कम से आगे की सोचने के लिए ठहरता ही नहीं है क्योंकि बाकी सभी भी इसी तरह सोच रहे होते हैं। उसे ऐसा करने में इस अंधी दौड़ में पिछड़ जाने का डर होता है। यह शिकार की तलाश में निकले भेड़ियों के झुण्ड की दौड़ है। मार्क्स द्वारा पहचानी गई पूँजीवाद की प्रवृत्तियों की विडम्बनाओं में से एक यह है कि दीर्घ काल में यह भूमंडलीय तौर पर विनाशकारी होता है लेकिन अंबानी या बिड़ला को अगले वर्ष से लेना-देना नहीं होता। खातों में आज के दिन लाभ दिखना चाहिए। वही खुदा है और वही पैगंबर!

यहाँ एक और विचारणीय प्रश्न यह है कि 'इन वस्तुओं का उत्पादन किसके लिए होता है?' एक ऐसे समाज में जहाँ उत्पादन लोगों की ज़रूरियात पूरी करने के लिए किया जाता है, उत्पादन का निर्णय इन ज़रूरियात के आधार पर ही होगा। फ़ैक्ट्रियाँ भूखों के लिए भोजन का उत्पादन करेंगी, बीमारों के लिए एम्बुलेंस का, शिक्षा के लिए स्कूल खोले जायेंगे। लेकिन यह बिलकुल स्पष्ट है कि पूँजीवाद में कोई और विचार हावी रहता है जिससे एम्बुलेंसों की कमी के बरअक्स हथियारों का भारी जमावड़ा होता है, जहाँ लाखों लोग अनाज की कमी से भूखों मरते हैं जबकि गैरज़रूरी तथा हानिकारक खाने के सामानों की अकल्पनीय मात्रा बाज़ारों में भरी रहती है और फेंक दी जाती है। ऐसा इसलिए है कि वस्तुएँ बाज़ार में खरीदी और बेची जाती हैं, उत्पादक तथा उपभोक्ता के बीच कोई प्रत्यक्ष सम्बन्ध नहीं होता तथा उत्पादन का निर्णय पूरी तरह से लाभ के आधार पर किया जाता है। जैसा कि मार्क्स ने लिखा है, 'पूँजी का उद्देश्य आवश्यकताएँ पूरा करना नहीं होता, मुनाफ़ा कमाना होता है।'[129]

बाज़ार के लिए उत्पादन का एक और परिणाम यह होता है कि पूँजीवाद के अंतर्गत उत्पादन को समाज की आवश्यकता के साथ जोड़ने का कोई समग्र प्रयास नहीं होता। मार्क्स कहते हैं, ''कारखानों में स्वेच्छाचारिता होती है तो इसके विपरीत पूरी अर्थव्यवस्था में अराजकता होती है। व्यवसायों के भीतर तो योजना होती है लेकिन कुल मिलाकर व्यवस्था

---

129. *पूँजी*, खंड 3, कार्ल मार्क्स

योजनाविहीन होती है। इन्हीं चीज़ों के कारण एक आर्थिक व्यवस्था के रूप में पूँजीवाद के चरित्र में ही अस्थिरता, संकट, उछाल तथा गिरावट अंतर्निहित होती है, न कि केवल सांयोगिक घटनाओं के रूप में, जैसा कि इसके समर्थक दावा करते हैं। अत: पूँजीवाद अपने चरित्र में ही संघर्ष, कलह और अंतर्विरोधों पर आधारित व्यवस्था है।''

इस तरह हमारे सामने एक विरोधाभास पैदा हो जाता है। एक तरफ़ पूँजीवाद लगातार उत्पादन को ज़्यादा कार्यक्षम बनाने के तरीके विकसित कर रहा है, सस्ते श्रम की तलाश कर रहा है, कच्चे माल की क़ीमतें कम रखने के लिए संघर्ष कर रहा है और वहीं दूसरी तरफ़ ढेर सारे कामगार अपने कार्यस्थलों पर पहले से कहीं अधिक घंटे खर्च कर रहे हैं और ऐसा लगता है कि जल्दी ही उन्हें अपनी कार्य अवधि में कई और वर्ष भी जोड़ने पड़ेंगे, क्योंकि बड़ी पूँजी पेंशन को वापस ले रही है जिसका पहले उन्होंने बेमन से वादा किया था। इस तरह हालाँकि पूँजीवाद ने पूरी दुनिया की आबादी को भोजन, आवास तथा स्वास्थ्य सुविधाएँ देने की क्षमता विकसित कर ली है, लेकिन इस व्यवस्था की प्रकृति ऐसी है कि करोड़ों लोग इन मूलभूत सुविधाओं से वंचित हैं। जिसे मानव जाति के श्रम से मुक्ति को प्रदर्शित करना चाहिए वह पूँजीवाद में उल्टा प्रभाव डालता है। जहाँ तकनीक के ज़्यादा विकास से मनुष्य के काम के घंटों में कमी आनी चाहिए थी, जिससे वह अपनी कलात्मक, बौद्धिक तथा अन्य अभिरुचियों को पूरा कर सके, वहीं मुनाफ़े की हवस में हुआ उल्टा है। लंबे संघर्ष से अर्जित काम के आठ घंटों का अधिकार छीना जा रहा है, सामाजिक सुरक्षाएँ वापस ली जा रही हैं और तकनीकी विकास का लाभ पूँजीपतियों की जेब में जा रहा है। ज़रा सोचिये कि जब मशीनें पहले से कई गुना बेहतर हो गयी हैं, जब पहले से काफ़ी कम श्रम के उपयोग से उतने ही समय में कई गुना उत्पादन बढ़ गया है तो काम के घंटे बढ़ने क्यों चाहिए थे? असल में होना तो यह चाहिए था कि काम के घंटे कम होते और अधिक उत्पादन के चलते बढ़े हुए लाभ के कारण कामगारों को अधिक तनख़्वाह मिलती।

इसे ऐसे समझिये कि जब पहले आठ घंटों की मेहनत से जितना माल बनता था, उससे कई गुना माल चार घंटे में ही अब अच्छी और बेहतर तकनीक से बन सकता है तो कामगार को उसी स्तर की तनख़्वाह के लिए आठ घंटे या और अधिक क्यों काम करना पड़ता है? यहाँ हम वेनेजुएला के दिवंगत समाजवादी राष्ट्रपति उगो शावेज़ का वह कदम याद कर सकते हैं, जिसमें उन्होंने काम के घंटे दिन में 6 करने का निर्णय लागू किया। ज़ाहिर है कि अब इस नव-साम्राज्यवादी दौर में पूँजीपति उन मशीनों और तकनीक के चलते बढ़ी हुई उत्पादकता का सारा मुनाफ़ा ख़ुद हजम कर रहा है और कामगार के शोषण में कई गुना वृद्धि हो गयी है।

मार्क्स संकटों के साथ कामगार वर्ग के बढ़ते संकट की सटीक पहचान काफ़ी पहले कर चुके थे। अपने प्रसिद्ध आलेख 'दर्शन की दरिद्रता' में मुक्त व्यापार के सवाल पर उन्होंने लिखा था—

श्रमिकों के लिए सबसे लाभकारी स्थिति पूँजी के विकास की स्थिति है। इसे अवश्य स्वीकार किया जाना चाहिए। जब पूँजी स्थिर रहती है तो व्यापार तथा उत्पादन स्थिर ही नहीं रहता अपितु घट जाता है और इसका पहला शिकार श्रमिक होता है और पूँजी के विकास की स्थिति में, जिसे हमने श्रमिकों के लिए सर्वश्रेष्ठ स्थिति कहा है, उसके साथ क्या होता है? वह उसी तरह शिकार होता है। पूँजी के विकास का अर्थ होता है पूँजी का एकत्रण एवं संकेंद्रण (यानी कुछ हाथों में उसका सिमटना)। यह केन्द्रीकरण श्रम के और विभाजन तथा मशीन के और अधिक उपयोग को जन्म देता है। और इससे कुशल कामगारों की जगह सामान्य श्रमिकों की भरती कामगारों के बीच प्रतिस्पर्धा को बढ़ाती है।

यह प्रतिस्पर्धा तब भयावह हो जाती है जब श्रम विभाजन के कारण एक व्यक्ति तीन का काम करने के योग्य हो जाता है। उत्पादक पूँजी का संकेंद्रण औद्योगिक पूँजीपति को लगातार अधिक उत्पादन के साधनों के साथ काम करने को बाध्य करता है, जिससे छोटे उत्पादक नष्ट होकर सर्वहाराओं की श्रेणी में आ जाते हैं। गिरती ब्याज दरों से छोटे व्यापारी तथा सेवानिवृत्त लोग भी बर्बाद होकर इस श्रेणी में शामिल हो जाते हैं। अंततः जितना ही यह उत्पादन करने पर बाध्य होती जाती है जिसकी ज़रूरियात इसे पता ही नहीं होती। बढ़ती आपूर्ति माँग पैदा करने की कोशिश करती है और फलतः संकट की बारंबारता तथा तीव्रता बढ़ती ही जाती है। हर संकट के साथ पूँजी का संकेंद्रण बढ़ता ही जाता है जिससे सर्वहारा की संख्या भी बढ़ती जाती है। इस प्रकार जैसे-जैसे उत्पादक पूँजी बढ़ती है, श्रमिकों के बीच प्रतिस्पर्धा भी बढ़ती है और श्रमिकों की मज़दूरी घटती चली जाती है जबकि कम-से-कम कुछ का भार तो बढ़ता ही जाता है।

और इस प्रक्रिया में 'मज़दूर जितना ही अधिक धन पैदा करता है शक्ति और मात्रा में उसके द्वारा किए गए उत्पादन में जितनी ही अधिक वृद्धि होती है वह उतना ही अधिक ग़रीब होता जाता है। मज़दूर जितने अधिक माल की सृष्टि करता है निरंतर उतना ही अधिक सस्ता माल वह ख़ुद बनता जाता है। मानवों की दुनिया का अवमूल्यन वस्तुओं की दुनिया के बढ़ते हुए मूल्य के सीधे अनुपात में होता है।[130]

मार्क्स और उनके बाद के लेखकों ने इस पूरी प्रक्रिया को बहुत विस्तार में समझाया है और मार्क्स सिर्फ़ आलोचना या विश्लेषण तक नहीं रुकते। वह तार्किक तरीके से बताते हैं कि सर्वहारा ही समाजवादी क्रांति का प्रतिनिधि है। वह मज़दूरों का किसी रूप में आदर्शीकरण नहीं करते। न तो वह उन्हें दूसरे संघर्षरत लोगों से मज़बूत या बेहतर घोषित करते हैं और न ही उन्हें पूँजीवादी समाज में पैदा होने वाले अंतर्विरोधों से मुक्त समझते हैं। एक आम मज़दूर व्यक्तिगत स्तर पर किसी भी दूसरे व्यक्ति की तरह ही स्वार्थी, पतित, पुरुष अहं की ग्रंथि का शिकार कुछ भी हो सकता है लेकिन इस नवीन पूँजीवादी समाज में एक वर्ग के रूप में वह ऐसी विशिष्ट स्थिति में होता है कि एक तरफ़ इसे बदलना उसके हित में होता है और दूसरी तरफ़ उसमें ऐसा करने की क्षमता भी होती है। सर्वहारा वर्ग के पास खोने

130. 1844 की अर्थशास्त्र और दर्शन सम्बन्धी पांडुलिपियाँ, कार्ल मार्क्स

के लिए कुछ नहीं होता और सामूहिक शक्ति ही उसका इकलौता हथियार होती है। वह एक समाजवादी समाज की परिकल्पना सामने रखते हैं, जहाँ परिसम्पत्तियों और उत्पादन के साधन पर श्रमिकों का अधिकार होगा और वर्गीय शोषण का ख़ात्मा हो जाएगा। जहाँ उत्पादन मुनाफ़े के लिए नहीं बल्कि सामाजिक आवश्यकताओं की पूर्ति के लिए किया जाएगा और 'क्षमता के अनुसार काम तथा आवश्यकता अनुसार भुगतान' का सिद्धांत श्रम और उत्पादन के बीच के सम्बन्ध निर्धारित करेगा। रूस, चीन और दीगर देशों में मार्क्स की शिक्षाओं को अपनी स्थानीय परिस्थितियों पर लागू कर ऐसी क्रांतियाँ संपन्न भी हुईं और जब तक वे अस्तित्व में रहीं, उन्होंने ऐसी शोषणविहीन व्यवस्था के निर्माण के लिए सतत् प्रयत्न किये। अपनी असफलताओं के बावजूद उन्होंने मानव समाज के सम्मुख मुक्ति के महास्वप्न का जो आदर्श रखा है, वही एक ऐसे शोषणमुक्त, समानता आधारित समाज की स्थापना कर सकता है, जहाँ मनुष्य की हर तरह की सामाजिक-आर्थिक-राजनैतिक असमानताओं का अंत किया जा सके। मार्क्स स्पष्ट रूप से बताते हैं कि ऐसी क्रांतियाँ कोई एक व्यक्ति नहीं बल्कि सर्वहारा की अपनी पार्टी ही ला सकती है। बिना क्रांतिकारी संगठन के क्रान्ति असम्भव है।

20

सवाल दुनिया को बदलने का है : विकल्प की तलाश

बीसवीं सदी का आरंभ पूरी दुनिया में पूँजीवाद के मानव विरोधी सामाजिक, आर्थिक तथा राजनैतिक ढाँचे के मानवीय विकल्प के रूप में वैज्ञानिक समाजवाद के उदय का युग था। सोवियत रूस में ब्लादीमिर इल्यीच लेनिन के नेतृत्व में बोल्शेविक दल द्वारा संपन्न समाजवादी क्रांति ने मार्क्स के सिद्धांतों को पहली बार अमलीजामा पहनाया तो दुनिया भर की शोषित पीड़ित मानवता के सामने मुक्ति की नई राह खुल गई। योरप के कई देशों, लातिनी अमेरिका के क्यूबा सहित तमाम देशों, एशिया में चीन तथा वियतनाम में कम्यूनिस्ट पार्टियों ने आम जन की लड़ाई पूरी शिद्दत से लड़ी। इसी दबाव के चलते पूँजीवादी राज्यों को अपने श्रमिकों को तमाम सामाजार्थिक सुरक्षाएँ ही नहीं प्रदान करनी पड़ीं बल्कि एक हद तक अपनी आर्थिक नीतियों को समाजवादी रंग भी देना पड़ा। लेकिन आज परिस्थितियाँ काफ़ी हद तक बदल चुकी हैं। सोवियत रूस के पतन, चीन में माओ की मृत्यु के बाद देंग के नेतृत्व में पूँजीवादी पुनर्स्थापना द्वारा कम्युनिज़्म की आड़ में स्थापित जनविरोधी व्यवस्थाओं का पर्दाफाश और अंतर्राष्ट्रीय कम्यूनिस्ट आंदोलन में विभ्रम, बिखराव और विपर्यय की स्थिति ने इस सपने को धुँधला दिया है। नवसाम्राज्यवादी उभार के इस दौर में एकध्रुवीय विश्व के नायक अमेरिका और उसकी मित्र मंडली ने विश्व की आर्थिक, राजनैतिक सत्ता को ही नहीं मीडिया के सहारे सांस्कृतिक मूल्यों को भी गहरे प्रभावित किया है। सर्वहारा वर्ग को दी गईं सहूलियतें एक-एक करके छीनी जा रही हैं और इसका कोई व्यापक संगठित प्रतिरोध भी दिखाई नहीं दे रहा। तात्कालिक तौर पर यह समाजवाद की राज्य व्यवस्था के रूप में हार ही लगती है। लेकिन क्या इससे यह साबित होता है कि मार्क्स के विचार अब प्रासंगिक नहीं रह गए?

यह सवाल लगातार उपस्थित रहा ही है कि मार्क्सवाद का भविष्य क्या है? भूमंडलीकृत विश्व में मार्क्सवाद क्या अपनी कोई जगह बना पायेगा? क्या दुनिया भर में जो शोषित-पीड़ित जन हैं, वे अपनी मुक्ति के लिए इसे एक बार फिर से हथियार की तरह इस्तेमाल कर नव-साम्राज्यवाद की कब्र खोदेंगे या इसी भूमंडलीय पूँजी के साम्राज्य में अपने लिए थोड़ी-सी दलदली ज़मीन पाकर संतोष कर लेंगे? सवाल यह भी पूँजीवाद

के एकदम आरम्भिक युग में दी गयीं मार्क्स की प्रस्थापनाएँ क्या पूँजी के इस विराट भूमंडलीकृत स्वरूप को विवेचित करने में सफल हो सकती हैं? क्या स्टालिन का मॉडल एक लोकतांत्रिक समाज के लिए आदर्श विकल्प हो सकता है? क्या लोकतंत्र से कोई बेहतर शासन व्यवस्था सम्भव है? क्या तानाशाही को अब एक बेहतर वैकल्पिक व्यवस्था के रूप में स्वीकार किया जा सकता है?

सवाल बहुत हैं। हमारे देश में एक सवाल तो यह भी पूछा जाता है कि जब अस्सी साल में कुछ नहीं हुआ तो अब क्या हो जाएगा? निराशाएँ स्वाभाविक हैं और उम्मीदें भी। अस्सी साल को साथी इस तरह कोट करते हैं अक्सर जैसे आठ सौ साल हों। अपनी उम्र में सब कुछ पा लेने, देख लेने का यह मध्यवर्गीय रूमान ख़ासतौर से हिन्दी के साहित्यिक वाम में खूब दिखता है। ज़रा सोचिये कि 1857 के अस्सी साल बाद यही किसी ने आज़ादी की लड़ाई लड़ रहे दीवानों से कहा होता (कहते ही होंगे लोग) तो उसे हम आज क्या कहते? कहीं पढ़ा था—हज़ारों वर्षों में कुछ नहीं होता, रातोरात सब बदल जाता है—तो वे हज़ार वर्ष तैयारी के वर्ष होते हैं। सैद्धांतिक बातों से आगे मैं यहाँ यही कहूँगा कि इस मुश्किल वक़्त में निराशा से भरे सवाल उठाना सबसे आसान है, उन निराशाओं को काटने की सैद्धांतिक और ज़मीनी कोशिश मुश्किल। लेकिन दुर्भाग्य से मुश्किल काम ही अक्सर ज़रूरी काम होते हैं...मार्क्स से ग्राम्शी, देरिदा, अल्थ्यूजर और जिजेक तक वामपंथी दर्शन का पर्याप्त विकास हुआ है और पर्यावरण से लेकर जेंडर तक इसके विमर्श में प्रमुखता से शामिल हुए हैं। इन सबको साथ लेकर रूस से क्यूबा तथा वेनेजुएला जैसे विपुल अनुभवों के परिप्रेक्ष्य में भारतीय समाज के लिए क्रान्ति के वैकल्पिक मॉडल्स और उसकी तैयारियों/सीमाओं/उम्मीदों पर काम आज के वामपंथ का कार्यभार है।

एक सवाल लगातार पूछा जाता है कि क्या अब सच में मार्क्सवाद की कोई प्रासंगिकता नहीं रही? सच इसके विपरीत है। साम्राज्यवाद के आक्रामक होते जाने के साथ-साथ जिस तरह दुनिया भर की बहुसंख्यक श्रमिक आबादी की दैहिक तथा मानसिक गुलामी की ज़ंजीर दिनोदिन मज़बूत होती जा रही है, मार्क्स का सर्वहारा की मुक्ति का महाआख्यान और ज़्यादा प्रासंगिक हो गया है। यूनिवर्सिटी कॉलेज, लन्दन के लिओनार्ड वुल्फ ने वर्ष 2002 में लिखी अपनी किताब *व्हाई रीड मार्क्स टुडे* के अनुभव से बताया कि आज दुनिया भर में पूँजीवाद के विनाशकारी अनुभवों के चलते एक वैकल्पिक व्यवस्था के लिए चल रहे आन्दोलनों के सामने मार्क्स के सिद्धांत और उसके द्वारा सुझाई गयी व्यवस्था एक आदर्श के रूप में स्वीकार की जा रही है। यह यों ही नहीं है कि बढ़ती बेरोज़गारी और घटते सरकारी खर्चों के ख़िलाफ़ पूरे योरप में चल रहे आन्दोलनों के हाथ में लाल झंडा होता है तो अमेरिका में चले 'आकुपाई द वाल स्ट्रीट' आन्दोलन के नेतृत्व में भी वामपंथी ही थे। हमने देखा कि कोरोना के संकट के समय क्यूबा का समाजवादी शासन इटली जैसे उन देशों को भी चिकित्सकीय सुविधाएँ उपलब्ध करा रहा था, जिन्होंने उस पर प्रतिबन्ध लगा रखा था।

दरअसल मार्क्स ने समाजवादी राज्य की स्थापना के लिए कोई जादू की छड़ी नहीं बनाई थी जो उस व्यवस्था के नाकाम हो जाने से बेकार साबित हो गई। मार्क्स, जैसा कि

देखा है, पूँजीवाद के उद्‌भव की वैज्ञानिक विवेचना और उसकी गतिकी का अध्ययन मनुष्यता के विकास के अब तक के क्रम की सटीक पहचान और उसके आधार पर भविष्य में शोषणविहीन समाज के निर्माण हेतु नए रास्तों के अन्वेषण के लिए कर रहे थे। इतिहास और दर्शन की द्वंद्वात्मक व्याख्या द्वारा उन्होंने बताया कि समाज तथा मानवता की असली परिचालक शक्ति उत्पादन से जुड़े आमजन हैं। पूँजीवाद की कार्यप्रणाली की उनकी विवेचना आज भी उतनी ही सटीक है। रूस, चीन तथा दूसरी जगहों पर स्थापित समाजवादी व्यवस्थाओं का निर्माण उनके विचारों की प्रासंगिकता तथा रचनात्मकता का स्पष्ट प्रतिबिंब है। इन जगहों पर जब तक सत्ताएँ सही तरीके से चलती रहीं, उन्होंने बहुसंख्यक सर्वहारा वर्ग महिलाओं तथा दमित राष्ट्रीयताओं के पक्ष में अनेक युगांतरकारी कार्य किए और इसकी स्पष्ट नज़ीर उन दिनों उन देशों में रहे तमाम पत्रकारों, लेखकों और दूसरे लोगों द्वारा लिखे गए संस्मरणों में मिलती है। इनमें ऐसे लोग भी बड़ी संख्या में थे जिनकी विचार के तौर पर वामपंथ से सहमति नहीं थी।

लेकिन इन सबके बावजूद यह एक तथ्य है कि रूस चीन और कई दूसरे देशों में कम्युनिज़्म दीर्घजीवी नहीं हो सका। साथ ही चाऊसेस्कू जैसे अनेक बर्बर तानाशाहों ने वामपंथ के नाम पर जिस तरह की व्यक्तिगत तानाशाहियाँ चलाईं, उसने भी वामपंथ के पैरोकारों के समक्ष गंभीर चुनौतियाँ खड़ी कर दीं। मार्क्सवाद कोई कोरा दर्शन नहीं अपितु एक शोषणविहीन व्यवस्था के निर्माण के लिए कर्मों का मार्गदर्शक सिद्धांत है। ऐसे भी किसी भी गंभीर मार्क्सवादी के लिए बीसवीं सदी की समाजवादी व्यवस्थाओं की विफलता की सम्यक विवेचना, समय की समझ तथा इक्कीसवीं सदी के समाजवाद के निर्माण के लिए नई राहों का अन्वेषण एक अकादमिक शोध नहीं अपितु भविष्य के निर्माण का आवश्यक गंभीर प्रश्न है।

ऐसा भी नहीं है कि इस बारे में कोशिशें नहीं की जा रहीं। दुनिया भर के मार्क्सवादी अपनी-अपनी तरह से इन सवालों के जवाब ढूँढ़ने मॉडल खड़े करने की कोशिशें दुनिया भर की कम्यूनिस्ट पार्टियों और मार्क्सवादी बुद्धिजीवियों के लिए केंद्रीय चिंता का विषय हैं। लातिन अमेरिका के तमाम देशों और अभी हाल में ही नेपाल में हुए प्रयोग इसके गंभीर उदाहरण हैं। भारत में भी इन प्रश्नों के इर्द-गिर्द तमाम बहस मुबाहिसे तथा विचार मंथन जारी है। इस विवेचना का मेरा यह प्रयास भी इसी प्रक्रिया का हिस्सा है और इस रूप में इसे किसी बुद्धिजीवी की नई प्रस्थापना नहीं अपितु व्यापक वामपंथी आंदोलनों के अध्ययन तथा भागीदारी से उपजी सामूहिक समझदारी का हिस्सा समझा जाना चाहिए।

बीसवीं सदी की क्रांतियाँ : एक मूल्यांकन

सबसे पहले आइए बीसवीं सदी में संपन्न महान क्रांतियों की स्थितियों की विवेचना का प्रयास करते हैं। यह समझदारी इन व्यवस्थाओं की विफलता तथा इससे पैदा हुए इक्कीसवीं सदी के उस वैचारिक वातावरण को समझने में मदद करेगी, जिसमें पूँजीवाद को विकल्पहीन (इतिहास का अंतिम पड़ाव) तथा समाजवाद को असफल ही नहीं बर्बर,

गैरजनतांत्रिक और मनुष्य और स्वतंत्रता का शत्रु मान लिया गया है। पूँजीवादी मीडिया का दुष्प्रचार एक बड़ा कारक हो सकता है। लेकिन उन्हें ऐसा प्रस्तुत करने के पर्याप्त अवसर मिले यह भी एक कटु सत्य है।

सामान्यत: समाजवादी व्यवस्थाओं विफलता के लिए महान क्रांतिकारी नेताओं की मृत्यु अमेरिकी साज़िशें, गद्दारों और संशोधनवादियों द्वारा सत्ता पर आधारित पार्टियों के निर्माण तथा सृजन सचेत क्रांतियों के नए संस्करणों की तैयारी पर बल दिया जाता है, परंतु कोई भी महान क्रांतिकारी नेता अमर नहीं हो सकता। जिस साम्राज्यवाद के विरोध में समाजवादी व्यवस्था खड़ी होती है, उससे किसी दोस्ताने, रियायत की उम्मीद नहीं की जा सकती और न ही कठोर-से-कठोर अनुशासन गद्दारों की पूर्ण सफ़ाई कर सकता। दरअसल, असली प्रश्न तो यह है कि आखिर वे कौन से कारण हैं जिनके चलते महान नेताओं के बाद गद्दार संशोधनवादी नेतृत्व सत्ता पर कब्ज़ा करने का अवसर पा जाता है? क्यों व्यक्तियों की असफलताएँ क्रांतिकारी की असफलता बन जाती है? आखिर वह कौन-सी परिस्थितियाँ थीं, जिनके चलते माओ के बाद देंग सत्ता पर कब्ज़ा ही नहीं कर लेते हैं अपितु अबाध रूप से अपनी संशोधनवादी नीतियाँ भी लागू करने में सफल रहते हैं? क्यों समाजवादी विचार प्रणाली समाज के सहजबोध का हिस्सा नहीं बन पाई? एक व्यवस्था के रूप में समाजवाद के पतन से ज़्यादा बड़ा सवाल है व्यापक आबादी के भविष्य स्वप्न के रूप में समाजवाद का पतन और इन सवालों का जवाब ढूँढ़े बिना नई सदी में समाजवाद की स्थापना के प्रश्न सुलझाए नहीं जा सकते ।

बीसवीं सदी का समाजवाद उस सदी की ठोस वस्तुगत परिस्थितियों पर आधारित था। उसकी सैद्धांतिक विचारधारात्मक समझदारी पर स्वाभाविक रूप से उन परिस्थितियों की छाप थी। इस समाजवाद का निर्माण मूलत: सामंती, औपनिवेशिक (रूस के अपवाद के साथ) तथा अत्यंत पिछड़ी हुईं व्यवस्थाओं के ध्वंस पर हुआ था। साथ सभी देशों में वह युद्धों, विपत्तियों, आपदाओं का आपातकालीन दौर था। समाजवाद ने ऐसी परिस्थितियों में तीखे संघर्ष चलाकर युद्धों में विजय प्राप्त की। आपदाओं से मुकाबला किया और अपेक्षाकृत अधिक जनतांत्रिक समाज में तथा शोषणमुक्त व्यवस्थाओं का निर्माण किया। लेनिन,स्तालिन तथा माओ जैसे क्रांतिकारी सफल सैन्य संचालक थे, जिन्होंने उस दौर की पीड़ित मानवता को आपदाओं के दलदल से बाहर निकाला। इन दमित, शोषित लोगों की माँगें भी तत्कालीन परिस्थितियों के अनुरूप ही थीं। थोड़ी-सी ज़मीन, सम्मान और जीवन की न्यूनतम सुविधाएँ। तत्कालीन समाजवाद ने यह सब उपलब्ध कराया और जनता पूरी तरह उनके साथ हो गई। यह समाजवाद की महान उपलब्धि थी।

लेकिन आपदाकाल समाप्त होने के साथ-साथ सामाजार्थिक परिस्थितियाँ भी बदलीं। दमित, शोषित लोग एक समाजवादी समाज के स्वतंत्र कामगार नागरिक थे। अब उनकी आकांक्षाएँ पहले से भिन्न थीं। वे अपने भविष्य के नियंता होना चाहते थे। वे चाहते थे कि उत्पादन, समृद्धि, रचनात्मकता, जनतंत्र, चयन तथा स्वतंत्रता का अधिकार और उच्चतर जीवन स्तर। पूँजीवाद से अपनी स्पर्धा में वे आगे निकल जाना चाहते थे और एक बेहतर

व्यवस्था के हिस्से के रूप में उन की ये आकांक्षाएँ न्यायसंगत भी थीं। यही वह काल था जब समाजवादी व्यवस्थाएँ अपनी जनता की आकांक्षाएँ पूरी करने में सफल नहीं रहीं। आपातकाल की महान रणनीतियाँ सामान्य स्थितियों में लागू नहीं हो सकीं। अर्थव्यवस्थाएँ पिछड़ने लगीं, उत्पादन प्रणालियाँ विफल हुईं, अकर्मक सामाजिक तथा गैर जनतांत्रिक राजनैतिक प्रणालियाँ उभरीं और इन सबने महान समाजवादी देशों को भीतर से खोखला कर दिया।

सर्वहारा के प्रतिनिधि के रूप में पार्टी की अतिकेंद्रीयकृत नियंत्रण व्यवस्था ने एक तरफ़ नौकरशाहों का भ्रष्ट वर्ग पैदा किया तो दूसरी तरफ़ उत्पादन की व्यवस्था में आम श्रमिक की भागीदारी विकसित न होने देने के कारण उसमें वही उदासीनता तथा पार्थक्य भर दिया, जिसे मार्क्स ने पूँजीवादी उत्पादन प्रणाली की लाक्षणिकता के रूप में चिह्नित किया था। राज्य तथा अर्थव्यवस्था को जिस सतत् क्रान्तिकारीकरण की ज़रूरत थी, वह कर पाने में ये व्यवस्थाएँ विफल रहीं। जिससे एक तरफ़ तो संशोधनवादियों को उभरने का मौका मिला तो दूसरी तरफ़ जनता की उदासीनता में लगातार वृद्धि हुई। नौकरशाही पर ज़रूरत से अधिक निर्भरता के कारण एक साधन-संपन्न वर्ग भी तैयार हुआ और ऐसे में ज़ाहिर था कि जनता का आक्रोश फूटता। संसाधनों की कमी के दौर में यह स्वाभाविक था कि वंचित तबके सवाल खड़े करते। ख़ासतौर पर सोवियत संघ में जिन देशों ने एक साथ मिलकर एक समाजवादी राज्य की स्थापना की थी, वे अब इस असमान विकास से ख़ुद को छला हुआ महसूस करने लगे। जिसका नतीजा यह हुआ कि उन्होंने ख़ुद को इस महासंघ से अलग कर लेने का फ़ैसला किया।

संक्षेप में बीसवीं सदी का समाजवाद पिछड़ी हुई अर्थ व्यवस्थाओं में पैदा हुआ पिछड़ा हुआ समाजवाद था। उसने ऐतिहासिक भूमिका निभाई और इस रूप में वह दुनिया भर में मार्क्सवादियों के लिए प्रेरणास्रोत है। लेकिन साथ ही यह भी सच है कि आज के बदले हुए समय में उन मॉडलों के आधार पर क्रांतियाँ संपन्न नहीं की जा सकतीं और इक्कीसवीं सदी के समाजवाद को अपने समय के ठोस आकलन पर आधारित होना होगा।

भविष्य का सवाल

आज क्रांतियाँ जब और जहाँ भी होंगी वे पहली बार एक पूँजीवादी अर्थव्यवस्था तथा बुर्जुआ जनतांत्रिक राज्य व्यवस्थाओं में होंगी और उनके केंद्र में दमित, वंचित लोग नहीं अपितु कामगार लोग होंगे। ऐसा इसलिए नहीं कि दमित, वंचित लोग अब हैं ही नहीं। वे अब भी हैं और संघर्षरत हैं। उनका संघर्ष तथा उनकी मुक्ति के प्रश्न क्रांति का अनिवार्य हिस्सा होंगे परंतु औपनिवेशिक दौर से आगे निकल चुके हैं। आज साम्राज्यवादी दौर में क्रांति का केंद्रीय तत्व कामगार ही होंगे। भले उनका बड़ा हिस्सा पूँजीपतियों के हाथों बिक चुका है और एक हिस्सा, जो पेशेवर कहा जाता है, अपने आप को कामगार मानता ही नहीं है।

आज हमारा मुकाबला एक गतिमान व्यवस्था से है। हम लाख कहते रहें कि पूँजीवाद बीमार है, मरणासन्न है परंतु हक़ीक़त यह है कि पिछली एक सदी में पूँजीवाद ने नई

आर्थिक तथा राजनैतिक नीतियाँ विकसित की हैं, नई सामाजिक तथा सांस्कृतिक प्रक्रियाएँ निर्मित की हैं, नई उत्पाद तकनीकें और नए बाज़ार ढूँढ़े हैं जिसने इसे नया जीवन प्रदान किया है। लेकिन इन सबके बावजूद इसका मूल चरित्र नहीं बदला है। मुट्ठी भर पूँजीपतियों द्वारा बहुसंख्यक आबादी का शोषण, मुनाफ़े की अंधी हवस, असमानताओं का सतत् विस्तार सहित वे सभी कारक आज भी बदले हुए रूपों में मौजूद हैं जिनसे पूँजीवाद का बार-बार चक्रीय संकटों में फँसना तय है। असमान विकास पूँजीवाद के मूल में है और यह असमानता एक तरफ़ दुनिया को विभिन्न स्तरों पर अमीर-ग़रीब में बाँटेगी तो दूसरी तरफ़ इससे असंतोष और हिंसा का जन्मना तय है। कभी तेल के बँटवारे के लिए, कभी प्राकृतिक संसाधनों के दोहन के लिए, कभी सस्ते मज़दूरों के लिए हम रोज़ ही अफ्रीका से दक्षिण एशिया और मध्य-पूर्व से लातिनी अमेरिका तक यह असंतोष और हिंसक प्रतिरोध देख रहे हैं। इसीलिए क्रांति आज भी सम्भव ही नहीं अत्यंत आवश्यक भी है। परंतु वह सच्चाइयों पर पर्दा डालकर नहीं अपितु उनसे सीधे-सीधे टकराकर ही हो सकती है।

आज के समाजवादी आंदोलन के समक्ष यही चुनौती है। उसे किसी नष्टप्राय नहीं अपितु एक गतिमान रूप से संतुलित व्यवस्था से लड़ना है और इसीलिए उसे ज़्यादा रचनात्मक तथा वस्तुपरक (objective) होने की आवश्यकता है। एक ऐसी दुनिया में जहाँ का सर्वहारा भी पूँजीवाद को अपनी व्यवस्था मानने लगा है, चुनौती केवल न्यायपूर्ण और बराबरी की ही नहीं बल्कि एक ऐसी व्यवस्था के निर्माण की है जो ज़्यादा ऊँचे जीवन स्तर उपलब्ध करा सके, ज़्यादा विकासमानता, ज़्यादा उत्पादकता, ज़्यादा समृद्धि दे सके और साथ ही जिसका राजनैतिक आधार बुर्जुआ जनतंत्र से अधिक जनतांत्रिक हो, जिसमें व्यक्ति की रचनात्मकता तथा प्रयोगशीलता का सम्यक् विकास हो सके। उसे अभिव्यक्ति, चुनाव तथा निर्णय के और अधिक अधिकार मिलें और बहुसांस्कृतिक समाजों में सम्मान आधारित शांतिपूर्ण समाज व्यवस्था का निर्माण हो सके। लिंग, नस्ल, जातिवाद जैसे भेदभाव पूरी तरह समाप्त हों तथा हर मनुष्य की गरिमा का पूरा सम्मान हो।

और आगे की राह आसान नहीं है तो असम्भव भी नहीं। आज पूँजीवादी विश्व विकल्पहीनता के अपने नारों के बावजूद जितने गंभीर संकट से गुज़र रहा है, उतना पहले कभी नहीं था। मशहूर वामपंथी विद्वान लुई प्रोयेक्ट कहते हैं, ''पूँजीवाद के संकट का सवाल विश्व के प्रमुख औद्योगिक राष्ट्रों के सम्मुख जिस तरह खड़ा है वैसा 1930 के दशक के बाद कभी नहीं हुआ था। जहाँ एक ओर बहुत से लोग मानते हैं कि मंदी की विकटता अपने चरम पर है, वहीं यह मानने वाली प्रवृत्ति भी चली आई है कि पूँजीवाद अब व्यवसाय चक्र (business cycle) के दुरुस्त होने के चरण में है। मसलन, संयुक्त राष्ट्र अमेरिका में अब बेरोज़गारी की दर 7.7 फ़ीसदी है जो पिछले चार सालों में सबसे कम है। इस सुधार के बावजूद यूरोप का बहुत-सा हिस्सा अब भी यूरोज़ोन संकट में डूबा हुआ है।'' दुनिया भर में भारी असंतोष है जो कभी मिस्र में तहरीर चौक के आन्दोलन के रूप में फूटता है तो कभी फ्रांस से लेकर ग्रीस तक में सरकारी खर्चों में कटौती के ख़िलाफ़। ख़ुद अमेरिका में जो आन्दोलन 'वॉल स्ट्रीट पर कब्ज़ा करो' के नारे के साथ सड़क पर आया, उसके नेतृत्वकारी

निकाय में जिजेक जैसे वामपंथी चिंतकों से लेकर ट्रेड यूनियन नेता और कलाकार शामिल थे। भारत सहित तीसरी दुनिया के देशों में भी प्रतिरोध के तमाम छोटे-बड़े आन्दोलन उभर रहे हैं...तो वस्तुगत परिस्थितियाँ तैयार हैं और गेंद वैकल्पिक व्यवस्था के निर्माण का लक्ष्य रखने वाले मार्क्सवादियों के पाले में है। लेकिन अगर केवल वस्तुगत परिस्थितियों से इंक़लाब होते तो सारे अफ़्रीका और आधे से अधिक एशिया में भूख और अत्याचार की मारी जनता कब का इंक़लाब कर चुकी होती। इंक़लाब के लिए वस्तुगत परिस्थितियाँ जितनी ही ज़रूरी है, इंक़लाबी ताकतों की उन परिस्थितियों का फ़ायदा उठाने और एक बेहतर मानवीय विकल्प दे पाने की क्षमता। आज कोई भी विकल्प आयरन रूल का नहीं हो सकता। वर्ग-संघर्ष तो आज भी है, लेकिन उसके निष्पादन के तरीके बीसवीं सदी के नहीं हो सकते। पुराने औज़ारों से नए आविष्कार नहीं किये जा सकते। मूलभूत सिद्धांतों के आधार पर अपने समय के लिए नए औज़ार गढ़ना और उनके सहारे एक नया बुर्ज़ खड़ा करना किसी भी समय के क्रांतिकारियों का ज़रूरी कार्यभार होता है...आज भी है। आज यह पूँजीवादी समाज सब कुछ दे सकता है—बस बराबरी नहीं दे सकता। और गैरबराबर दुनिया में शान्ति सम्भव ही नहीं। इस सवाल को पूरे दमखम के साथ बहस में लाते हुए अगर आने वाले समय के लिए अधिक समृद्धि, शान्ति और समानता पर आधारित समाज के लिए संघर्ष किया जाएगा तो इनकी कोख से जो नए नारे निकलेंगे, जो नई अधिक समावेशी तथा अस्मिता जैसी तमाम लड़ाइयों को साथ लेकर चलने वाली और वर्गीय उत्पीड़न के साथ उत्पीड़क सामाजिक संरचनाओं के समूल नाश का लक्ष्य लेकर चलने वाली नई संरचनाएँ सामने आएँगी, वे निश्चित रूप से नए सर्वहारा को आकर्षित करने तथा उसे विकल्प की लड़ाई की ओर प्रवृत्त करने में सफल होंगी। मार्क्सवाद का भविष्य मार्क्सवादियों की इन्हीं कोशिशों पर आधारित है...ऐतिहासिक भौतिकवाद हमें ठोस परिस्थितियों के आधार पर ठोस रणनीतियों के निर्माण का सबक सिखाता है। इसे ऐतिहासिक नियतिवाद में तब्दील कर देवताओं के अवतार की तरह पीड़ित जन की रक्षा के लिए इंक़लाब का इंतज़ार तो पूँजीवाद के बीमार फेफड़े में उम्मीद की कुछ साँसें ही भरेगा।

आज इस नई व्यवस्था के स्वप्न को आम जन के लिए स्वीकार्य बनाने के लिए ज़रूरत है, इन्हीं आधारों पर नए मॉडलों के निर्माण की। आज की क्रांतियों को न्याय तथा विकास दोनों पर आधारित होना होगा। समाजवादी आदर्शों तथा सहजबोध (commonsense) को सामाजिक, आर्थिक अंतर्क्रियाओं में शामिल करना होगा। राज्यव्यवस्था तथा सामाजिक प्रक्रियाओं, दोनों में इसे समान रूप से स्वयं को स्थापित करना होगा। इसीलिए आज भारत जैसे देश में जातिगत तथा लैंगिक भेदभावों तथा उत्तर-पूर्व और कश्मीर जैसी उत्पीड़ित राष्ट्रीयताओं की लड़ाई को समाजवादी क्रान्ति के किसी भी मॉडल का अनिवार्य रूप से हिस्सा होना होगा।

ऐसी व्यवस्था कैसे होगी ? इस नए मॉडल का स्वरूप क्या होगा ? इसकी आधारभूत संरचना कैसी होगी ? ये सारे प्रश्न अत्यंत महत्त्वपूर्ण हैं और इनका विस्तृत समाधान केवल अकादमिक तौर पर ढूँढ़ा भी नहीं जा सकता। लेकिन कुछ आवश्यक सूत्र अवश्य तलाश किए जा सकते हैं।

किसी भी समाजवादी परियोजना का सबसे प्रमुख उद्देश्य पूँजीवादी शोषण की समाप्ति होता है और वह भी इस तरह कि अर्थव्यवस्था की उत्पादकता और समृद्धि उच्चतर स्तर पर पहुँच सके। ऐसा तभी किया जा सकता है जब उत्पादन की प्रक्रिया में उत्पन्न बेशी मूल्य का संचय किसी पूँजीपति के निजी कोष की जगह सामूहिक रूप से हो सके। बीसवीं सदी की समाजवादी व्यवस्थाओं में जनता के प्रतिनिधि के रूप में यह कार्य पार्टी ने किया। सर्वहारा की तानाशाही पार्टी की तानाशाही और फिर पार्टी के नेता की तानाशाही में बदलती चली गयी, जिसके अंतर्गत विभिन्न स्तरों पर इसके प्रतिनिधियों की छोटी-छोटी तानाशाहियाँ पनपीं। फलस्वरूप उत्पादन की प्रक्रिया में शामिल कामगार धीरे-धीरे निर्णय की प्रक्रिया से अलग होता गया तथा एक नई नौकरशाही तथा राज्य पूँजीवाद का जन्म हुआ। पार्टी का उच्चपदस्थ एक छोटा-सा वर्ग इस अधिशेष के सम्बन्ध में सारे निर्णय लिया करता था। ऐसे में इस वर्ग से न केवल भूलें हुईं बल्कि धीरे-धीरे भ्रष्टाचार भी फैला। राजनैतिक वर्ग संघर्ष तथा समाज, पार्टी और राज्य के भीतर चलाए गए तमाम संघर्ष भी राज्य पूँजीवाद का उद्‌भव टाल नहीं सके। साथ ही राज्य के संपूर्ण नियंत्रण के कारण उत्पादक शक्तियों का सही विकास नहीं हो सका। आयोजन (planning) को समाजवाद तथा बाज़ार को पूँजीवाद के समानांतर समझने की यांत्रिक समझदारी ने भी नुकसान पहुँचाया। कम्युनिज़्म के लक्ष्य में समाजवाद एक संक्रमणकालीन दौर होता है और इसमें सीधे-सीधे अंतिम नियम नहीं लागू किए जा सकते। राजकीय नियंत्रण के कारण कामगार मोटे तौर पर श्रम का आपूर्तिकर्ता बना रहा तथा वह भविष्य के निर्माण की प्रक्रिया सीख ही नहीं पाया। इससे एक जड़ तथा लोचहीन अर्थव्यवस्था का निर्माण हुआ जो समयानुसार नए तरीके अपना कर ख़ुद को नई परिस्थितियों के अनुरूप ढाल नहीं सकी। इसका असर राजनैतिक व्यवस्था पर भी पड़ा। सभी समूहों के प्रतिनिधित्व पर आधारित सर्वसमावेशी जनतंत्र का विकास नहीं हो सका और पार्टी तथा देश पर इस नई नौकरशाही की जकड़न बढ़ती गई। जनवाद हाशिए पर खिसकता गया, केंद्रीयता महत्त्वपूर्ण होती गई। स्टालिनयुगीन सोवियत संघ इसका सबसे बड़ा उदाहरण है। इस तरह की केन्द्रीयता के चलते पार्टी नेतृत्व के भीतर तानाशाही प्रवृत्तियाँ पैदा हुईं और लोकतंत्र की किसी भी आवाज़ का दम घोंट दिया गया। दुर्भाग्य से संशोधनवाद से संघर्ष के नाम पर स्तालिनवादी मॉडल को भारत सहित अनेक देशों में बिना सवाल के अपनाया गया, बल्कि और अधिक रूढ़ कर दिया गया।

नई समाजवादी व्यवस्थाओं को इन रूढ़ताओं से मुक्त और अपने इतिहास की निर्मम आलोचना से युक्त होना होगा। पहले तो एक नई वैकल्पिक व्यवस्था को वर्तमान व्यवस्था से अधिक लोकतांत्रिक तथा सर्व-समावेशी होना होगा। सामूहिक उत्पादकों को सामूहिक स्वामित्व भी देना होगा। यानी बिना भागीदारी के स्वामित्व नहीं और बिना स्वामित्व के भागीदारी नहीं। यह सहकारी ग्रुपों का परिष्कृत अद्यतन रूप हो सकता है। राज्य सभी परिसम्पत्तियों का स्वामी होगा। परंतु उत्पादन की प्रक्रिया में बेशी मूल्य के उपयोग का निर्णय उत्पादनकर्ताओं द्वारा सामूहिक रूप में होना चाहिए। करारोपण आदि की सहायता से इस पूरी प्रक्रिया में समान वितरण सुनिश्चित किया जा सकता है। यह श्रमिकों के अपने उत्पाद से पार्थक्य को समाप्त करेगा तथा जनतंत्र का विस्तार। नियंत्रित बाज़ार लंबे समय

तक बने रहेंगे परंतु स्वास्थ्य, शिक्षा तथा अन्य मूलभूत सुविधाएँ इसका हिस्सा नहीं होंगी। जैसा कि मैंने आरम्भ में लिखा, एक नया नारा हो सकता है...शांति, समानता तथा समृद्धि!

इस तरह की व्यवस्था के तकनीकी विस्तार में जाने का फ़िलहाल कोई अर्थ नहीं है। यह किसी क्रान्ति का कोई नया मॉडल भी नहीं। परंतु एक सूत्र ज़रूर है जिसके इर्द-गिर्द समाजवाद के नए संस्करण खड़े किए जा सकें। निश्चित रूप से इसके नए तथा विस्तृत सामाजिक राजनैतिक आयाम होंगे। अलग-अलग देशों में वर्ग संघर्ष के नए स्वरूपों की तलाश, जाति, जेंडर, पर्यावरण तथा तमाम नए आंदोलनों से अपने रिश्ते तय करना तथा बुर्जुआ जनतांत्रिक प्रणाली के भीतर अपने लिए स्पेस का निर्माण आज के समाजवादी आंदोलनों के समक्ष बड़ी चुनौती है, जिसका सामना किए बिना केवल भावुक आधारों तथा यांत्रिक समझदारी से चलाए गए आंदोलन कभी नहीं हो सकते। हमें यह लगातार देखना होगा कि हाशिये के जो संघर्ष स्वत:स्फूर्त ढंग से उभर रहे हैं, हम उनके हिस्सेदार भी बनें और साझेदार भी, स्वाभाविक नेतृत्वकर्ता होने के भ्रम से बाहर भी आना होगा। उत्पीड़क सामाजिक संरचनाओं के विरुद्ध संघर्ष को मानवता की मुक्ति के महास्वप्न से जोड़ना आज की कम्यूनिस्ट पार्टियों के सम्मुख बड़ी चुनौती है।

नई क्रांतियाँ, नई परिस्थितियों पर आधारित होती हैं और किसी भौतिकवादी नियतिवाद से नहीं अपितु सर्वहारा वर्ग के सकर्मक प्रयासों से संपन्न होती हैं। यह मार्क्स की सीख है और इसी रूप में मार्क्सवाद आज भी मानव मुक्ति का स्वप्न देखने वाले लाखों-करोड़ों जन के लिए प्रासंगिक है। मार्क्सवाद का कोई अध्ययन या प्रयोग सिर्फ़ अकादमिक नहीं हो सकता।

हमें हर पल यह याद रखना होगा, 'सवाल दुनिया को बदलने का है।'

परिशिष्ट

परिशिष्ट—1

कार्ल मार्क्स : एक मानीखेज़ ज़िन्दगी

...उनके विरोधियों की संख्या बड़ी थी, लेकिन उनका व्यक्तिगत शत्रु एक भी नहीं था।

—एंगेल्स

प्रारंभिक जीवन : जन्म एक विद्रोही दार्शनिक का

कार्ल मार्क्स का जन्म जर्मनी के राइन प्रदेश के त्रियेर नामक शहर के एक खुशहाल यहूदी परिवार में 5 मई, 1818 को हुआ था। राइन जर्मनी के उन प्रदेशों में था जो 1789–1794 की महान फ्रांसीसी क्रांति से बेहद प्रभावित हुए थे। 1795 में इसके बाएँ तट के इलाके को नेपोलियन ने फ्रांस में मिला लिया था और सामंतवादी व्यवस्था को बुनियादी तौर पर मिटाकर नेपोलियन संहिता के तहत अधिक प्रगतिशील जनतांत्रिक कानून लागू किए गए थे। नेपोलियन की हार के बाद 1815 में राइन प्रांत पर प्रशा का अधिकार हो गया जो आर्थिक और राजनीतिक दृष्टि से विखंडित जर्मनी के सबसे प्रतिक्रांतिकारी राज्यों में से एक था। प्रशा की सामंती निरंकुश राज्य व्यवस्था कुलीनों के विशेषाधिकार और पुलिस के अत्याचार से आम जन ही नहीं, वहाँ की बुर्जुआजी भी असंतुष्ट थी। फ्रांसीसी क्रांति की कोख से जन्मे मुक्ति और परिवर्तन के विचारों की छाप अब भी वहाँ स्पष्टत: मौजूद थी।

कार्ल मार्क्स के पिता हाइनरिष मार्क्स भी इस प्रभाव से अछूते न थे और उनकी पहचान यथोचित प्रतिनिधित्व आधारित राजनीतिक व्यवस्था के समर्थक तथा प्रशा में यहूदियों के साथ होने वाले भेदभाव के विरोधी के रूप में थी। प्रशा के कानून के अनुसार कुछ पद और व्यवस्थाओं के लिए निषिद्ध थे, इसलिए अपना वकालत का काम जारी रखने के लिए उन्होंने 1824 में अपने पूर्वजों का धर्म तथा अपना नाम 'हर्शेल' बदलकर प्रोटेस्टेंट धर्म अपना लिया था। मार्क्स जब छह साल के थे तो अन्य भाई–बहनों के साथ उनका भी बपतिस्मा हुआ, हालाँकि उनकी माँ ने उनके पिता की मृत्यु के बाद 1825 में प्रोटेस्टेंट धर्म अपनाया। वाल्तेयर और रूसो के प्रशंसक हाइनरिष को याद करते हुए उनकी पत्नी एलेओनोर ने उन्हें 18वीं सदी का सच्चा फ्रांसीसी कहा है। युवा मार्क्स पर अपने पिता के उदारवादी विचारों की गहरी छाप थी। 1860 में वेबेर को लिखे एक पत्र में वे कहते हैं, 'मेरे पिता का चरित्र निश्छल था और वे कानून के क्षेत्र में विशेष प्रतिभा के धनी थे।' मार्क्स की माँ हेनिरिटा का जन्म हॉलैंड के एक साधारण परिवार में हुआ था, वह एक घरेलू महिला थीं। तीन भाइयों और पाँच बहनों में मार्क्स दूसरे थे, लेकिन सबसे बड़े भाई मारिस की

अकाल मृत्यु के बाद वही परिवार के ज्येष्ठ तथा माता-पिता की आकांक्षाओं का केन्द्र बने।

1830 से 1835 तक मार्क्स ने त्रिएर के फ्रेडरिक-विल्हेल्म जिम्नेज़ियम (उच्चतर माध्यमिक विद्यालय) में शिक्षा प्राप्त की। इस स्कूल के प्रधानाचार्य मार्क्स के पिता के मित्र और कांट के अनुयायी थे, जिनका शहर में तो बहुत सम्मान था, लेकिन व्यवस्था उन्हें शक की निगाह से देखती थी। स्कूल लगातार संदेह के घेरे में रहता था और 1832 में उस पर छापा भी मारा गया था। इस काल में ही मार्क्स का वैचारिक विकास आरंभ हो चुका था, जिसका प्रमाण था विद्यालय की अंतिम परीक्षा में लिखा उनका निबंध 'व्यवसाय के चयन पर एक तरुण के विचार'। इस निबंध पर प्रबोधनकाल के प्रगतिशील विचारों का स्पष्ट प्रभाव था। यहाँ उन्होंने निजी महत्त्वाकांक्षाओं को अस्वीकार कर मानव जाति सेवा को व्यवसाय चयन का अपना आधार स्वीकार किया था। उन्होंने इस निबंध में लिखा, 'यदि हम ऐसा व्यवसाय चुनते हैं, जिसके क्षेत्र में ही मानव जाति के हित में सबसे अधिक कार्य कर सकते हैं तो उसके बोझ तले झुकेंगे नहीं, क्योंकि यह सबसे नाम पर बलिदान होगा तब हमें स्वार्थपूर्ण सीमित व तुच्छ खुशी का अनुभव नहीं होगा। हमारा सुख कोटि जन का सुख होगा।' बाद के वर्षों में विचारों में अनेक गुणात्मक परिवर्तनों के बावजूद 'मानव जाति के लिए काम करना' सदैव उनका प्रिय मुहावरा बना रहा।

अक्तूबर-1835 में क़ानून के अध्ययन के लिए उन्होंने बोन विश्वविद्यालय के विधि-संकाय में दाखिला लिया। विश्वविद्यालय का माहौल जीवंत था तथा विद्रोही प्रवृत्तियों के प्रस्फुटन के लिए यहाँ काफ़ी अनुकूल माहौल था। मार्क्स इसमें रम गए, उन्होंने छात्र गतिविधियों में उत्साहपूर्वक भाग लिया। उन्हें अपनी विद्रोही गतिविधियों के लिए सज़ा भी मिली और कुल मिलाकर उनके प्रदर्शन से माता-पिता दुखी ही हुए। असल में उनकी रुचि क़ानून से अधिक साहित्य, इतिहास और दर्शन में थी। छात्र जीवन में उन्होंने कई सानेट, एक काव्य नाटक *आंलानेग* और व्यंग्य उपन्यास *बिच्छू* तथा *फेलिक्स* लिखा। जीवन भर कविता, कला और संगीत में उनकी गहरी दिलचस्पी बनी रही। आरंभिक दौर में उन्होंने कवितायें भी लिखी थीं। 1841 में *ऐथेनियम* नामक पत्रिका में 'निशाप्रेम' तथा 'वायलिनवादक' नामक दो कविताएँ 'उन्माद गीत' शीर्षक से प्रकाशित हुईं। इसकी वजह एक हद तक उनके पिता के एक अमीर और प्रतिक्रियावादी मित्र लुडविग वान वेस्फालेन का प्रभाव भी था जो युवा मार्क्स को अक्सर शेक्सपियर तथा अन्य ग्रीक कवियों की रचनाओं के उद्धरण सुनाया करते थे। जेनी फान वेस्टफालेन इन्हीं की पुत्री थीं जो 1843 में कार्ल मार्क्स की जीवनसंगिनी बनीं और जीवनपर्यंत उनके साथ कंधे से कंधा मिलाकर खड़ी रहीं।

होमर, दाँते, शेक्सपियर, सर्वेन्टीज़, बालज़ाक और पुश्किन उनके प्रिय लेखक थे। तत्कालीन जर्मनी के हाइने, फेलीग्राथ सहित सभी क्रान्तिकारी कवियों से तो उनकी व्यक्तिगत मित्रता थी; मार्क्स ने उन्हें न केवल उनकी अनेक क्रान्तिकारी कविताओं के लिये प्रेरित किया था बल्कि जब वे हाइने के साथ पेरिस में थे तो अक्सर हाइने को अपनी कविताओं की पंक्तियाँ परिमार्जित करने में सहायता करते थे; कभी-कभी तो किसी कविता के एक-एक शब्द को लेकर उनके बीच तब तक विचार-विमर्श चलता रहता था, जब तक

कि पूरी कविता ही स्पष्ट और परिष्कृत न हो जाय। मार्क्स लगभग आधा दर्जन भाषायें जानते थे और साहित्यिक फ्रेंच और अंग्रेज़ी तो मूल भाषा–भाषियों की तरह लिख सकते थे; विज्ञान की प्रगति में भी उनकी गहरी रुचि थी। लीब्नेख़्त बताते हैं कि जब 1850 में बिजली का पहला इंजन प्रदर्शित किया गया तो मार्क्स कितने जोश से भर गये थे। एंगेल्स ने काफ़ी ज़ोर देकर उस ख़ुशी का वर्णन किया है जो मार्क्स को तब होती थी जब सैद्धान्तिक विज्ञान के क्षेत्र में कोई नई खोज सामने आती थी; यद्यपि एंगेल्स आगे कहते हैं कि ये ख़ुशी उस उल्लास के सामने कुछ भी नहीं थी जो मार्क्स तब अनुभव करते थे जब ऐसी खोज तत्काल ही उद्योगों में भी प्रयुक्त होकर सामाजिक विकास में योगदान करने लगती थी। जब 1859 में डार्विन की *ऑरिजिन ऑफ़ स्पेसीज़* प्रकाशित हुई तभी, बल्कि उससे पहले ही मार्क्स ने डार्विन के काम के युगान्तरकारी महत्त्व को पहचान लिया था और महीनों तक जर्मन प्रवासियों के बीच डार्विन के अतिरिक्त और किसी विषय की चर्चा ही नहीं हुई।[131]

दर्शन के लिए मार्क्स का उत्साह केवल अकादमिक नहीं था। उन दिनों दार्शनिक बहसों के केन्द्र में समाज इतिहास और मानव के विकास की संभावनाओं के प्रश्न थे। इन उत्कट बहसों पर सबसे अधिक प्रभाव उस दौर के महान दार्शनिक हेगेल का था। हेगेल फ्रांसीसी क्रांति के घोर समर्थक थे और उनका मानना था कि यह मानवीय सभ्यता के न्यायपूर्ण विकास के नए युग का सूत्रपात करेगी। लेकिन जब मार्क्स इन विचारों से परिचित हुए तब तक हेगेल पूरी तरह से यथास्थितिवादी हो चुके थे और मुतमइन थे कि 'ईश्वर ही चेतना का सर्वोच्च प्रतीक है तथा प्रशा का निरंकुश व अत्याचारी राज्य इसका सर्वोच्च प्रतिनिधि।'

उस काल में मार्क्स के अध्ययन का प्रमुख क्षेत्र प्रचीन यूनानी रोमन दर्शन था। अपने शोध प्रबंध के लिए उन्होंने 'डेमोक्राइट्स और एपिक्युरस के प्रकृति दर्शनों में भेद' विषय चुना था। हेगेल के विपरीत मार्क्स धर्म और अंधविश्वास के विरुद्ध खड़े भौतिकवादी दार्शनिक एपिक्युरस से अत्यंत प्रभावित थे। उन्होंने मानव जाति के सुख के लिए आत्मबलिदान करने वाले मिथकीय प्रोमीथियस के कथन, 'सच कहा जाए तो मुझे सभी देवी–देवताओं से घृणा है' को अग्रणी दर्शन की स्वीकारोक्ति बताया जिसका उदात्त प्रयोजन वह आकाश और धरती पर बसे सभी देवताओं के विरुद्ध संघर्ष को ही मानते थे। अब तक वे पक्के निरीश्वरवादी बन चुके थे। वह जानते थे कि प्रशा के प्रतिक्रियावादी माहौल में शोध का वैज्ञानिक मूल्यांकन असम्भव है, इसलिए उन्होंने इसे येन विश्वविद्यालय में भेजा जहाँ से अप्रैल 1841 में उन्हें डॉक्टरेट की उपाधि मिली।

पहले से ही उदारवादी विचारों से प्रभावित कार्ल मार्क्स वामपंथी हेगेलवादी युवा छात्रों के उस दल 'डॉक्टर्स क्लब' से जुड़ गए जो हेगेल के दर्शन से निरीश्वरवादी तथा क्रांतिकारी निष्कर्ष निकालने की चेष्टा करता था। उन्हीं दिनों मार्क्स ने लंबे बाल और दाढ़ी रखनी भी शुरू की जो उस दौर के रेडिकल विचारकों की निशानी थी। वामपंथी हेगेलवादी

131. देखें, जेल्डा कोहेन कोट्स द्वारा लिखी *मार्क्स की जीवनी*

और उनके साथी प्रशा के अत्याचारी शासन के विरोधी थे। उनके लिए 1789 की फ्रांसीसी क्रांति प्रबोधन, परिवर्तन तथा उन प्रगतिशील विचारों का प्रतीक थी जिनसे सामंती जर्मनी को भी एक आधुनिक पूँजीवादी जनतंत्र में बदला जा सकता था।

हालाँकि मार्क्स त्रियेर में मिले उदारवादी विचारों से आगे बढ़ चुके थे, फिर भी उन्होंने सरकार की प्रतिक्रियावादी नीतियों के कारण शैक्षणिक पेशा अपनाने के विचार को मजबूरी में त्याग (इस बीच 1838 में उनके पिता की मृत्यु हो गयी और अब उनके सामने रोज़ी-रोटी की चिंता थी। उन्होंने विश्वविद्यालय शिक्षक बनने का निश्चय किया। डॉक्टरेट की उपाधि के बाद उन्हें उम्मीद थी कि उनके गाइड ब्रूनो बाएर इसमें उनकी मदद करेंगे लेकिन 1842 में बाएर को नास्तिकता के समर्थन में खुले तौर पर बोलने के कारण विश्वविद्यालय से निकाल दिया गया और इसके साथ ही मार्क्स का विश्वविद्यालय शिक्षक बनने का सपना टूट गया।) दिया 1841 में बर्लिन से त्रियेर लौटने के बाद वहाँ की उदारवादी विपक्षी मंडली, जिसे 'कोलोन सर्किल' के नाम से जाना जाता था, द्वारा निकाले जा रहे विरोधपक्षीय अखबार *राइन समाचार* से जुड़ गए। वहाँ उन्होंने 'प्रेस की स्वतंत्रता' के समर्थन में एक आलेख लिखा, जिससे प्रभावित होकर उन्हें अक्टूबर 1842 में अखबार का संपादक बनने का आमंत्रण दिया गया। उन्होंने उसे सहर्ष स्वीकार कर लिया।

सामाजिक तथा राजनैतिक अनुभवों के आधार पर विचारों के विकास की अंत:क्रिया मार्क्स में जीवन भर चलती रही। इसका बेहद आरंभिक उदाहरण हमें किसानों द्वारा जंगल से लकड़ी एकत्र करने के पारंपरिक अधिकार को छीनने वाले कानून के संदर्भ में उनके निष्कर्षों से मिलता है। एक नए क़ानून द्वारा लकड़ी को निजी सम्पत्ति घोषित कर दिया गया। मार्क्स के अख़बार के ज़मींदार तथा नव-उद्योगपति वर्ग के प्रबंधक इसे पूरी तरह से सही मानते थे। इस घटना से मार्क्स ने यह निष्कर्ष निकाला कि निजी सम्पत्ति पर आधारित पूँजीवादी व्यवस्था भी गरीबों तथा सम्पत्तिहीनों की कोई ज़िम्मेदारी नहीं लेती और इस तरह 'निजी सम्पत्ति के रक्षार्थ स्थापित शासन मेहनतकश वर्गों के लिए कोई सुरक्षा प्रदान नहीं करता।'

इस दौरान कोलोन में ही उनकी मुलाक़ात मोज़ेज हेस से हुई। मोज़ेज एक रेडिकल थे और अपने आप को समाजवादी कहते थे। मार्क्स ने हेस द्वारा बुलाई जाने वाली समाजवादी बैठकों में शामिल होना शुरू कर दिया। इस समूह के सदस्यों ने मार्क्स को जर्मनी में जारी श्रमिकों के भयावह शोषण से तो परिचित कराया ही, साथ में यह भी बताया कि किस तरह समाजवाद उन्हें इससे मुक्ति दिला सकता है। मार्क्स के लिए समाज को वर्गों के आधार पर समझने की प्रक्रिया का प्रस्थान बिंदु था। इनसे प्रभावित होकर जब उन्होंने इन नए और रेडिकल विचारों को अपने अखबार में प्रस्तुत करना शुरू किया तो प्रशा ने पहले तो उस पर दुहरी-तिहरी सेंसरशिप लागू कर दी और फिर जनवरी 1843 को इसे बंद करने तथा इसके 'निरंतर ढीठ होते जा रहे' संपादक से मुक्ति पाने का निर्णय लिया। तत्कालीन जर्मनी के दूसरे प्रगतिशील अख़बारों का भी यही हश्र हो रहा था। अत: मार्क्स और जेनी आर्नाल्ड रूगे के साथ मिलकर एक आमूलवादी पत्रिका *जर्मन*

फ्रांसीसी वार्षिकी के संपादन के लिए पेरिस चले आए। जेनी के रईस परिवारजन इस निर्धन तथा उत्कट परिवर्तनवादी पत्रकार के साथ जाने के निर्णय से कतई खुश नहीं थे, लेकिन उन दोनों ने इसकी कभी परवाह नहीं की!

अगला कदम पेरिस में

जर्मनी से निष्कासित अनेक बुद्धिजीवी पेरिस में आ चुके थे जहाँ *जर्मन फ्रांसीसी वार्षिकी* प्रगतिशील विचारों का नया संवाहक बन रही थी। मार्क्स ने अक्तूबर में प्रसिद्ध दार्शनिक लुडविग फायरबाख को भौतिकतावाद के मूल सिद्धांतों पर लिखने के लिए आमंत्रित किया जिनकी मान्यता थी कि विचार मनुष्य की सामाजिक अवस्थिति के परिणाम होते हैं और लोगों के विश्वास उनकी भौतिक तथा सामाजिक परिस्थितियों से ही आकार लेते हैं, यह दार्शनिक समस्याओं को समझने के लिए अत्यंत महत्त्वपूर्ण सूत्र था जिसने मार्क्स को न केवल हेगेल अपितु नव-हेगेलवादियों से भी आगे जाकर अपनी अवधारणाएँ विकसित करने में काफ़ी मदद की। एक हद तक अमूर्तन के बावजूद इससे यह तो स्थापित हो ही गया कि विश्व में परिवर्तन भौतिक कारणों से होते हैं। ज़रूरी यह है कि जीवन की वास्तविक परिस्थितियों में क्रांतिकारी परिवर्तन लाए जाएँ। नए विचार तथा नई संभावनाएँ इस प्रक्रिया में अपने आप आकार लेंगी। वार्षिकी निकालने में उनके साथ आर्नाल्ड रूग शामिल थे।

मार्क्स के विचारों में परिवर्तन मात्र अग्रगामी बौद्धिक छलांग ही नहीं थी, वह फ्रांस में विकासशील औद्योगिक समाज में श्रमिक वर्ग की समस्याओं से सीधे-सीधे रू-ब-रू हो रहे थे। उन्होंने देखा कि न केवल फ्रांसीसी अपितु अप्रवासी जर्मन मज़दूरों के बीच भी समाजवादी तथा कम्यूनिस्ट विचार तेज़ी से पनप रहे थे। मार्क्स इन मज़दूर कार्यकर्ताओं की ताज़गी और भलमनसाहत से अत्यंत प्रभावित हुए। बाद में उन्होंने लिखा, 'हमारे सभ्य समाज के इन्हीं बर्बर लोगों में इतिहास मानव जाति की मुक्ति के व्यावहारिक तत्व गढ़ रहा है।' अब वह ख़ुद को 'कम्यूनिस्ट' कहने लगे थे।

वार्षिकी का केवल एक ही अंक निकल पाया। जर्मनी में भेजी इसकी प्रतियाँ रास्ते में ही पकड़ ली गईं, प्रतिबंध लगा दिया गया, मार्क्स और उनके साथियों की गिरफ़्तारी के लिए वारंट जारी कर दिए गए और प्रकाशक डर गए लेकिन इस अंक में प्रकाशित अपने लेखों में मार्क्स एक ऐसे क्रांतिकारी के रूप में सामने आ चुके थे जिसने मौजूदा सब की निर्मम आलोचना (कार्ल मार्क्स : हेगेलीय न्याय दर्शन की आलोचनात्मक समीक्षा भूमिका) की अपील जनसाधारण तथा सर्वहारा से की थी।

अख़बार के बंद होने पर एक बार फिर मार्क्स बेरोज़गार हो गए, लेकिन इस अवसर का उपयोग उन्होंने मज़दूर आंदोलन से जुड़े दूसरे नेताओं के साथ होने वाले तीखे विवादों से उपजी समस्याओं पर गहन विचार तथा अध्ययन के लिए किया। इस दौर में लिखे गए उनके लेख 1844 की *दर्शन* तथा अर्थशास्त्र संबंधी पांडुलिपि में संकलित हैं।

मार्क्स की आयु उस समय केवल 26 वर्ष थी लेकिन इन लेखों में पूँजीवादी समाज

की कार्यप्रणाली की उनकी गहरी अग्रगामी समझ की स्पष्ट झलक मिलती है। उन्होंने अलगाव (alienation) को पारंपरिक दार्शनिकों तथा हेगेल की तरह अबोध मानव जाति की लाक्षणिकता या विशिष्ट मनोवैज्ञानिक परिस्थितियों की उपज के रूप में व्याख्यायित करने की जगह श्रम की भौतिक परिस्थितियों की तार्किक परिणति के रूप में देखा।

पूँजीवादी प्रणाली की कार्यपद्धति के सम्बन्ध में अंग्रेज़ी अर्थशास्त्रियों की कृतियों के अध्ययन ने मार्क्स की बेहद सहायता की। अब वह श्रमिक वर्ग के आत्मोद्धारक स्वरूप की बात करने लगे थे। यानी अब पूँजीवादी उत्पादन प्रक्रिया तथा समाज प्रणाली की समझ का प्रयोग क्रांति के लिए किया जा रहा था। अब वह समझ चुके थे कि इतिहास की चालक शक्ति आर्थिक उद्देश्यों से प्रेरित सामाजिक शक्तियाँ हैं न कि ईश्वर या अन्य कोई बाह्य कारक। लुडविग फायरबाख की धर्म-संबंधी आलोचना की दिशा भी मार्क्स की तरह ही थी, लेकिन मार्क्स को अभी और आगे जाना था और यह सिद्ध करना था कि इतिहास की गति मानवीय क्रियाओं से तय होती है...और यह भी कि मानवीय विवेक में परिवर्तन भौतिक विश्व तथा उत्पादन की स्थितियों में परिवर्तन की प्रक्रिया में ही होता है।

एंगेल्स से मुलाक़ात और कम्यूनिस्ट लीग

सितम्बर 1844 में मार्क्स और एंगेल्स की पहली मुलाकात हुई । एंगेल्स एक उद्योगपति के पुत्र थे और उत्तरी इंग्लैंड के मेनचेस्टर में स्थित अपने पिता की फ़ैक्ट्री में बिताए कुछ अरसे के दौरान श्रमिक वर्ग की स्थिति, नई फ़ैक्ट्रियों में उनके शोषण और दैन्य तथा औद्योगिक पूँजीवाद की इस परिचालक शक्ति की बदहाली को प्रत्यक्ष रूप से देख चुके थे। साथ ही वह उन दिनों विकसित हो रहे जन आंदोलन 'चार्टिज़्म' के भी निकट सम्पर्क में थे जो श्रमिक वर्ग के प्रतिरोधों को संगठित कर इस नए पूँजीवादी समाज में खलबली मचा रहा था।

ये दोनों नवयुवक पहले से ही एक-दूसरे के समाज की रचनाओं से परिचित थे, इसलिये यह दो विचारों का मिलन था। दो ऐसे क्रांतिकारियों का मिलन जो श्रमिक वर्ग के क्रांतिकारी संघर्ष को दिशा देने के लिये कम्यूनिस्ट विश्वदृष्टि विकसित करने हेतु प्रतिबद्ध थे। मार्क्स के साथ अपनी पहली मुलाक़ात के बाद ही एंगेल्स ने लिखा, 'सभी सैद्धांतिक पहलुओं पर पूर्ण सहमति थी।' उन्होंने साथ काम करने का निश्चय किया। यह शानदार जोड़ी थी। जहाँ मार्क्स मुश्किल और अमूर्त विचारों की व्याख्या में निष्णात थे, वहीं एंगेल्स के अन्दर जनता के लिए लिखने की क्षमता थी। दोनों ने साथ मिलकर पहली किताब *पवित्र परिवार या आलोचनात्मक आलोचना की आलोचना* लिखी जो उनके पूर्व सहयोगी तथा नव हेगेलपंथी ब्रूनो बायर और उनकी मंडली की आलोचना थी।

लेकिन पहली लड़ाई तो श्रमिक आंदोलन के भीतर के विजातीय तत्वों से ही लड़नी थी, ख़ासतौर पर उनसे जिनका अभी भी जर्मन मज़दूरों पर ख़ासा प्रभाव था। दोनों कामरेडों ने संयुक्त रूप से पहली किताब *पवित्र परिवार या आलोचनात्मक आलोचना की आलोचना*

लिखी जो युवा मार्क्स के प्रारंभिक दिनों के सहयोगी नव हेगेलपंथी ब्रूनो बायर और उनकी मंडली के विरुद्ध एक लम्बी और कई बार अस्पष्ट बहस है। अब मार्क्स और एंगेल्स राजनीतिक सन्दर्भों में की जाने वाली वैचारिक बहसों को पूरी तरह खारिज़ करने लगे थे। उनका मानना था कि विचार स्वयं में कुछ भी नहीं कर सकते। विचारों को लागू करने के लिये ऐसे लोगों की ज़रूरत है जो इसे व्यावहारिक तरीके से लागू कर सकें।[132]

इसके बाद से ही मार्क्स और एंगेल्स एक क्रांतिकारी संगठन के निर्माण में लग गए। क्रांति को एंगेल्स '*अमीरों के खिलाफ़ ग़रीबों के खुले युद्ध*' के रूप में परिभाषित करते थे। उनकी गतिविधियाँ न तो फ्रांस (जहाँ मार्क्स अभी रह रहे थे) के एजेंटों से छुपी रहीं न ही जर्मनी (जहाँ एंगेल्स राजनैतिक तथा श्रमिक संगठनों से संवाद कर रहे थे) के एजेंटों से। 1844 के अंत में उस जर्मन समाचार पत्र, *वोरवार्त्स* को प्रतिबंधित कर दिया गया, जिसमें मार्क्स नियमित रूप से लिखा करते थे और फरवरी 1845 में एशियाई सरकार के दबाव में उन्हें फ्रांस से निर्वासित कर दिया गया। दो महीने बाद ही अपने निर्वासन की पक्की संभावना के चलते एंगेल्स ने भी जर्मनी छोड़ दिया।

दोनों क्रांतिकारियों का पुनर्मिलन बेल्जियम की राजधानी ब्रूसेल्स में हुआ जहाँ राजनैतिक पुलिस की नियमित निगरानी के बावजूद थोड़ी-बहुत राजनैतिक उदारता अब भी बची थी। मार्क्स के पुराने गुरु मोज़ेज हेस सहित तमाम राजनीतिक शरणार्थी वहाँ पहले से मौजूद थे। मार्क्स उस समय *फायरबाख पर निबंध* और *जर्मन विचारधारा* पर काम कर रहे थे। क्रांतियाँ श्रमिकों द्वारा ठोस परिस्थितियों में निर्मित हो रही थीं और एंगेल्स 1844 में लिखी मार्क्स की *दर्शन* तथा अर्थशास्त्र संबंधी पांडुलिपियों में वर्णित भौतिक परिस्थितियों तथा श्रमिक आंदोलनों, दोनों का प्रत्यक्ष उदाहरण देख रहे थे। दर्शन अब विचारों के ज़रिये दुनिया को समझने की जगह एक ऐसी क्रांतिकारी पद्धति में बदल चुका था, जिससे पूँजीवाद तथा अलगाव के अंत के लिए हथियार गढ़े जा सकें। अब मार्क्सवाद को श्रमिक क्रांति की सैद्धांतिकी तथा पद्धति बनना था।

मार्क्स और एंगेल्स की नई दृष्टि *जर्मन विचारधारा* में अभिव्यक्त हुई जिसमें कम्युनिज़्म को श्रमिक वर्ग की विमुक्ति की परिस्थितियों के सिद्धांत के रूप में परिभाषित किया गया था। 1845 में लिखे *फायरबाख पर निबंध* के मात्र तीन पेज और दो स्पष्ट परिभाषाएँ इन दोनों व्यक्तियों की वैचारिक स्पष्टता तथा असाधारण नवाचार को अभिव्यक्त करते हैं। युवा हेगेलवादियों का तर्क था कि विचार एवं चेतना से ही मानवीय क्रियाकलाप उत्पन्न होते हैं। मार्क्स ने इसका प्रत्युत्तर उतने ही तिरस्कारपूर्वक ढंग से देते हुए कहा कि दुनिया को बदलने की प्रक्रिया में मनुष्य अपने विचारों को भी बदलता है। उन्होंने कहा, कि ''एक साथ ख़ुद को तथा परिस्थितियों को बदलना एक ऐतिहासिक प्रक्रिया है।'' *जर्मन विचारधारा* में उन्होंने लिखा, 'जीवन चेतना से निर्धारित नहीं होता अपितु चेतना जीवन से निर्धारित होती है।'

---

132. आगस्ट निमिट्ज की पुस्तक— *मार्क्स एंड एंगेल्स-देयर कंट्रीब्यशन टू द डेमोक्रेटिक ब्रेक थ्रू* से उद्धृत

यह वही अंतर्दृष्टि थी जिसने मार्क्स एवं एंगेल्स को वर्ग-विभेद को बनाए रखने में विचारों की भूमिका को समझने में मदद की। मार्क्स ने हेगेल के दर्शन के क्रांतिकारी पक्ष 'द्वंद्ववाद' का उपयोग किया और इसे भौतिकवाद से जोड़कर इसे एक सकर्मक तथा क्रांतिकारी दर्शन 'द्वंद्वात्मक भौतिकवाद' में तब्दील कर दिया। पूँजी के दूसरे खंड में उन्होंने लिखा है—

> हेगेल के लिए मानव मस्तिष्क की जीवन प्रक्रिया यानी चिंतन की प्रक्रिया, जिसे विचार के नाम से उन्होंने एक स्वतंत्र कर्ता बना डाला है, वास्तविक संसार का सृजन करने वाली है। इसके उलट मेरे लिए विचार इसके सिवा और कुछ नहीं है कि भौतिक संसार मानव मस्तिष्क में प्रतिबिम्बित होता है और चिंतन के रूपों में बदल जाता है।

मार्क्स के पहले फायरबाख ने प्रकृति में द्वंद्वात्मक-भौतिकवादी तरीके से विकास की व्याख्या की थी। लेकिन वह मानव समाज तथा इतिहास में इसे लागू नहीं करते थे। मार्क्स ने इसके आधार पर मानव समाज तथा अब तक के इतिहास में आये परिवर्तनों की भी व्याख्या की, जिसे 'ऐतिहासिक भौतिकवाद' के रूप में जाना जाता है। द्वंद्व या विरोधाभास ही सभी तरह की गति के मूल में हैं। प्रकृति या मानव समाज दोनों में हमेशा विपरीत तत्व उपस्थित रहते हैं और उनके बीच संघर्ष चलता रहता है। विकास परस्पर विरोधी प्रवृत्तियों व तत्वों के बीच का संघर्ष है। इस तरह कोई भी वस्तु या इतिहास का कोई दौर, समाज सम्पूर्ण, अंतिम या निरपेक्ष नहीं है। परिवर्तन की इस प्रक्रिया में मनुष्य के नए विचार जन्म लेते हैं। इस संघर्ष में समाज परिमाणात्मक (quantitative) परिवर्तनों से गुणात्मक (qualitative) परिवर्तनों की ओर जाता है और विकास की निम्नतर मंज़िल से उच्चतर मंज़िल की ओर जाने की इस प्रक्रिया में समाज में मूलभूत परिवर्तन होते हैं। समाज में यह संघर्ष उत्पादन सम्बन्धों की कोख से निकले वर्गों का होता है। जैसे सामंती काल में यह संघर्ष सामंती प्रभुओं और भूदासों के बीच था तो पूँजीवाद के दौर में उसकी कोख से जन्मे बुर्जुआ (पूँजीपति) वर्ग तथा सर्वहारा (कामगार) वर्ग के बीच। इनके संघर्ष से ही इतिहास की गति आगे बढ़ेगी तथा सर्वहारा सत्ता और शासन को पूँजीपति से छीन कर शोषणविहीन समाज बनाएगा। यह कोई दैवी भविष्यवाणी नहीं थी जिसे संयोगों के आधार पर घटना था। इसके लिए ज़रूरत थी, सर्वहारा के अपने संगठन और पूँजीपति वर्ग से उसके तीखे और फ़ैसलाकुन संघर्ष की।

1845 में मार्क्स, एंगेल्स के साथ इंग्लैड आए और चार्टिस्ट नेताओं तथा अन्य लोगों से मिले। उन्हीं के प्रयत्नों से बाद में लंदन के समाजवादी नेताओं की एक बैठक भी आयोजित की गई। हालाँकि मार्क्स और एंगेल्स दोनों ही इसमें शामिल नहीं हो पाए लेकिन यह आगत की पदचाप थी। दोनों ने पूँजीवाद के अंतर्राष्ट्रीय चरित्र पर ज़ोर देते हुए समान रूप से प्रभावी श्रमिक वर्ग के अंतर्राष्ट्रीय आंदोलन की आवश्यकता को रेखांकित किया। ब्रूसेल्स में उन्होंने कम्यूनिस्ट करिसपांडेंस कमेटियाँ बनाईं जो कम्यूनिस्ट इंटरनेशनल की पूर्व पीठिका बनीं। उनका उद्देश्य यूरोप के सर्वहारा वर्ग को अपनी प्रतिबद्धताओं के पक्ष में करने की प्रक्रिया आरंभ करना था।

कहा जा सकता है कि यह श्रमिक वर्ग के संघर्षों से सीधे तौर पर संबद्धता रखने वाले नवीन दल का बीज था। यह एक सामान्य-सी बात लग सकती है लेकिन यहाँ यह जान लेना महत्त्वपूर्ण है कि अपने आप को 'कम्यूनिस्ट' कहने वाले कई लोग इन बातों से कतई सहमत नहीं थे कि 'क्रांतिकारियों को श्रमिक वर्ग के साथ काम करना चाहिए और मुक्ति ही क्रांति की परिचालक शक्ति है।'

इस समय भी जहाँ ख़ासतौर पर मार्क्स ने अपने लेखन को तमाम परेशानियों के बावजूद नियमित तौर पर जारी रखा, वहीं संगठन निर्माण का प्रश्न दोनों मित्रों के लिये सबसे महत्त्वपूर्ण बना रहा। हालाँकि 1848 की क्रांतिकारी घटनाओं का निश्चित तौर पर पूर्वानुमान लगा पाना तो सम्भव नहीं था, लेकिन यूरोपीय समाजवादी नेताओं को एक मंच पर लाकर श्रमिक वर्ग से उनके रिश्तों को स्पष्ट करने के मार्क्स-एंगेल्स के प्रयत्नों से यूरोपीय फ़िज़ा में आए परिवर्तन स्पष्ट दिखाई दे रहे थे। हमेशा की तरह इस बार भी उन्होंने आंदोलन के भीतर की विरोधी प्रवृत्तियों से तीखी बहस चलाकर उन पर विजय प्राप्त की।

उदाहरण के लिये जोसेफ प्रूधों शिल्पकारों तथा कुशल श्रमिकों के प्रति प्रतिबद्धता प्रदर्शित करते हुए ऐसी सभाओं के निर्माण के पक्षधर थे जो पूँजी की परिधि के बाहर सक्रिय होतीं, परंतु वह ट्रेड यूनियनों तथा क्रांति के विरुद्ध थे। इसके अलावा विहेल्म वेल्टलिंग जैसे निर्णायक परिवर्तनवादियों के तर्क ज़्यादा महत्त्वपूर्ण थे जो फ्रांस के ऑगस्ट ब्लांकी की तरह मानते थे कि श्रमिक वर्ग अभी क्रांति के लिये तैयार नहीं थे। उनका तर्क था कि जब तक वे तैयार नहीं हो जाते उनकी ओर से छोटे षड्यंत्रकारी ग्रुपों को कार्य करना चाहिए। ब्लांकी और उसके साथियों के इस प्रकार के प्रयासों की विफलता का भी इन दोनों के विचारों पर प्रभाव पड़ा। लेकिन श्रमिकों के जनआंदोलन पर आधारित एक क्रांतिकारी संगठन के निर्माण के रास्ते में ये विचार बहुत बड़ी बाधा थे। 1846 खत्म होते-होते उनके विचारों को कुछ लोगों, ख़ासतौर पर लंदन स्थित 'लीग ऑफ़ जस्ट' का समर्थन हासिल हुआ, जो अपनी अन्य यूरोपियन शाखाओं की तुलना में चार्टिस्ट नीतियों के प्रति अधिक उदार थी। हालाँकि यूरोप में बेहद प्रभावी कांटिनेंटल बुद्धिजीवियों को लेकर थोड़ा संशय अवश्य था, लेकिन मार्क्स और एंगेल्स के लिये अब प्रमुख मुद्दा एक पार्टी या कम-से-कम एक सार्वजनिक संगठन का निर्माण था। यही उनके विचारों को स्वीकार्य बनाने का इकलौता रास्ता था। उन्होंने ब्रूसेल्स में करिसपोंडेंस कमेटियों की नियमित सभाओं के लिये मुहिम चलाई और नवीन योजनाओं तथा रणनीतिक कौशलों पर विचार-विमर्श करना आरंभ किया। उनमें विभिन्न राजनैतिक दलों के साथ जर्मन कम्यूनिस्टों के सम्बन्धों पर विशेष चर्चा होती थी। ये गतिविधियाँ मार्क्स और एंगेल्स के 'केवल बुद्धिजीवी' होने जैसे बेतुके आरोपों का माकूल जवाब है। जर्मनी में माहौल के लगातार तनावपूर्ण होते जाने और इंग्लैंड में चार्टिस्ट आंदोलन के विस्तार के साथ मार्क्स और एंगेल्स राजनीतिक संगठन के निर्माण के प्रश्न में पूरी तरह डूब गये। इस दौर का उनका लेखन इसी आम लक्ष्य के प्रति समर्पित था। 'लीग ऑफ़ जस्ट' की लंदन शाखा ने 1 मई, 1847 को एक अंतर्राष्ट्रीय बैठक बुलाई। मार्क्स और एंगेल्स से इस पर कोई परामर्श तो नहीं लिया गया था, परंतु लीग में शामिल

होने तथा बैठक में भाग लेने हेतु सहमत करने के लिये उनके पास ब्रूसेल्स का एक दूत भेजा गया। ये आंदोलन के भीतर उनकी बढ़ती हुई राजनैतिक हैसियत का स्पष्ट प्रमाण था। बहरहाल, जून की शुरुआत में यह बैठक हुई और नवगठित कम्यूनिस्ट लीग की, जो अपने आरंभिक भाषण में ही स्वयं को 'मौजूदा सामाजिक व्यवस्था तथा व्यक्तिगत सम्पत्ति पर अपने हमले तथा सम्पत्ति के सामुदायिक अधिकार के प्रति अपनी आस्था' से परिभाषित करती थी, प्रथम कांग्रेस हुई। इस लीग ने अपने नारे के रूप में 'दुनिया के मज़दूरों एक हो' को स्वीकार किया। बैठक में एंगेल्स और उनके निकट सहयोगी विलियम वुल्फ़ ही शामिल हो सके, जबकि मार्क्स ब्रूसेल्स में ही रहे। इसके बावजूद इस पर 'मार्क्स एंगेल्स पार्टी' का प्रभाव प्रत्यक्ष था और उसी वर्ष नवम्बर में लीग की दूसरी कांग्रेस तक यह और भी स्पष्ट हो गया। लीग के उद्देश्य अब बिलकुल साफ़ होते जा रहे थे। जैसा कि एंगेल्स ने लिखा, 'कम्यूनिज़्म एक सैद्धांतिकी नहीं, एक आंदोलन है। यह सिद्धांतों नहीं अपितु तथ्यों से आगे बढ़ता है और जहाँ तक सिद्धांत का सवाल है यह संघर्ष में सर्वहारा की स्थिति तथा उनकी मुक्ति की सैद्धांतिक अभिव्यक्ति है।' नवंबर में कांग्रेस में कई देशों के प्रतिनिधि शामिल हुए और दो दिनों तक आन्दोलन की भावी स्थिति पर गंभीर विचार-विमर्श हुआ। मार्क्स और एंगेल्स दोनों उस बैठक में शामिल थे। और अंततः जब समझौता हुआ तो उन्हें ही इस नए संगठन का घोषणा-पत्र तैयार करने की ज़िम्मेदारी दी गई। ब्रूसेल्स में पलक झपकते सैकड़ों पन्ने रंग डालने वाले मार्क्स पहले तो थोड़ा हिचकते से लगे...कम-से-कम लिखना तो टाल रहे ही थे। लेकिन लंदन से मिली अंतिम समय-सीमा ने उन्हें पुनः कार्य प्रेरणा से भर दिया। 1848 की फरवरी के अंत में मुख्यतः मार्क्स द्वारा लिखित *कम्यूनिस्ट घोषणा पत्र* प्रकाशक को भेजा गया जिस पर लेखक के रूप में मार्क्स-एंगेल्स दोनों का ही नाम था और कुछ दिनों बाद जब यह लोगों तक पहुँचा तो पूरे यूरोप में तहलका मच गया।

कम्यूनिस्ट घोषणा पत्र : एक नए युग की शुरुआत

'घोषणा पत्र' मार्क्स और एंगेल्स की एक महान उपलब्धि थी, जिसने उस समय के मज़दूर आंदोलनों की मूल भावना को स्पष्टतः प्रकट किया। यह सारी दुनिया के सामने एक ऐसे राजनैतिक दृष्टिकोण का प्रमाण था जो अपने समय के भौतिक यथार्थ पर आधारित था तथा अक्सर सतह के नीचे दबे तनावों तथा अंतर्विरोधों की सटीक पहचान भी करता था। घोषणा पत्र की प्रसिद्ध आरंभिक पंक्ति में ही उन्होंने देख लिया था—

> यूरोप को एक भूत आतंकित कर रहा है...कम्यूनिज़्म का भूत! इस भूत को भगाने के लिए पोप और ज़ार, मेटरनिख और गीज़ो, फ्रांसीसी उग्रवादी और जर्मन पुलिस के भेदिये...बूढ़े यूरोप के सारे सत्ताधारी एक हो गए हैं।

यह कोई साधारण राजनीतिक पर्चा मात्र नहीं है, यह एक उत्कट घोषणा-पत्र तथा एक नवीन दृष्टि है। इक्कीसवीं सदी के उन सभी प्रबुद्ध पाठकों के लिए जो पंक्तियों के बीच की इबारत को पढ़ना जानते हैं, यह अविश्वसनीय रूप से सामयिक है। यह एक ऐसे विश्व की विवेचना करता है जिसे हम आज भी फ़ौरन पहचान लेते हैं, जबकि जिस समय यह

घोषणा-पत्र लिखा गया था, वह बस आकार ही ले रहा था। जिस औद्योगिक पूँजीवाद को मार्क्स ने इतनी गहरी अंतर्दृष्टि से समझा और व्याख्यायित किया है, वह उस दौर में अपने क्रूर विकास की आरंभिक अवस्था में ही था। जब मार्क्स और एंगेल्स ने शोषण पर आधारित इस तंत्र तथा मुनाफ़ाखोरी की अंधी दौड़ से पैदा होने वाली अमानवीकरण की प्रवृत्ति पर से परदा हटाया था तो शायद उन्हें यह भान भी नहीं था कि आने वाली पीढ़ियों के लिए उनके शब्द कितने सही साबित होंगे।

> उत्पादन उपकरणों में, लगातार क्रांति लाये बिना बुर्जुआ वर्ग जीवित नहीं रह सकता इसके विपरीत सभी पुराने औद्योगिक वर्गों के अस्तित्व की पहली शर्त पुरानी उत्पादन विधियों को ज्यों का त्यों बनाए रखना थी। उत्पादन प्रक्रिया का निरंतर क्रांतिकरण, सभी सामाजिक अवस्थाओं में लगातार उथल-पुथल, चिरंतन अनिश्चितता और हलचल—ये चीज़ें बुर्ज़ुआ युग को पहले के सभी युगों से अलग करती हैं। सभी स्थिर और जड़ीभूत सम्बन्ध अपने सहगामी, प्राचीन व पवित्र पूर्वाग्रहों तथा मतों सहित ध्वस्त हो जाते हैं, सभी नवनिर्मित सम्बन्ध जड़ीभूत होने के पहले ही पुराने पड़ जाते हैं जो कुछ भी ठोस है, वह हवा में उड़ जाता है, जो कुछ पावन है वह भ्रष्ट हो जाता हैं, और अंततः मनुष्य को संजीदा दृष्टि से जीवन की वास्तविक अवस्थाओं तथा पारस्परिक सम्बन्धों को देखने के लिए मजबूर होना पड़ता है।

...अपने उत्पादों के लिए निरंतर विस्तारमान बाज़ार की ज़रूरत बुर्ज़ुआओं का दुनिया भर में पीछा करती है हर जगह घुसना, हर जगह पैर जमाना तथा हर जगह संपर्क कायम करना होता है।

कम्यूनिस्ट अपने दृष्टिकोण और लक्ष्य छिपाने से घृणा करते हैं। वे खुले तौर पर ऐलान करते हैं कि उनका लक्ष्य सिर्फ़ समस्त मौजूदा सामाजिक दशाओं को बलपूर्वक उखाड़ फेंकने से ही हासिल हो सकता है। शासक वर्गों को कम्यूनिस्ट क्रांति के भय से काँपने दो। सर्वहाराओं के पास अपनी बेड़ियों के सिवाय खोने के लिए कुछ नहीं है। जीतने के लिए उनके सामने सारी दुनिया है।

दुनिया के मज़दूरों एक हो![133]

मार्क्स ने *कम्यूनिस्ट घोषणा पत्र* का ज़्यादातर हिस्सा ब्रूसेल्स के ब्लू पैरट रेस्त्रां में लिखा था। 1848 के फरवरी माह में यह छापाखाने में पहुँचा और जब यह छपकर आया तो फ्रांस से विद्रोहों की ख़बर आनी शुरू हो गई थी। वहाँ के अलोकप्रिय प्रधानमंत्री गीजो ने इस्तीफ़ा दे दिया और अगले दिन राजा लुई फिलिप का भी पतन हो गया। कुछ ही हफ़्तों में विद्रोह की लपटें बर्लिन तक पहुँच गईं और एक और सरकार गिर गई एंगेल्स ने उत्साहपूर्वक लिखा, 'ट्यूलेरिज और शाही महल की लपटें सर्वहारा के उदय की प्रतीक हैं...अब बुर्ज़ुआ शासन हर जगह ध्वस्त हो जायेगा...हमें उम्मीद है कि जर्मनी में भी यही होगा।' फरवरी क्रांति के

---

133. *कम्यूनिस्ट घोषणा पत्र*, पेज 34, पीपीएच—1986

फलस्वरूप कम्यूनिस्ट लीग की लंदन स्थित केन्द्रीय समिति ने समस्त अधिकार ब्रूसेल्स के उच्च मंडल को हस्तांतरित कर दिये। पर जब यह फ़ैसला ब्रूसेल्स पहुँचा तो वहाँ का प्रशासन यूरोप में फैलते विद्रोह के मद्देनज़र सावधान हो चुका था और घेराबंदी शुरू हो चुकी थी। जर्मन लोगों की बैठकों पर पूर्ण प्रतिबंध लगा दिया गया। अतः नई केन्द्रीय समिति ने अपने को भंग कर दिया और सारे अधिकार मार्क्स को सौंप कर उन्हें फ़ौरन पेरिस में एक नई केन्द्रीय समिति गठित करने का निर्देश दिया। यह निर्णय करने वाले पाँच आदमियों ने (3 मार्च 1848 को) अपने-अपने अलग रास्ते पकड़े ही थे कि पुलिस मार्क्स के घर में घुस आई और उन्हें गिरफ़्तार कर अगले ही दिन फ्रांस जाने को, जहाँ वह ख़ुद ही जाना चाह रहे थे, मजबूर कर दिया। पेरिस में कम्यूनिस्ट लीग का नया मुख्यालय घोषित किया गया। बाद में एंगेल्स भी वहाँ आ गए और दोनों जन वापिस जर्मनी लौटने की कोशिश में जुट गये। लेकिन उन दिनों पेरिस में निर्वासितों के बीच क्रांतिकारी दस्ते कायम करने की एक खब्त-सी फैली हुई थी। स्पेनी, इतालवी, बेल्जियम, पोल और जर्मन सभी अपने देशों को आज़ाद कराने के लिये ग्रुपों में एकत्र हो रहे थे। हरवे,बोर्न्स्तेड और बर्नस्टीन के नेतृत्व में गठित जर्मन सैन्य दस्ते द्वारा इस काम को अंजाम देने की (जिसमें नई सरकार भी सहयोग की बात कर रही थी।) योजना को क्रांति के साथ खिलवाड़ बताते हुए मार्क्स ने इसका पुरज़ोर विरोध किया। उनके अनुसार जर्मनी की तात्कालिक उथल-पुथल के मध्य आक्रमण संगठित करने यानी बाहर से संगठित क्रांति का बलपूर्वक आयात करने का अर्थ ख़ुद जर्मनी की क्रांति की जड़ें काटना, सरकारों के हाथ मज़बूत करना और इन सैनिकों को हाथ-पैर बाँध कर जर्मन फ़ौज के हवाले करना था।

अप्रैल में मार्क्स जर्मनी लौट आये और क्रांतिकारी आन्दोलन में राजनीतिक बहसों द्वारा सक्रिय हस्तक्षेप के उद्देश्य से एक दैनिक समाचार पत्र *नया राईन समाचार* निकालने की तैयारी करने लगे। चार साल पहले जब *राईन समाचार* के पिछले संस्करण निकले थे तो इसे जर्मनी के हताश मध्यवर्ग का व्यापक समर्थन मिला था। लेकिन इस बार वे मार्क्स के दृष्टिकोण का समर्थन करने में उतनी रुचि नहीं दिखा रहे थे। मार्क्स का पूरा ज़ोर पुरानी व्यवस्थाओं के विनाश के बाद उभरी नई विधानसभा जैसी व्यवस्थाओं के आलोचनात्मक विश्लेषण पर था। इन दिनों पूरे जर्मनी में मज़दूरों के ग्रुप बनाए जा रहे थे, हालाँकि उनकी माँग या तो पूरी तरह तात्कालिक आर्थिक लाभों पर केन्द्रित थी या फिर विशुद्ध लोकतांत्रिक सुविधाओं पर। जून में अखबार का पहला अंक प्रकाशित हुआ तो मार्क्स और एंगेल्स ने इसे कम्यूनिस्ट ताकतों के संगठन के केन्द्रीय बिंदु के रूप में देखा।

कम्यूनिस्ट लीग का क्या हुआ? मार्क्स और एंगेल्स दोनों ने महसूस किया कि यह इतनी छोटी थी कि तत्कालीन परिस्थितियों में, जब हज़ारों लोग सड़कों पर आ रहे थे, आंदोलन पर कोई व्यापक प्रभाव छोड़ने में सफल नहीं हो पा रही थी। मूलभूत बात तीव्र परिवर्तनों और उफान के समय आंदोलन का हिस्सा बनकर उसको प्रभावित करना था न कि कम्यूनिस्टों को इससे अलग या फिर इसके विरुद्ध खड़ा करना। मार्क्स की इस नवीन विश्वदृष्टि के केन्द्र में यह विचार था कि चेतना में महान रूपांतरण अपने आप नहीं अपितु

भौतिक परिवर्तनों के संदर्भ में ही आता है। नए विचार केवल उसी सीमा तक स्वीकार तथा अंगीकार किए जायेंगे जितना वे आंदोलन के भीतर प्रतिबिंबित होंगे। इस तर्क ने मार्क्स की एक–दूसरे महत्त्वपूर्ण जर्मन समाजवादी गोथे से उग्र बहस को जन्म दिया। गोथे जर्मन मज़दूरों में काफ़ी लोकप्रिय थे लेकिन उनके विचार इस धारणा को मज़बूत करते थे कि 'मज़दूरों को व्यापक क्रांतिकारी आंदोलनों से दूर रहना चाहिए।'

सच्चाई यह है कि उन दिनों जर्मन मज़दूर आंदोलन अपने विकास की उस मंज़िल पर था जहाँ वह जनतांत्रिक अधिकार प्राप्त करने की लड़ाई लड़ रहा था। इसके विपरीत इंग्लैड में चार्टिस्ट आंदोलन का प्रभाव अपने उच्चतम स्तर पर पहुँच चुका था और मार्क्स एंगेल्स इसे निश्चित तौर पर यूरोपीय मज़दूर आंदोलन के अग्रिम दस्ते के रूप में देखते थे। साथ ही वे इस बात से भी अवगत थे कि 'उदार' तत्वों के साथ संघर्ष में साझा हिस्सेदारी का अर्थ कभी भी उनके हाथ में आंदोलन का राजनैतिक नेतृत्व सौंप देना नहीं हो सकता।

नया *राईन समाचार पत्र* की पहली प्रतियाँ जब गलियों में आईं तो यूरोप में एक बार फिर परिस्थितियाँ नए उच्च स्तर पर पहुँच रही थीं। फ्रांस में राजशाही को अपदस्थ कर सत्ता में आई उदारवादी सरकार के जनतांत्रिक दावे खोखले साबित हो रहे थे। फरवरी क्रांति से प्राप्त अधिकार पर नव निर्वाचित राष्ट्रीय एसेंबली में प्रभावी दक्षिणपंथियों द्वारा कुठाराघात किया जा रहा था। जर्मनी में शहरी मज़दूरों को न्यूनतम मज़दूरी की गारंटी देने वाली राष्ट्रीय कार्यशालाएँ बंद कर दिये जाने से मज़दूर एक बार फिर निराश्रित हो गए। इसके विरोध में लोग पेरिस की सड़कों पर उतर आए। इस बार वे बर्बर दमन का शिकार हुए। जब मार्क्स ने फ्रांस की कायर बुर्ज़आजी की इस कार्रवाई का विरोध किया तो जर्मन प्रशासन ने इसे अपने ख़िलाफ़ भी समझा और उनके अखबार को समर्थन देना बंद कर दिया।

जुलाई में जर्मनी की अपेक्षाकृत उदार सरकार की जगह प्रतिक्रयावादी सरकार ने ले ली। मार्क्स और उनका अखबार उसकी दमनकारी नीति के पहले शिकार हुए और अगले महीने इसके प्रबंधन में एकाधिक बार बाधा पहुँचाई गई लेकिन वियना से बर्लिन तक लोकतांत्रिक अधिकारों पर गहराते जा रहे खतरों के बीच मार्क्स और उनका अखबार पूरी आक्रमकता के साथ मज़दूरों के अधिकारों का पुरज़ोर समर्थन करता रहा। उनकी रणनीति का सबसे प्रमुख उद्देश्य मज़दूरों के बीच अपने वैचारिक दृष्टिकोण का प्रभाव बढ़ाना था जिसे बाद में उन्होंने क्रांति की सततता कहा। लेकिन साथ ही उन्होंने इस दौरान स्टीफ़न बोर्न की मज़दूर बिरादरी की पंचमेल वैचारिक खिचड़ी पर आधारित उस कार्यनीति का भी सक्रिय विरोध किया, जिसके तहत हड़तालों, ट्रेड यूनियनों, उत्पादकों की सहकारी समितियों का आयोजन किया गया और यह भुला दिया कि सर्वोपरि प्रश्न राजनैतिक जीतों द्वारा वह भूमि विजित करने का है जिस पर चीज़ें टिकाऊ आधार पर प्राप्त की जा सकती हैं। मार्क्स और एंगेल्स इस आंदोलन की कमज़ोरियों को अच्छी तरह पहचानते थे। इसलिए उन्होंने 1848 के उस समय को 'क्रांतिकारी संयम' का समय कहा।

वियना में आंदोलन का बर्बर दमन हुआ तो सड़कों पर ऑस्ट्रियाई मज़दूरों के समर्थन

में विशाल जनांदोलन उमड़ पड़ा। अक्टूबर के अंत तक उसे भी दबा दिया गया लेकिन बर्लिन तथा जर्मनी के दूसरे हिस्सों पर पूर्ण अधिकार करने में प्रतिक्रांतिकारियों को दो और महीने का समय लग गया और तब जाकर फ्रेडरिक चतुर्थ के हाथ में प्रशियाई सत्ता का पूर्ण अधिकार आ गया। इसके बाद के महीनों में मार्क्स और एंगेल्स ने ख़ासतौर पर अपने समाचार पत्र के ज़रिये जनतांत्रिक ताकतों को एक मंच पर लाने, मज़दूरों और किसानों के बीच एकता कायम करने और सबसे महत्त्वपूर्ण तौर पर जर्मन आंदोलन को अंतर्राष्ट्रीय परिदृश्य के परिप्रेक्ष्य में समझने तथा व्याख्यायित करने का अथक परिश्रम किया।

जर्मनी की कई असफलताओं के बावजूद यूरोप के दूसरे हिस्सों में जारी संघर्षों ने मार्क्स के मन में क्रांतिकारी संभावनाओं के प्रति आशा का दीप जलाये रखा और अब भी प्रतिरोध कर रहे बेडेन तथा फैंकफर्ट की अस्थाई प्रतिनिधि सभाओं का समर्थन करने के लिये प्रोत्साहित किया।

लेकिन 13 जून 1849 को रूसी जार द्वारा हंगरी की क्रांति के कुचल दिये जाने के साथ 1848 की क्रांति के महान युग का अंत हो गया। 16 मई को मार्क्स को कोलोन से निष्कासित करने का आदेश थमा दिया गया और अगले ही दिन वह पेरिस के लिये रवाना हो गए। इस बीच एंगेल्स बेडेन के विद्रोहियों के साथ संघर्ष में शामिल हो गए। जर्मनी छोड़ने से पहले नया *राईन समाचार पत्र* के अंतिम अंक में, जो पूरा लाल स्याही में निकाला गया था, उन्होंने लिखा, 'हमें अपना दुर्ग छोड़ना पड़ रहा है। लेकिन हम अपने हथियारों और साज-ओ-सामान के साथ पीछे हट रहे हैं...युद्धक बैंडों और फहराते हुए झंडे के साथ... हमारे अंतिम शब्द हमेशा और हर जगह बस एक ही होंगे...'सर्वहारा वर्ग की मुक्ति'।

क्रांति असफल हुई...क्रांति ज़िन्दाबाद!

मार्क्स, तत्कालीन क्रांतिकारी उभार के बौद्धिक नेता और प्रखर आंदोलनकारी की अपनी छवि के कारण हर जगह के प्रशासन के लिए संदिग्ध हो गए थे। पेरिस छोड़ने के भारी दबाव के चलते वह 1849 में परिवार सहित लंदन आ गए। थोड़े ही दिनों बाद उनके मित्र कामरेड और सहयात्री एंगेल्स भी वहीं आ गए। एंगेल्स की मित्र मंडली में उन्हें 'जनरल' कहा जाता था। यह दरअसल क्रांतिकारी विद्रोहों के संगठन कार्य में उनकी बढ़ती हुई रुचि और जर्मनी के विद्रोह में उनकी भूमिका का परिचायक था।

यूरोप में क्रांतिकारी आंदोलनों की विफलताओं के बावजूद मार्क्स और एंगेल्स जर्मनी तथा फ्रांस में क्रांतियों के नए संस्करणों के प्रति काफ़ी आशान्वित थे। मार्क्स का परिवार, जैसा कि जेनी के उस दौर के पत्रों से साफ़ ज़ाहिर होता है, भयावह आर्थिक समस्याओं से जूझ रहा था। जो थोड़े-बहुत पैसे थे, जर्मनी से विस्थापित हो रहे कामरेडों की सहायता तथा एक नई पत्रिका (जिसके पाँच अंकों में से पहला जनवरी,1850 में प्रकाशित हुआ) आरंभ किए जाने के प्रयासों में तेज़ी से खर्च हो रहे थे। जेनी 1849 के वसंत में जब लंदन आई तो वह गर्भवती थी। मार्क्स उनके प्रति लापरवाह नहीं थे, लेकिन अब भी

(1848–1849) के झंझावातों से नए क्रांतिकारी आंदोलन की संभावना उन्हें व्यग्र कर रही थी।

1848 में मार्क्स और एंगेल्स ने कम्यूनिस्ट लीग भंग किए जाने की वकालत की थी और तर्क दिया था कि समाजवादियों के लिए क्रांति में उभर रहे व्यापक आंदोलनों में हिस्सेदारी तथा मज़दूर आंदोलनों के बीच विचारधारात्मक प्रभाव बढ़ाने की कोशिश ज़्यादा महत्त्वपूर्ण थी। लेकिन 1850 के आरंभ तक यह स्पष्ट हो चुका था कि मूल उद्देश्य अब बदल चुके हैं और उन्होंने उतने ही बलपूर्वक लीग के पुनर्गठन पर ज़ोर दिया। उन्होंने यह भी महसूस किया था कि क्रांतिकारी आंदोलनों के नए संस्करणों के लिए यूरोप भर में 1848–1849 में हुईं घटनाओं को समझना, उनसे सीख लेना तथा उनकी सम्यक् व्याख्या प्रस्तुत करना भी उतना ही महत्त्वपूर्ण था। मार्क्स ने इन घटनाओं की विवेचना तीन ऐतिहासिक लेखों में प्रस्तुत की। पहला नवगठित कम्यूनिस्ट लीग को जारी मार्च तथा जून 1850 के पत्र, दूसरा, जनवरी से अक्टूबर के बीच उनके नए तथा अल्पजीवी समाचार पत्र में प्रकाशित लेखमाला (जो बाद में *फ्रांस में 1848–18 50 का वर्ग संघर्ष के नाम से संकलित हुई*) और तीसरा *लुई नेपोलियन की अठारहवीं ब्रूमेर* जो मार्क्स के इतिहास लेखन का सर्वोत्कृष्ट नमूना है। लेकिन ये व्याख्याएँ किसी असंबद्ध तथा निरपेक्ष पर्यवेक्षक की वस्तुगत न्यायिक विवेचना नहीं थीं। आखिरकार मार्क्स एक बार फिर नवगठित वस्तुगत कम्यूनिस्ट लीग की कार्यकारी समिति के अध्यक्ष चुने गए थे और 1848–49 की घटनाओं से सबक लेकर राजनैतिक संगठन के निर्माण में उनकी अत्यंत महत्त्वपूर्ण भूमिका थी जैसा कि वे कहते हैं—''क्रान्ति असफल हुई, क्रांति ज़िन्दाबाद।''

1848 के अनुभवों का मार्क्स द्वारा सार संकलन आज भी प्रासंगिक लगता है, हालाँकि कई दूसरे लोगों ने इन घटनाओं के बारे में अपनी व्याख्याएँ प्रस्तुत कीं लेकिन मार्क्स ने इसे श्रमिक वर्ग के नज़रिए से व्याख्यायित किया, जिससे भविष्य के समाजवादियों के लिए राजनैतिक तथा सांगठनिक निहितार्थ निकाले जा सकें।

पहला निष्कर्ष यह था कि—

'हर क्रांति प्रारंभ में मध्यवर्ग के महत्त्वपूर्ण हिस्सों के श्रमिक वर्ग के साथ संयुक्त संघर्ष से ही संपन्न होती है लेकिन यह संयुक्त संघर्ष, जर्मनी और फ्रांस दोनों जगह अल्पजीवी सिद्ध हुआ। दोनों जगहों पर बुर्जुआजी, जिसे 1848 की क्रांतियों की प्रमुख उपलब्धि संसदीय लोकतंत्र का सर्वाधिक लाभ मिला था, इस तथ्य से भयभीत थी कि क्रांति की प्रक्रिया संसदीय लोकतंत्र तक ही सीमित नहीं रहेगी और सर्वहारा वर्ग अंततः निजी सम्पत्ति के अस्तित्व की समाप्ति हेतु निर्णायक संघर्ष की ओर बढ़ेगा। इस भय से वह सर्वहारा के विरुद्ध हो गया तथा उसी पुराने शासक वर्ग से संधियाँ और समझौते करने लगा जिसे वह अभी कुछ दिन पहले ही सत्ता से उखाड़ फेंकना चाहता था। इसलिए पूँजीवादी समाज का रूपांतरण उस वर्ग द्वारा नहीं हो सकता जिसके इसे जारी रखने में ख़ुद के स्वार्थ निहित हैं। ऐसे में यह महत्त्वपूर्ण हो जाता है कि सर्वहारा वर्ग इस रूपांतरण हेतु बुर्जुआ वर्ग की

धोखेबाज़ी के बाद भी अपना संघर्ष जारी रख सके। जहाँ बुर्जुआजी के हित क्रांति को शीघ्रातिशीघ्र किसी निष्कर्ष तक पहुँचाने में हैं, वहीं हमारा (सर्वहारा वर्ग का) हित तथा कर्तव्य इसे स्थाई बनाने में अंतर्निहित है।'

इसके साथ-साथ मार्क्स ब्लांकीस्टों के साथ उग्र विवाद में भी उलझे हुए थे जो पेरिस विद्रोह में महत्त्वपूर्ण भूमिका निभाने के बाद गुप्त विप्लवी कार्यवाहियों के पक्ष में तर्क दे रहे थे। मार्क्स और एंगेल्स इस मुद्दे पर दृढ़ थे कि 'यह जानते हुए कि बुर्जुआजी देर-सबेर आंदोलन रोक ही देगी सर्वहारा वर्ग को बुर्जुआजी से स्वतंत्र रूप से संगठित किया जाना ज़रूरी था।' यह कार्य उसी सीमा तक सम्भव था जिस सीमा तक सर्वहारा अपने तथा समाज के अन्य वर्गों के बारे में स्पष्ट ज्ञान विकसित कर सकता। इसलिए यह बेहद ज़रूरी था कि कम-से-कम सर्वहारा वर्ग का एक हिस्सा अगले क्रांतिकारी उभार के पहले इसे ढंग से समझ सके।

अब प्रमुख काम था सर्वहारा की क्रांतिकारी पार्टी का निर्माण। शायद मार्क्स उस समय तुरंत क्रांति की संभावना को लेकर अति आशान्वित थे जैसा कि एंगेल्स ने भी उनकी मृत्यु के बाद 'फ्रांस में वर्ग संघर्ष' की नई भूमिका में इंगित किया है।

एक नई वैज्ञानिक विश्वदृष्टि

1850 के मध्य तक मार्क्स के सम्मुख यह स्पष्ट होने लगा कि क्रान्ति अब तात्कालिक एजेंडे पर नहीं रह गई थी। यूरोपीय पूँजीवाद विकास और प्रसार के युग में प्रवेश कर रहा था लेकिन, जैसा कि प्रशा के भूतपूर्व शासक की हत्या के एक नाकाम प्रयास के बाद कोलोन में जर्मन कम्यूनिस्टों के भयावह उत्पीड़न से स्पष्ट था कि बुर्जुआ जनतंत्र को पुरानी व्यवस्था के अवशेषों से ख़ुद को मुक्त करने में कुछ ज़्यादा परेशानी नहीं हो रही थी।

कम्यूनिस्ट लीग के भीतर भी कटु विवाद उत्पन्न हो रहे थे क्योंकि ऐसे अनेक लोग नेतृत्व की पांतों में शामिल थे जिनका मानना था कि क्रांति अब भी अत्यंत निकट भविष्य में सम्भव थी, ज़रूरत थी तो बस हथियारबंद तैयारी और दृढ़ विश्वास की। 1848 के आंदोलन के बाद के दौर में भी जर्मन कामरेडों के अपने राष्ट्रीय श्रमिक वर्ग के सतत् मौलिकीकरण पर ज़ोर देने से ये तर्क राष्ट्रवादी रंग लेने लगे थे।

जहाँ तक मार्क्स और एंगेल्स का सवाल है तो उनके लिए दो मुद्दे महत्त्वपूर्ण थे। पहला, जैसा कि *कम्यूनिस्ट घोषणा-पत्र* में उन्होंने स्पष्ट रूप से लिखा था, 'मज़दूरों के क्रांतिकारी आंदोलन का चरित्र अंतर्राष्ट्रीय होना चाहिए' और दूसरा, क्रांति मनोगत (सर्वहारा की चेतना और उसमें क्रांतिकारी विचारों के प्रभुत्व) और वस्तुगत (व्यवस्था में संकट) स्थितियों के संयोजन से ही संपन्न होनी चाहिए।

जर्मन राष्ट्रीय दृष्टिकोण को घोषणा पत्र में सार्वभौमिक विश्वदृष्टि से प्रतिस्थापित किया गया और जर्मन शिल्पकारों की राष्ट्रीय भावनाओं को तिरोहित कर दिया गया। घोषणा पत्र में आदर्शवाद की जगह भौतिकवादी नज़रिए ने ले ली। क्रांति को वास्तविक स्थितियों के उत्पाद नहीं अपितु सुनियोजित प्रयासों के परिणाम के रूप में देखा गया। जब हम मज़दूरों

से कहते हैं कि तुम्हें स्थितियों को बदलने और सत्ता संचालन के प्रशिक्षण के लिए 15, 20 या 50 वर्षों के गृह युद्ध से गुज़रना पड़ेगा तो वे कहते हैं कि हमें सत्ता पर एकबारगी कब्ज़ा करना ही होगा अन्यथा बेहतर होगा कि हम अपने बंकरों में चले जाएँ।

मार्क्स अब नियमित रूप से ब्रिटिश म्यूज़ियम के अध्ययन कक्ष में गहन अध्ययन में लग गए। उन्होंने असाधारण रूप से महत्त्वाकांक्षी परियोजना (मार्क्स को छोड़कर हर किसी के लिए), समग्र रूप से पूँजीवादी व्यवस्था के सामान्य चरित्र की परिभाषा तथा व्याख्या, आरंभ कर दी थी। आंदोलन में कुछ लोगों ने, सामान्यत: उन लोगों ने जो देर बैठकर विप्लवी कार्यवाइयों की योजना बनाते थे, इसे राजनीति से पीछे हटना बताकर उनकी भर्त्सना की। हालाँकि मार्क्स और एंगेल्स कतई राजनैतिक संगठन से अलग नहीं हुए थे। दरअसल उन्होंने पार्टी निर्माण का विचार कभी त्यागा ही नहीं था। यद्यपि 1864 में कम्यूनिस्ट इंटरनेशनल के गठन के पहले तक यह केवल अनौपचारिक तरीकों से किया जाता था। मार्क्स दूसरे समाजवादियों से निरंतर बहस चलाने से कभी भी पीछे नहीं हटे, न ही उन्होंने नियमित रूप से पर्चे तथा लेख लिखने ही बंद किए। कम्यूनिस्ट लीग के विभाजन के बाद के शांत समय में ये बहस और वाद-विवाद एक नई पार्टी के निर्माण की प्रक्रिया के अंग थे।

लेकिन, बिला शक, इस दौर में मार्क्स ने पूँजीवादी व्यवस्था से संबद्ध अपने अध्ययन तथा शोध को ही प्रमुख राजनैतिक कार्यभार बनाया। यह केवल शत्रु को जानने का ही मामला नहीं था, इसका असली उद्देश्य पूँजीवादी व्यवस्था की परिचालक शक्तियों को तथा इस विकास से पैदा होने वाले अंतर्विरोध तथा तनावों को समझना था और संकट की अपरिहार्यता के मद्देनज़र, इसका अंदाज़ा लगा पाना और यहाँ तक कि यह भविष्यवाणी कर पाने की क्षमता का विकास कर पाना कि ये कहाँ उत्पन्न होंगे, अत्यंत आवश्यक था। यह सब कम्यूनिस्टों को वर्ग संघर्ष के भावी युद्धों के लिए तैयार करने की व्यापक परियोजना का अंग था।

उन्होंने अपना जो कार्यभार तय किया था वह पूँजीवाद के भूमंडलीय व्यवस्था के रूप में कार्य करने तथा समय के साथ इसके विकास के रास्ते को समझाना या जैसा कि वे कहते हैं इसकी 'गतिकी के नियम' का रहस्योद्‌घाटन करना था। लेकिन बात सिर्फ़ इतनी सी नहीं है। समस्या यह है कि जो सतह पर दिखाई देता है, हो सकता है कि वह असल में व्यवस्था की आंतरिक परिचालक शक्ति न हो, आखिरकार, मार्क्स ने अपने पहले के लेखों में विस्तार से विवेचना की थी कि कैसे पूँजीवादी कार्यप्रणाली और नियम अक्सर वास्तविकताओं को छुपाते या ग़लत तरीके से प्रदर्शित करते हैं। यही वह चीज़ थी जिसे उन्होंने 'विचारधारा' कहा।

हम अपने समय में अनेक ऐसे उदाहरण जानते हैं जब शक्तिशाली वर्गों द्वारा अपने हितों के अनुरूप लिए गए आर्थिक निर्णयों को दुनिया के समक्ष प्राकृतिक अवधारणा की तरह प्रस्तुत किया जाता है। जब हर समाचार बुलेटिन के अंत में दिए जाने वाले बारहां अपारदर्शी आंकड़े 'बाज़ारों की गतिविधि' या इस या उस सूचकांक का उतार-चढ़ाव दर्शाते हैं तो मौसम

सम्बन्धी सूचनाओं और विनाशों के लेखे-जोखे के बीच अक्सर दबे हुए से लगते हैं जैसे ये सब एक तरह की चीज़ें हों जिन पर हमारा कोई भी नियंत्रण न हो। बुर्जुआ अर्थशास्त्री बुर्जुआ उत्पादन सम्बन्धों को निश्चित, अपरिवर्तनीय एवं सनातन कोटियों की तरह प्रदर्शित करते हैं, जो दरअसल धन पैदा करने वाले लेकिन व्यवस्था तथा इसकी कार्यप्रणाली पर किसी भी अधिकार से वंचित लोगों के विरुद्ध खड़े वर्ग के हित में निश्चित तथा निर्धारित किए जाते हैं।[134]

मार्क्स की युवाकाल की रचनाएँ पूँजीवाद में श्रमिकों के अनुभवों को व्याख्यायित कर चुकी थीं। पार्थक्य (alienation) को जो उनमें से अधिकांश में अधिकारहीनता का भाव उत्पन्न करता था और उन्हें यह महसूस कराता था कि जिन मशीनों पर वे काम करते हैं उनकी अपनी ज़िन्दगी है। सवाल यह था कि पूँजीवाद की वह कौन-सी विशिष्ट परिस्थितियाँ हैं जो पूँजी के मालिक तथा धन के उत्पादक कामगारों के बीच इस सम्बन्ध को उत्पन्न करती हैं। श्रमिक और इस या उस पूँजीपति का व्यवहार या श्रमिकों के प्रति उसके आचरण के कुछ उदाहरणों से उलट वे कौन-सी वास्तविक परिचालक शक्तियाँ हैं जो व्यवस्था को अग्रवर्ती गति प्रदान करती हैं। पूँजीपति वर्ग और श्रमिक वर्ग के बीच एक पूँजीवादी व्यवस्था में भूमंडलीय सम्बन्ध क्या है?

इन प्रश्नों के उत्तर निश्चित तौर पर किन्हीं अमूर्त सूत्रों में नहीं मिलने थे तो उनका तरीका वास्तविक ऐतिहासिक काल में वास्तविक उपस्थित शक्तियों के व्यवहार के निरीक्षण पर ही आधारित होना था। जैसा कि उन्होंने हमेशा किया था सिद्धांत का परीक्षण, भौतिक वास्तविकता तथा इसके विकास को व्याख्यायित करती व्यावहारिकता पर ही होना था और यहाँ भी हर ऐतिहासिक गति की तरह प्रक्रिया द्वंद्वात्मक होनी थी जिससे अंतर्विरोध तथा द्वंद्व उत्पन्न होते जो केवल समाज में परिवर्तन से ही हल हो सकते थे। ये तनाव ख़ुद को पूँजीवाद के मियादी संकटों में अभिव्यक्त करते थे। यह अत्यंत आवश्यक था कि क्रांतिकारी आंदोलन उनकी प्रकृति को समझे, उनका अंदाज़ लगा सके और संगठनात्मक रूप से उनके द्वारा दरपेश अवसरों का लाभ उठा सकने के लिए तैयार रहे। जहाँ तक मार्क्स का सवाल है तो उनको इस बात में कतई कोई दुविधा नहीं थी कि शोध और अध्ययन का काल निश्चित तौर पर उनकी राजनैतिक परियोजना के लिए प्रत्यक्ष एवं भौतिक योगदान था। वे लिखते हैं—

हमारी पार्टी अध्ययन का एक और शांति काल पाकर प्रसन्न है। यह हमारे लिए अत्यंत लाभकारी है कि इसका सैद्धांतिक आधार एक नवीन वैज्ञानिक विश्वदृष्टि थी जिसके विस्तार ने हमें भरपूर व्यस्त रखा और इसी कारण से हम कभी भी महान निर्वासित व्यक्तियों की तरह हतोत्साहित नहीं हुए।[135]

'हमारी पार्टी' से मार्क्स का अभिप्राय निश्चित रूप से स्वयं और एंगेल्स से था। साथ ही संघर्ष के कोई तात्कालिक आसार न होने के बावजूद उनका उत्साह कम नहीं हुआ था। वास्तव में

134. कार्ल मार्क्स, *दर्शन की दरिद्रता से*

135. *कलेक्टेड वर्क्स*, खंड 16, पेज 470-471

अगर विपन्नता तथा असुरक्षा के उस स्याह दौर को ध्यान में रखा जाए, जिससे उन दिनों वह और उनका परिवार गुज़र रहा था, तो मार्क्स का यह उत्साह ख़ासतौर पर विलक्षण ही लगता है।

हालत यह थी कि मार्च 1850 में उन्हें चेलेसा के उनके किराए के दो कमरों वाले फ़्लैट से निकाल दिया गया और उन्हें सोहो की डीन स्ट्रीट में एक सस्ता ठिकाना ढूँढ़ना पड़ा। जहाँ वे अगले छह साल रहे। अंतहीन तरीके से इस ठिकाने से उस ठिकाने का भटकाव, कार्ल और जेनी के साथ-साथ पूरे परिवार की बीमारी और एक और पुत्र नन्हे एडगर की मृत्यु। उस दौर का वर्णन करते हुए मार्क्स की पुत्री एलिनार मार्क्स ने अपनी माँ के नोट्स के हवाले से लिखा है, 'परिवार के (लन्दन) पहुँचने के कुछ ही समय पश्चात् दूसरे बेटे का जन्म हुआ। जब वो लगभग दो वर्ष का था तो उसकी मृत्यु हो गई। फिर पाँचवें बच्चे, एक नन्ही-सी लड़की का जन्म हुआ। लगभग एक वर्ष की होते-होते ही वह भी बीमार पड़ी और उसकी भी मृत्यु हो गई। 'तीन दिन तक', मेरी माँ ने लिखा, 'बेचारी बच्ची मृत्यु से संघर्ष करती रही। उसने इतना कष्ट उठाया...उसका नन्हा-सा मृत शरीर पिछले छोटे कमरे में रखा रहा;' हम सब अर्थात् मेरे माता-पिता, हेलेन डेमुथ (हमारी निष्ठावान घरेलू सहायिका, जिसने अपना जीवन मार्क्स, उनके परिवार, और उनके तीन बड़े बच्चों के लिए समर्पित कर दिया था।) अगले कमरे में चले गए, जब रात हुई तो हमने ज़मीन पर ही बिस्तर लगा लिए जहाँ तीनों जीवित बच्चे भी हमारे साथ ही लेट गए। और हम उस नन्ही परी के लिए रोते रहे जो हमारे पास ही विश्राम कर रही थी, ठंडी और मृत। उस प्यारी बच्ची की मृत्यु हमारी कठोरतम निर्धनता के समय हुई। हमारे जर्मन मित्र हमारी सहायता नहीं कर पाए; एंगेल्स लन्दन में कुछ साहित्यिक काम खोजने के निष्फल प्रयास के बाद बहुत ही अहितकर शर्तों पर अपने पिता की फ़र्म में क्लर्क के रूप में काम करने के लिए मैनचेस्टर जाने को विवश हो गए थे। अर्नेस्ट जोन्स जो इन दिनों हमसे मिलने आते रहते थे और जिन्होंने सहायता का आश्वासन भी दिया था, कुछ नहीं कर सके...अपने मन की पीड़ा से विवश होकर मैं एक फ्रेंच शरणार्थी के पास गई जो पास ही रहता था और कभी-कभी हमसे मिलने आता था। मैंने उसे अपनी दारुण दशा बताई। उसने तुरंत ही, अत्यंत मैत्रीपूर्ण दयालुता के साथ, मुझे 2 पाउंड दे दिए। उस धन से हमने वह ताबूत खरीदा जिसमें अब वह बच्ची शांतिपूर्वक सो रही है। जब उसका जन्म हुआ था तो मेरे पास उसके लिए पालना नहीं था और इस अंतिम विश्राम-स्थल से भी उसे लम्बे समय तक वंचित रहना पड़ा।'

बड़े पुत्र एडगर (जिसे वह प्यार से फ्राक्सी कहक़र बुलाते थे) की मृत्यु तो मार्क्स के लिए विदारक थी। उस दौर में उनके सहयोगी लीब्नबेख़्त ने उस घटना पर लिखा है—मैं वह दृश्य कभी नहीं भूलूँगा। सुबकती हुई लेंचें, अपनी दोनों बच्चियों को चिपटाए रह-रह कर झटके सी खाती हुई रोती हुई माँ और भीषण रूप से उत्तेजित मार्क्स जो लगभग क्रोधित मुद्रा में किसी भी सांत्वना को अस्वीकार कर रहे थे। अंतिम संस्कार के समय मार्क्स घोड़ागाड़ी में बैठे हुए थे, मौन, अपने हाथों में अपना सर थामे हुए। मैंने उनके माथे पर हाथ फेरते हुए कहा—मूर, तुम्हारे पास अभी भी तुम्हारी पत्नी, तुम्हारी बेटियाँ, और हम लोग हैं—और हम सब तुम्हें बहुत प्यार करते हैं—तुम मुझे मेरा बेटा नहीं लौटा सकते! उन्होंने लगभग कराहते

हुए कहा...कब्र के पास मार्क्स इतने उत्तेजित हो गए कि मैं उनकी बगल में खड़ा हो गया; मुझे भय था कि कहीं वे ताबूत के पीछे न कूद पड़ें।[136] ऐसे में केवल एंगेल्स का सच्चा और नि:स्वार्थ सहयोग था जो उन्हें बर्बाद होने से बचाए हुए था।

1852 में न्यूयार्क *डेली ट्रिब्यून* के समाजवादी सम्पादक चार्ल्स डाना ने मार्क्स को अपने अखबार में लिखने को आमंत्रित किया और अगले दस सालों में उन्होंने 487 लेख लिखे। एक अन्य अमेरिकी रेडिकल जार्ज रिप्ले ने उन्हें *न्यू अमेरिकन साइक्लोपीडिया* में लिखने के लिए आमंत्रित किया। इस लेखन से प्राप्त पारिश्रमिक ही मार्क्स और उनके परिवार की आय का मुख्य आधार बना।

इन सब मुश्किलात के बीच मार्क्स ने अगले 20 वर्षों का ज़्यादातर हिस्सा *पूँजी* लिखने में लगाया लेकिन इसका पहला खंड 1867 तक प्रकाशित नहीं हो सका।

दुनिया के मज़दूरों एक हो—प्रथम कम्यूनिस्ट इंटरनेशनल

मार्क्स ने 1848 को पूँजीवादी संकट के एक ऐसे दौर के रूप में देखा था जिससे क्रांतिकारी उभार उत्पन्न हुए। यद्यपि इसका परिणाम उनकी आशा के अनुरूप नहीं रहा फिर भी यह श्रमिक वर्ग की शक्ति तथा शासकों की बर्बरता, दोनों को प्रदर्शित करने वाला था। ये उनके अध्ययनों के अनुसार पूँजीवाद की अराजक प्रवृत्ति के अपरिहार्य परिणाम, अगले संकट, के लिए महत्त्वपूर्ण सबक थे। श्रमिक वर्ग के आंदोलन को अगली बार के लिए तैयार रहना था।

1857 में पुन: एक आर्थिक संकट प्रकट हुआ। मार्क्स के लिए यह एक विडंबना ही थी, क्योंकि ठीक एक वर्ष पहले जेनी को कुछ पैतृक सम्पत्ति मिली थी जिससे वे अपने कर्ज़ों के भुगतान तथा एक बेहतर घर की व्यवस्था कर सके थे। 1857 के संकट ने कोई प्रतिरोधात्मक उभार उत्पन्न नहीं किया। हालाँकि, ख़ासतौर पर यूरोप में नई गतिविधियों की काफ़ी हलचल थी। फ्रांस और जर्मनी में श्रमिक वर्ग की संख्या तेज़ी से बढ़ रही थी और नए राजनैतिक विचार श्रमिक वर्ग की सबसे रेडिकल अभिव्यक्ति 'चार्टिज़्म' के पतन से रिक्त हुए स्थान को भर रहे थे।

1863 के दौरान पूरे ब्रिटेन में अमेरिकी गृहयुद्ध में उत्तरी राज्यों के समर्थन तथा ब्रिटिश सरकार द्वारा दासप्रथा समर्थक दक्षिणी राज्यों के पक्ष में हस्तक्षेप के विरोध में मज़दूरों की अनेक विशाल सभाएँ हुईं। मार्क्स की दृष्टि में ये दूरगामी प्रभावों वाली थीं। लंदन की एक सभा में इटली के उग्रपरिवर्तनवादी नेता गैरीबाल्डी का स्वागत तथा पोलैंड के एक विद्रोह का समर्थन किया गया, इससे भी महत्त्वपूर्ण बात यह थी कि ये सभी सभाएँ लंदन की ट्रेड काउंसिल द्वारा आयोजित की गई थीं, जो मार्क्स-एंगेल्स के साथ वर्षों काम चुकी थी।

सितंबर, 1864 में मज़दूर नेताओं के इसी ग्रुप ने दुनिया भर के मज़दूरों के बीच भाईचारा स्थापित करने तथा पूँजीपति वर्ग द्वारा विभिन्न देशों के मज़दूरों को

136. देखें, जेल्डा कोहेन कोट्स द्वारा लिखी *मार्क्स की जीवनी*

एक-दूसरे के ख़िलाफ़ इस्तेमाल करने की साज़िश को नाकामयाब करने के उद्देश्य से एक अंतर्राष्ट्रीय बैठक आहूत की। हालाँकि मार्क्स शीघ्र ही अंतर्राष्ट्रीय कामगार संघ में बदल जाने वाले इस संगठन की स्थापना की प्रक्रिया के अंग नहीं थे लेकिन उन्हें इस बैठक में भाग लेने के लिए आमंत्रित किया गया। पिछले दो-एक सालों से इन गतिविधियों में संलग्न न होने के बावजूद मार्क्स ने इस अवसर का पूरा लाभ उठाया, क्योंकि इस बार जैसा कि वह लिखते हैं, 'इसका आयोजन उन लोगों ने किया था जो कि वाकई महत्त्वपूर्ण थे यानी मज़दूर नेताओं ने।' हालाँकि बैठक में हिस्सा लेने वाले सारे लोग किसी भी दृष्टि से मज़दूर वर्ग से नहीं थे और न ही वे सभी अंतर्राष्ट्रीय मज़दूर आंदोलन के उद्देश्य से संबद्ध थे।

जब मार्क्स को इसके नियम तथा सिद्धांत तैयार करने की ज़िम्मेदारी दी गई तो उन्हें किसी भी पिछले अवसर की तुलना में ज़्यादा सजग रहने की दरकार थी, क्योंकि उन्हें आमंत्रित करने वाले लोग तक समाजवाद को लेकर सशंकित थे और क्रांति की अनिवार्यता से पूर्णतः असहमत! अंग्रेज़ी ट्रेड यूनियन के नेताओं का अभीष्ट था—सभी मज़दूरों के लिए वोट देने का अधिकार हासिल करना।[137]

तथापि यह मज़दूर नेताओं के बीच क्रांतिकारी विचारों के महत्त्व की प्रभावशाली ढंग से स्थापना के लिए एक असाधारण राजनैतिक अवसर था। हालाँकि यह आंदोलन अभी भ्रूणावस्था में ही प्रतीत होता था, लेकिन कैपिटल के लिए मार्क्स के अध्ययन ने उनका यह विश्वास दृढ़ कर दिया था कि यूरोपीय पूँजीवाद का उदयकाल ही वह समय है जब मज़दूरों की तादाद तेज़ी से बढ़ेगी और पूँजी तथा श्रम के बीच के अंतर्विरोध भी अपरिहार्य रूप से गहराएँगे। इंटरनेशनल को संबोधन में श्रमिक संघर्षों के अनुभवों की उनकी विवेचना 1848 से इनके विकास की प्रक्रिया को बताती है। इस विवेचना में यह केंद्रीय प्रतिबद्धता स्पष्ट है कि समाजवाद के लिए संघर्ष हेतु उस दौर में भी मज़दूर वर्ग की अंतर्राष्ट्रीय एकता आवश्यक थी।

इन नियमों में मार्क्स-एंगेल्स ने सावधानीपूर्वक स्पष्ट किया है कि विभिन्न घटकों के लिए कोई एक ही केंद्रीयकृत नियम नहीं होगा, लेकिन इसके साथ ही उनके सम्मुख यह भी साफ़ था कि इंटरनेशनल की बहसों में शीघ्र ही एक केंद्रीय तथा एकीकृत नियमावली की आवश्यकता स्पष्ट हो जाएगी। वस्तुतः नियमों की आरंभिक घोषणा में मार्क्स के विचारों का केंद्रीय तत्त्व ही प्रतिध्वनित होता है—

> श्रमिक वर्ग का मुक्तियुद्ध निश्चित तौर पर उन्हीं के द्वारा लड़ा तथा जीता जाना चाहिए...श्रमिक वर्ग की मुक्ति के संघर्ष का अर्थ वर्ग सुविधाओं या एकाधिकार के लिए संघर्ष नहीं अपितु बराबरी के अधिकारों तथा कर्तव्यों के लिए और समस्त वर्गीय शासन के लिए संघर्ष है।[138]

---

137. देखे, पाल फुट की महत्त्वपूर्ण कृति *द वोट हाऊ इट वाज़ वान एंड हाऊ इट वाज़ अंडरमाइंड*, गार्डनर बुक्स, लन्दन—2005

138. देखे, डेविड फर्नबाख द्वारा संपादित कृति *कार्ल मार्क्स द .फ़र्स्ट इंटरनेशनल एंड आ.फ़्टर*, हरमांडवर्थ, 1981-1982

इस भाषण में श्रमिक वर्ग द्वारा राजनैतिक सत्ता के विजय के उद्देश्य पर ज़ोर दिया गया, जिसका इंटरनेशनल के भिन्न-भिन्न भागीदारों ने भिन्न-भिन्न अर्थ निकाला। इससे वाद-विवाद तथा षड्यंत्रों को मौका मिला लेकिन एक साल बाद जब फ्रांसीसी प्रतिनिधियों ने मार्क्स की उपस्थिति के अधिकार पर सवाल उठाया तो एक अंग्रेज़ी ट्रेड यूनियन के प्रतिनिधि ने उन्हें याद दिलाया कि मार्क्स ने अपना पूरा जीवन श्रमिक वर्ग की विजय को समर्पित किया है और दूसरे ने माँग की कि उन सभी को जिन्होंने राजनीतिक अर्थशास्त्र का अध्ययन श्रमिक दृष्टिकोण से किया है, हमारी सारी कांग्रेसों में भाग लेने की अनुमति दी जाए।

मार्क्स के विरोधियों में से बहुतायत प्रूधों के समर्थक थे, जिनमें अधिकांश मज़दूर तो थे, लेकिन नए पूँजीवाद के महत्त्वपूर्ण उद्योगों के नहीं। उनकी पृष्ठभूमि कुशल कारीगरों वाली थी और वे अब भी प्रूधों के पूँजीवाद के समानांतर विकल्प के रूप में पारस्परिक निर्भर समाजों के निर्माण के विचार से संबद्ध थे (या यों कहें कि उनका मानना था कि पूँजीवाद के ख़िलाफ़ लड़ाई लड़ने और संसाधनों पर कब्ज़े की जगह पुरानी बार्टर व्यवस्था पर आधारित आर्थिक प्रणाली को अपना कर समाजवाद लाया जा सकता है, जिसमें लोग वस्तुओं का निर्माण करें और एक-दूसरे की ज़रूरत के हिसाब से लेन-देन। ऐसे विचार अब भी दिखाई देते हैं जिसमें लोग गाँवों की ओर लौटने, प्राकृतिक तरीके से उत्पादन करने और कम-से-कम ख़र्च में काम चलाने जैसी तमाम बातें करते हैं। मार्क्स जिस वैज्ञानिक समाजवाद की बात करते थे, वह इस तरह के तमाम समाजवादों से अलग था जिसमें उत्पादन के साधनों पर श्रमिकों के कब्ज़े और फिर लगातार बेहतर तकनीकों की सहायता से समाज की ज़रूरत के मुताबिक़ उत्पादन और वितरण की बात थी। यह 'सभी समान और सभी ग़रीब' नहीं बल्कि 'सभी समान और सभी समृद्ध' का सिद्धांत है। यह मार्क्स के उस विचार से बिलकुल विपरीत था जो बुर्जुआ वर्ग शक्ति को चुनौती देने तथा एक ऐसी सामाजिक व्यवस्था की स्थापना के लिए मज़दूरों के क्रांतिकारी संगठन के निर्माण पर ज़ोर देता था जहाँ बहुमत के हितों का ध्यान रखा जाएगा तथा लाभ वह परिचालक शक्ति नहीं रह जाएगा, जिससे पूरा सामाजिक संघटन आकार ले।

इसी दौरान जर्मनी में फेर्निडाड लासाल के समर्थकों के विरुद्ध युद्ध छेड़ दिया गया और विल्हेल्म लिब्नेख्त के नेतृत्व में 'सामाजिक जनवादी मज़दूर पार्टी' का गठन हुआ जो मार्क्स की पार्टी के निर्माण की दिशा में आगे बढ़ा हुआ कदम था।

पेरिस कम्यून : इतिहास के सबक भविष्य के लिए

1871 में इतिहास ने इन बहसों को नाटकीय स्वरूप दे दिया। जुलाई, 1870 में प्रशा के शासक बिस्मार्क के उकसावे पर फ्रांस के लुई बोनापार्ट (नेपोलियन तृतीय) ने युद्ध छेड़ दिया और सितंबर आते-आते वह बंदी बना लिया गया। पेरिस में सरकार ने राष्ट्रीय सुरक्षा सरकार के तहत एक गणतंत्र की घोषणा की। बहरहाल इसका प्रतिरोध भी अल्पजीवी रहा और फरवरी 1871 में एक राष्ट्रीय परिषद चुनी गई जिसका ख़ास मक़सद नव एकीकृत जर्मनी के साथ शांति की स्थापना था। प्रतिक्रियावादी थियेर की यह सरकार पेरिस से दूर वर्सीलिया में सत्तासीन हुई। सरकार तथा धनिक वर्ग द्वारा प्रशा के कब्ज़े में पड़ी राजधानी को त्याग दिया गया। केवल नागरिक सेना 'नेशनल गार्ड' ने पेरिस की रक्षा की। जब सशस्त्र

सेना से भयभीत थियेर ने मों-मात्र के पास नेशनल गार्ड की तोपों पर कब्ज़ा करने की कोशिश की तो राजधानी के निवासियों ने प्रतिरोध किया और एक कम्यून की स्थापना की घोषणा कर दी। इसे ही इतिहास में 'पेरिस कम्यून' के नाम से जाना जाता है।

इसके दो माह के जीवनकाल में मार्क्स उद्वेलित तथा सम्मोहित रहे। लुई बोनापार्ट के द्वितीय गणतंत्र की उनकी आलोचना तथा भर्त्सना उतनी ही उग्र थी, जितनी कि फ्रांस में नई क्रांति की उनकी भविष्यवाणी आत्मविश्वास से भरी हुई। सच कहा जाए तो महीनों के कब्ज़े तथा अभावों के चलते यह स्थिति मज़दूर उभार के लिए अच्छी नहीं थी। मार्क्स को भय था कि पेरिस के मज़दूरों का देश के शेष हिस्सों से अलगाव उनकी हार का कारण बन सकता था जब तक कि वे वर्सीलिया की तरफ़ प्रस्थान न करें। साथ ही वह यह भी जानते थे कि इस विद्रोह के किसी बुर्जुआ राज्य की तरह क्रूरता प्रदर्शित करने की संभावना नहीं थी और यह भी कि उसके वर्ग शत्रुओं को ऐसा करने में कोई झिझक नहीं होगी।

लेकिन कम्यून की प्रेरणास्पद विवेचना में मार्क्स ने श्रमिक वर्ग की शक्ति, इसके सम्मुख उपस्थित भावी संकट, इसकी सीमाएँ (जिनसे उबरना ज़रूरी था) और एक बिलकुल नई और भिन्न व्यवस्था के निर्माण के लिए इसमें आवश्यक रचनात्मकता का विश्लेषण किया। 1871 के मार्च महीने में पेरिस कम्यून के रूप में एक नई शक्ति का प्रादुर्भाव हो चुका था। अपने शुरुआती संदेहों के बावजूद मार्क्स इसके उत्कट समर्थक थे। दरअसल, उन्होंने अपने दामाद पॉल लाफार्ज को कम्यूनार्डों के साथ काम करने लिए पेरिस भेजा था।

कम्यून में नया क्या था? फ्रांस में गृहयुद्ध, जिसमें मार्क्स ने पेरिस की इन घटनाओं की समीक्षा की है, उनकी समकालीन पीढ़ी तथा बाद की समस्त पीढ़ियों को इस प्रश्न का उत्तर उपलब्ध कराता है। वह लिखते हैं—

> यह निश्चित रूप से श्रमिक वर्ग की सरकार थी...अंततः वह राजनैतिक रूप प्राप्त कर लिया गया जिसके तहत श्रमिकों की आर्थिक मुक्ति प्राप्त की जा सकती थी।

सबसे महत्त्वपूर्ण यह था कि इसने बुर्जुआ प्रभुत्व के औज़ारों को नष्ट कर दिया। बुर्जुआ सेना की जगह 'सशस्त्र जन', जनता की सेना ने ले ली। बुर्जुआ जनतंत्र को एक ऐसे प्रत्यक्ष जनतंत्र से प्रतिस्थापित कर दिया गया जिसमें सभी प्रतिनिधियों को तुरंत ही उनके पद से हटाकर नए चुनाव कराए जा सकते थे (बाद में 1905 और 1917 की क्रांतियों के बाद रूस में भी यही अधिकार दिए गए) और उन्हें अपने राजनैतिक कर्तव्यों के बदले में कोई विशेषाधिकार भी प्राप्त नहीं थे। लोकसेवाएँ कामगारों जितने वेतन पर ही की जानी थीं। यह एक नया राज्य था। पुराने राज्य जो लेनिन के शब्दों में, हमेशा ही 'अंततः बहुसंख्या के हिंसक दमन' पर आधारित रहा था, की जगह एक ऐसे राज्य ने ले ली जो बहुसंख्या से अलग या ऊपर नहीं अपितु उसके अनुरूप ही स्थापित किया गया था। यह थी मार्क्स द्वारा पूर्व में प्रतिपादित—सर्वहारा की तानाशाही।

अपने बमुश्किल दो माह के जीवनकाल में कम्यूनार्डों के पास नई व्यवस्था लागू करने के लिए, जिसमें स्त्री मुक्ति का सवाल, शोषण से मुक्ति का सवाल और कम्यून आधारित सामाजिक व्यवस्था लागू करने का सवाल शामिल था, पर्याप्त समय नहीं था जैसा कि मार्क्स कहते हैं, ''कम्यून की सर्वश्रेष्ठ उपलब्धि इसकी अस्तित्वमानता ही थी।' और इसी से मार्क्स ने सम्भवत: अपना सबसे दूरगामी राजनैतिक निष्कर्ष निकाला—श्रमिक वर्ग बनी बनाई राज्य मशीनरी पर अधिकार कर इसका अपने उद्देश्यों के लिए इस्तेमाल नहीं कर सकता।[139]

सितंबर 1871 में लंदन में इंटरनेशनल के बंद सम्मेलन में मार्क्स ने 'पेरिस कम्यून' का उदाहरण प्रस्तुत कर कहा कि मज़दूर वर्ग अपनी विशेष राजनीतिक पार्टी के नेतृत्व में संगठित होकर ही समाजवादी क्रांति को विजयी बनाने तथा उसके चरम लक्ष्य 'वर्गों के ख़ात्मे' की प्राप्ति कर सकता है। 'मज़दूर वर्ग की राजनीतिक गतिविधियाँ' शीर्षक प्रस्ताव के स्वीकार होने के साथ ही बाकुनिनपंथी अराजकतावादियों तथा ब्रिटिश ट्रेड यूनियनों के सुधारवाद के विरुद्ध संघर्ष में मार्क्स एंगेल्स की बड़ी राजनीतिक जीत हुई।

बुर्जुआ राज्य का अस्तित्व पूँजीपति वर्ग की रक्षा तथा उसकी स्थिरता को बनाए रखने के लिए ही होता है। समानता और शोषण की समाप्ति के लिए समर्पित समाज की स्थापना के लिए अपने अलहदा शक्तिस्रोत, श्रमिकों के राज्य की आवश्यकता होती है। ऐसे राज्य के निर्माण के लिए ज़रूरी होता है कि क्रांति के दौरान तथा बाद में भी लगातार वर्ग संघर्ष चलाकर पुरानी व्यवस्था के मूलाधारों को पूरी तरह से नष्ट कर दिया जाए अन्यथा समाजवादी राज्य के थोड़ा-सा कमज़ोर या शिथिल पड़ते ही ये पुराने झाड़-झंखाड़ फिर से सिर उठाने लगते हैं। लंबे संघर्षों तथा बलिदानों से अर्जित समाजवाद को ये भीतर तथा बाहर से नष्ट कर डालते हैं। पेरिस में इन दो महीनों में इतिहास ने एक झलक दिखलाई कि यह समाज कैसा हो सकता है, सर्वहारा गणतंत्र का निर्माण कैसे हो सकता है और यह भी कि पराजय की क़ीमत कितनी भयावह हो सकती है! कम्यूनिस्ट राज्यों के भीतर दुश्मनों से निपटने में की गयीं सख़्तियों की बात ऊँची आवाज़ों में करने वाले इस पहले कम्यून के बर्बर दमन की बात कभी नहीं करते। वे इंडोनेशिया, इरान, हिन्दुस्तान तो छोड़िये विकसित पूँजीवादी देशों में कम्यूनिस्टों के दमन पर भी कभी बात नहीं करते।

कम्यून की परिषद् में इंटरनेशनल के 17 सदस्य थे (और इनमें भी मार्क्स के समर्थक अल्पमत में थे)। परिषद् के 92 सदस्य अलग-अलग दृष्टिकोण वाले थे और कम्यून की रक्षा तथा प्रतिक्रियावादी सरकार की भर्त्सना के अलावा अन्य मुद्दों पर उनके बीच शायद ही कोई स्पष्टता थी। प्रूधों के समर्थक आपस में विभाजित थे और कुछ ने तो इस पूरे घटनाक्रम के दौरान वर्सीलिया से संपर्क भी बनाए रखा था!

अन्य सदस्य ब्लांकी तथा रूसी अराजकतावादी मिखाईल बाकुनिन के समर्थक थे, जिसने कम्यून के उत्तराधिकार तथा अंतर्राष्ट्रीय मज़दूर आंदोलन के नेतृत्व के सवाल पर

139. कार्ल मार्क्स, *फ्रांस में गृहयुद्ध से*

पहले इंटरनेशनल में मार्क्स-एंगेल्स के विरुद्ध विघटनात्मक कार्यवाही की थी और अंतत: इसके पतन का कारण भी बना था। बाकुनिन उत्साही षड्यंत्रकारी तथा राज्य का पक्का शत्रु था लेकिन मित्र वह श्रमिक वर्ग का भी नहीं था। दरअसल, बाकुनिन का तर्क था कि श्रमिक वर्ग को न तो संगठित होना चाहिए न ही सत्ता पर कब्ज़े की कोशिश करनी चाहिए, क्योंकि ऐसा करना भी प्राधिकारवाद का ही एक स्वरूप होगा। इसके स्थान पर राज्य पर हमला गोपनीय षड्यंत्रकारी सेलों द्वारा किया जाएगा जो किसी के प्रति ज़िम्मेदार नहीं होंगी। उनके प्रति भी नहीं जिनके प्रतिनिधित्व का वे दावा करती हैं। क्या अजब विरोधाभास है! ऐसे अराजक और स्वच्छन्द 'क्रांतिकारी' किस महान उद्देश्य की प्राप्ति कर सकते थे?

सबसे महत्त्वपूर्ण तो यह था कि बाकुनिन ने मार्क्स के सिद्धांतों में सबसे केंद्रीय तथा बहुमूल्य सिद्धांत, 'श्रमिक वर्ग की मुक्ति उनके द्वारा ही प्राप्त की जाएगी' को भी चुनौती दी। बाकुनिन ने 1872 में इंटरनेशनल की अगली कांग्रेस में अनुशासित तथा केंद्रीयकृत संगठन की अवधारणा पर हमला किया। मार्क्स और एंगेल्स ने इसका उत्तर अत्यंत दृढ़ता से दिया। उन्होंने कहा, "इंटरनेशनल क्रांति का एक विशाल इंजन है न कि बहसबाज़ी का अड्डा। इसका गठन सुहाने सिद्धांतों के लिए नहीं संघर्ष के लिए हुआ है।"

कम्यून ने श्रमिक वर्ग के साहस तथा रचनात्मकता को प्रमाणित किया। इसने एक नई समाजवादी व्यवस्था की झलक दिखलाई और इसे प्राप्त करने के लिए बुर्जुआ राज्य के विनाश की आवश्यकता को अकाट्य रूप से प्रमाणित किया। साथ ही इसकी पराजय तथा आतंकित शासक वर्ग द्वारा लिए गए भयावह प्रतिशोध (जिसमें तीस हज़ार से अधिक कम्यूनार्ड मारे गए) ने स्पष्ट तौर पर इंटरनेशनल की आवश्यकता को सिद्ध किया।

मार्क्स का तर्क था कि कम्यून इसलिए पराजित हुआ क्योंकि इस दौरान बर्लिन, मैड्रिड तथा दूसरी जगहों पर पेरिस के महान सर्वहारा उभार की प्रतिक्रिया में क्रांतिकारी आंदोलन उत्पन्न नहीं हुए। भविष्य के लिए सर्वहारा वर्ग के सम्मुख यही कार्यभार थे कि इससे सबक लिए जायें तथा यह निश्चित किया जाए कि अगली बार क्रांति का आधार और विस्तृत हो।

बाकुनिन और मार्क्स के आंतरिक मतभेद का साफ़ मतलब था कि यह इंटरनेशनल क्रांति का औज़ार नहीं हो सकता था। मार्क्स और एंगेल्स ने स्वयं 'हिंस्र पशु को उसके कष्टों से मुक्त किया।' 1876 बीतते आधिकारिक तौर पर इंटरनेशनल का अस्तित्व समाप्त हो गया।

जीवन के अंतिम वर्ष

इंटरनेशल के भंग होने के बाद एक बार फिर मार्क्स अपने शोध में मसरूफ़ हो गए। उन्होंने पूँजीवादी व्यवस्था के और गहराई से अध्ययन में वक़्त लगाया। 10 अप्रैल 1879 को दतियेल्सन को एक पत्र में उन्होंने लिखा, 'मुझे न केवल रूस, बल्कि संयुक्त राज्य अमेरिका

इत्यादि से जो प्रचुर सामग्री मिली है, उससे अपने अनुसंधान को जारी रखने का अच्छा बहाना मिला है।' अपने इस अध्ययन के लिए मार्क्स ने पूँजी के अभूतपूर्व संकेन्द्रण तथा केन्द्रीयकरण, एकाधिकार की प्रवृत्ति, बड़ी-बड़ी शेयर कंपनियों तथा बैंकों की भूमिका की तरफ़ ध्यान दिया। बैंक अब उत्पादन और व्यापार में न सिर्फ़ हस्तक्षेप कर रहे थे बल्कि नियंत्रणकारी की हैसियत की ओर बढ़ रहे थे। पूँजी के बढ़ते निर्यात की तरफ़ भी उनका ध्यान गया। इस काम में मार्क्स का साथ उनकी सबसे छोटी बेटी एलिनॉर मार्क्स ने दिया। एलिनार, जो उस वक़्त सिर्फ़ 16 वर्ष की थीं, बचपन से ही बेहद होनहार थीं। उनकी सारी शिक्षा-दीक्षा घर पर ही मार्क्स द्वारा हुई थी। बाद में उन्होंने ब्रिटेन के ट्रेड यूनियन तथा नारीवादी आन्दोलन में अत्यंत महत्त्वपूर्ण भूमिका निभाई।

पूँजी के अलावा मार्क्स की अंतिम रचनाओं में *गोथा कार्यक्रम की आलोचना* तथा *ड्यूहरिंग मत खंडन* के राजनीतिक अर्थशास्त्र वाले भाग का 'आलोचनात्मक इतिहास से' नामक हिस्सा महत्त्वपूर्ण है। *ड्यूहरिंग मत खंडन* का बड़ा हिस्सा एंगेल्स ने लिखा लेकिन मार्क्स अपनी बीमारी और व्यस्तता के बावजूद अपने प्रिय कॉमरेड की रचना को पढ़ने तथा सलाहें देने के लिए हमेशा तत्पर रहे। *गोथा कार्यक्रम की आलोचना* में ही उन्होंने समाजवादी समाज के लिए आदर्श वितरण प्रणाली के रूप में 'योग्यता के हिसाब से सभी की हिस्सेदारी और ज़रूरत के हिसाब से सभी को आपूर्ति' का सिद्धांत दिया।

शांतिकाल में रचनात्मक कार्य को प्रमुखता देने और पेरिस कम्यून की असफलता के बावजूद फ्रांस में मज़दूरों की पार्टी स्थापित करने के लिए उन्होंने इसके संस्थापक जूल गेद तथा पॉल लॉफार्ज़ को काफ़ी मदद की। मार्क्स ने स्वतन्त्र तथा जुझारू पार्टी की स्थापना पर बल दिया। अक्तूबर 1879 में मार्सेल में ऐसी पार्टी की नींव रखी गयी। इस पार्टी के कार्यक्रम तय करने में मार्क्स की भूमिका के बारे में एंगल्स ने लिखा है, 'जब फ्रांसीसी मज़दूर पार्टी के कार्यक्रम के मसविदा को तैयार करना ज़रूरी हो गया तो गेद यहाँ आये थे। मार्क्स ने मेरे कमरे में ही लाफार्ज़ और मेरी मौजूदगी में इसकी प्रस्तावना को लिखवाया था। अकाट्य तर्क का ऐसा उत्कृष्ट उदाहरण मुझे विरले ही देखने को मिला था। यह जनसाधारण के लिए थोड़े से शब्दों में और साफ़-साफ़ लिखा गया था। मैं स्वयं इस सारगर्भित लेखन को देखकर दंग रह गया था।' सितम्बर 1882 में इस पार्टी के टुटपूँजिया प्रवृत्ति के लोग इससे अलग हो गए। इस पर मार्क्स ने प्रतिक्रिया व्यक्त की कि इनका निकल जाना मज़दूर वर्ग की पार्टी के विकास को आगे बढ़ाएगा।

इसके अलावा मार्क्स रूस, इंग्लैण्ड तथा अमेरिका में वैज्ञानिक समाजवाद के प्रचार-प्रसार के लिए भी काफ़ी सक्रिय रहे। मज़दूरों के अर्थवादी भटकावों के बीच यह उन दिनों भी कोई आसान काम न था। फिर भी उनके जीवन काल में ही 1876 में ज़ोर्गे, ओटो तथा जोजेफ़ बेडेमेयर के नेतृत्व में अमेरिका में मज़दूरों की पार्टी की स्थापना हुई। मार्क्स और एंगेल्स ने इस पार्टी द्वारा निकाले गए अखबार *लेबर स्टैण्डर्ड* में कई लेख लिखे।

जीवन भर की भागदौड़, वंचना और अथक मेहनत ने मार्क्स के स्वास्थ्य पर बुरा प्रभाव डाला था। वर्षों से वह पूरी-पूरी रात जागकर पढ़ते थे। दिन में भी नींद पूरी नहीं होती

थी। खाने-पीने का कोई नियम न था। फलस्वरूप उनके गुर्दे बुरी तरह संक्रमित हो गए थे। 1881 के आरम्भ में माता-पिता का ख़याल रखने के लिए एलीनोर अपनी नौकरी छोड़कर घर लौटीं तो पाया कि आर्थिक मुश्किलात के विदा होते ही अब रोगों ने मार्क्स परिवार में घर जमा लिया था। जीवन भर मार्क्स का साथ देने वाली जेनी भी अब थक रही थीं। जेनी के बारे में एंगेल्स ने लिखा है, 'वह अपने पति के भाग्य, उनके प्रयत्नों और संघर्ष के दु:ख-सुख को ही नहीं बाँटती थीं बल्कि पूरी चेतना और प्रबल उमंग के साथ उनकी सभी कार्यवाहियों में हिस्सेदारी करती थीं। उन्हें कैंसर ने अपनी चपेट में ले लिया था। भयावह कष्टों के बावजूद वे नित्यप्रति के क्रियाकलापों में दिलचस्पी लेती रहीं, और चुटकुलों और उत्साहपूर्ण बातों से परिवार की आशंकाओं को निर्मूल करने का प्रयास करती रहीं और भीतर-ही-भीतर कैंसर उन्हें खोखला करता रहा। दो दिसंबर 1881 को उन्होंने अंतिम साँस ली। मरते समय मार्क्स से कहे उनके अंतिम शब्द थे—'कार्ल मेरी शक्ति छिन रही है'... ये उनके अंतिम बोधगम्य शब्द थे। मार्क्स के लिए यह बहुत बड़ा आघात था।' एलिनार ने अपने संस्मरण में एंगेल्स की प्रतिक्रिया दर्ज की है। उन्होंने कहा, ''अब मूर (मार्क्स का घरेलू नाम) भी नहीं रहेगा।'' दो साल बाद मार्क्स की बड़ी बेटी जेनी लैंग्वेट भी जनवरी 1883 में पित्ताशय के कैंसर से चल बसीं। एलिनार ने अपने संस्मरण में लिखा है, 'मैंने बहुत मुश्किल घड़ियाँ जी हैं, लेकिन इतनी मुश्किल कोई और न थी। मुझे लगा जैसे मैं अपने पिता को उनकी मृत्यु का फ़ैसला सुना रही हूँ। मैंने अपने मष्तिष्क को झिंझोड़ डाला कि किस तरह उन्हें यह दुखद खबर सुनाऊँ। लेकिन मुझे यह करना ही नहीं पड़ा, मेरे चेहरे ने वह सब बता दिया। मेरे पिता ने यक-ब-यक कहा—हमारी जेनी नहीं रही। पहले से बीमार और मानसिक रूप से टूट चुके मार्क्स अब पूरी तरह से बिखर गये। दो महीने बाद 14 मार्च 1883 को अपने अध्ययन कक्ष की टेबल पर उन्होंने इस दुनिया को अलविदा कहा।'

ज़िन्दगी भर उनके साथ खड़े रहने वाले एंगेल्स अंतिम वक़्त में भी उनके साथ थे। उन्हें उसके बाद के बारह वर्ष के बचे हुए अपने जीवन के एक-एक क्षण को उन्होंने उन साझा सपनों के नाम कर दिया। मार्क्स को उनकी पत्नी के निकट लन्दन के हाइगेट सिमेट्री में 17 मार्च 1883 को पारिवारिक जनों तथा कुछ बेहद करीबी कामरेडों की उपस्थिति में दफ़नाया गया। उनकी क़ब्र पर (ब्रिटेन की कम्यूनिस्ट पार्टी ने लारेंस ब्रेड्शा के द्वारा बनाई गयी मार्क्स की एक मूर्ति के साथ 1954 में इसका पुनर्निर्माण किया।) दो नारे उत्कीर्ण किये गए, पहला—'दुनिया के मज़दूरों एक हो' और दूसरा—'अभी तक दार्शनिकों ने भिन्न-भिन्न तरीकों से दुनिया की व्याख्या की है, सवाल दुनिया को बदलने का है।'

यह सवाल बेहतर दुनिया का ख़्वाब देखने वाले हर व्यक्ति के सामने आज भी मौजूद है!

परिशिष्ट—2

कार्ल मार्क्स की अंत्येष्टि पर फ्रेडरिक एंगेल्स का भाषण

शनिवार, मार्च 17 के दिन मार्क्स को हाइगेट सेमेट्री की उस क़ब्र में चिर-विश्राम के लिए ले जाया गया, जिसमें 15 माह पूर्व उनकी पत्नी को दफ़नाया गया था। *सोशल डेमोक्रेट* के सम्पादक मंडल तथा 'लन्दन वर्कर्स एजुकेशनल सोसाइटी' के नाम पर जी. लेम्क ने लाल रिबन टँके दो बुके क़ब्र पर अर्पित किये। तत्पश्चात् फ्रेडरिक एंगेल्स ने अंग्रेज़ी में यह भाषण दिया—

14 मार्च को अपराह्न पौने तीन बजे महानतम जीवित विचारक के विचार थम गए, उन्हें बमुश्किल दो मिनट के लिए अकेला छोड़ा गया था। लौटने पर हमने उन्हें अपनी आरामकुर्सी में पाया। वह शांतिपूर्वक निद्रालोक में खोये थे—परन्तु सदा के लिए।

इस इंसान की मृत्यु से यूरोप तथा अमेरिका के क्रांतिकारी सर्वहारा और ऐतिहासिक विज्ञान, दोनों को अकल्पनीय क्षति हुई है। उस महाशक्तिशाली सत्ता के प्रयाण से उत्पन्न अभाव जल्द ही अपना प्रभाव दर्शा देगा।

जिस प्रकार डार्विन ने जैविक विकास के नियमों का आविष्कार किया, उसी भाँति मार्क्स ने मानव-इतिहास के चालक सिद्धांत की खोज की है, विचारधाराओं के अतिशयोक्तिपूर्ण जंजाल तले दबा यह बेहद सीधा-सा तथ्य कि, राजनीति, विज्ञान, कला, धर्म आदि के उपभोग से पूर्व मानव सभ्यता भोजन, पानी, कपड़े और घर प्राप्त करे; कि जीवन धारण के तात्कालिक भौतिक संसाधनों का उत्पादन और इस प्रक्रिया में एक युग द्वारा अर्जित आर्थिक विकास की नींव पर राजसत्ता की संस्थाओं, न्याय-बोध, कला और यहाँ तक कि धार्मिक विचार का जन्म होता है, इस सच की रौशनी में ही इनकी व्याख्या की जानी चाहिए, न कि उसके विपरीत जैसा कि अब तक किया जाता रहा है।

इतना ही नहीं, मार्क्स ने गति के उस ख़ास नियम का आविष्कार भी किया है जो मौजूदा पूँजीवादी उत्पादन-प्रणाली और उसकी उपज बुर्जुआ समाज को संचालित कर रहा है। अतिरिक्त मूल्य की खोज ने यकायक उस समस्या पर प्रकाश डाल दिया है जिसके समाधान में जुटे बुर्जुआ अर्थशास्त्री तथा समाजवादी आलोचक दोनों की पूर्ववर्ती जाँच-पड़तालें अँधेरे में सिर पटक रही थीं।

एक जीवन के लिए ये दो खोजें पर्याप्त हैं। वे ख़ुशनसीब होते हैं जिनके हाथों ऐसा कोई एक आविष्कार भी संपन्न होता है, परन्तु मार्क्स ने जिस किसी भी क्षेत्र में प्रवेश किया, और उन्होंने बहुत से क्षेत्रों में प्रवेश किया, किसी एक में भी सिर्फ़ सतह पर सीमित नहीं रहे, हर क्षेत्र, यहाँ तक कि गणितीय विधा में भी उन्होंने मौलिक आविष्कार किए।

ऐसा ही था वह विज्ञान मानव। परन्तु यह उसके व्यक्तित्व का आधा परिचय भी नहीं है। मार्क्स के लिए विज्ञान एक ऐतिहासिक रूप से गतिशील क्रांतिकारी शक्ति रहा। कितना महान आनंद रहा होगा, वह आनंद जिसमें उन्होंने सैद्धांतिक विज्ञान के क्षेत्रों में नई खोजों का स्वागत किया जिनकी व्यावहारिक क्रिया की समझ शायद अभी तक असम्भव रही थी। उद्योग और कहें तो सामान्य ऐतिहासिक विकास में आविष्कार ने जब इसे लक्ष्य कर उन्हें एक-दूसरे प्रकार का असीम आनंद होता था। उदाहरणस्वरूप उन्होंने वैद्युतिकी के क्षेत्र की हालिया खोजों और मार्शेल दर्पेज़ के सिद्धांत पर तुरंत दृष्टिपात किया।

इसलिए कि मार्क्स सबसे पहले क्रांतिकारी थे। उनके जीवन का वास्तविक मिशन किसी-न-किसी रूप में पूँजीवादी समाज तथा इसके द्वारा निर्मित राजसत्ता की संस्था के विनाश और इस प्रकार आधुनिक सर्वहारा की मुक्ति में योगदान था। वे पहले मनुष्य थे जिसे उसकी सामाजिक स्थिति और ज़रूरियात का ज्ञान था और जो उनकी मुक्ति की परिस्थितियों के बारे में सजग था। संघर्ष उनकी आत्मिक सत्ता थी। वह उस बेइंतिहा जुनून, ताक़त तथा क़ामयाबी के साथ लड़े जिससे बहुत कम लोग मुकाबिला कर सकते हैं। उनके कामों में *राईन समाचार पत्र* (1842), *पेरिस वोर्वार्त्स* (1844), *ड्योच ब्रूजेर समाचार पत्र* (1847), *नया राईन समाचार पत्र* (1848-49), *न्यूयार्क ट्रिब्यून* (1852-61) जैसी कृतियों साथ विद्रोही इश्तहारों की एक पूरी श्रृंखला, पेरिस के संगठनों में निरंतर योगदान और अंततः इन सबमें चार चाँद लगाते हुए मज़दूरों की 'अंतर्राष्ट्रीय एसोसिएशन' बेशक एक ऐसी उपलब्धि है जिसके संस्थापक ने यदि जीवन में और कुछ न किया होता तो भी उसके गर्व की सीमा न होती।

इसलिए मार्क्स अपने समय में सर्वाधिक घृणित और सर्वाधिक परित्यक्त इंसान रहे। निरंकुश और रिपब्लिकन दोनों सत्ताओं ने उन्हें अपने क्षेत्र से निर्वासित किया। उन पर निरंतर हमलों के दौरान कंज़र्वेटिव और अति जनवादी बुर्जुआ सहयोद्धा बने। उन्होंने कभी इसकी परवाह नहीं की। वे इसे निरर्थक समझते, नज़रअंदाज़ करते और केवल तभी जवाब देते जब वाकई आवश्यक होता। और वह प्यार किये गए। उनकी मौत साइबेरिया से कैलीफ़ोर्निया तक की खदानों, योरप और अमेरिका के सभी हिस्सों के लाखों सहयोगी क्रांतिकारी मेहनतकशों के लिए मातम की सबब बनी। और मैं यह दुस्साहसपूर्वक कहता हूँ कि उनके विरोधियों की संख्या बड़ी थी लेकिन उनका व्यक्तिगत शत्रु एक भी नहीं था। उनका नाम युगों तक भुलाया नहीं जा सकेगा और इसी तरह उनका काम भी।

परिशिष्ट—3

भारत में मार्क्सवादी आंदोलन : एक संक्षिप्त इतिहास

बीसवीं सदी के आरंभिक दशकों में जब पश्चिमी देशों की मुक्तिकामी आबादी के बीच मार्क्स का दर्शन लोकप्रिय हो रहा था, तो अंग्रेज़ी साम्राज्यवाद के जुए तले पिसते भारत का उससे अछूता रह पाना सम्भव नहीं था। 1917 में संपन्न हुई रूसी क्रांति के बाद स्थापित बोल्शेविक शासन की कार्यप्रणाली की सूचनाएँ ब्रिटिश सेंसर के बावजूद छन कर पहुँच रही थीं और संघर्षरत भारतीय क्रांतिकारी तथा बुद्धिजीवियों के बीच गहरा प्रभाव छोड़ रही थीं। आज़ादी के साथ ही शोषणविहीन समाजवादी समाज का स्वप्न घुल-मिल रहा था। भगत सिंह अदालत से ही कम्यूनिस्ट इंटरनेशनल के लिए लेनिन को शुभकामनाएँ भेज 'सर्वहारा ज़िन्दाबाद' का नारा लगा रहे थे तो प्रेमचंद कह रहे थे, "मैं धीरे-धीरे बोल्शेविक उसूलों का कायल हो रहा हूँ।"

भारत में मार्क्सवादी आंदोलन के प्रणेताओं में सबसे प्रमुख नाम मानवेंद्रनाथ राय का है। फरारी के दिनों में अमेरिका में रहते हुए वे समाजवादी विचारों की तरफ़ झुके। फिर वहाँ से निकाले जाने पर 1917 में मैक्सिको पहुँचे और वहाँ की समाजवादी पार्टी के सदस्य बने। अपनी सक्रियता तथा प्रखर बौद्धिक क्षमताओं के कारण वह पार्टी के सचिव बनाए गए। मैक्सिको में ही उनकी मुलाकात रूसी कम्यूनिस्ट नेता बोरोदिन से हुई। बोरोदिन से उन्हें मार्क्सवाद के बारे में काफ़ी जानकारियाँ मिलीं और 1919 आते-आते वे मार्क्स के विचारों को पूरी तरह स्वीकार करने लगे थे। इसी साल उन्होंने मैक्सिको की कम्यूनिस्ट पार्टी का गठन किया जो रूस के बाद दुनिया की दूसरी कम्यूनिस्ट पार्टी थी। इसी पार्टी के प्रतिनिधि के तौर पर उन्होंने 1920 में मास्को में आयोजित दूसरे कम्यूनिस्ट इंटरनेशल में हिस्सा लिया, जहाँ उन पर भारत में कम्यूनिस्ट पार्टी के गठन की ज़िम्मेदारी सौंपी गई। उन्होंने ताशकंद में रह रहे निर्वासित भारतीयों से संपर्क किया और अंतत: अक्टूबर, 1920 को ताशकंद में भारतीय कम्यूनिस्ट पार्टी का गठन हुआ, जिसके महासचिव मोहम्मद शफ़ी सिद्दीकी चुने गए।

एम.एन.राय की भारतीय तथा औपनिवेशिक देशों में कम्यूनिस्ट पार्टियों की भूमिका को लेकर लेनिन से अनेक सैद्धांतिक बहस हुईं। जहाँ लेनिन का मानना था कि भारत की परिस्थितियाँ भिन्न थीं और यहाँ सभी राष्ट्रवादी ताकतों को मिलकर स्वतंत्रता प्राप्ति के

लिए संघर्ष करना चाहिए। राय का मानना था कि बुर्ज़ुआ वर्ग तथा गाँधीजी के आंदोलन में सहभागिता दरअसल भटकाव होगी। यही वजह थी कि राय भारतीय मुक्ति आंदोलन से कटे रहे।

अप्रैल 1921 में मास्को में 'कम्यूनिस्ट यूनिवर्सिटी ऑफ़ द ट्वायलिंग ईस्ट' की स्थापना हुई और इसी वर्ष भारतीय कम्यूनिस्ट पार्टी का मुख्यालय ताशकंद से मास्को स्थानांतरित किया गया। एम.एन. राय तथा उनकी पत्नी एवलिन राय इसमें शिक्षक थे तथा भारत से निर्वासित अनेक युवकों ने इसमें दाखिला लिया जो कालांतर में कम्यूनिस्ट पार्टी के सदस्य बने। पार्टी के निर्देश पर ये लौटकर भारत आए। परंतु इनमें से अधिकांश ब्रिटिश साम्राज्यवादी हुकूमत के कोपभाजन बने। इसी दौरान बंगाल के मुजफ़्फ़र अहमद, मद्रास के सिंगारवेलु चेट्टियार और बंबई से श्रीपाद अमृत डांगे सहित अनेक लोग कम्यूनिस्ट विचारधारा से प्रभावित हुए और कम्यूनिस्ट इंटरनेशलन से संपर्क करने में भी सफल रहे। एम.एन.राय के कहने पर ब्रिटेन की कम्यूनिस्ट पार्टी ने चार्ल्स एशले को भारत भेजा और धीरे-धीरे भारत में पार्टी के प्रवेश की प्रक्रिया शुरू हुई। दरअसल, भारत में पहले से संघर्षरत क्रांतिकारियों के अनेक ग्रुपों को मार्क्सवाद ने आकर्षित किया था और प्रारंभिक कम्यूनिस्ट नेता इन्हीं ग्रुपों से आए थे। 1917 की रूसी क्रांति ने भारतीय क्रांतिकारियों पर गहरा प्रभाव डाला था। इस क्रांति के दस दिन बाद ही *दैनिक वसुमति* ने लिखा, 'जारशाही के पतन ने भारत में अंग्रेज़ी नौकरशाही के लिए विनाश का युग आरंभ कर दिया है।' इसी समय जारी 'होमरूल लीग' के परचे में कहा गया, 'समय आ रहा है—हम भी आज़ाद होंगे। लेकिन भारत के नौजवानों को भी वैसे ही खड़ा होना होगा, जैसे सोवियत संघ के नौजवान खड़े हुए।'

कम्यूनिस्ट विचारों का यही आकर्षण था कि अनुशीलन समिति में सक्रिय एम. एन.राय, युगांतर की बर्लिन कमेटी से जुड़े वीरेंद्रनाथ चट्टोपाध्याय और भूपेंद्र नाथ दत्त (विवेकानंद के भाई), गदर आंदोलन से जुड़े रतन सिंह, संतोख सिंह, कांग्रेस से जुड़े श्रीपाद अमृत डांगे, सिंगारवेलु एम. चेट्टियार, ई.एम.एस. नंबूदरीपाद, हिन्दुस्तान सोशलिस्ट प्रजातांत्रिक संघ से जुड़े भगत सिंह के साथी अजय घोष, शिव वर्मा आदि तथा चटगाँव विद्रोह के नायक सूर्यसेन के साथी कम्यूनिस्ट पार्टी में शामिल हुए।

लेकिन यह सब ब्रिटिश जासूसों से छिपा नहीं रह सका और मई, 1923 में तमाम कम्यूनिस्ट कार्यकर्ताओं को गिरफ़्तार कर कानपुर में इनके खिलाफ़ कानपुर बोल्शेविक षड्यंत्र केस चलाया गया। शुरू में गुलाम हुसैन, शौकत उस्मानी, मुज़फ्फ़र अहमद, श्रीपाद अमृत डांगे, एम.एन.राय, सिंगारवेलू चेट्टियार, रामचरण लाल शर्मा, नलिनी गुप्त, शमशुद्दीन हसन, एम.पी.टी. बेलायधुन, मणिलाल शाह, संपूर्णानंद तथा सत्यभक्त को अभियुक्त बनाया गया, लेकिन अंततः मुक़दमा चला शौकत उस्मानी, डांगे, नलिनी गुप्त और मुज़फ्फ़र अहमद के ख़िलाफ़ इसकी रिपोर्टिंग के लिए सरकार ने एसोसिएटेड प्रेस और रायटर से अनुरोध किया। लेकिन यह दाँव उल्टा पड़ा और कम्यूनिस्ट आन्दोलन देखते-ही-देखते देश भर में चर्चा का विषय बन गया। चारों नेताओं को चार-चार वर्ष का कारावास हुआ और वे नायक बन गए।

इस मुक़दमे के बाद सत्यभक्त ने कम्यूनिस्ट पार्टी के विधिवत गठन के उद्देश्य से 1925 के दिसम्बर में कानपुर में एक अधिवेशन बुलाया। यहाँ भारतीय परिस्थितियों के अनुसार भारतीय कम्यूनिज़्म विकसित करने पर बल दिया गया। सत्यभक्त का प्रस्ताव था कि पार्टी का नाम 'इंडियन कम्यूनिस्ट पार्टी' रखा जाए परंतु बहुमत के आधार पर पार्टी का नाम 'कम्यूनिस्ट पार्टी ऑफ़ इण्डिया' रखा गया। इस प्रकार ताशकंद में पार्टी गठन के पाँच वर्ष बाद भारत में 1925 में पार्टी का गठन किया गया।

इस खुले अधिवेशन के बावजूद भारतीय कम्यूनिस्ट पार्टी की गतिविधियाँ मुख्यत: गुप्त रूप से चलाई जाती रहीं। प्रत्यक्ष गतिविधियाँ संगठित करने के लिए मज़दूरों-किसानों के संगठन बनाए गए, जिनमें बंगाल में 1926 में 'पीजेंट्स एंड वर्कर्स पार्टी ऑफ़ बंगाल', 1927 में बंबई और संयुक्त प्रांत में तथा 1928 में पंजाब में गठित 'कीर्ति किसान पार्टी' प्रमुख हैं। इन सबको समायोजित कर कलकत्ते में महासम्मेलन किया गया और दिसम्बर 1928 में 'अखिल भारतीय मज़दूर-किसान पार्टी' की स्थापना हुई। जिसका मुख्य उद्देश्य वामपंथी विचारधारा का प्रचार-प्रसार तथा वर्ग संघर्ष की प्रक्रिया तेज़ करना था। इसके अलावा वामपंथी साहित्य तथा प्रगतिशील पत्र-पत्रिकाओं के प्रकाशन का काम भी व्यापक स्तर पर आरंभ हुआ।

1924 के बाद से ही इंटरनेशनल के निर्देश पर ब्रिटेन की कम्यूनिस्ट पार्टी ने भारतीय कम्यूनिस्ट आंदोलन पर ध्यान देना शुरू किया और एम.एन.राय की जगह रजनी पाम दत्त नए नेता तथा विचारक के रूप में सामने आये। ब्रिटिश पार्टी के प्रभाव से ही निखिल चक्रवर्ती, ज्योति बसु, इंद्रजीत गुप्त, सज्जाद जहीर, रेणु राय, भूपेश गुप्त जैसे ब्रिटिश विश्वविद्यालय में पढ़ रहे तमाम भारतीय छात्र कम्यूनिस्ट आंदोलन से जुड़े और इसे समृद्ध किया। कम्यूनिस्ट पार्टी की स्थापना के पहले से ही संगठित मज़दूर आंदोलन का सिलसिला शुरू हुआ था। वह पार्टी की सक्रियता बढ़ने के साथ-साथ और तेज़ हो गया। 1920 में ऑल इंडिया ट्रेड यूनियन कांग्रेस का गठन हुआ। 1924 में इसने एक प्रस्ताव पास किया, जिसमें कहा गया कि आज़ाद भारत को एक समाजवादी देश होना चाहिए। इसके बाद मज़दूरों ने पार्टी के नेतृत्व में अनेक महत्त्वपूर्ण आंदोलन और हड़तालें कीं। 3 फरवरी, 1928 को साइमन कमीशन के विरोध में बंबई की सड़कों पर 30 हज़ार मज़दूर उतर आए थे। उनकी मांगें थीं, 'काम के घंटे आठ करो', 'ब्रिटिश साम्राज्यवाद मुर्दाबाद', 'आज़ादी से कम कुछ और नहीं' और 'संविधान सभा का निर्माण करो'। यहाँ यह बता देना ज़रूरी होगा कि 'पीजेंट्स एंड वर्कर्स पार्टी' ने 1927 में ही मद्रास कांग्रेस में पूर्ण स्वाधीनता की माँग उठाकर संविधान सभा बनाने की बात की थी, जबकि कांग्रेस अभी डोमीनियन स्टेट्स से आगे सोचने को तैयार नहीं थी। 1928 की कलकत्ता कांग्रेस में 30 हज़ार से ज़्यादा मज़दूरों ने यह माँग फिर से दुहराई तथा इसके पक्ष में प्रस्ताव पास किया। इसके अलावा 1920 के दशक में अनेक स्वत:स्फूर्त स्थानीय समूह भी उभरे जो मार्क्सवादी सिद्धांतों में आस्था रखते थे तथा अपने तरीके से इसे व्याख्यायित करते थे। 1922 में गाँधीजी द्वारा सविनय अवज्ञा आंदोलन वापस ले लेने से उपजी गहरी निराशा और मोहभंग ने तमाम लोगों को

वैकल्पिक रास्ते अपनाने पर मजबूर किया। सरकार इन उभारों को बेहद ख़तरनाक मानती थी। इसे दबाने के लिए तमाम दमनकारी उपाय किए गए। 20 मार्च 1929 को अलग-अलग जगहों पर छापे मारकर कम्यूनिस्ट पार्टी से जुड़े 31 शीर्ष नेताओं को, जिनमें दो अंग्रेज़ समाजवादी भी शामिल थे, गिरफ़्तार कर उन पर मेरठ षड्यंत्र केस में राष्ट्रदोह का मुकदमा चलाया गया। नए और अनुभवहीन नेतृत्व के लिए आंदोलनों की कमान सँभालना तथा सही वैचारिक अवस्थिति अपनाना आसान नहीं था। अत: कई टूट-फूट हुईं और कई भूलें भी।

इस दौरान पार्टी के भीतर राष्ट्रीय मुक्ति आंदोलन में हिस्सेदारी को लेकर तीख़ी बहस शुरू हो गई। जहाँ लेनिन चाहते थे कि 'उपनिवेशों की कम्यूनिस्ट पार्टियाँ अपनी स्वतंत्र पहचान बनाते हुए वहाँ के बुर्जुआ लोकतांत्रिक आंदोलन में सहयोग करें,' वहीं दूसरा पक्ष बुर्जुआ लोकतांत्रिक आंदोलन में अलग रहने का पक्षधर था। लेनिन की मृत्यु के बाद यही विचार प्रभावी हो गया और पार्टी मुक्ति आंदोलन से अलग रही। 1932 में चीन, ब्रिटेन और जर्मनी की कम्यूनिस्ट पार्टियों ने इसके विचलन के विरोध में खुला पत्र भी भेजा परंतु इसका कोई असर नहीं हुआ। हालाँकि उपनिवेशवाद के विरुद्ध कम्यूनिस्ट पार्टी ने अपना तीखा संघर्ष लगातार जारी रखा। सरकारी दबाव व मुख्यधारा की मीडिया द्वारा बहिष्कार के बावजूद कम्यूनिस्ट पार्टी ने मज़दूर आंदोलनों को संगठित करने, प्रगतिशील सामाजिक, सांस्कृतिक परिवेश के निर्माण तथा समतामूलक समाज के निर्माण के लिए बहुआयामी संघर्ष चलाया।

1930-34 के दौरान राष्ट्रीय मुक्ति आंदोलन में आए नए उभार के समय श्रमिक वर्ग में भी एक नया उभार देखा गया। सविनय अवज्ञा आंदोलन के दौरान सोलापुर में 50 हज़ार कपड़ा मज़दूरों ने जुझारू हड़ताल कर दी, जिसे स्थानीय लोगों का पूरा समर्थन मिला। हालात इतने बिगड़ गए कि शासन को मार्शल लॉ लागू करना पड़ा।

द्वितीय विश्व युद्ध के आरंभ होने पर कम्यूनिस्ट पार्टी ने पीस पॉलिसी की घोषणा करते हुए नारा दिया कि 'ये जंग है साम्राज्यशाही, हम न देगें एक पाई ना एक भाई।' पार्टी ने सेना में भर्ती के ब्रिटिश अभियान तथा धन जुटाने की कोशिशों का पुरज़ोर विरोध किया। विश्व युद्ध शुरू होने के एक महीने के भीतर ही दुनिया की पहली युद्ध विरोधी हड़ताल बंबई में हुई, जिसमें 89 हज़ार कपड़ा मज़दूरों के अलावा हज़ारों दूसरे मज़दूर भी शामिल हुए। अक्तूबर में पोलित ब्यूरो द्वारा पारित प्रस्ताव में कहा गया कि युद्धकालीन संकट का उपयोग आज़ादी के लिए किया जाना चाहिए। पार्टी ने अपना लक्ष्य घोषित किया—'साम्राज्यवादी युद्ध का राष्ट्रीय मुक्ति युद्ध में क्रांतिकारी रूपांतरण।' ऐसा 'गाँधीवादी तरीकों की ज़ंजीरों को तोड़कर मज़दूर वर्ग की क्रांतिकारी कार्यवाहियों के उभार' द्वारा किया जाना था इसके उलट कांग्रेस की नीति सौदेबाज़ी की थी। उसने युद्ध के बाद संवैधानिक सभाओं के निर्माण के बदले मदद की पेशकश की।

युद्ध के दौरान कम्यूनिस्ट पार्टी की आक्रामक नीतियों का प्रतिफलन जुझारू किसान, मज़दूर आंदोलन के रूप में हुआ। मद्रास, आंध्र, मालाबार, बंगाल आदि तमाम जगहों पर

किसानों ने हंगर मार्च निकालकर युद्ध के दौरान बढ़ी हुई कीमतों का विरोध किया तथा ज़मींदारों तथा व्यापारियों को मुफ़्त या कम क़ीमत पर अनाज उपलब्ध कराने के लिए मजबूर किया गया। ऐसे आंदोलनों में सबसे महत्त्वपूर्ण नाम कय्यूर का है। मालाबार से लगे इस इलाके में 15 सितंबर को पूरे देश के साथ-साथ 'दमन विरोधी दिवस' मनाया गया। इसी के साथ यहाँ अवैध वसूली, जबरन बेदख़ली, लगान वृद्धि और बढ़ती कीमतों के ख़िलाफ़ तीखा संघर्ष शुरू हो गया। 25-26 मार्च को स्थानीय पुलिस ने तमाम कम्यूनिस्ट नेताओं को गिरफ़्तार कर लिया। 28 मार्च को गुस्साए किसानों ने दो पुलिसवालों की हत्या कर दी। इसके बाद तो दमन का भयावह दौर शुरू हो गया। 4 किसानों को फाँसी की सज़ा हुई और 16 को आजीवन कारावास। 29 मार्च को फाँसी के फंदे को चूमते हुए उन वीर किसानों ने नारा बुलंद किया, 'साम्राज्यवाद मुर्दाबाद', 'फासीवाद मुर्दाबाद', 'कम्यूनिस्ट पार्टी ज़िन्दाबाद', और इस तरह कय्यूर का क्रांतिकारी संघर्ष इतिहास का एक सुनहरा अध्याय बन गया।

युद्ध के इन आरंभिक वर्षों में कम्यूनिस्ट पार्टी ने तीखा संघर्ष चलाया तथा युद्ध विरोधी व ब्रिटिश साम्राज्यवाद विरोधी आंदोलनों की अगुआई कर मज़दूरों को दमन के ख़िलाफ़ राजनीतिक रूप से जाग्रत भी किया। जबकि इस दौरान (1937-39) ब्रिटिश सरकार को राष्ट्रीय स्वयं सेवक संघ, हिन्दू महासभा और मुस्लिम लीग का बिना शर्त और कांग्रेस का सशर्त समर्थन मिला। यही नहीं तत्कालीन कांग्रेस सरकारों ने तो कम्यूनिस्ट आंदोलनों का भरपूर दमन भी किया।

लेकिन जून, 1941 में जर्मनी के रूस पर आक्रमण कर देने से माहौल पूरी तरह से बदल गया। पूरी दुनिया पर फासीवाद का ख़तरा मंडराने लगा। दुनिया भर की मेहनतकश जनता की उम्मीदों के केंद्र सोवियत रूस के लिए यह युद्ध जीवन-मरण का प्रश्न बन गया। इसके बावजूद आरंभिक पाँच महीनों तक भारत की कम्यूनिस्ट पार्टी ने युद्ध विरोधी रुख ही अपनाए रखा और कहा कि "लड़ते हुए सोवियतों की सबसे बड़ी सहायता यही हो सकती है कि हम साम्राज्यवादी जुए को उतार फेंकें। आज़ाद हिन्दुस्तान ही सोवियत संघ की सच्ची मदद कर सकता है।" लेकिन जहाँ पी.सी. जोशी, के. सुंदरैया, नंबूदरीपाद इस लाइन के समर्थन में थे, वहीं कम्यूनिस्ट इंटरनेशनल से प्राप्त दिशा-निर्देश के बाद 1941 के अंत तक डांगे, मुज़फ़्फ़र अहमद, रणदिवे आदि 'जनयुद्ध लाइन' के तहत इस युद्ध में मित्र सेनाओं को समर्थन देने के लिए ब्रिटिश सरकार के ख़िलाफ़ संघर्ष रोक देने के पक्ष में हो गए। तीखी बहस के बाद अंततः यही लाइन प्रभावी हुई।

इसी के तहत सन् 1942 में कांग्रेस ने 'भारत छोड़ो' आंदोलन शुरू किया तो कम्यूनिस्ट पार्टी ने इसका विरोध किया। यहाँ दो बातें स्पष्ट करना ज़रूरी है। पहली यह कि कांग्रेस का यह आंदोलन किसी बड़े उद्देश्य को ध्यान में रखकर शुरू नहीं किया गया था। यह केवल दबाव बनाने की रणनीति थी, जिससे सत्ता हस्तांतरण की प्रक्रिया से मुस्लिम लीग को बाहर रखा जा सके। नेहरू ने स्पष्ट लिखा है 'गाँधी या उन्होंने ऐसे कोई निर्देश जारी नहीं किए थे कि उनके जेल जाने के बाद आंदेलन की दिशा क्या हो।' बाद

में उनके जीवनी लेखक एस. गोपाल ने लिखा, 'मानो पूरी कार्यकारिणी किसी ठोस निर्णय से बचने के लिए जेलों में पलायित हो गई।' लेकिन उस समय तक जनता ब्रिटिश सरकार के विरुद्ध पूरी तरह आंदोलित हो चुकी थी और 'भारत छोड़ो' का नारा जनता के स्वत: स्फूर्त आंदोलन में बदल गया। (गौरतलब है कि ऐसे में गाँधीजी ने हिंसा की निंदा की थी और आत्मसमर्पण की सलाह दी थी।) कम्यूनिस्ट पार्टी इस उभार के क्रांतिकारी उपयोग में असफल रही। इस समय जिस लचीले रुख की ज़रूरत थी, वह नदारद था और सोवियत संघ की जीत के बाद भी युद्ध का समर्थन जारी रख, वही नीति अपनाया जाना उसकी बड़ी भूल थी, जिसका एहसास पार्टी की दूसरी कांग्रेस के दौरान 1948 में हुआ। यहाँ यह भी बता देना ज़रूरी होगा कि यह लाइन इतनी हावी थी कि 5 अप्रैल, 1943 को माओ त्से तुंग द्वारा भेजी गई उस सलाह को भी तवज्जो नहीं दी गई, जिसमें उन्होंने साम्राजी ताकतों के ख़िलाफ़ युद्ध तेज़ करने सलाह दी थी।

दूसरी बात यह कि आर.एस.एस. और हिन्दू महासभा तथा मुस्लिम लीग ने भी भारत छोड़ो आंदोलन का विरोध किया था। इनकी भूमिका तो पूरे आंदोलन के दौरान ब्रिटिश एजेंटों जैसी रही। दक्षिणपंथ के बड़े नेता श्यामाप्रसाद मुखर्जी ने तो तत्कालीन मंत्रिमंडल के सदस्य के रूप में आंदोलन के दमन में सक्रिय भूमिका निभाई थी। लेकिन जहाँ अपनी भूल के स्वीकार के बावजूद कम्यूनिस्टों को सन् 42 के लिए आज भी कोसा जाता है, तत्कालीन ब्रिटिश राज के विश्वस्त सहयोगी संघ की भूमिका को भुलाकर उसकी अनुयायी पार्टी राष्ट्रभक्ति के प्रमाणपत्र जारी करती है। हम इस दौरान हिन्दुत्ववादी गिरोह के ब्रिटिश चाटुकारिता के प्रमाण शमशुल इस्लाम के *काउंटर करेंट्स* में छपे एक आलेख में दिए इन तथ्यों से पा सकते हैं—

> आर.एस.एस. (राष्ट्रीय स्वयं सेवक संघ) और हिन्दू महासभा से निर्मित 'हिन्दू खेमे' की इस प्रसंग में क्या भूमिका रही? यह कुछ अज्ञात कारणोंबश अब भी अस्पष्ट है। दरअसल हिन्दू खेमे ने न केवल भारत छोड़ो और आज़ाद हिन्द फ़ौज के दोनों आंदोलनों का विरोध किया, बल्कि इनके दमन में ब्रिटिश हुक्मरानों को अपना बहु-आयामी व बहु-विस्तारी सहयोग भी उपलब्ध करवाया। इस सन्दर्भ में पढ़े जाने योग्य व विश्वसनीय कुछ हतप्रभ कर देने वाले दस्तावेज़ उपलब्ध हैं। वीर सावरकर सुभाष चन्द्र बोस के विरुद्ध अंग्रेज़ हुकूमत के साथ खड़े दिखाई देते हैं।

हिन्दुत्व गिरोह नेताजी सुभाष चन्द्र बोस का, जिन्होंने भारत से अंग्रेज़ों को खदेड़ने के लिए एक सैन्य संगठन निर्मित करने का प्रयास किया, घोर प्रशंसक होने का ढोंग करता है। परन्तु सावरकर के नेतृत्व में हिन्दू महासभा द्वारा इस अभियान के प्रति किये गए विश्वासघात को कम ही लोग जानते हैं। द्वितीय विश्व युद्ध के दौरान नेताजी देश की आज़ादी के लक्ष्य प्राप्ति हेतु विदेशी सहायता, विशेषकर जापान से मदद लेकर सैन्य शक्ति द्वारा देश के पूर्वोत्तर क्षेत्रों पर आक्रमण करना चाहते थे, वहीं विनायक दामोदर सावरकर ने अपने ब्रिटिश आकाओं को पूर्ण सैन्य सहायता का आश्वासन 1941 में ही दे दिया था। भागलपुर में आयोजित हिन्दू महासभा के 23वें सत्र को संबोधित करते हुए सावरकर ने कहा—

> जहाँ तक भारत की सुरक्षा का प्रश्न है ,हिन्दुओं को बिना हिचक थल ,वायु व नौ सेना में अधिकाधिक संख्या में भर्ती होकर हिन्दू हितों के अनुरूप, ब्रिटिश भारतीय सरकार का एक प्रतिक्रियात्मक सहयोग की भावना से प्रेरित होकर पूर्ण सहायता के लिए तत्पर रहना चाहिए...पुनश्च यह ध्यातव्य है कि युद्ध में जापान के प्रवेश ने हमें प्रत्यक्षतः और तुरंत ब्रिटेन के शत्रुओं के सम्मुख असहाय छोड़ दिया है। परिणामतः, ये हमें पसंद हो या न हो, हमें युद्ध के झंझावातों से अपने घर-बार की रक्षा हेतु स्वयं प्रयास करने होंगे और यह केवल सरकार के भारत के रक्षार्थ युद्ध -प्रयत्नों को और तेज़ करके ही किया जा सकता है। अतएव हिन्दू महासभा के सदस्यों को, विशेषकर बंगाल व असम प्रान्त में हिन्दुओं को सेना के सभी अंगों में बिना एक भी मिनट गंवाए अधिकाधिक संख्या में भर्ती होने हेतु जागरूक करने की आवश्यकता है।

द्वितीय विश्व युद्ध की पृष्ठभूमि में जब ब्रिटिश हुकूमत सैन्य बलों की नई बटालियंस खड़ी करने को प्रवृत्त हुई। तब वीर सावरकर के नेतृत्व में यह हिन्दू महासभा ही थी जिसने हिन्दुओं को अधिकाधिक भर्ती कर इस अभियान में ज़ोरदार ढंग से सरकार का सहयोग किया। हिन्दू महासभा के मदुरै अधिवेशन में सावरकर ने संबोधित किया, ''स्वाभाविक रूप से व व्यावहारिक राजनीतिक दृष्टि के अनुरूप, जहाँ तक भारत भूमि की रक्षा का प्रश्न है तथा नई सैन्य टुकड़ियाँ खड़ी करने का प्रश्न है, हिन्दू महासभा ने सरकार के युद्ध प्रयत्नों तथा नई सैन्य टुकड़ियाँ भर्ती करने के अभियान में सहभागिता का निर्णय लिया है।''

ऐसा नहीं था कि इस तरह के रवैये के विरुद्ध आम जनमानस में उभरती तीव्र जनभावना से सावरकर अनभिज्ञ रहे हों। हिन्दू महासभा के अंग्रेज़ों के सहयोग के निर्णय की लगभग किसी भी आलोचना को सहज रूप से ख़ारिज कर देते थे, उदाहरणार्थ, 'भारतीय जनता जिस प्रकार से राजनीतिक मूर्खता वाली इस सोच से कि सामान्यतः भारतीय व ब्रिटिश हित अनिवार्यतः परस्पर विरोधी हैं, ग्रस्त हो चुकी है, की ब्रिटिश सरकार से सहयोगात्मक लगभग किसी भी पहल को आत्मसमर्पण, राष्ट्र-विरुद्ध, ब्रिटिश हाथों में खेलने जैसा व अनिवार्य तौर पर देशद्रोह तथा इस कारण से निंदनीय माना जाता है।'

जहाँ महात्मा गाँधी के नेतृत्व में कांग्रेस ने द्वितीय विश्व युद्ध को साम्राज्यवादी करार दिया और 'न एक भाई ,न एक पाई ' (न एक व्यक्ति सेना में भर्ती हेतु, न एक पैसा सहयोग हेतु) का नारा बुलंद किया, वहीं सावरकर ने इस मत की तीव्र आलोचना इन शब्दों में की— ''यह स्मरण रखने की आवश्यकता है कि सशस्त्र सैन्य आक्रमण की स्थिति में भी अहिंसा और अ-प्रतिरोध के निराशाजनक व ढोंगी झक के चलते, जिन्होंने सरकार के युद्ध-प्रयत्नों में सहयोग न करने का शौक पाल रखा है अथवा जिन्होंने महज़ नीतिगत सिद्धांत के चलते सैन्य बलों में भर्ती होने से इनकार किया है दरअसल वे अपने को धोखा दे रहे हैं तथा पर्याप्त उत्तरदायित्व से चूक रहे हैं।''

उनके हिन्दुओं के लिए किये गए आह्वान में कहीं कोई संशय नहीं था, 'इसलिए हिन्दू आगे आयें और थल सेना, नभ सेना, जल सेना, तोपखाने तथा अन्य युद्ध-कला से

जुड़े कारखानों में हज़ारों की तादाद में भर्ती हों।' जो लोग सावरकर को महान राष्ट्रभक्त व स्वतंत्रता सेनानी मानते हैं, उनके सर शर्म से झुक जायेंगे जब वे सावरकर की सेना में भर्ती होने वाले उन हिन्दुओं को दिए गए सन्देश को पढ़ेंगे—

> इस सम्बन्ध में एक बिंदु जिस पर हमारे अपने हित में अत्यंत ज़ोर दिए जाने की ज़रूरत है वो यह है कि जो हिन्दू 'भारतीय (इसे 'ब्रिटिश' पढ़ें) सेना में सम्मिलित हों, वे पूरी तरह वफ़ादार व सैन्य अनुशासन व आदेश के प्रति निष्ठावान बने रहें, उस सीमा तक जहाँ तक इस तरह के आदेश 'हिन्दू सम्मान' को जानबूझकर ठेस पहुँचाने वाले न हों।'

आश्चर्यजनक रूप से सावरकर को यह नहीं अनुभव हुआ कि किसी भी आत्मसम्मान वाले तथा राष्ट्रभक्त हिन्दू के लिए अपने औपनिवेशिक स्वामियों के सैन्य बल में सम्मिलित होना स्वयं में घोर अपमानजनक था। ब्रिटिश सैन्य बल में भर्ती होने की इच्छा रखने वाले हिन्दुओं की सहायता हेतु सावरकर के नेतृत्व में हिन्दू महासभा ने देश के विभिन्न क्षेत्रों में उच्च स्तरीय 'युद्ध-परिषदों' का गठन किया। इसके अतिरिक्त वायसराय ने सावरकर की पसंद के व्यक्तियों को 'राष्ट्रीय सुरक्षा परिषद्' में स्थान दिया, जिसके लिए सावरकर ने वायसराय तथा ब्रिटिश सेना के कमांडर-इन-चीफ़ को इस टेलीग्राम के ज़रिये कृतज्ञता ज्ञापित की, 'योर एक्सीलेंसी की सुरक्षा समिति के कार्मिकों सम्बन्धी घोषणा का स्वागत है, हिन्दू महासभा सर्वश्री कलिकार तथा जमनादास मेहता की नियुक्ति पर गहरा संतोष व्यक्त करती है।'

सावरकर ने ब्रिटिश तथा मुस्लिम लीग का सहयोग कर भारत छोड़ो आन्दोलन से विश्वासघात किया। 8 अगस्त 1942 को किये गए 'भारत छोड़ो' के आह्वान के आलोक में ब्रिटिश हुक्मरानों ने कई प्रान्तों की कांग्रेस सरकारों को बर्खास्त कर दिया। ब्रिटिश शासकों ने आम तौर पर राज्य के आतंक व दमनचक्र का सूत्रपात कर दिया। जबकि कांग्रेस के काडर व सामान्य जनता का अधिकांश हिस्सा औपनिवेशिक शासन के घोर दमन का सामना कर रहे थे तथा राज्य की संस्थाओं के बहिष्कार का निर्णय कर रहे थे, वहीं हिन्दू महासभा ब्रिटिश शासकों का साथ दे रही थी। कानपुर में आयोजित हिन्दू महासभा के 24वें अधिवेशन को संबोधित करते हुए सावरकर ने औपनिवेशिक सत्ता के साथ सहयोग की अपनी नीति को इन शब्दों में परिभाषित किया—

> हिन्दू महासभा 'प्रतिक्रियावादी सहयोग' को व्यावहारिक राजनीति का अग्रणी सिद्धांत स्वीकार करती है, फलत: यह विश्वास करती है कि जो भी हिन्दू संगठन वादी पार्षद, मंत्री, विधायक या किसी सार्वजनिक अथवा निगम निकाय संचालक हैं तथा गैर-हिन्दू वर्गों के वैध हितों को निश्चित रूप से बिना क्षति पहुँचाए यदि हिन्दुओं के वैध हितों के रक्षण तथा संवर्धन हेतु अपनी शक्तियों का उपयोग करते हैं, वे निश्चित रूप से देश को महती सेवा अर्पित कर रहे हैं। जिन सीमाओं में वे कार्य करते हैं, उनको ध्यान में रखते हुए महासभा ये अपेक्षा करती है कि दी हुई परिस्थितियों में जो भी अच्छा कार्य वे कर सकते हैं करें और ऐसा करने में यदि वे असफल नहीं होते तो महासभा उनके अच्छे कार्य सम्पादन हेतु

> उनके प्रति कृतज्ञ होगी। सीमायें क्रमशः स्वयं चरणवार ढंग से सीमित होती जाएँगी और अंततः पूरी तरह लुप्त हो जाएँगी। प्रतिक्रियावादी सहयोग की नीति जो बिना शर्त सहयोग से लेकर सक्रिय व यहाँ तक कि सशस्त्र प्रतिरोध तक की देशभक्ति परक गतिविधियों को स्वयं में समेटे हुए है, समय की माँग, उपलब्ध संसाधन व राष्ट्रीय हितों की अपेक्षा के अनुरूप अपेक्षित ढंग से संशोधित होती रहेगी।

यह बहुत कम लोगों को पता होगा कि जब कांग्रेस ने मुस्लिम लीग के साथ किसी भी तरह के सम्बन्ध का निषेध किया था, उसी समय हिन्दू महासभा ने मुस्लिम लीग से मिलकर सिंध व बंगाल में गठबंधन सरकारें चलाई थीं। सावरकर ने इस 'अनैतिक गठजोड़' को 1942 में कानपुर में संपन्न 24वें सत्र को संबोधित करते हुए निम्नलिखित शब्दों में जायज़ ठहराया था—

> महासभा भलीभाँति अवगत है कि व्यावहारिक राजनीति में हमें आगे बढ़ने हेतु किंचित समझौते भी करने होंगे। उदाहरण के तौर पर सिंध में आमंत्रण मिलने पर महासभा ने मुस्लिम लीग के साथ मिलकर गठबंधन सरकार चलाई। बंगाल का मामला सर्वविदित है। वही दुष्ट लीगी जो कांग्रेस के दब्बूपने भरे आचरण के बावजूद शांत नहीं हो सके, ज्यों ही हिन्दू महासभा के संपर्क में आये, पर्याप्त समझौतावादी तथा सामाजिक रूप से मिलनसार आचरण पर उतर आये और श्री फज़ल उल हक़ के मुख्यमंत्रित्व तथा हमारे श्रद्धेय नेता श्री श्यामाप्रसाद मुखर्जी के नेतृत्व में दोनों समुदायों के भले के लिए गठबंधन सरकार एक साल से अधिक समय तक चली।

तो अंग्रेज़ों का साथ देने में ये दोनों साम्प्रदायिक पार्टियाँ पूरी ताक़त से लगी हुई थीं। स्वाधीनता संग्राम के पूरे दौर में अलग-अलग रूपों में यही इनकी प्रमुख भूमिका रही। लीग के साथ संयुक्त सरकार में वित्तमंत्री रहते हुए श्यामाप्रसाद मुखर्जी ने ब्रिटिश सरकार का समर्थन करते हुए भारत छोड़ो आन्दोलन को कुचलने की योजना का पत्र अंग्रेज़ी हुक्मरान सर जॉन हर्बर्ट को लिखा था। इसमें वह लिखते हैं—

> युद्ध के दौरान, सरकार को कांग्रेस द्वारा समर्थित क्रांतिकारी आन्दोलन को बंगाल में फैलने से रोकना चाहिए। सवाल यह है कि इस आन्दोलन का बंगाल में दमन कैसे किया जाए। मैं एक सुझाव दे रहा हूँ जिससे कांग्रेस के नेतृत्व वाला आन्दोलन विफल हो जायेगा।[140]

मज़ेदार है कि अंग्रेज़ों के साथ मिलकर काम करने वाले और भारत छोड़ो आन्दोलन की मुखालिफ़त तथा युद्ध की तैयारियों में अंग्रेज़ों का साथ देने वाले सावरकर और मुखर्जी जैसे लोग हिन्दुत्ववादी कट्टरपंथ द्वारा देशभक्ति का पैमाना बनाये जाते हैं और सवाल कम्यूनिस्टों से किया जाता है!

वैसे इस दौर ही में कम्यूनिस्ट पार्टी के आधारों का विस्तार भी हुआ। समाज

---

140. *इन्डियन एक्सप्रेस* के 17 अगस्त 1992 के अंक में छपा सुमित गुहा का लेख—क्विट इंडिया मूवमेंट अपोनेंट अनमास्क्ड

में समाजवादी मूल्य मान्यताओं के विस्तार तथा वर्चस्व स्थापना के लिए इसी दौर में प्रगतिशील लेखक संघ तथा भारतीय जन नाट्य संघ (इप्टा)की भी स्थापना की गई। प्रलेस के निर्माण में सज्जाद ज़हीर की अत्यंत महत्त्वपूर्ण भूमिका थी, जिन्होंने देश भर में घूम कर विभिन्न भाषाओं के लेखकों को गोलबंद किया। 1936 में हुई प्रलेस की पहली सभा की अध्यक्षता प्रख्यात उपन्यासकार प्रेमचंद ने की और इसमें हिन्दी, उर्दू सहित अनेक भाषाओं के लेखकों ने शिरकत की। इप्टा ने नाटकों को धार्मिक पौराणिक दायरे से बाहर लाकर उसमें जनपक्षधर मूल्यों की स्थापना में महती भूमिका निभाई।

सन् 1947 की आज़ादी के साथ उपनिवेशवाद के युग की समाप्ति के बाद कम्यूनिस्ट पार्टी ने अपनी भूमिका पर पुनर्विचार आरंभ किया। अपने वामपंथी विचारों के कारण नेहरू ने उन्हें आकर्षित किया तथा पी.सी. जोशी के नेतृत्व में पहले पार्टी ने उनके समर्थन में फ़ैसला लिया लेकिन दिसंबर 1947 में बंबई में हुई केंद्रीय समिति की बैठक में यह सुझाव निरस्त कर दिया और फरवरी 28 की कलकत्ता कांग्रेस में उनकी जगह बी.टी. रणदिवे को महासचिव चुना गया। पार्टी प्रस्ताव में कहा गया कि यह जनता की आज़ादी नहीं है और वर्तमान शासक वर्ग ने साम्राज्यवाद के साथ समझौता कर लिया है। प्रत्यक्ष संघर्ष का ऐलान किया गया और देश भर में संघर्ष आरंभ हो गया।

सरकार ने कई राज्यों में कम्यूनिस्ट पार्टी को प्रतिबंधित कर दिया, तमाम नेता गिरफ़्तार हुए और वामपंथी पत्र-पत्रिकाओं पर भी अनेक सेंसर लागू कर दिए गए। रणदिवे की अतिआक्रामकता से पार्टी को पुनर्विचार करना पड़ा तथा 1950 में सी. राजेश्वर राव को नया महासचिव चुना गया। पार्टी ने संविधान को जनविरोधी घोषित किया और क्रांति के लिए किसान आंदोलनों पर ज़ोर दिया। हैदराबाद, तेलंगाना सहित अनेक जगहों पर तीव्र क्रांतिकारी किसान उभार हुए। इनमें तेलंगाना का किसान विद्रोह तो अत्यंत उग्र तथा व्यापक था। यह आंदोलन 1946 में हैदराबाद के निज़ाम तथा उसके भयावह शोषण के विरुद्ध आंध्र महासभा के बैनर पर शुरू किया गया था। नालगोंडा में किसानों ने स्थानीय सामंत के कर्ज़ों को खत्म किए जाने की माँग पर आंदोलन आरंभ किया जो शीघ्र ही बारंगल और बीदर ज़िलों में भी फैल गया। देखते-ही-देखते 41000 वर्ग किलोमीटर के दायरे में 3000 गाँव किसान सत्ता की परिधि में आ गए। सामंतों को उनकी सम्पत्ति से बेदखल कर दिया गया और ज़मीनों का पुनर्वितरण कर दिया गया। प्रशासन के लिए कम्यून स्थापित किए गए। मशहूर शायर मख़्दूम मोईउद्दीन, रवि नारायण रेड्डी, हसन नासिर, भीम रेड्डी, नरसिंह रेड्डी, मल्लू स्वराज्यम जैसे व्यक्तियों के नेतृत्व में संचालित इस आंदोलन ने न केवल निज़ाम अपितु वल्लभभाई पटेल को भी चिंता में डाल दिया। फलस्वरूप 1949 में हैदराबाद को भारत में मिलाने के बाद कठोर सैन्य कार्रवाई की गई और लगभग सारे कम्यूनिस्ट नेताओं की हत्या कर इसे कुचल दिया गया। इस कार्यवाही में हज़ारों कम्यूनिस्ट नेता तथा कार्यकर्ता मारे गए। तेलंगाना की धरती किसानों के खून से लाल हो गयी।

इस असफलता के बाद क्रांति की दिशा ही नहीं संभावना पर भी तीखे सवाल उठने लगे। इस संकट से उबरने के लिए अजय घोष को पार्टी महासचिव चुना गया। व्यापक

विचार-विमर्श तथा पुनर्मूल्यांकन के बाद तय हुआ कि पार्टी 1952 के आम चुनाव में भागीदारी करे। इस चुनाव में लोकसभा की 16 सीटों पर कम्यूनिस्ट उम्मीदवार सफल रहे। तत्कालीन लोकसभा में कम्यूनिस्ट पार्टी कांग्रेस के बाद सबसे बड़ी पार्टी थी।

इसके बाद धीरे-धीरे कांग्रेस के बारे में सोवियत संघ का रुख बदलने तथा 1955 में समाजवाद के निर्माण प्रस्ताव के पारित होने के बाद कम्यूनिस्ट पार्टी ने 1956 में पालाघाट के चौथे महाधिवेशन में तय किया कि कांग्रेस के प्रगतिशील तथा समाजवादी खेमे के साथ सहयोग किया जाए। हालाँकि मतभेद अभी भी स्पष्ट थे। दोनों पक्षों के विचारों को समायोजित करते हुए तत्कालीन महासचिव अजय घोष ने कहा—

> ''भारत जैसे पिछड़े देश का विकास समाजवादी रास्ते पर ही हो सकता है, परंतु यह मान लेना कि बुर्जुआ वर्ग के नेतृत्व वाली कांग्रेस सरकार भारत में समाजवाद लाएगी, भ्रम है। सीपीआई ऐसा कोई भ्रम नहीं पालती। अत: वर्तमान परिस्थितियों में सरकार की शांति, स्वाधीनता और आर्थिक नीतियों के प्रति समर्थन जारी रखते हुए सीपीआई देश की लोकतांत्रिक और समाजवादी शक्तियों को मज़बूत बनाने और उन्हें संगठित करने का कार्य करेगी, ताकि मज़दूर, किसान वर्ग द्वारा समर्थित लोकतांत्रिक शक्तियों के हाथों में देश की सत्ता आ सके। इसी रास्ते पर चलकर लोकतांत्रिक क्रांति को पूर्ण करके समाजवाद की स्थापना की जा सकेगी।''

इसी दौरान हुए 1957 के आम चुनाव में न केवल सीपीआई को सीटें मिलीं बल्कि ई.एम.एस. नंबूदरिपाद के नेतृत्व में केरल में पहली कम्यूनिस्ट सरकार भी बनी। पार्टी की अमृतसर कांग्रेस में उत्साह का माहौल था और संसद में अपनी शक्ति बढ़ाने पर भरपूर ज़ोर दिया गया।

लेकिन इसी दौरान हंगरी पर रूसी सेना के अभियान, चीन-भारत युद्ध और पार्टी द्वारा कांग्रेस को ज़रूरत से ज़्यादा समर्थन के मुद्दे पर पार्टी के भीतर आंतरिक अंतर्विरोध काफ़ी बढ़ने से अंतत: चीन को समर्थन के मुद्दे पर पार्टी में पहला बँटवारा हुआ। इस अलगाव के बावजूद 1967 के आम चुनाव में सीपीआई को 23 तथा सीपीएम को 17 सीटें मिलीं। इस दौरान बंगाल में दो वामपंथी धड़ों ने चुनाव लड़ा, जिसमें पहले गठबंधन में सीपीआई, फ़ॉरवर्ड ब्लॉक और बांग्ला कांग्रेस शामिल थे तो दूसरे में सीपीएम, आरसीपीआई, एसयूसीआई जैसे दल थे। लेकिन चुनाव के बाद स्पष्ट बहुमत न आने की स्थिति में दोनों वामपंथी धड़ों ने साथ मिलकर अजय मुखर्जी के नेतृत्व में वाममोर्चा सरकार का गठन किया। हालाँकि यह प्रयोग दीर्घजीवी नहीं रहा और राज्यपाल ने इसे शीघ्र ही बर्खास्त कर दिया लेकिन 1969 में वाममोर्चा के बैनर तले सभी दल एक साथ आकर बहुमत पाने में सफल रहे।

लेकिन इस दौरान पार्टी की नीतियों में जो तब्दीलियाँ सतह पर दिख रही थीं, उनसे एक वर्ग बुरी तरह निराश था। उसे लगने लगा था कि अब क्रांति पार्टियों के एजेंडे पर नहीं रही। इन नेताओं में चारू मजूमदार प्रमुख थे। उनका मानना था कि देश भर के किसानों तथा वंचितों के असंतोष को चीन की ही तर्ज पर सशस्त्र क्रांति में तब्दील किया जा सकता

है। चारू तथा उनके साथी इस बात से मुतमइन थे कि अब सीपीएम भी संशोधनवाद का शिकार हो चुकी है। अत: उन्होंने अपना रास्ता ख़ुद चुना—गाँवों से शहर को घेरकर सशस्त्र नवजनवादी क्रान्ति का रास्ता। यह रास्ता नया नहीं था। इसके पीछे यह समझ थी कि भारत अब भी एक 'अर्ध सामंती-अर्ध पूँजीवादी' देश है। चीन में इसी समझ के तहत माओ के नेतृत्व में नवजनवादी क्रान्ति की दिशा तय की गयी थी। चारू ने भी माओ की ही इस दिशा को अपनाया और 'चीन के कामरेड हमारे कामरेड' का नारा दिया। हालाँकि माओ तथा चीनी कम्यूनिस्ट पार्टी ने इस विद्रोह का स्वागत किया, लेकिन उन्होंने साफ़ किया था कि भारत में क्रान्ति भारतीय स्थितियों और नेतृत्व द्वारा ही सम्भव होगी, चीन के नेता भारतीय क्रान्ति के नेता नहीं हो सकते थे।

विद्रोह की शुरुआत दार्जिलिंग के एक छोटे से गाँव नक्सलबारी से हुई। नक्सलबारी ग्राम से आंदोलन की शुरुआत के कारण इसे नक्सलबारी विद्रोह तथा इससे फूटी धारा के अनुयायियों को नक्सलवादी कहा गया। 1967 के अप्रैल महीने में कोटे से भूमिहीन किसान बिगुल को ज़मीन का एक टुकड़ा मिला, लेकिन जोतदार ईश्वर तिर्की ने उसे मारपीट कर भगा दिया। पुलिस से सहायता न मिलने पर स्थानीय युवकों ने बलपूर्वक ज़मीन वापस ले ली। बाद में पुलिस का घनघोर दमन चक्र चला, जिसमें सात महिलाओं सहित ग्यारह लोग मारे गए। इस घटना से कार्यकर्ताओं का विश्वास तत्कालीन पुलिस मंत्री ज्योति बासु से डिगने लगा। उन्होंने चारू मजूमदार के नेतृत्व में लेनिन के जन्मदिवस के अवसर पर 22 अप्रैल, 1967 को भारत की कम्यूनिस्ट पार्टी मार्क्सवादी-लेनिनवादी (CPI ML) का गठन किया। इसमें कानू सान्याल, जंगल संथाल, शिवकुमार मिश्र, कदम मलिक, बाबू लाल विश्वकर्मा आदि की प्रमुख भूमिका थी। बाद में बंगाल और बिहार से असीम चटर्जी, विनोद मिश्र, नागभूषण पटनायक, महादेव मुखर्जी, सत्यनारायण सिंह, चंद्रपुल्लारेड्डी, नागीरेड्डी सहित अनेक लोग इसके प्रमुख नेता हुए।

जंगल की आग की तरह सातवें दशक में यह आंदोलन बड़ी तेज़ी से फैला, परंतु कुछ वैचारिक मतभेदों और कुछ अतिक्रांतिकारी भटकावों का शिकार होकर यह भी अनेकानेक ग्रुपों और पार्टियों में बँट गया। सरकारों ने इनका भयावह दमन किया। सभी प्रमुख नेता या तो गिरफ़्तार हुए या मार दिए गए। 16 जुलाई, 1972 को चारू भी गिरफ़्तार हो गए और गिरफ़्तारी के सोलहवें दिन रहस्यमय परिस्थितियों में उनकी मृत्यु हो गई। बावजूद इसके इस आन्दोलन का पूरी तरह से दमन सम्भव न हुआ। आज भी इसकी कोख से निकले विभिन्न ग्रुप और पार्टियाँ देश के अलग-अलग हिस्सों में सक्रिय हैं। इसके बाद संसदीय वाम संसद के भीतर और बाहर सक्रिय रहा, पश्चिम बंगाल में 1977 से 2011 तक लगातार और त्रिपुरा में पहले 1978-88 और फिर 1993-2018 तक वाम मोर्चे की सरकार रही तथा केरल में भी वाम कभी सरकार में तो कभी विपक्ष में रहा और इसके छात्र संगठन, किसान संगठन, ट्रेड यूनियन और महिला संगठन भी विभिन्न मुद्दों पर लगातार संघर्षरत रहे। नक्सलबारी की विरासत को स्वीकार करने वाले एक प्रमुख दल सीपीआई एम.एल. ने 1982 से 1994 के बीच इन्डियन पीपल्स फ्रंट के बैनर से खुले तौर पर काम किया। हालाँकि पार्टी का एक

हिस्सा भूमिगत तौर पर काम करता रहा। दिसंबर 1992 में हुई कोलकाता कांग्रेस में पार्टी ने पूरी तरह से बाहर आकर काम करने का फ़ैसला लिया और आई.पी.एफ़ को भंग कर दिया। अब यह पार्टी भी संसदीय चुनावों में हिस्सा लेती है। हालाँकि नब्बे की नवउदारवादी नीतियों के लागू होने के बाद एक तरफ़ तो सार्वजनिक क्षेत्र के कई महत्त्वपूर्ण उपक्रम बंद हो गए, जहाँ कभी वाम दलों की मज़बूत ट्रेड यूनियनें हुआ करती थीं, दूसरी तरफ़ नए खुले निजी क्षेत्र के उपक्रमों में श्रम क़ानूनों में सुधार के चलते ट्रेड यूनियन गतिविधियाँ असंभव बना दिए जाने से संसदीय वाम के प्रभाव और प्रसार दोनों में कमी आई है। वहीं दूसरी तरफ़ वर्ष 2004 में प्रमुख नक्सलवादी संगठनों, पीपुल्स वार और माओवादी को-ऑर्डिनेशन सेंटर के विलय के बाद अस्तित्व में आये सीपीआई-माओवादी जैसे दलों ने सशस्त्र संघर्ष का रास्ता अपनाया है और देश के कुछ हिस्सों में उनकी आतंकवादी गतिविधियाँ जारी हैं।

इस तरह 2020 में अपने 100 वर्ष पूरा कर चुका भारत का कम्यूनिस्ट आंदोलन आज अनगिनत धड़ों में बँट चुका है, लेकिन जहाँ कई धड़ों में बँटी संसदीय पार्टियाँ संसद के भीतर जनपक्षधर नीतियों को लेकर संघर्षरत हैं, वहीं नक्सलवादी कहे जाने वाले दल मुख्यत: दो धड़ों में बँटे हैं। सशस्त्र संघर्ष के ज़रिए नवजनवाद क्रांति का नारा देने वाले और समाजवादी क्रांति के पक्षधर ग्रुप, हालाँकि इनके भीतर गहरा अंतर्विभाजन है और दर्जनों ग्रुप तथा पार्टियाँ अलग-अलग स्तरों पर सक्रिय हैं।

इस टूट-फूट और बिखराव के बीच कौन-सा दल क्रांति के नए संस्करण रचने में कामयाब होता है, यह तो भविष्य ही बताएगा।

पुस्तक सूची

1. उपाध्याय, आचार्य बलदेव, बौद्ध दर्शन मीमांसा, चौखम्भा विद्याभवन, वाराणसी-1946
2. काउत्सकी, कार्ल, द इकोनोमिक डॉक्ट्रिन्स ऑफ़ कार्ल मार्क्स, (अनु.) एच.जे. स्टनिंग, ए.सी. ब्लैक लिमिटेड, लन्दन-1925
3. कोट्स, जेल्डा जेहन, कार्ल मार्क्स, (अनु.) अमर नदीम, दख़ल प्रकाशन, दिल्ली-2015
4. कोनफोर्ड, मॉरिस, द्वंद्वात्मक भौतिकवाद, समानांतर प्रकाशन, रोहतक-1996
5. गैम्बल, सारा, (सं.) फ़ेमिनिज़्म एंड पोस्टफ़ेमिनिज़्म, रूटलेज, लन्दन -2001
6. ग्राम्शी, अंतोनियो, राजनीतिक चिंतन के बुनियादी सरोकार, (अनु.) कृष्णकांत मिश्र, ग्रन्थ शिल्पी, दिल्ली-2002
7. चट्टोपाध्याय, देवी प्रसाद, भारतीय दर्शन : सरल परिचय, राजकमल प्रकाशन, दिल्ली-1968
8. जेटकिन, क्लारा, सेलेक्टेड राइटिंग्स, सं.—फिलिप एस. फोनर, आकार बुक्स क्लासिक्स, दिल्ली-2012
9. दामोदरन के., इन्डियन थॉट : अ क्रिटिकल सर्वे, एशिया पब्लिशिंग हाउस, दिल्ली—1967
10. दामोदरन के., भारतीय चिंतन परम्परा, पीपुल्स पब्लिशिंग हाउस, दिल्ली-2001
11. नेहरू, जवाहर लाल, डिस्कवरी ऑफ़ इंडिया, ऑक्सफ़ोर्ड यूनिवर्सिटी प्रेस, दिल्ली-1980
12. प्लेटो, द रिपब्लिक, पेंगुइन क्लासिक, संशोधित संस्करण-2003
13. प्लेटो, सोफीस्ट, (अनु.) बेंजामिन जोवेट, (ऑनलाइन)
14. फरार्रेलो, सूजी और लुडाविसी, एस.जी., आइडेंटिटी एंड वैल्यूज़, कैम्ब्रिज स्कॉलर पब्लिशिंग, लन्दन-2015
15. फर्नबाख, डेविड,(सं.),कार्ल मार्क्स द फ़र्स्ट इंटरनेशनल एंड आफ़्टर, हरमांडवर्थ, 1981
16. फुट, पॉल, द वोट हाऊ इट वाज़ वान एंड हाऊ इट वाज़ अंडरमाइंड, गार्डनर बुक्स, लन्दन-2005
17. बजएव ए., बजएव, वी., पोलिटिकल इकॉनमी, ए बिगिनर्स कोर्स, पेज 12, प्रोग्रेस पब्लिशर्स, मास्को, 1986
18. बर्ट, बी.सी., ए ब्रीफ़ हिस्ट्री ऑफ़ ग्रीक फ़िलॉसफ़ी, बोस्टन, जिन एंड कंपनी, लन्दन-1889

19. मार्क्स, एंगेल्स, लेनिन, द्वंद्वात्मक भौतिकवाद—मार्क्स, एंगेल्स, लेनिन, प्रगति प्रकाशन, मास्को-1978
20. मार्क्स, कार्ल, अ कॉन्ट्रिब्यूशन टू द क्रिटीक ऑफ़ पोलिटिकल इकॉनमी, प्रोग्रेस पब्लिशर्स, मास्को
21. मार्क्स, कार्ल, एंगेल्स फ्रेडरिक, कम्यूनिस्ट घोषणापत्र, प्रगति प्रकाशन, मास्को-1978
22. मार्क्स, कार्ल, एंगेल्स फ्रेडरिक, खंड 1 से 50, कलेक्टेड वर्क्स ऑफ़ कार्ल मार्क्स एंड फ्रेडरिक एंगल्स, प्रोग्रेस पब्लिशर्स, मास्को-1975
23. मार्क्स,कार्ल, एंगेल्स, फ्रेडरिक, खंड 1 से 3, सेलेक्टेड वर्क्स ऑफ़ कार्ल मार्क्स एंड फ्रेडरिक एंगेल्स, प्रोग्रेस पब्लिशर्स, मास्को-1977
24. राधाकृष्णन, डॉ. एस., हिस्ट्री ऑफ़ फ़िलॉसफ़ी ईस्टर्न एंड वेस्टर्न, जॉर्ज एलन एंड उनविन लिमिटेड, लन्दन—1953
25. लारिमर, डग, ऐतिहासिक भौतिकवाद के मूल सिद्धांत, (अनु.) अनिल राजिमवाले, ग्रन्थ शिल्पी (इण्डिया) प्राइवेट लिमिटेड, नयी दिल्ली-2011
26. लेनिन, व्ला.,इ., खंड 1 से 45, कलेक्टेड वर्क्स, प्रोग्रेस पब्लिशर्स, मास्को-1972
27. लेनिन, व्ला.,इ., द थ्री सोर्सेज़ एन थ्री कॉम्पोनेन्ट पार्ट ऑफ़ मार्क्सिज़्म, प्रोग्रेस पब्लिशर्स, मास्को-1981
28. लेनिन, व्ला.इ., मेटेरिअलिज़्म एंड इम्पिरियो क्रिटिसिज़्म, प्रोग्रेस पब्लिशर्स, मास्को-1972
29. वर्मा, लाल बहादुर, भारत की जनकथा, इतिहासबोध प्रकाशन, इलाहाबाद-2013
30. वांग, जार्ज.सी., (सं.) फ़ंडामेंटल्स ऑफ़ पोलिटिकल इकॉनमी, एम.ई. शार्प इंक पब्लिशर, न्यूयार्क-1977
31. सरदेसाई, श्रीनिवास, भारतीय दर्शन—वैचारिक और सामाजिक संघर्ष, संवाद प्रकाशन, मुंबई-मेरठ-2009
32. सांकृत्यायन राहुल, दर्शन-दिग्दर्शन, किताब महल प्रकाशन, इलाहाबाद-2000,
33. सुजाता, स्त्री निर्मिति, सामयिक प्रकाशन, दिल्ली-2018
34. हिरियन्ना एम., आउटलाइंस ऑफ़ इन्डियन फ़िलॉसफ़ी, मोतीलाल-बनारसीदास पब्लिशर्स प्रा.लि., दिल्ली-1993
35. हेगेल, जी.डब्ल्यू. एफ़, लेक्चर्स ऑन द हिस्ट्री ऑफ़ फ़िलॉसफ़ी, अनुवाद—ई.एस. हाल्डेन, यूनिवर्सिटी ऑफ़ नेब्रास्का प्रेस-1995

❑❑❑